Leo Reinisch

Die Chamirsprache in Abessinien

Leo Reinisch

Die Chamirsprache in Abessinien

ISBN/EAN: 9783742894540

Hergestellt in Europa, USA, Kanada, Australien, Japan

Cover: Foto ©Thomas Meinert / pixelio.de

Manufactured and distributed by brebook publishing software
(www.brebook.com)

Leo Reinisch

Die Chamirsprache in Abessinien

DIE

CHAMIRSPRACHE

IN

ABESSINIEN.

I.

VON

LEO REINISCH,

CORRESP. MITGLIEDE DER KAIS. AKADEMIE DER WISSENSCHAFTEN.

(MIT ZWEI UEBERSICHTSTABELLEN.)

WIEN, 1884.

IN COMMISSION BEI CARL GEROLD'S SOHN
BUCHHÄNDLER DER KAIS. AKADEMIE DER WISSENSCHAFTEN.

Ende Juli 1875 hatte Werner Munzinger Pascha, General-gouverneur von Ost-Sudan, an mich die briefliche Mittheilung gerichtet, dass er vom Chidiv Ismail Pascha mit einer politischen Sendung an den König Menelek von Schoa beauftragt worden sei und dass er die Reise dahin um die Mitte November von Massaua über Berbera antreten werde. Munzinger Pascha lud mich ein, an dieser Expedition theilzunehmen, weil ich auf der-selben hinreichend Gelegenheit finden dürfte, Sprachmaterialien zu sammeln. Da das Schreiben erst in der zweiten Hälfte des September in meine Hände gelangte, so konnte ich meine Ab-reise von Wien erst um die Mitte October bewerkstelligen und traf am 23. November in Massaua ein. Inzwischen hatte aber Munzinger Pascha sich bereits von da nach Berbera eingeschifft und fand einige Wochen später bei Aussa in Folge des be-kannten, von Schech Mohammed veranstalteten Ueberfalles seinen Tod. Der Mudir von Massaua hatte in Folge bestimmter Weisungen aus Kairo mir die Wahl gelassen, entweder direct über Suez wieder heimzukehren oder in Massaua so lange zu bleiben, bis die politischen Beziehungen zwischen Aegypten und Abessinien sich geklärt haben würden. Um die lange und beschwerliche Reise nach Massaua nicht ganz unnütz zurück-gelegt zu haben, entschloss ich mich dort auszuharren und die Zeit der unfreiwilligen Internirung so gut als möglich auszu-nützen. Gelegenheit zu sprachlichen Studien war mir damals vollauf geboten. In Folge des zwischen Aegypten und Abes-

1*

sinien eröffneten Krieges waren nämlich von aller Herren Länder
zahlreiche Flüchtlinge nach Massaua eingeströmt, die ich nun
zu meinen linguistischen Zwecken auszubeuten mich anschickte.
Die grössten Dienste in meinen Bestrebungen leistete mir ein
Amharer aus Semien, Namens *Wâlda-Zelássiē*, dessen Bekannt-
schaft ich zufällig unmittelbar nach meiner Ankunft in Massaua
gemacht hatte. *Wâlda-Zelássiē* hatte in Gondar studirt und den
Grad eines *dabtarā* erlangt und besass eine ziemliche gram-
matische Schulung, auch war er der deutschen und englischen
Sprache in Wort und Schrift mächtig und konnte mir sonach
die besten Dolmetscherdienste leisten. Durch ihn lernte ich
Anfangs December einen jungen Agau aus Soqota in Lasta,
Namens Birru kennen, der mit der Handelskarawane aus Abes-
sinien gekommen und nun in Folge des ausgebrochenen Krieges
genöthigt war, in Massaua auszuharren. Birru war auch des
Amharischen in Wort und Schrift vollkommen mächtig und
hatte ebenfalls in Gondar einige Zeit studirt. Er besass ein
ausreichendes Geschick, grammatische Fragen aufzufassen, so
dass es mir in Zeit von vier Wochen, während welcher er mit
mir täglich ein bis zwei Stunden arbeitete, so ziemlich gelang,
in den grammatischen Bau des Agau von Lasta einzudringen.
Durch Birru lernte ich auch andere Agau aus der Provinz
Wag kennen, aus deren Umgang ich mir bald die Ueberzeu-
gung verschaffen konnte, dass der Dialekt von Wag mit dem
von Lasta grammatisch vollkommen übereinstimmt und nur in
phonetischer Hinsicht hie und da kleine Abweichungen zeigt.
Leider reiste Birru mit seinen Gefährten ab, als wir eben
daran gehen wollten, einige Texte der Agausprache zusammen-
zutragen. Erst auf meiner zweiten Reise in Nordost-Afrika
fand ich Gelegenheit, diese Lücke etwas auszufüllen, indem
ich zu Keren im Bogos im Jahre 1880 einen Mönch aus dem
Wag kennen lernte, der mir einige wenige Texte seiner Mund-
art dictirte, die ich im Anhange zu dieser Arbeit mittheilen
werde.

Die Agau von Lasta und Wag nennen sich selbst **Chamir**[1]
und ihre Sprache *χamír gab*, auch nur kurzweg *χamír* oder

---

[1] *χàmerā* ein Agaumann, plur. *χamír* und *χamît* (letzteres eine archai-
stische Pluralform) die Agau, von einem Stamm *χam*, dessen Bedeutung
mir unbekannt ist; vgl. Note 4 auf nächster Seite.

auch χặmirά (gen. plur., scil. χặmir-ά gặb Sprache der Agau),
Beke schreibt Ilhámặra, d. i. χặmará.[1] A. d'Abbadie bezeich-
net diese Sprache mit dem Namen Kamtönga? und Kamtiga,[3]
welchen Ausdruck ich zwar selbst nie gehört habe, an dessen
Richtigkeit zu zweifeln aber kein Grund vorliegt; derselbe be-
merkt zugleich, dass im Awga (Agau von Damot) tiga Zunge,
Sprache bedeute, demnach Kamtiga = langue de Kam. Viel-
leicht hängt mit diesem kam der Name der Kamant zusammen,
eines Agaustammes in der Umgegend von Gondar.[4] Ebenso
unbekannt ist die Herkunft des Namens Agau (ﻪﻮ·ﺯ), womit
die Amharer und Tigray sämmtliche Agaustämme bezeichnen;
die Erklärung dieses Namens bei Bruce = Ag-oha, ,shepherds
of the River' ist eine durchaus haltlose Conjectur, da bis jetzt
nicht einmal festzustellen ist, ob das Wort dem semitischen
oder dem chamitischen Wortschatze einzureihen sei.

Wie in meiner Bilinsprache bereits nachgewiesen worden
ist, hat sich vor etwa 300 Jahren vom Chamir das Bilin ab-
gezweigt, doch sind seit jener Zeit beide Idiome so weit aus-
einander gegangen, dass sich heute Chamir und Bilin fast gar
nicht mehr verständigen können. Im Allgemeinen hat zwar
fast durchgehends das Bilin in grammatischer wie phonetischer

---

[1] ,The Ilhámặra is spoken among the Agaus of Wáag, the northern portion
of Lasta, the Tcheratz-Agows of Bruce' (Proceedings of the philol. Society,
vol. VII, 90, London, 1846). Analog dem χamir die Agau und die Agau-
sprache, ist die Bildung im Bilin: Bilinā ein Bogos, plur. Bilin die Bogos
und die Bogossprache, nur selten Bilin gặb Sprache der Bogos, gesagt.

[2] Journal asiat. 1841, XI, 388.

[3] Actes de la Soc. philol. I, 67.

[4] Im Amhar. ﻪﻮﻫ·ﺯ genannt, vgl. Massaja, Lection. grammat. pag. 398,
nota 5. Kam-ant ist wohl nom. agent. vom Stamme kam (vgl. unten
§. 178 und Bilinsprache §. 122; auch in der Sprache von Quara,
Dembea und Agaumeder bildet -antā plur. -antī nomina agentis, vgl.
M. Flad, A short description of the Falasha and Kamants. Basle, 1866.
— J. Halévy, Essai sur la langue Agau. Paris, 1873. — Th. Wald-
meier, Wörtersammlung aus der Agausprache. Basel, 1868). Aller Wahr-
scheinlichkeit nach ist kam identisch mit dem Worte kem und kim,
welches im Bilin, wie in der Quarasprache besitzen, spec. Vieh be-
sitzen, daher mächtig, reich sein bedeutet, woher nom. agent.
kim-ántā ein angesehener Mann (der viel Vieh besitzt), und subst. kim
Vieh, Besitz, Habe. Die Erklärung Stern's: kamant = kam-ant ,the
same as thou' bedarf keiner ernsten Besprechung.

Hinsicht seine ursprünglichen Formen zu erhalten gewusst, während das Chamir derartige Abschwächungen erfahren hat, dass ohne Kenntniss des Bilīn es unmöglich sein würde, die grammatischen Formen und den grössten Theil seines Wortschatzes zu erklären: doch hat andererseits, wenn auch nur in einigen wenigen Fällen, auch das Chamir gegenüber dem Bilīn ältere Formen bewahrt, so in der Bildung des Futurums, im Relativ der dritten Person pluralis u. s. w. Da im Chamir besonders in der Lautgeschichte so bedeutende Veränderungen gegenüber dem Bilīn zu verzeichnen sind, so glaubte ich auch dieser sprachlichen Seite des Chamir so vollständig als möglich Rechnung tragen zu sollen. Ueber die linguistische Stellung des Agau innerhalb der chamitischen Sprachen vgl. R. N. Cust, The modern languages of Africa. London, 1883. I, 131.

Lautlehre.

1) Die Sprachlaute.

1) Die Chamir bedienen sich der äthiopischen Schriftzeichen, und zwar ist die Kenntniss des Lesens und Schreibens, wie mir versichert wurde, ziemlich weit im Volke verbreitet; diejenigen Chamir, mit denen ich zufällig in persönlichen Verkehr kam, waren alle schriftkundig. Wenn ich mich im Folgenden der lateinischen Umschrift statt der äthiopischen Lettern bediene, so bedarf dieses Vorgehen meines Erachtens wohl keiner Entschuldigung; ich thue dieses, abgesehen von allgemein sprachwissenschaftlichen Gründen, hauptsächlich aus der gewichtigen Ursache, um gewissen Uebelständen, welche mit der äthiopischen Schrift verbunden sind, auszuweichen und die Phonetik der einzelnen Schriftzeichen, die verschiedenen Nuancen der Vocale, Verdoppelung der Consonanten u. s. w. präciser zum Ausdrucke bringen zu können, als dies bei Anwendung der äthiopischen Lettern möglich wäre.

2) Im Lautbesitz steht das Chamir ziemlich auf der gleichen Stufe mit dem Bilīn, nur fehlt jenem das Ain und das Hamza, welche beide Laute im Bilīn noch vorhanden sind. Dagegen besitzt das Chamir noch *t̤, s̤, z̤*, welche im Bilīn meist in *c̣* und *š* übergegangen sind. Ferner hat dasselbe zwei Quetsch-

laute, c (Amh. ፍ) und c (ጭ), zu sprechen wie tsch und ṭsch
(letzteres stark explosiv), dann ñ = A. ኝ, wie das spanische
ñ lautend. Die consonantischen Laute des Chamir bezeichne
ich in übersichtlicher Zusammenstellung mit folgenden Zeichen:

	Explosive		Fricative		Liquidä	Nasale
	tonl.	tön.	tonl.	tön.		
Dentale:	t	d	s ẓ z	z	l r ṛ	n
Prätcacuminale:	ṭ	—	š ẓ̌	ž	—	—
Mediopalatale:	k	g	χ	ġ	—	ṅ
Postpalatale:	q	—	—	q̇	—	—
Palatale:	c ċ	j	—	y	—	ñ
Laryngale:	—		ḥ	h	—	—
Labiale:	p̣	b	f	w	—	m

3) Hinsichtlich der Aussprache dieser Zeichen gelten im
Chamir die gleichen Bestimmungen, welche bereits im Bilīn
angegeben worden sind. Vgl. meine Schrift: Die Bilīnsprache.
Wien, 1882, §. 3 ff. Mit ṛ (r- Vocal) bezeichne ich das r
zwischen zwei Consonanten mit aufgehobenem Vocal, wie ṭṛbá
Lein, ṭṛmás Glasflasche u. s. w., gesprochen wie das slavische
r in smṛt. Ueber p̣ vgl. §. 75. — Nur in der Aussprache der
u-haltigen Kehllaute ist das Chamir etwas conservativer ge-
blieben als das Bilīn, indem es in der Regel das u noch an
seiner ursprünglichen Stelle erhalten hat. Während nämlich
das Bilīn sehr häufig das u des Kehllautes diesem in der Aus-
sprache voransetzt, bleibt dasselbe im Chamir meist an seiner
ursprünglichen Stelle, wie: likŭá plur. likŭ (Bil. likŭā plur líuk)
Wegzehrung, likŭ-t (Bil. līuk-r) sich mit Wegzehrung versehen;
aχŭlá (Bil. áqárā, d. i. auyárā, Saho akŭar) Mist; dikŭš (Bil.
dáksi, dauksi ደኵ፡) lasse passiren, vorbeizichen! digŭrá (Bil.
dángŭrá, ደጕረ፡) Stein u. s. w. Doch kommen im Chamir
auch schon Fälle vor, in welchen der dem u-haltigen Kehllaut
vorangehende Vocal durch jenes u gefärbt wird, wie: bukŭrtá
(aus bekŭrtá, ቡኵርት፡) eine bestimmte Brodsorte (A. በኵታ፡);
dunkŭán (aus denkŭán, ደንኵን፡, Amh. ደንኳን፡) Zelt; dugŭlá
(aus degŭlá, ደጕለ፡, A. ደጕሎ፡) Brod in Asche gebacken;
lugŭm neben ligŭm zügeln u. s. w., und ferner auch gleich dem
Bilīn Fälle, in denen das u des Kehllautes diesem in der Aus-
sprache vorangeht, wie: luk (ሉኵ፡, Quara lekŭ) Bein; duχárá

(ዩ·ነ°ፈ·ፈ, Bil. *duq̇árā*. ዩ·ፚ̌ፈ·ፈ) Esel; *duklá* (ዩ·ኩ·ላ·ፈ, Amh. ዩ·ኩ·ላ·ፈ) Antilope *decula*: *suq̇ánā* (ስቆ°ና·ፈ Bil. *suq̇uánā*, ስፄና·ፈ) Durst; *azuñā* (አገፎ̌ፈ·ፈ) gestern; *uq̇a-t* und *oq̇a-t* (አቄት·ፈ, Bil. *inq̇ūa-r*) lachen; *uq̇á* (አ፫·ፈ, im Agau von Agaumeder *agñā*) Spitze, Höhe, *uχrá*, *oχrá* und *uq̇rá* neben *χūrá* Kind u. s. w.

4) Vocale sind folgende zu unterscheiden: *a*, *a*, *â*, *ā*, *e*, *ē*, *i*, *ī*, *o*, *o*, *ō*, *ô*, *u*, *ü*, *u*, *û*, *ū*, *ü*. Die Vocallaute *a a â* werden im Chamir gleichmässig durch den Vocallaut der ersten äthiopischen Ordnung (ሀ) ausgedrückt; *a* ist das helle kurze *a* in unserm Wasser, Galle, *a* das unbetonte *a* im Portugiesischen (vgl. Bilinspr. §. 18), *â* ist der verdumpfte *a*-Laut nach *w* (Bilinspr. §. 17), wie *wâj* (ወ፝·ፈ) hören, oder wenn *a* durch Einfluss eines folgenden *u*-haltigen Gutturals getrübt wird, wie: *Sâq̇uetá* (ስቀ·ታ·ፈ) die Stadt Soqota in Lasta. Der Laut *ā* ist der Vocal der vierten äthiopischen Ordnung (ሃ), unser langes *a* in Habe, Gabe.

5) Die Vocale *e* und *i* werden im Chamir gleichmässig durch den Vocal der sechsten äthiopischen Reihe (ሀ) ausgedrückt. Im Bilīn sind *e* und *i* häufig sehr schwer von einander zu unterscheiden (Bilinspr. §. 19), sie werden aber im Chamir meist ziemlich scharf gesondert: *e* ist unser kurzes *e* in Bett, franz. mettre, engl. let, get, met; dagegen *i* wie in unserm Kinn, engl. little, pin. Das *ē*, im Chamir durch den Vocal der fünften Reihe (ዜ) bezeichnet, lautet nicht wie Amhar. *īē*, sondern wie lang gedehntes *e* in unserem wegen, leben. Das *ī*, der Vocal der dritten Reihe (ዪ), ist unser gedehntes *i* in liegen.

6) Mittelst *o* und *u* umschreibe ich wie im Bilīn (Bilinspr. §. 10 und 20) den Vocal der sechsten äthiopischen Reihe, wenn derselbe durch das *u* eines folgenden *u*-haltigen Gutturals getrübt wird, wie: *oq̇ür* (አቅር·ፈ) setzen. *bukürtū* (ብኩር·ት·ፈ) eine Brodsorte, *oq̇* (አቅ·ፈ) Brustwarze. *luk* (ሉክ·ፈ) Bein.

7) Die Vocale *o*, *ō*, *ô* werden im Chamir gleichmässig durch den Vocal der siebenten Reihe (ሆ) ausgedrückt; ich umschreibe mit *o* den kurzen Vocal *o* (gesprochen wie in unserm Gott, engl. got, hot, not), welcher oft durch Zusammenziehung von *ua* und *ue* entsteht, wie: *sohotá* (ስሆታ·ፈ und ስነ·ታ·ፈ geschrieben) acht, *Sâq̇otá* und *Sâq̇uetá* (ስቀ·ታ·ፈ) Stadt Soqota in Lasta, *q̇oz* neben *q̇uaz* (A. ፫ዝ·ፈ) Hausgeräthe. Mit *ō* umschreibe ich das lange *o* (in unserm Hof, Lob) und mit

ô den Mischlaut aus *a* + *û*, wie *wâjô* (ⶖⶒ፝ⶒ) neben häufigerem
wâjañ (ⶖⶒ፝ⶒⶒ·ⶒ, Bil. ⶒⶒⶒⶖ·ⶒ) hörend, *bô* neben *bañ* Stirn, *bôr*
neben *baûr* (aus *bakûr* = G. ⶒⶒⶒⶒ·ⶒ) Erstgeborner, *dôsā* (im Quara
dāñša, Amh. ⶒⶒ·ⶒⶒ) Eleusine tocusso. Ueber *ô*, *aû* vgl. §. 9 d.

8) Das *u* ist unser kurzes *u* in Lunte und wird im
Chamir in Folge mangelhafter äthiopischer Schriftbezeichnung
bald mittelst des Vocals der zweiten Reihe (ⶒ·), bald durch
ⶒ· (im Wort- oder Silbenanlaut) ausgedrückt. Mit *ŭ* bezeichne
ich das kurze *u* nach *u*-haltigen Gutturalen; über *u* vgl. §. 6.
Mit *ū* umschreibe ich den langen Vocal der zweiten Reihe (ⶒ·),
sowie mittelst *û* das äthiopische ⶒ· im Status des Schewa
quiescens, z. B. *tû-rú* du tratest ein, aber *tur-ún* ich trat ein;
endlich mit *ü* den Trübungslaut des *u* (gesprochen wie in un-
serm üben u. s. w.), der im Chamir graphisch meist mit dem
Vocal der sechsten Ordnung bezeichnet wird.

2) Lautveränderungen.

A) Die Vocale.

9) Der Vocal *a* wird als helles reines *a* (wie unser *a* in
Wasser) gesprochen:

a) Im Anlaut, wie: *abá* Berg, *aden* jagen, *an* ich u. s. w.,
und es erhält sich an dieser Stelle reines *a* auch dann, wenn
dasselbe den grammatischen Gesetzen zufolge in *i* übergehen
sollte, wie: *aden* jagen, *akeb* sammeln, *aqeb* umarmen, *areg*
altern u. s. w., vgl. dagegen *bidel* schädigen, *biles* ausbohren,
fiqed wollen, *fiṭer* schaffen u. s. w., wie §. 117.

b) Nach Hauch- und K-Lauten, wie: *habt* Besitz, *gas* Kinn,
kamil Rohr, *qalim* Tinte u. s. w., und es hat sich auch hier bis-
weilen reines *a* dann erhalten, wenn grammatisch *i* oder *e* zu
erwarten wäre, wie: *ḥafer* sich schämen, *qaded* zerreissen (für
ḥifer, qided) u. s. w., ebenso *ieqan* lieben, *ṣiqaw* schwer sein (für
ieqen, ṣiqew) u. s. w. Doch erfährt *a* nach den K-Lauten häufig
schon Brechung zu *a*, wie: *akál* (A. ⶒⶒⶒ·ⶒ) Körper, *gab* neben
seltenerem *gab* (Bil. *gāb*) Sprache, *cegár* (A. ⶒ·ⶒⶒ·ⶒ) Noth, sowie
im Verb nach den K-Lauten ursprüngliches *a* schon regelrecht
in *i* und *e* übergegangen ist, wie: *gifer* (A. ⶒⶒⶒⶒ·ⶒ) schäumen,
giûr (Bil. *gaûr*) segnen, *kidem* (Ti. ⶒⶒ·ⶒⶒ·ⶒ) dienen, *qŭilef* (A.
ⶒⶒⶒⶒ·ⶒ) verschliessen u. s. w., ebenso *e* (für ursprüngliches *a*)

nach dem zweiten Radical, wie: *aqeb* (A. አቀራ፡) umarmen, *diker* neben *dakar* (Bil. *daqar*, G. ደሐረ፡) verstossen die Frau, *fiqed* (A. ፈቀደ፡) wollen, *liges* (A. ለገሰ፡) freigebig sein u. s. w.

c) Auch sehr häufig vor den genannten Hauch- und K-Lauten, wie: *laḥ* hundert, *dakar* neben *diker* verstossen die Frau, *daqūsa* Frosch, *laq*, *laχ* Zunge, *sakūa* drei u. s. w., und es hat sich auch nicht selten hier noch reines helles *a* für grammatisch zu erwartendes *i* und *e* erhalten, wie: *maχen* (A. መኸነ፡) unfruchtbar sein, *maχer* (A. መኸረ፡) rathen, *saǧūeṭ* neben *siǧūeṭ* (A. ሸጐጠ፡) verstecken; — *iedag* (G. ኃደገ፡, Ti. ሐደገ፡) verlassen, *iesaq* senden, *qadaq* (G. ቀደሐ፡) schöpfen, *qasaq* (G.ቀጸ'ዐ፡) züchtigen, *naqaq* neben grammatisch regelrechtem *niqeq* (G.ነቀየ፡, A. ነቃ፡) erwachen, *zilaq* (Ti. ሸአሐ፡) mager sein u. s. w.

d) Stets vor folgendem *w*, *ū*, wie: *aū* wer? *laūṭ* verändern, *baū* tragen u. s. w. Bisweilen werden diese beiden Laute zu *ō* zusammengezogen, wie *lô* neben *baū* Stirn u. s. w., §. 7. Nach vorhergehendem *w* wird *a* zu *å* getrübt, wie: ወዸ፡ *wåj* (spr. *woj*, §. 7) hören, ወንጫ፡ (A. ቍንጫ፡) *wånça* Becher. In den meisten Fällen, in denen *a* nach *w* hell und rein gesprochen wird, schreiben die Chamir ቀ *wā*, wodurch der Uebelstand eintritt, dass helles kurzes *a* mit gedehntem *ā* vermengt wird, z. B. ቀሥ፡ (in Wag = Bilīn ቀለ፡, in Lasta ወዸ፡) hören, d. i. *wāz*, jedoch nur wie *wåz* gesprochen. In meiner Umschrift gilt *a* stets für kurzes helles *a*, während ich das getrübte *a* nach *w* mit *å* wiedergebe, also *waz* (in Wag), *wåj* (in Lasta) hören.

e) Auch in Verbindung mit den starken Explosivlauten *ṭ*, *s*, *ç* wird *a* meistens hell und rein gesprochen, wie: *laṭ* (A. ለጠጠ፡) spannen, *bas* spalten, *sar* (Bil. *çā'd*) weiss sein, und aus diesem Umstande erhält sich auch hier oft helles *a* in dreiradicaligen Verben statt grammatisch zu erwartendem *i* und *e*, wie: *çaluq* schielen, *çaneq* pressen, *samer* verbinden u. s. w. für *çiluq (çileqū), çineq, simer*.

10) In allen übrigen Fällen erscheint der Vocal der ersten äthiopischen Ordnung als Brechungslaut *a*, vgl. §. 4. Grammatisch kommt *a*, *a* in Anwendung:

a) Im Präsens vor den Personalendungen, wie: *wàz-å-kún* ich höre, *wáz-r-a-uk* du hörst, *wáz-a-uk* [1] er hört, *wáz-a-c* sie hört u. s. w.

---

[1] *a* vor folgendem *u* häufig wie *o* gehört; vgl. §. 4 und Bilinspr. §. 10.

b) Im Auslaut des Perfect. subordinatum, wie: *waz-á* als
ich hörte, *waz-r-á* als du hörtest (Bilīn dafür *ā* und *œ*).
c) In der Endung des Conditional I, als *wáz-an* (Bil. *was-
an*) wenn ich höre, *wáz-ran* u. s. w.
d) In der Endung des Relativ präsentis: *waz-ár* (Bil. *was-
á-ǵer*) der ich höre, *waz-rá-r* (Bil. *was-rā-ǵer*) der du hörst u. s. w.
e) Alle Nomina auf -*ā* verändern dasselbe vor Postposi-
tionen in *a* oder auch *a*, als: *qŭaṣelá* der Fuchs, aber *qŭaṣelá-s*
den Fuchs u. s. w.

11) Bei Vergleichung von *a*, *a* mit dem entsprechenden
Vocal im Bilīn ersieht man leicht seine fast regelmässige Her-
kunft aus früherem *ā*, z. B. *arát* = Bil. *arát* (Ti.) Ruhebett,
bába = Bil. *bánbā* Sykomore, *bar* = Bil. *bār* lassen, *dad* =
Bil. *dād* treten, *duǵirā* = Bil. *duǵárā* Esel, *dray* (aus *drar*,
§. 51) = Bil. *dirár* (Ti.) Abendessen. *gab* = Bil. *gāb* Sprache,
gŭrábā = Bil. *gŭráb* Morgen, *ṛbánā* = Bil. *irbánā* Pflugschar,
kab = Bil. *kāb* helfen, *kiyán* = Bil. *keǵán* Hochzeit, *kŭárā* =
Bil. *kŭárā* Sonne, *laq* = Bil. *lánqī* Zunge, *lam-t* = Bil. *lám-r*
empfangen, *lálā* = Bil. *láqlā* Biene, -*ma* = Bil. -*mā* Frage-
partikel (cf. מָה und מֶה), *mar* = Bil. *mār* Ledersack, *mázā* =
Bil. *mídā*, plur. *māz* (Ti. ᎌᎀᎍᎁ᎐) Genosse des Bräutigams wäh-
rend der Honigwochen, *mayir* = Bil. *mášir* Sichel, *naq* = Bil.
nāq geben, *nan* = Bil. *nān* Hand, *zárda* = Bil. *sárdā* Rasir-
messer u. s. w. Im selben Verhältniss wie zum Bilīn steht
hierin das Chamir auch zum Tigré, Tigray und Amharischen,
wie: *aderáž* = A. ᎀᎄᎂᎅ᎑ : Empfangssalon, *aládd* = A. ᎀ᎐ᎄ᎐ :
Hälfte, *arján* = A. ᎀᎃᎌᎍ : Nileidechse, *azmár* = A. ᎀᎃᎌᎄ :
Sänger, *asmárā* = A. ᎀ᎐ᎌᎁᎍ : Herbst, *azáj* = A. ᎀᎃᎌᎎ : Be-
fehlshaber, *báqilá* = A. ᎁᎎᎂ : Bohne, *bal* = A. ᎁᎂ : (G. ᎁᎈ᎐ :)
Festtag, *buládd* = A. ᎁᎂᎄᎍ : Stahl, *bálgī* = A. ᎁᎂᎃᎅ : Bauer,
bánderás = A. ᎁᎂᎄᎄᎁ᎐ : Marschalk, *bárā* = A. ᎁᎄᎎᎅ : Sklave,
barítā = A. ᎁᎄᎂᎍ : Nachttopf, *házrā* = A. ᎁᎃᎄᎁ : Stute, *da y* =
A. ᎄᎍ ᎀᎂᎁ : langsam sein, *difár* = A. ᎄᎎᎍᎅ : Held, *filáṣā* = ᎄᎂᎍᎁ :
Jude, *fan* = A. ᎄᎍᎁ : Fackel, *fetál* = ᎄᎍᎅᎂᎁ : Leibtuch, *gáṣā*
= A. ᎃᎅᎁ : Schild, *gidám* = A. ᎃᎄᎌᎁ : Lager, *galímtā* = A.
ᎃᎁᎂᎌᎍᎁ : Hure, *limát* = A. ᎂᎂᎌᎍᎁ : Tisch, *mafúdā* = A. ᎌᎄᎂᎄᎁ :
Geldbörse, *milák* = A. ᎌᎂᎂᎂᎁ : Engel, *márdā* = A. ᎌᎄᎄᎁ : Hals-
kette, *mizán* = A. ᎌᎃᎃᎌᎁ : Wage, *miṭáf* = A. ᎌᎍᎎᎍᎁ : Schrift,
nedádd = A. ᎍᎄᎄᎄᎁ : Typhus, *nifás* = A. ᎍᎄᎂᎁ : Wind, *nas* =

A. ጓስ፣ Mauer, *raz* = A. ፈ.ዘ፣ Storch, *semáy* = A. ሰማይ፣ Himmel, *zengádā* = A. ዘንጋዳ፣ Eleusine multiflora, *senqán* = A. ስንቃን፣ Schnupftabak, *taxás* = A. ታህሳስ፣ Monatsname u. s. w.

12) Vereinzelt steht *a*, *a* auch für früheres *ē* aus *ay* verkürzt, wie: *al* (neben *iel* und *el*, vgl. §. 72, Bil. '*il* aus '*il* = früherem '*ēl*, vgl. unten §. 18) = G. Ti. ዐይን፣ Auge, *çaq* = Ti. ዐይቀ፣, G. ዐየቀ፣ abwirthschaften, *dábā* und *ṭába* = A. ጢፍ፣ Poa abessinica, *qas* neben *qis* = A. ቆስ፣, G. ቀይስ፣ Priester, *nas* (aus *nays*, *nēs*, im Quara noch *lēš*, vgl. §. 71, Note 2) = Bil. *nāqs* bringen. Im Bilīn steht *a* häufig für *ē*, *ay*, so: *saf* neben *sēf* = Ti. ሰይፍ፣ Schwert, *šaṭán* neben *šēṭán* (G. ሰይጣን፣) Teufel, *sákā* = G. ጸይሕ፣ Ebene u. s. w.

13) Langes *ā* besitzt das Chamir nur im Nominalausgang auf -*ā*, wie: *gábā* (Bil. *gábā*) Wort, *gūrábā* Morgen u. s. w., ferner in den Ausgängen des Jussiv und des Subjunctiv, wie: *wáz-jā* (Bil. *wasíyā*) dass ich höre, ausserdem noch in der Fragepartikel -*ā*. Auch lexikalisch hat sich *a* nur in wenigen Wörtern noch erhalten, wie *čās* Furz, *māl* (Bil. *māl*) werfen u. s. w.

14) An *a*, *a* schliessen sich zunächst *e* und *i* als die kürzesten Vocale an. Im Anlaut kommt *e* nur prosthetisch vor, z. B. *e-grib* (aus *e-rgib* = A. እርግብ፣, ርግብ፣) Taube, *e-quwá* = Bil. *šiqūi*, A. ጪቋን፣ Scorpion; *e-χsá* neben *χesá* Knoblauch, *e-sláma* Muslim, *e-siú* (A. ስኗ፣) Nase [1] u. s. w., ferner in den (§. 72 erwähnten) Fällen, in welchen vom anlautenden *ie* das *i* abgefallen ist, wie: *edem* neben *iedem* einladen u. s. w. Der Vocal *e* erweist sich im Chamir als leichter denn *i*, was deutlich daraus zu ersehen ist, dass z. B. *ā* wohl zu *i*, selten aber zu *e* geschwächt wird (§. 16), ferner dass in den drei-radicaligen Verben der erste oder Hauptvocal regelmässig als *i*, der zweite aber als *e* gesprochen wird, z. B. *qidem* (Ti. ቀደመ፣) vorangehen,[2] und dieses *e* in der Flexion unter Umständen ganz ausfällt, als : *qidm-án* ich ging voran (§. 117) u. s. w. Wo aber diese zweite (mit *e* vocalisirte) Silbe den Accent erhält, wie im Imperativ, verwandelt sich *e* in *i* und der Vocal der

---

[1] Vor *u*-haltigen Gutturalen wird dasselbe zu *o* gefärbt, wie *o-χúr* Kinder, *o-gug* neben *gúgue* donnern, vgl. §. 6.

[2] Nur bei reduplicirten Verben lautet auch der zweite Vocal *i*, wie: *ṭirṭir* zweifeln, *ṭiṭik* (für *ṭikṭik*) brodeln u. s. w.

ersten Silbe, weil verkürzt. in *e*, wie: *qedim* geh' voran!
Häufig wird jedoch auch der erste Vocal durch nachfolgendes
i zu *i* gefärbt, wie: *qidim* neben *qedim*. Wo überhaupt *e* den
Accent erhält, verwandelt sich dasselbe in *i*: vgl. z. B. im
Nomen: *absá* (aus *abesá*, A. አንበሳ ፡) plur. *abis* Löwe; *abṭá*
(aus *abeṭá*, A. አንበጣ ፡) plur. *abiṭ* Heuschrecke; *belá* plur. *bil*
Motte; *berá* Blutstropfen, plur. *bir* Blut; *selá* plur. *sil* Messer;
jelbá aus *jelebá* (A. ያልብ ፡) plur. *jilib* Schiff, Nachen, worin das
zweite *e* wegen des Accentes zu *i* übergegangen und durch dieses
auch das erste *e* zu *i* gefärbt worden ist. Diese Färbung unter-
bleibt, wenn *e* durch einen folgenden Doppelconsonanten ge-
schützt ist, z. B. *meqbir* (A. መቅብር ፡) Grab. Auch durch Ein-
fluss eines folgenden *y* wird *e* zu *i* gefärbt, wie: *kiyan* = Bil.
keján Hochzeit, *ziyá* = Bil. *zegá* Fleisch, *siyá* = Quara *çegá*,
G. ጸጌ ፡ Blume u. s. w.

15) Bei Vergleichung mit dem Bilin steht dem Chamir *i*,
e, allerdings bisweilen auch der gleiche Vocal gegenüber, in
der Regel aber führt Chamir *i, e* auf ein Bilin *a* zurück, wie:
ig = Bil. *ag* Oheim; *arem* = Bil. *aram* jäten; *bin* = Bil.
ban Lohn; *dib* = Bil. *dab* begraben; *digurá* = Bil. *dángurá*
Stein; *degrá* = Bil. *dagrá* Dreck; *dikü* = Bil. *dâk* oder *dauk*
vorbeiziehen; *diker* = Bil. *daqar* entlassen die Frau; *fiz* =
Bil. *fad* säen; *gebá, gbá* = Bil. *gabá* Seite; *gim* = Bil. *gam*
herabsteigen; *gin* = Bil. *gan* altern; *güiz* = Bil. *güad* pflügen;
giúr = Bil. *gaúr* segnen; *jená* = Bil. *ganá* Mutter; *kib* =
Bil. *kanb* Kälte empfinden; *kil* = Bil. *kar* brechen; *kiû* = Bil.
kañ Haus; *qires* = Bil. *qaraç* schneiden; *ligem* = Bil. *laqam*
sammeln; *ligez* = Bil. *lagad* gross werden; *liñá* = Bil. *lañá*
zwei; *šib* = Bil. *sab* stechen; *sibrá* = Bil. *sàbará* Schlange;
zig = Bil. *zay* Schulter; *sezá* = Bil. *sajá* vier u. s. w. Dasselbe
Verhältniss zeigt sich zwischen dem Chamir und dem Tigré,
Amharischen, wie: *ásker* = A. አሽከር ፡ Knabe; *begá* plur. *big*
= A. በግ ፡ Schaf; *biqlá* = A. በቅሎ ፡, G. በቅል ፡ Maulthier;
biqel = A. በቀለ ፡ wachsen; *bir* = A. በረረ ፡ fliegen; *birá* =
A. በሬ ፡ Stier; *birbir* = A. በረበረ ፡ auf Raub ausgehen; *birre*
= A. በር ፡ Zollplatz; *birid* = A. በረድ ፡ Hagel; *birekit* = A.
በረከት ፡ Ehrengeschenk; *dis y* = A. ደስ አለ ፡ sich freuen;
dirbe = A. ደርብ ፡ Stockwerk; *genzib* = A. ገንዘብ ፡ Schatz;
girid = A. ገረድ ፡ Magd; *gelbá* (plur. *gilib*) = A. ገለባ ፡ Stroh;

gūit = A. ጕተተ፡ ziehen; *cikäl* = A. ፙኰለ፡ eilen; *cinker* = A. ፙነከረ፡ nageln; *kiber* = A. ከበረ፡ Ehre geniessen; *kür* = A. ኰራ፡ stolz sein; *kälil* *y* = A. ኰለለ፡ አለ፡ trippeln; *qülef* = A. ቄለፈ፡ verschliessen; *qilṭef* = A. ቄለጠፈ፡ thätig sein; *qist* = A. ቀስት፡ Bogen; *lib* *y* = A. ለብ፡ አለ፡ lau sein; *liyem* = A. ለገመ፡ träge sein; *liges* = A. ለገሰ፡ freigebig sein; *lislis* = A. ለሰለሰ፡ zart sein; *nigez* = A. ነገሠ፡ König werden; *rigef* = A. ረገፈ፡ herabfallen; *tikel* = A. ተከለ፡ pflanzen; *tikäs* = A. ተኰሰ፡ anzünden; *wiger* = A. ወቀረ፡ bauen u. s. w.

16) Einem früheren *ä* entspricht *i* in *dig* = Bil. *däg* ausser; *zin* = Bil. *dän* plur. *žän* Bruder; *wikä* = Bil. *wäkä* neben *wäkä* Hyäne; *win* = Bil. *wän* (A. ፀለ፡, G. ወዐለ፡) bleiben, sein. Häufig steht *i* = Amh. *ä*, wie: *abit* = አበተ፡ festnehmen; *erkib* = እርከብ፡ Steigbügel: *awij* = አዋጅ፡ Proclamation; *libbileba* = ልብስለብ፡ Unterhose; *mirek* = ማረከ፡ erbeuten; *misen* = ማሰን፡ schwach sein: *miryä* = ማርያ፡ Abtritt; *sibbä* = ሳምብ፡ Lunge; *sil* = ሰለ፡ schärfen; *žilä* = ሽህለ፡ Essig u. s. w.

17) Aus *i* verkürzt zeigt sich *i*, *e* in: *açenä* = G., Ti. ጎዴን፡ der Speer; *fig* = Bil. *fiug* blasen; *jig* = Bil. *jig* verarmen; *likü* = Bil. *liuk* Wegzehrung; *fändiyä* = A. ፋንዴያ፡ Mist; *midä* = A. ማዴ፡ Kamm; *mizän* = A. ማዛን፡ Wage; *qüalimä* und *qüälemä* = A. ቋለማ፡ Dickdarm. Dieselbe Verkürzung tritt regelmässig ein bei Mouillirung von ursprünglichem *tī*, *ṭī*, *dī*, *sī*, *kī*, *gī* zu *ci*, *c*, *çi*, *ç*, *ji*, *j*, *ši*, *š*, vgl. §. 39, 42 und 63.

18) Einem früheren *ē* entspricht *i* (Mittelstufe *ī*) in: *etigi* = A. እቲዝ፡ Königin; *bäqilä* = በቀለ፡ Bohne; *jig* (Bil. *jig*) = A. ዘገ፡ verarmen; *jimä* = ዘማ፡ Tanz; *limät* = ሌማት፡ Tisch; *tenzäy* = ተንዛኤ፡ Auferstehung (Christi), Ostern; *ṭizä* = ጠዛ፡ der Thau.

19) Als Verkürzungslaut aus *ū*, *u*, *o* zeigt sich *i*, *e* in: *felta* plur. *filit* = Bil. *filätä* Floh; *giräbä* (und *güräbä*) = Bil. *güräb* Morgen: *çin* = Agaumeder *côn*, Bil. *çawan* Männchen bei Thieren; *ti* = Bil. *tü* allein, einsam. Ebenso im Verhältniss zum Amharischen, wie *brind* = ብሩንደ፡ rohes Fleisch; *dibil* = ደቡብ፡ Süd; *dil* = ዶለ፡ festsetzen; *dir* = ዱር፡ Wald; *gibbenä* = ገብኝ፡ Eidechse; *giffä* = ገፍኝ፡ Katarrh; *gügiyä* neben *gügüyä* = ጕጕት፡ Eule; *gic-rä* = ጕንፈ፡ eine bestimmte Getreidesorte: *girb* = ጕልብት፡ Knie; *cil* = ሽል፡ (G. ኰሕለ፡)

Spiessglanz; *cikel* neben *cikŭl* = ፏኩለ **:** eilen; *jiñ* und *juñ* finden; *minŝi-á* Wechselfieberanfall == መንኝ **:** Wechselfieber; *misib* = መሰብ **:** Korb; *yim* = ሸሙ **:** in ein Amt einsetzen; *ŝim* = ሹም **:** Gouverneur (vgl. §. 48).

20) Die Uebergangsstufe von *u, o* zu *i* bildet der Laut *ü*, wie man dies noch aus Varianten leicht ersehen kann, wie: *azín* neben *azün* = A. እሮም **:** Bräutigam; *ginbít* neben *genbüt* = ግንበት **:** ein Monatsname; *ki* neben *kü* und *ku* = dein; *qerbi*, *qirbí* neben *qürbi* und *qŭrbi* Haut; *qiṣel* und *qŭṣel* binden; *siq* neben *süq* und *suq* trinken; *süyánä* neben *suqánä* (vgl. §. 71) Getränke; *žitíl* neben *žütíl* (zunächst aus *ziŭtil*, G. ሰውተለ **:**, §. 15) = A. ሸተለ **:** Dolch.

21) Zu *o, u* (jenes meist im Anlaut, *u* mehr im Inlaut) färbt sich *i, e* vor folgenden *u*-haltigen Gutturalen, wie: *oyug* neben *gŭigŭe* donnern; *okŭl* (d. i. እከለ **:**) gleich sein, Denom. von Ti. እኩለ **:** gleich, entsprechend; *oq* (እቀ **:**) = Bil. *ungŭi* (እንጉ **:**) Brustwarze; *bukŭrtä* = A. ብርኩታ **:** eine bestimmte Brodsorte; *doges* (für *digŭes*, A. ዶጎሰ **:**) zusammenpressen; *duk* (ዱኩ **:**) sprechen; *duklá* (A. ዱኩለ **:** Antilope decula; *donqŭr* und *dunqŭr* (A. ዶነቄረ **:**) taub sein; *zohón* (A. ዝሆን **:**) Elefant u. s. w., obwohl im Chamir für *o, u* ebenso häufig *i, e* erscheint, abweichend vom Bilin, das in diesen Fällen beinahe ausnahmslos *i, e* zu *o, u* färbt (Bilinspr. §. 10 f.)

22) Ebenso färbt sich *i, e* zu *u* vor folgendem *w*, wie: *aruwá* (Saho *arabá*) Dorfrath, Gemeinderath; *gilŭwá* Mann; *çiçuwá* Meerkatze; *çuwá* Salz; *jilŭw* umdrehen; *kuw* tödten; *lilŭw* heucheln; *luwá* Kuh; *milŭwá* Kind; *mayuwá* Kalb; *tuw* eintreten u. s. w. Im Bilin verdumpft sich *i, e* zu *u* auch vor *m* (Bilinspr. §. 19 a), was im Chamir selten vorkommt, doch hört man häufiger statt *i, e* vor *m* ein *ü*, wie: *delúm* und *delüm*, *dilím* Schlauch; *dumdumát* und *dümdümát* (A. ዱምዱማት **:**) Tragbalken; *dümená* Reibstein; *gümená* Ecke, Winkel; *sekím* und *sikím* (Bil. *sikúm*, ስክም **:**, G. ስኩም **:**) Gerste u. s. w.

23) Gänzlich abgefallen ist (ein aus *a* gekürztes) *e* bei drei- und mehrradicaligen Verben in der Flexion in Folge stärkerer Betonung der folgenden Silbe, wie *arm-án* ich jätete, aber *àrem-rú* du jätetest (wo *e* zum Vorschein kommt, um der übermässigen Consonantenanhäufung auszuweichen), *arím* jäte! (vgl. §. 14), *àrem-s-án* ich liess jäten. Ebenso im Nomen, wie:

amrá, aber plur. *amít* (§. 14) = Bil. *ámará* Jahr; *adágŭr* = Bil. *adángŭal* Bohnen: *aržá* = Bil. *arasá* Bauer; *aŭr* = Bil. *agŭar* Kopf: *gebá* und *gbā*, *gŭā* = Bil. *gabú* Seite; *sibrá* = Bil. *sàbarú* Schlange; *wirbá* = Bil. *wârabú* Fluss u. s. w. Ebenso: *absá* = A. አንበሳ፡ Löwe; *abṭá* = A. አንበጣ፡ Heuschrecke; *armi* = A. አረሚ፡ Heide; *gelbá* = A. ገለበ፡ Stroh; *qümtá* = A. ቀብት፡ Herd; *qürmbi* = A. ቄረምቢ፡ Kitzlein; *ṭṛbá* = A. ተለበ፡ Lein; *ṭṛmús* = A. ተርሙስ፡ Glasflasche u. s. w. In *esíñ* (aus *e-siñ*) = A. ስናን፡ Nase, zeigt sich sogar Abfall von *ā*.

24) Das *ī* kommt grammatisch vor in der Endung der tertia sing. fem. generis des Futurums: *wás-tī* sie wird hören; ferner im Adjectiv fem. generis, wie: *lib-í* (masc. *lib-ú*) klug; *hañ-i* dumm; *hayl-i* stark; *ligm-i* träge; *lislis-i* zart u. s. w. In den meisten Fällen ist *ī* aus *ē* und *ay* hervorgegangen, wie: *ir* neben *ayír* Vater (* īr* also zunächst aus *ēr*); *barítā* = A. ባሪት፡ Nachttopf; *balgi* = ባለዝ፡ Bauer; *baltit* = A. ባልቲት፡ Witwe; *bíreli* = A. ብርሊ፡ Krystall; *gübi* (nur in *abba-gübí* Schildkröte) = Ti. ጉቤ፡ der Schild; *gürbit* = A. ጎርቤት፡ Nachbar; *gümárī* = A. ጉማሪ፡ und ጎማሪ፡ Flusspferd; *giñi-rā* = Bil. *gehě-rā*, G. ግሔ፡ Klippschliefer; *kīs* (neben *cis*) = Ti. ኂስ፡, G. ኂስ፡ besser sein; *qogmín* = A. ቅጉምን፡ ἐπαγόμεναι; *līs* (aus *lays* = *laqes*, §. 71) = A. ለቀስ፡ wehklagen; *rížā* = A. ሬስ፡ Leichnam; *síf* (neben *síf*) = A. ሰይፍ፡ Schwert: *zílā* = Quara *jēlā* (aus *jáylā* = Bil. *jâgalá*, vgl. §. 71) Vogel; *silín* = ሰለን፡ Strohmatte; *síṭán* = A. ሰይጣን፡ Teufel: *šamí* = A. ሻሚ፡ Glasperle; *šemín*, *šimín* = A. ሰምን፡ Nord u. s. w. Ueber die Verkürzung von *ī* zu *i* vgl. §. 17.

25) Der Vocal *ē* ist ein Mischlaut aus *a + i* und kommt im Chamir grammatisch nur im Relativ der dritten Person sing. fem. generis für *ay* vor, wie: *waz-r-ě* neben *waz-r-áy* (= Bil. *was-r-á-rī*, vgl. §. 51) welche hört. In allen übrigen Fällen hat sich früheres *ē* (und *ay*) in *ī* und *i* verkürzt, vgl. §. 24 und oben §. 18.

26) Langes *ū* kommt grammatisch nur vor im Singular des Verbaladjectivs masc. generis, wie *hayl-ū* stark, *lib-ú* klug. *ligm-ū* träge u. s. w., ferner in der Endung der dritten Person sing. masc. generis des Futurums, wie: *was-tū* (fem. *-tī*) er wird hören. In diesen beiden Fällen vernahm ich stets lang gedehntes *ū*. Zweifelhaft erscheint mir *ū* in der Perfectendung,

sowie in den Fällen, in denen *u* nach Ausfall eines *u*-haltigen
Gutturals übrig geblieben ist. Bindu schrieb mir zwar von *waz*
hören, das Perfect also auf: **ፉሙ፡ኝ** (Bil. **ፉስኹኝ**፡) ich hörte,
ፉሥ፬፡ (Bil. **ፉስርኹ**፡) du hörtest, **ፉሙ**፡ (Bil. **ፉስኹ**፡) er
hörte u. s. w., demnach *waz-ūn* (nicht *wāz-ūn*, §. 9 d), *waz-r-ū*,
waz-ū, er sprach aber diese Formen ganz deutlich: *waz-ŭn*,
waz-r-ŭ, *waz-ŭ*; ebenso, kurz und betont, wurde die Perfect-
endung von Birru aus Soqota gesprochen, er schrieb aber auch
dieselbe genau so wie Bindu aus dem Wag. Ebenso schrieb
Birru: **መ፡ካኝ**፡ ich trug, sprach es aber: *mutŭn* (d. i. *mŭ-t-ŭn*
= Bil. **ምፉርኹኝ**፡ *muqŭ-r-qŭn*), desgleichen **ቡ፬**፡ (Bil. **በፉፖ**፡
buqrā) Mehlgrütze, sprach es aber deutlich: *burá* mit kurzem *u*.
Bedenkt man nun, dass in der äthiopischen Schrift keine Mög-
lichkeit geboten ist, kurzes *u* (ausser nach K-Lauten und
mittelst **ወ**, aber dieses letztere nur im Anlaut) graphisch auf
andere Art als durch die Länge des *u* darzustellen, so scheint
es sicher sehr wahrscheinlich, dass das Chamir in den genann-
ten Perfectendungen nicht *ū*, sondern nur *u* besitzt; demgemäss
umschreibe ich dieselben mit *u* (nicht *ŭ*).

27) Langes *ū* in den genannten Perfectendungen vernahm
ich nur in Wurzeln mit schliessendem *w*, wie von *hašuw* lügen,
Perf. *hašŭn* (neben *hašw-ún*) ich log u. s. w., ferner bei Verben
mit schliessendem *u*-haltigen Guttural, z. B. von *kŭ* sein, Perf.
kūn (aus *kŭ-ŭn*) ich war, *kū* (aus *kŭ-ŭ*) er war, aber *kŭ-r-ŭ*
du warst.

28) Langes *ū* entspricht auch früherem *ū*, *ô*, *aû*, wie: *yū*
= Bil. *yaû* und *yô* Hüfte;[1] *sinú* = Bil. *sanó*, A. **ስፕ**፡ (doch
G. **ስን-ይ**፡) Montag; *žūrā* (Bil. *zúrā*, aus *zôt*, *zaût*, vgl. §. 43c)
= G., Ti. **ውፖት**፡ Aehre; *edú* = G. **ዕዴ**፡ aus **ዕዳመ**፡ Schuld;
hamút = **ሕፕት**፡ Galle; *tabút* = **ታበት**፡ Bundeslade.

29) Lexikalisch steht *ū* ziemlich häufig einem *ū* verwand-
ter Idiome gegenüber, wie: *qalúnā* = Bil. *kaqalúnā* Ei; *telúsā*
== Bil. *talqúsā*, *talqŭsā* ficus lutea, wie in den Lehnwörtern:
búdā Wehrwolf, *bún* Kaffee, *barúd* Pulver, *mafúdā* Geldbörse,
nugúz König u. s. w.

---

[1] Umgekehrt steht Bilin *ū* = Cham. *ô*, *aû* in: *usári* — Cham. *ôsráy*, *ôsrŭ*
weiblich; *sûk* = Cham. *zóq* und *zañq* schlachten; *zŭwā* und verkürzt
zuwá = Cham. *zôwā* Regen; *mašū* = G. **መፀወ**፡ Frühling.

30) Viel häufiger wird aber im Chamir früheres *ū* zu *u* gekürzt, wie: *dirunā* = Bil. *durgúnā* ficus bengalensis; *ânát* = Bil. *únar* Woche; *ăǧŭśtá* = A. አኩስታን ፡ (Abbadie, Dictionn. pag. 545; mir wurde dieses Wort aber: አፉስታ ፡ und አቴስታ ፡ aufgeschrieben und *aqóstā* ausgesprochen) Fischotter; *bulád* = A. ቡላድ ፡ Feuerstahl; *gŭmárī* = A. ጉማሬ ፡ Flusspferd; *kŭfdá* = A. ኩፍታ ፡ rothe Kappe; *gŭgŭyá* (neben *gŭgiyā*) = A. ጉጉት ፡ Eule.

31) Ebenso entspricht Cham. *u* in nicht seltenen Fällen einem frühern *ō*, wie: *amurá* = A. አሞሬ ፡ Geier; *gŭjá* = ጎጀ ፡ Hütte; *gŭrbit* = ጎረቤት ፡ Nachbar; *gŭbi* = Ty. ጎቤ ፡ Schild; *mešχŭt* und *mesχót* = A. መስኮት ፡ Fenster u. s. w. Und da *ua* im Tig. und Amh. häufig wie *o* gesprochen wird (vgl. auch §. 7), so steht auch Cham. *u* = früherem *ua*, wie: *gŭśá* = A. ጎሽ ፡ Büffel; *qŭrmbi* = ቄረምቢ ፡ Kitzlein; *sàgŭnā* = ሰጎን ፡ und ሰጕን ፡ Vogel Strauss u. s. w. Diese letzteren Fälle erklären sich leicht nach §. 23. So steht *gŭśā* zunächst für *gŭeśā* aus früherem *gŭaśā*, und thatsächlich hat sich bei einsilbigen Wörtern auch noch eine völlere Form erhalten, wie bei: *qŭŭb* (ቍብ ፡, *i* für *e* wegen der Betonung, §. 14) Kappe, *kŭŭr* = ከሬ ፡, ኮሬ ፡ stolz sein; bei dreiradicaligen Stämmen fällt aber *e* ab, wie: *kŭlíl y* (aus *kŭelíl y*) = A. ኮለል ፡ አለ ፡ trippeln u. s. w.

32) Abgefallen ist *u* (= früherem *ū*, *ō*) in *feltá* = Bil. *filŭtā* Floh; *krbrá* = Bil. *kalanbŭrā* Trommel; *agdá* = A. አክት ፡ Heuschrecke; *galímtā* = ጋለምታ ፡ Hure. Ebenso in der Flexion, z. B. *cikl-án* ich eilte, aber noch *cikŭl-dá* du eiltest, *cikŭíl* eile! (A. ፕኩለ ፡) u. s. w. In *duklá* (aber noch. plur. *dukŭíl*) für *dekŭlā* aus A. ይኩለ ፡ Antilope decula, und ähnlichen Fällen ist die Existenz eines früheren *u*, *ū* nur noch in der dunkeln Färbung des dem *u*-haltigen Guttural vorangehenden Vocals ersichtlich.

33) Ueber die *o*-Laute und die verschiedene Bezeichnung derselben: *o, o, ō, ô* vgl. §. 6 und 7. Langes *ō* kommt nur lexikalisch im Gebrauch vor, und zwar meist blos in Lehnwörtern, wie: *qōyáyā* = Ty. ቆቃሀ ፡ das Frankolinhuhn, *hōdám* = A. ሀዳም ፡ gefrässig, *mōlál* = ሞላ ፡ schmal u. s. w. Das *ô* erscheint grammatisch neben *aâ* in der Masculinform des Relativs tertiae singularis, als: *waz-aâ* und *waz-ô* (Bil.

was-áuχ) welcher hört. ebenso ziemlich häufig lexikalisch, wie: *lô* neben *laû* (Bil. *láuχ,* ᎭᎨᎡ *:*) komm! *zôq* neben *zaûq* opfern, schlachten, *fô-t* athmen (Reflexivform von *faû* blasen) u. s. w. Ueber *ôsráy, ôsrê* weiblich, *zôw* regnen, vgl. §. 59 ; in *aûzáuā* Palmsonntag = A. ᎮᎯᎤᎬ *:* hat sich umgekehrt *ō* in *aû* gedehnt.

B) Die Consonanten.

a) Die T-Laute.

34) In der Regel entspricht einem Cham. *t* auch im Bilīn der gleiche Laut. wie: *bit* = Bil. *bit* Staub; *bettá* = Bil. *bitá* Laus; *feltá* = Bil. *filútā* Floh; *iet, et* = Bil. *int* kommen; *litaq* = Bil. *lataq* besiegen; *sohotá* = Bil. *sajûatá* acht; *šušut* = Bil. *šutut* (aus *šutšut*) ausgleiten ; *tak* = Bil. *tak* gleichen ; *tellá* = Bil. *tíllà* Arznei: *tī* = Bil. *tū* allein; *tuw* = Bil. *tuw* eintreten; *tayír* = Bil. *teġrí* Tante u. s. w. Zu erwähnen ist, dass mein Gewährsmann Birru aus Soqota in Lasta anlautendes *t* stark explosiv wie *ṭ* (ᎀ) sprach, wofür Bindu aus dem Wag gewöhnliches *t* und auch da einsetzte, wo in den verwandten Idiomen *ṭ* erscheint, wie: *ṭab* (Bil. *ṭa'aub*) = *tab* (bei Bindu) schlagen; *ṭelásā* (Bil. *ṭalyúsä*) = *telásā* ficus lutea; *ṭakat* (Bil. *taġat*) = *takat* Nähe; *ṭalíkā* (A. ᎧᎰᎸ *:*) = *talíkā* Zinnbecher; *ṭilšá* = *tilšā* Feuerfunke; *ṭimbaχûá* = *timbaχûā* Tabak u. s. w.; vgl. auch Prätorius, Amharische Sprache, S. 88, §. 62 a.

35) Ebenso erscheint Cham. *d* in den meisten Fällen = Bilīn *d*, wie: *dad* = Bil. *dād* treten; *dib* = Bil. *dibb* bedecken; *dig* = Bil. *dáy* über, auf; *deġrá* = Bil. *duġrá* Dreck; *dáġūrá* = Bil. *dángūrá* Fels; *dikŭ* = Bil. *dauk, dák* vorüberschreiten; *daχárá* = Bil. *duqárā* Esel; *dirunā* = Bil. *darġānā* Sykomore; *adóġūr* = Bil. *adángûal* Schminkbohnen; *àderá* = Bil. *adurá* Herr; *qadd* = Bil. *qadad* zerreissen ; *zárdā* = Bil. *sárdā* Rasirmesser.

36) Selten zeigt das Chamir ein *d* für früheres *t*, so z. B. *adrá,* plur. *adír* = Ti. ᎁᎵᎴ *:* Küchenerbse; *aydá* = Ti. ᎧᎲ᎒ *:* Heuschrecke; *dik* neben *tik* = Bil. *tik* gut. schön; *dikŭs* neben *tikŭs* = A. ᎲᎮᎩ *:* anzünden; *disíû* Gewohnheit, *disiû-t* = G. ᎈᎷᎸᎦ *:* sich gewöhnen; *gûid* = A. ᎧᎴ *:*, Ty. in Hamasen ᎲᎴ *:* aufgraben; *kūfdá* = A. ᎲᎧᎰ *:* Kappe; *laudá* (in Soqota) = *lauatá* (in Wag, Bil. *lauatá*) sieben, septem. Derselbe Wechsel zwischen *t* und *d* erscheint im Genetivexponenten,

indem nach *n*, *l*, *r* statt des sonst üblichen *t* ein *d* gebraucht wird, wenn das folgende Nennwort mit einem Vocal beginnt, z. B. *zin-d uqũr* Bruders Sohn (dagegen z. B. *Birrú-t ũin* Birru's Haus) u. s. w. Für *ṭ* erscheint *d* in: *dadád y* trübe, durchwühlt sein (Wasser) = A. ጸዴጠ፡; *duv* (zunächst aus *diqev*, *diquv*, §. 69) = G. ጠቀበ፡ nähen; *χüdá* — Bil. *qiṭ* pudendum muliebre; *dábā* und *ṭábā* der Tef = A. ጤፍ፡

37) Die beiden stark explosiven Laute *ṭ* (ጥ) und *ṣ* (ጽ), sowie das *ẓ* (ፅ). obwohl dieselben sehr häufig im Chamir vorkommen, sind doch vermuthlich nicht ursprüngliche Laute des Agau, weil dieselben, wenigstens nach dem mir vorliegenden Sprachmateriale zu schliessen, nur in Wörtern, die dem Semitischen entlehnt sind, sich vorfinden. Ueber die Aussprache derselben vgl. Bilīnspr. §. 4.

38) Lautübergang von *t* zu *s* ist im Chamir ziemlich selten zu beobachten. so z. B. *ṣabes* = Ty. ጸበተ፡ Diarrhoe haben; *cibes* = G. ከበተ፡ verbergen:[1] *sikel* = G. ተከለ፡ nageln; ebenso ist *mus-ánā* aus *muks-ánā* (Verschneidung, nur concret gebraucht in der Bedeutung: castrirter Bock) zu A. መኰተ፡ castrare, zu beziehen (vgl. §. 69). Hieher gehört wohl auch *küarz* (Bil. *kŭarad*) Arm, Armlänge, Elle = G. ኵርናዕ[ት]፡. Wechsel zwischen *ṭ*, *ṣ*, *ẓ* und *s* zeigen: *ames* = A. ዐመጠ፡, Ti. ዐምፀ፡ (cf. חמס) ungehorsam sein; *azün* Bräutigam = A. እጮኛ፡, zu G. ሐፀየ፡ gehörig; *basbes* = A. በጠበጠ፡, Ti. በጽበጸ፡ in Wasser auflösen (z. B. den Kalk); *hanses* = A. አነጠጠ፡ drechseln: *qires* = A. ቈረጠ፡, G. ቈረፀ፡ schneiden: *χäresmá* = A. ቍርጥማት፡ Rheumatismus; *qemsá* Kamellaus. vgl. A. ቍንጫ፡, G. ቍንጽ፡ (cf. Ar. قَمْص) pulex; *qiser* (neben *χáṣer* Dornenzaun, A. አጥር፡, Ti. ሐፆር፡) = A. ቀጠረ፡, G. ቀጸረ፡, ሐጸረ፡ einhegen; *ñas* und *ñaẓ* (Bil. *naš*) Knochen; *sig* = A. ጠቀጠቀ፡ zerstossen.

39) Uebergänge von *t* zu *c*, *ṭ* zu *ç* und *d* zu *j*, meist in Folge eines dem *t*-Laut folgenden *ι*, *i* bewirkt, sind ersichtlich:

---

[1] Zweifelhaft ist es, ob *birkes* ein Ehrengeschenk geben, hieher gehört; es scheint mir eine Causativform = A. አበረከተ፡ und aus *birket-s* (vgl. §. 88), daraus *birkes-s* und verkürzt *birkes* entstanden zu sein; ebenso *milkes* bezeichnen, anzeichnen = A. አመለከተ፡ d. i. ein Zeichen (ምልክት፡) machen, *milket-s*.

a) In der dritten Person sing. fem. generis des Präsens wie des Präteritums, wie: *waz-á-c* = Bil. *was-á-tī* sie hört; *wáz-ec* (vgl. §. 42, Note 2) = Bil. *wás-tī* sie hörte.

b) In der zweiten Person der Einzahl des Imperativs bei den auf *t*, *ṭ*, *d* auslautenden Verben, wie: *kiníe* = Bil. *kin-tí* lerne! (vgl. §. 133): *šagñíç* verstecke! von *šágñeṭ-ú* er versteckte (A. ሽጕጠ ፡): *daj* (doch auch *dad*) = Bil. *dádī* trete!

c) Lexicalisch zeigt sich derselbe Lautwandel in: *címtā* = Bil. *tímtā* junger Stier; *fíçerá* = Bil. *jinṭírā* Ziege; in der Postposition *-cik* neben *-tik* bei, neben; *jirbá* neben *dirbá* Rücken; *jīrwcá* = Bil. *dīrwcá* das Huhn; *menjíl* = A. መንዲል ፡ Handtuch; vgl. auch *çíçwcá* und A. ጠጥ ፡ (vielleicht aus ጠጥቅ ፡) Cercopithecus griseo viridis (§. 40); *çiq-ñá* Genauigkeit = G. ፕይቀኘ ፡, cf. *çiqñá kŭarešŭ* (G. ተጕምዕ ꝑ ፡ ፕ቙ ꞏ) er wurde sehr zornig (*çiqñá* Accusativ = in hohem Grade).

40) Aus diesen genannten Quetschlauten hat sich *š*, *ž* entwickelt in: *qimeš* (wohl zunächst aus *qimee*, *qinee*) sich gürten, vgl. G., A. ቀኘተ ꞏ und in *hamáža* (zunächst aus *hamáśā*) Schwager = A. ኣጣኚ ꞏ (wohl aus *amát-ī* zur Schwägerschaft gehörig); *ḥarbáša* = A. ኣርበኛ ꞏ Termitenhügel; *šallā* = ጠላ ꞏ, ⵀⵗ ꞏ Bier. Dem Bilin *š*, *ž* gegenüber hat das Chamir häufiger die früheren Laute *e*, *ç*, *j* bewahrt, wie *çefqá* und *ṣefqá* (cf. A. ⵛⵚⴼⴘ ꞏ, G. ⵦⴼⴘ ꞏ dicht sein), Bil. und Quara *šibká* Haar; *eaj* viel, zahlreich sein, aber Bil. *šīg*; *cay*, Bil. *šaj* pissen; *cinkír*, Bil. *šiakár* Nagel; *çeçínā*, Bil. *žinžā* (aus *šinšā*), Agau von Agaumeder *ṣinṣā*, Ti. ⵤⵗⵛⴿ ꞏ, G. ⵥⵗⵥ ꞏ Fliege; *caw*, Bil. *šūe*, A. ⵛⵀⵡⵗ ꞏ bitten; *çwcá*, Bil. *šwcá*, A. ⵛⵀⵡ ꞏ, G. ⵦⵡ ꞏ Salz; *gñaçír-tā* (A. ⵗⵦⵗ ꞏ), Bil. *gráśā* Stachelschwein; *inçír*, Bil. *nišír* Schwärze; *jiñ*, Bil. *žiñ* rufen, nennen u. s. w. Ebenso gegenüber dem Quara, wie: *çíçwcá*, Quara *šišwcá* (A. ⵀⵗ ꞏ) Cercopithecus griseo viridis; *ceyár* (A. ⵝⵦⵛ ꞏ), Quara *šiyār* Noth; *cikŭl*, Quara *šikŭl* eilen u. s. w.

41) Wie Zischlaute aus den T-Lauten entstanden (§. 38), diese aber auch in Quetschlaute übergegangen sind (§. 39), so zeigen sich auch Uebergänge von den Zischlauten zu den Quetschlauten, wie: *qŭrçá* Schnitt und *qiríç* schneide! von *qires* schneiden (§. 38); ebenso: *wáj* (in Lasta) und *waz* (in Wag) = Bil. *was* hören. Gegenüber dem Bilin hat übrigens das Chamir häufiger die Zischlaute bewahrt, wie: *suq*, *sŭq* und *siy*,

3

aber Bil. *ji'* (**ጄ-ዕ ፥**) trinken: *zĭlā*, im Quara *jĕlā* (zunächst aus *jaylā*, vgl. §. 71), Bil. *jăjalá* Vogel; *zĭruwá* (aus *zirgŭā*), Bil. Quara *jŭrgŭá* [1] Weizen; *zilĭl*, Bil. *jilĭl* Eingeweide u. s. w.

42) Ebenso zeigt sich Uebergang von *s, z* zu *š, ž* im Imperativ bei den auf *s, z* auslautenden Verben, durch Einfluss eines folgenden *ī*, wie: *kin-iš* [2] = Bil. *kin-si* lehre, zeige! *naš* bringe, reiche! von *nas* (Causativ von *naq*, für *naq-s* = Bil. *nāq-s*, im Imperativ *năq-sī!*) u. s. w. Innerhalb des Chamir erscheint *š = s* in: *šib* (Wag) = *sib* (Lasta, im Bil. *sab*) stechen; *žŭŭ* (Wag) = *zŭŭ* (Lasta, im Bil. *žŭŭ*) Name, vgl. *jŭŭ* und *jŭŭ* rufen, nennen. Der gleiche Lautwandel zeigt sich in *eš* = Bil. *is* machen; *kaž* = Bil. *kajas* (Ti. **ጎባ፥**) gähnen: *kišŭŭ* = Bil. *kasŭŭ* Morgen: *šakŭá* = Bil. *sagŭá* drei: *žáñā* = Bil. *zánā* Höcker: *žŭrā* = Bil. *zŭrā* Aehre (cf. Ty. **ሽዊት፥** und G. **ሠዊት ፥**); *žitĭl, žütĭl* (A. **ሽተል ፥**) = Bil. *sôtal* (G., Ti. **ሰወተል ፥**, vgl. §. 20) Dolch: *šišáy* = A. **ሲሰይ፥** Nahrung; *šimĭn* = **ሰማን፥** Nord (vgl. die äthiop. Nebenform **ሴማን፥**, die im Chamir nach §. 18 zu *sīmīn* wurde, woraus *šemĭn* und *šimĭn* nach §. 14); *soχŭná* = **ስኩና፥** Huf; *aǰŭstá* = **አኩስታን፥** (vgl. §. 30) Fischotter; *rĭzā* = **ሬስ፥** Leichnam u. s. w. In manchen Fällen hat jedoch das Chamir noch *s* bewahrt, wo dasselbe z. B. im Bilīn in *š* übergegangen ist, wie: *ñas* neben *ñaž*, Bil. *naš* Knochen; *qazqaz*, Bil. *qažqaž* kalt sein; *gisá*, Bil. *qišót* Dorf; *qĭzā*, Bil. *qánšā* (Ti. **ቃንሻኝ ፥**) Strohhalm.

43) Ungemein häufig findet im Chamir Uebergang statt von *t* zu *r*; regelmässig tritt derselbe ein:

a) Von der dritten Person der Einzahl an in den Tempora und Modi gegenüber dem *t* der ersten und zweiten Person singularis und der zweiten pluralis, und zwar in der Reflexivform des Verbs, wofür im Bilīn bereits durchgehends *r* erscheint. Der Anschaulichkeit wegen soll das Schema selbst angeführt werden; vgl. z. B. *lam-t*, Bil. *lām-r* für sich in Empfang nehmen:

---

[1] Sicher im Zusammenhang stehend mit G. **ጸጕር ፥** Haar; vgl. **ጥርናይ ፥** und **ጥዕርት ፥**.

[2] Aus *kinĭ*, *i* ist eingeschoben, wie oben in *kinĭ* §. 39 b und *e* in *wáz-ec* = Bil. *wás-ñ*, §. 39 a.

	Chamir		Bilīn	
	Präsens	Perfect	Präsens	Perfect
Sing. 1)	lám-t-ắkŭn	lám-t-ún	lām-r-ắkŭn	lám-r-ŭgún
2)	lám-r-rauk	lam-t-rú	lām-r-dáuk	lām-r-dúχ
3) m.	lám-r-auk	lám-r-ú	lám-r-auk	lám-r-uχ
f.	lám-r-ac	lám-r-ec	lām-r-átī	lām-r̩-tī
Plur. 1)	lam-r̩-nắkŭn	lam-r̩-nun	lām-r̩-nắkŭn	lām-r̩-nŭgún
2)	lam-t-r̩nauk	lam-t-r̩nu	lām-r̩-dinauk	lām-r̩-dinaχ
3)	lam-r̩-ńauk	lam-r-áń	lām-r̩-nauk	lām-r̩-nuχ

Daneben bildet das Bilīn noch eine Reflexivform auf -t, welche durch alle Personen hindurch gleich bleibt (Bilīnspr. §. 43 ff.), vgl. z. B. gŭad (Cham. gŭis) pflügen, Reflexiv gŭad-it (Cham. gŭis-t) für sich pflügen, das eigene Feld bestellen:

	Bilīn		Chamir	
	Präsens	Perfect	Präsens	Perfect
Sing. 1)	gŭád-it-ắkŭn	gŭad-ìt-ŭgún	gŭis-t-ắkŭn	gŭis-t-ún
2)	gŭad-ít-rauk	gŭad-ít-ruχ	gŭis-t-ráuk	gŭis-t-rú
3) m.	gŭád-it-áuk	gŭád-it-uχ	gŭis-r-áuk	gŭis-r-ú
f.	gŭád-it-átī	gŭad-ít-tī	gŭis-r-ác	gŭis-r-ec

u. s. w.

Hieraus ist klar zu ersehen, dass in den Agausprachen das Reflexiv ursprünglich nur mittelst *t* gebildet wurde und der Reflexivcharakter -*r* sich erst später durch Lautübergang aus *t* entwickelt hat.

Anmerkung 1. Folgt diesem reflexiven *t* ein anderes Bildungselement, z. B. das causative *s*, wie *lam-t-es* entgegennehmen lassen, so bleibt das reflexive *t* durch alle Personen hindurch gleich, ohne in *r* überzugehen, vgl. §. 99.

Anmerkung 2. In meiner Schrift: Die Bilīnsprache, Wien, 1882, S. 10 (Sitzungsberichte der phil.-hist. Classe der kais. Akademie der Wissenschaften, Bd. XCIX, 590), wird folgendes Paradigma in der Perfectform angeführt:

Sing. 1)	mú-r-ān	plur.	mú-r-nūn
2)	mú-r-dū		mú-r-dinū
3) m.	mú-r-ū		mú-r-nú.
f.	mú-r-c		

Mir wurde dieses Schema von einem Lasta-Agau, der bereits seit vielen Jahren unter den Bogos gelebt hat, angegeben. Zufällig habe ich gerade dieses Wort auch nach dem Dictat Birrus aus Soqota, und es lautet nach diesem im Perfect: Sing. 1) *mu-t-án*, 2) *mu-t-rá*, 3) masc. *mu-r-ú*, fem. *mú-r-c* u. s. w. genau so flectirt wie oben das Wort *lam-t*. Es scheint hieraus zweifellos erschlossen werden zu dürfen, dass mein Lasta-Agau zu Keren im Bogos nach Art der Bilïn flectirt hat, welchen Umstand ich hier demnach zu erwähnen mich für verpflichtet halte.

b) Im Conditional II in der zweiten Person beider Zahlen und in der tertia sing. fem. gen., wo Cham. *r* = Bil. *t*, wie: *wáz-ri-š* = Bil. *wás-ti-d* du würdest, sie würde gehört haben; *waz-r-níš* = Bil. *was-ti-nid* ihr würdet gehört haben. Dagegen hat in der tertia sing. masc. gen. des Subjunctivs das Chamir *t* gegenüber *r* bewahrt, wie: *wás-tā* = Bil. *wás-ro* damit er höre; ebenso in der gleichen Person und Zahl des Futurums, als: *wás-tū* = Bil. *wás-rā* er wird hören.

c) Im Genetivexponenten, welcher im Chamir regelmässig *-t*, im Bilïn aber *-r* und nur nach *l*, *r*, *n* noch *d* lautet (vgl. §. 36); z. B. *úná-t* **ʊɽ** = Bil. *oġína-r ungú* Brust der Frau; *jení-t ïr* = Bil. *guná-r eġír* der Vater der Mutter u. s. w.

d) Die Nominalendung *-rā* (vgl. Bilïnspr. §. 135) lautet im Plural noch *-t*, z. B. *giñí-rā*, plur. *giñí-t* der Klippschliefer (G. **ግሕ፡**); *giç-rá*, plur. *-it* eine bestimmte Getreidesorte (A. **ጉጕ៣ᢗ**) u. s. w. Vereinzelt kommt für *-rā* noch die ältere Form *-tā* in gleicher Bedeutung vor, z. B. *guaçír-tā*, plur. *-t* Stachelschwein (A. **ግፈ᧞ᒄ ፡**, Bil. *grášā*): vgl. das Sahosuffix *-tā* mit gleicher Bedeutung.

e) Ausserdem zeigt sich Uebergang von *t* zu *r* in vereinzelten Fällen, wie: *amrá* plur. *amít* (Bil. *amará* plur. *ámar*) = A. **አሞት ፡**, G., Ti. **ዓሞት ፡** Jahr: *aybír* (Bil. *abír*) = A., Ti. **አይብት ፡** Getreideschlauch; *gibbír* (Bil. *gibár*) = A. **ገብታ ፡** Holzschüssel; *gárgá* (zunächst aus *gūtyā*, *güētā*) = A. **ጔታ ፡** Herr; *fijerál* (aus *fijelar*) = A. **ፍኖላት ፡** Schale; *çirgá* (*çigrá*), Bil. *šinkrá*, plur. *šinkít* = Ti. **ጸጕት ፡** langer Stock, Stab; *sefír* (Bil. *çinbïr*) = Ti. **ጽብዐት ፡** Finger; *žúrā* (Bil. *zúrā*) = Ti. **ሽዋት ፡**, G. **ሠዋት ፡** Aehre. Gegenüber dem Bil. *r* zeigt das Chamir noch *t* in: *aqetá* plur. *aqít* = Bil. *akará* plur. *akár* und *akát* graues

Haar; *ûnát* = Bil. *ûnar* Woche. Ferner gehört hieher das Bilīnsuffix *-nār* (Bilinspr. §. 119) = Cham. *-nat*, A. -ነት፡, Ti. -ነት፡, G. ነት፡ und -ናት፡.

44) Uebergang von *d* zu *r* zeigt sich in der zweiten Person plur. im Präsens und Präteritum, wie: *waz-ṛ-nauk* = Bil. *wás-di-nauk* ihr höret; *waz-ṛ-nu* = Bil. *wás-di-nuχ* ihr hörtet. Ferner im Perf. subordinatum, wie: *waz-ṛ-ná* = Bil. *was-di-né* als ihr hörtet, und im Relativ, als: *waz-ṛ-nák* = Bil. *was-di-náger* die ihr höret. Ausser diesen Fällen steht noch *r* = früherem *d* in: *arágā* (zunächst aus *arágā*, vgl. §. 71) = Ty. አዳጋ፡, Saho, ʿAfar *adágā* der Markt, Bazar; *ayer* (Bil. *ašar*), Quara *ašed* = A. አጨደ፡, Ti. ዐፀደ፡ mähen, und *mayír* (Bil. *māšar*) = A. ማጭድ፡, Ti. ማዕፀድ፡ die Sichel (vgl. §. 48); *ñer* (Quara *niyar*, Bil. *langar*) = Agaum. *lingid* (aus *ligid*, *nigid*). A. ነገደ፡ Handel treiben; *roqŭá* = Quara *daχŭā*, Bil. *daraqŭā* (mit eingeschobenem *r*, vgl. Bilīnspr. §. 27) Thon, Lehm, vgl. G. ጽንጕን፡ und A. ጭቃ፡ Lehm; im Kaffa lautet dasselbe Wort *dengó* (vielleicht aus *dengon*). Ebenso: *ṣamer* (Bil. *šamar*) = Quara *šamad*, G. ፀመደ፡ verbinden, einjochen (Ochsen); *ṣar* = Bil. *çāʿd*, G. ጻዕደወ፡ weiss sein; *wirbá* (Bil. *wârabá*) = A. ወዲብ፡ Fluss; *warná* (Bil. *wâraná*) = Ti. ወድና፡ Tenne, Dreschplatz.

45) Uebergang von *s* zu *r* liegt vor in: *mar* (Bil. *mār*) = A. ማስ፡, Ti., G. ማእስ፡ Schlauch aus Ziegenhaut, und *gebár*, Quara *gebár* = A. ግማሽ፡ Hälfte (von ገመሰ፡); analog Quara: *gebrá* plur. *gebír* = A. ገብስ፡ Gerste. Ausserdem scheint noch Cham. *ayír* neu (zunächst aus *ajir*) auf A. = ሐዲስ፡, G. ሐዲስ፡ bezogen werden zu müssen. Dem Bilīn gegenüber hat das Chamir *s* bewahrt in: Bil. *kôr-it-rā* = Cham. *kawás* (aus Lumpen geflochtener) Spielball für Kinder, A. ኳስ፡ (vgl. G. ከበሰ፡ und כבר), ferner Bil. *erúñ* = Cham. *zuñá*, Agaum. *esíñ* Geheul, Todtenklage.

46) Uebergang von *s* zu *h* erscheint in *hañ* dumm, thöricht, das wohl mit G. ዘንገዐ፡ (A. ዘነጋ፡) und ሰኰየ፡ zusammenhängt; ebenso in *hiçiç y* = A. ስጢፕ፡ አለ፡ neben እፕፕ፡ und እጭጭ፡ አለ፡ einen schrillen Ton geben. Dem Bilīn gegenüber hat das Chamir *s* bewahrt in: Bil. *hab* (Saho und ʿAfar *ab*) = Cham. *sab* und *ẓab*, Demb. und Quara *šab*, Agaum. *ṣaw* machen, thun, ferner Bil. *hinb*, *himb* = Quara *sembī*, Cham. *sib* bleiben (vgl. §. 52).

47) Wie die T- und Zischlaute durch Mouillirung in c, ç, j und von diesen aus in š, ž übergehen, so kann man einen weiteren Lautwandel in y beobachten; so zeigt z. B. das Chamir die beiden Formen *wedáj* und *wadáy* Freund = A. ወደፅ ፡ (Stamm ወደደ ፡); *ayír* neu = A. ሐዴስ ፡, ሐዲስ ፡. Hiernach dürfte wohl auch A. ፍየል ፡ Ziege (in Gaffat *fajala*, nach Beke) zu Cham. *fiçerá*, Bil. *finṭirā* Ziege (cf. G. ወይጠል ፡ caprea, ꝫopxꝫ, über *w* zu *f* vgl. §. 76, und *y* zu *n* §. 53) bezogen werden können. Lehrreiche Aufschlüsse gibt zu dieser Frage das Agau von Quara, wo so häufig *y* = früherem *t* und *ṭ* steht. Dieser Uebergang kann natürlich nicht als ein unmittelbarer angesehen werden, sondern hat gewiss nur stattgefunden durch Mouillirung von *t*, *ṭ*, *d* zu *c*, *ç*, *j*, von da über *š*, *ž* zu *y*, wenn auch in einzelnen Fällen solche Uebergänge nicht mehr nachgewiesen werden können; so Quara: *faray-ā* der Richter = A. ፈሪፅ ፡ (Stamm ፈረደ ፡); *mory-ā* die Feile = A. ምረደ ፡ u. s. w., vgl. §. 51. Wechsel zwischen *j* und *y* zeigt auch *fijerál* (nach §. 43 c aus *fijelar*) = A. ፍኛለት ፡ Kaffeeschale, cf. G. ፍያል ፡.

48) Uebergang von *š* zu *y* zeigen im Chamir: *yim* in ein Amt einsetzen, neben *šim* Gouverneur = A. ሽም ፡ (aus ሥይም ፡ von ሤመ ፡); *máylā* (in Quara *milā*) = A. ማሽላ ፡ das Sorghum und *báher máylā* = A. የባሕር ፡ ማሽላ ፡ der Mais. Ferner: *ayer* mähen = Bil. *ašar* und *mayír* = Bil. *māšar* Sichel (§. 44); *ṭeyá* = Agaum. *tišā* = A. ጥሽ ፡, G. ጢስ ፡ Rauch, ebenso *qey* = Quara, Dembea *kez*, Bil. *kid* verkaufen, also *qry* zunächst = *qež* oder *qej*; ebenso *qiñ-ô* (aus *qiny-ô*) Gürtel neben *qimeš* (aus *qineš* sich gürten, §. 51).

b) Die Liquiden und die Nasale.

49) Zwischen *r* und *l* findet häufig Wechsel statt in der Pluralbildung, so: *bírā* (A. በራ ፡) plur. *bil* Stier; *duχárā* plur. *duqál* (Bil. *duḳárā* plur. *duḳál*) Esel; *sibrá* plur. *sibil* (Bil. *sabará* plur. *safál*) Schlange u. s. w. Ausserdem zeigt sich zwischen diesen beiden Lauten Wechsel in: *adogárá* = Bil. *adánguálá* (Ti. አደንጐለት ፡, Ty. አደንጐራ ፡, A. አደንጐራ ፡) Bohne; *girb* (Bil., Agaum., Quara *girb*) = Dembea *gúlbē*, A. ጉልበት ፡ Knie, Ellenbogen; *krbrá* = Bil. *kalanbárá* Trommel; *ṣabír* (Bil. *šíbár*) Asche = Ti. ጸበል ፡ Asche, G. ጸበል ፡ Staub; *trbá* Lein = A.

ተአበ፦. Andererseits steht wieder Cham. *l* einem *r* gegenüber in: *ayŭlá* Mist, Koth = Bil. *aĵŭárā*. Saho *akŭar*, Ty. in Hamasen አኵር፧; *bílā* Thüre = A. በር፦: *gíluwá* Mann = Bil. *gíruwá*, Quara *garwā*; *kil* (Quara *kal*) = Bil. *kar* zerbrechen; *laq-tā* (Bil. *lāq*) Gespei = G. ረቀ፦: *litaq* = Bil. *rataq* (neben *lataq*), A. ረት፦ (G. ረቶበ፧) gewinnen den Process; *neyŭál* Nasenloch, cf. G. ንገረ፧ sonum emittere per nares; *zíllá* Darm = Bil., Quara *jir* (plur. *jilíl*), Agaum. *sur; seglŭwá* = Bil. *šingruwá* Stern.

50) Wechsel zwischen *r* und *n* kann ich nur in einem Beispiel nachweisen, nämlich in *herbír* Nabel = G., Ti. ሕንብርት፦. Vielleicht hängt auch *niû* (in Agaum. *nañ*) Kalb, zusammen mit Saho *rigŭā*, auch *rŭgā* (Kalb) gesprochen, vgl. §. 69. Mit *l* wechselt *n* in: *el, iel* (Bil. *'il*, in Dembea, Quara und Agaum. *il, el* und *iel*) Auge = G., Ti. ዐይን፦; *leyán* (Bil. *laĵán*, Quara, Agaum. *laĵin*) = Dembea *naĵin* Wunde; *malyúsā* und *malúsā* = A. መንኩሴ፦ und መለኩሴ፦, G. መንክስ፧ μοναχός; *talikā* = A. ታዪከ፦ Zinnbecher; vgl. auch *lal* (Bil. *láqil*) Bienen und كَيْل; auch dürfte *misgál* Wohnsitz, wohl einer Form መስከን፦ (cf. מִשְׁכָּן, مَسْكَن) entsprungen sein. In *eqan, ieqan* lieben = Bil. *inkal*, Dembea, Quara *ekal*, dann in *winim* oder = G. ወለአመ፦ (A. ወይም፧); *win* (Bil. *wān*) = A. ፆለ፦, G. ወዐለ፦ bleiben, sein, zeigt Chamir *n* = *l*.

51) Mouillirung von *r* zu *y* tritt im Chamir regelmässig ein in der dritten Person sing. fem. generis des Relativs, als: *waz-rá-y* (häufig zusammengezogen zu *wazrē*, wie im Quara) = Bil. *was-rá-rī* welche hört, demnach Cham. *y* = früherem *rī*; dann: *waz-ī-rá-y* (und *waz-ī-rē*) = Bil. *was-y-rá-rī* welche nicht gehört hat. Die gleiche Mouillirung findet statt in *dray* = Bil. *dirár* (G., Ti., A. ደራር፦) Abendessen, und in *wáykā*, auch *wákā* (Quara *wuyχā*) in Wag, neben *wuragô-t* in Lasta = Bil. *wurikuá* wie viel? Im Agau von Quara und Dembea kann vielfach *y* nur durch Mouillirung aus *r* entstanden erklärt werden; so: *amyá* = Cham. *amrá* Jahr; *away* (in Dembea *agŭy*) = Cham. *añr*, Bil. *aĵŭar* Kopf; *aymiyá* = Cham. *aymirá* Silber; *ayā* = Cham. *aráyā* Bazar; *gŭyá* = Cham. *gŭryá* Herr; *bay, bē* = Cham. *bar*, Bil. *bār* lassen; *biyá* = Bil. *birá* Erde; *gŭyáb* und *gŭéb* = Cham. *gŭrábā*, Bil. *gŭráb* Morgen; *may* = Cham. *mar*, Bil. *mār* Schlauch; *sayá*, in Dembea *sagiyá* = Bil. *saĵárā*,

Cham. *sára* Honig u. s. w. Der Charakter der zweiten Person
des Verbs im Präsens und Perfect lautet im Quara *y, ī* = Cham.,
Bil. *r,* z. B. *was-ī-ú* = Cham. *wàz-r-ú,* Bil. *wás-r-uχ* du hast ge-
hört; *was-yá-r* = Cham. *waz-rá-r,* Bil. *was-rá-ǵer* der du hörst
u. s. w. Ebenso lautet der Reflexivcharakter im Quara *y* =
Bil. *r,* Cham. *t;* z. B. *iχŭa-y* (und *iχŭẽ*) = Bil. *inqŭa-r,* Cham.
nǫa-t lachen; *inχa-y* (und *inχē*) = Bil. *inqā-r,* Cham. *eqa-t* sich
waschen; *ki-y* und *ki* = Bil. *ki-r,* Cham. *ki-t* sterben u. s. w.
Es steht also hier *y* = *r* = einstigem *t* (vgl. auch §. 164) und
so begreift man Formen des Quara wie: *aráy* = Cham. *arát,*
Bil. *arát* (Ti.) Bett; *beleyá* = Cham. *feltá,* Bil. *filátā* Floh; *méyā*
und *māyā* = A. **ᎣᎮ:** Steppe; *teyá* = Cham. *tetá,* A. **ፐፕ:**
Baumwolle; *jiráy* = A. **ጀራት:** Giraffe; *qilbáy* = A. **ቀለበት:**
Ring; *šāy* = Cham. *ṣar,* Bil. *ṣá'd* weiss sein u. s. w. Wenn diesem
y ein *a* vorangeht, so wird dieses *ay* gewöhnlich in *ē* zusammen-
gezogen, so z. B. regelmässig im Nominalsuffix *-nē* (aus *nay*)
= Bil. *-nār,* Amh. **ኝት:** (Cham. *-nat*), G. **ናት:** (vgl. §. 43 c),
wie: *bār-nē* = A. **በርነት:** Sclaverei; *deχ-nē* = A. **ድኽነት:** Ar-
muth u. s. w.; ferner in: *laway* und *lawē* = A. **ለወጠ:** wech-
seln; *sage* = A. **ሰገደ:** anbeten; *ménā* = Agau in Dembea *ma-
tanā,* Bil. *matán* wegen; *qúrbé,* in Dembea *qúrbáy* = A. **ቍርበት:**
Haut u. s. w. Im Chamir lautet dieses Wort *qŭrbi* (*ī* = *ē,* §. 24),
im Wag *qŭrbir* (aus *qŭrbat, r* = *t,* §. 43); vgl. auch Agau in
Dembea: *gŭlbé* (Cham., Bil., Agaumeder, Quara *girb*) = A.
ጕልበት: Knie, Ellenbogen. Hiernach steht wohl auch Cham.
gŭgŭyá, plur. *gŭgŭy* = A. **ጕጕት:** Eule, und *qiñ-ô* (aus *qiny-añ,*
Relativform, vgl. §. 167) Gürtel, im Zusammenhang mit G.
ቀነት:, vgl. *qineš* (aus *qineš*) sich gürten, §. 40 und 48.

52) Auf diesem Wege erklärt sich im Chamir wohl auch
der (allerdings nicht häufig vorkommende) gänzliche Abfall
von *t* und *d;* so z. B. *kis* (Bil. *kas,* Quara *kaš*), im Agaumeder
noch *kesar* Nacken, Schulter, Rücken, vgl. G. **ከሰደ:,** ferner
sib = Quara *senbī, sembī* (Bil. *hinb*) bleiben, sich aufhalten, vgl.
A. **ሰነበተ:;** dann *sib* (Bil. *sib*) verabschieden, hinausgeleiten,
vgl. A. **ሰናበተ:;** *gŭigŭe* (neben *ogug*) donnern, vgl. G. **ጕድጕደ:,**
ferner *ṣiq* Gerechtigkeit = G. **ጽድቅ:,** *ṣiq y* gerecht sein (quasi
ጽድቅ: በወለ:, d. i. **ጸድቀ:**). Ein solcher Ausfall von *d* dürfte
auch vorliegen in *qaw* vorangehen, führen, vgl. **ቀደመ:** und
qaú ehemals, früher, einst, vgl. **ቀደም:** (*w, ú* = *m,* vgl. §. 79);

vgl. auch Prätorius, Amharische Sprache, S. 84, §. 58. Ebenso der Abfall von r. z. B. *nga* (አን፥) Gipfel, Spitze, neben *aûr* Kopf = Bil. *agûar* Kopf (§. 51); *kistiyán* neben *kristiyán* Christ (im Bil. auch mit Ausfall von *y* in: *bēkistán* aus ቤተክርስቲያን፥ Kirche).

53) Das *l* hat sich zu *j* und *y* mouillirt in: *yaj* ohne, baar, leer sein = A. ያለ፥፥ ferner in: *ajib* (Ty. አጅብ፥) Käse = G. ሐሊብ፥፥ aus der Form *ajib* ist dann A. አይብ፥ entstanden. Zu *y* liegt Mouillirung von *l* vor in: *adiy* (aus *adel*) = A. አደለ፥, Saho *hadel* theilen: *fiy* = A. ፈላ፥, G. ፈልሕ፥ aufwallen. kochen: *guiy* = A. ቀበለ፥ nehmen; *hay* = G. ኃለወ፥ bewachen, vgl. Quara *dabya* = Bil. *dabbala* Binde, Rolle, Gürtel. Wenn Cham. *miyikú* neben *mikā* Löffel und Mund, etwa mit G.. Ti., A. መንክ፥ zusammenzustellen ist, dann steht wohl *nī* = *lī* (woraus dann mouillirtes *y*), wie in §. 50: cf. *tayq* fragen, G. ጠየቀ፥ und ጠንቀቀ፥. In derselben Weise dürfte auch Cham. *zīg* (Bil. *zay*, zunächst aus *zayg*, wie Cham. *zīg* zunächst aus *zēg* Rücktheil) mit A. ዐንቃ፥ im Zusammenhange stehen.

54) Abfall von mouillirtem *l* dürfte vorliegen in: *χáṣā* plur. *χaṣ* (Bil. *aŝā*\, im Agau von Agaumeder noch *χaṣī* = Ty. ቄጽለ፥, G. ቄጽል፥ Blatt. Hieher gehört auch *eṣ* (Quara. Agaum. *eŝ* = Bil. *iŝī*) schmähen. lästern, fluchen, aus *eṣī* und dieses aus *e-ṣiy* = G. ጸዐለ፥ maledicere; vgl. die analoge Ableitung von A. አሻ፥ aus ሻለ፥ = G. ሰአለ፥ bei Prätorius. Amharische Sprache, S. 89.

55) Abfall von *y* liegt vor in: *ayá* (aus *ayá*, §. 71, und dieses aus *agāy*) = G. ሐጋይ፥ Sommer, ganz ebenso: *ṣiyá* (Quara: *ṣeyá*) = G. ጽጋይ፥ Blume: — *bárā* = A. ባርያ፥ Sclave; *bírā* = G. በፃሪይ፥, A. ባራ፥ Stier; *mázā* = Ti. ማኀዝይ፥, A. ማዜ፥ Gefährte des Bräutigams; *sinú* = G. ሰኑይ፥, A. ሰኙ፥ Montag; *timen* = A. ተመኝ፥ wollen; *túnā* = A. ትንኝይ፥ Mücke u. s. w. Auch *ṣimá* eine bestimmte Getreidesorte (A. መዐፅ፥ genannt\, erkläre ich mir als entstanden aus *ṣimay* und dieses aus A. ጠመፅ፥፥, auch ጠመሽ፥. Die hiezu angegebene Form Ty. ይምሐይ፥ und ይምሐሽ፥ (Abbadie, Dictionn. Amar., pag. 908) hängt zweifellos mit einer vorauszusetzenden Amharaform ይምሐፅ፥ zusammen. Ebenso steht wohl *júnnā* colcus tuberosus, für *jinnay* = A. ይንኜ፥. Ausfall von *y* im Inlaut zeigt *qis* (aus *qiys*\ = G. ቀይስ፥ und ቀስ፥

Priester. Ebenso dürften χarā (wegen Quara χira, Bil. qira) Geruch, Wohlgeruch, für χayrā stehen und dieses nach §. 51 auf G. ቀተረ፡ suffire, zurückgeführt werden können. Analog ist vielleicht χar (= Bil. qūr, Dembea χīr, Quara χēr) Nacht, aus χayr entstanden (cf. Bischari ḥaḍel finster sein, קדר ‎עטל, حضر, Aram. חשר); a für ay wie in wākā neben wáykā wie viel? vgl. §. 51.

56) Vor folgenden Consonanten geht y in ī über, so: adi-su er liess theilen, aber adiy-ú er theilte u. s. w. Uebergang von y zu w liegt vor in: eduwá Theil, von adiy (aus adel) theilen, eine Nominalform auf -ā, wahrscheinlich vom passiven Particip አዲይ፡ (= አዲል፡) gebildet, woraus das Nomen edūyā, und y an ū assimilirt: edūwā und verkürzt eduwā. Ebenso steht biñsā Feigenbaum = A. በለስ፡; vgl. auch aû wer? = Agaumed. ay.

57) Gegenüber dem Bilīn, welches ungemein häufig ein secundäres n in den Wortstamm einzufügen liebt, zeigt das Chamir regelmässig die kürzere Form: z. B. ajáy = Bil. anqáy Inneres, Loch; ay, oq = Bil. ungúi Brustwarze; ek = Bil. ink lösen; eqúa-t, oqa-t = Bil. inqūa-r lachen; eqa-t = Bil. inqû-r sich waschen; iṣaq, eṣaq = Bil. inšāq senden; iequḁá, = Bil. inšuwá (G. አንጸዋ፡, Ty. አንጭዋ፡, Ti. አንጸይ፡) Maus; eẓuw = Bil. inšaû binden; ete-t = Bil. inta-r kommen; akūá = Bil. ankūá fünf; bábā = Bil. bámbā Maulbeerbaum; fiçerá = Bil. finṭirā Ziege; gib = Bil. gimbi Stock; kib = Bil. kanb Kälte empfinden; kṛbrá = Bil. kalambúrā Trommel; qŭáṣelá = Bil. qñanšálā Fuchs; qázā = Bil. qánšā Halm, Strohhalm; laq, laχ = Bil. lánqī Zunge; maẓif = Bil. wánšib Schleuder; ṣagib = Bil. šangáb linke Seite; ṣegluwá = Bil. šingruwá Stern; ṭab = Bil. ṭa'anb dreschen; waqer = Bil. wángar fragen; water = Bil. wántar umkehren u. s. w. Diesem Zuge folgend hat das Chamir n im Inlaut auch da abgeworfen, wo das n organisch zum Stamm gehört, wie: eblaû = Bil. emblaû, Ti. አንበልበል፡ warm werden; tetgá = G. ተንታግ፡ Feuerbrand; wibír = Bil. wánbár, G. መንበር፡ Stuhl; watib = Bil. wántabá, G. መንጠፍት፡ Sieb u. s. w. Vgl. auch abá = A. አምባ፡ Berg; absá = አንባ፡ Löwe; abṭá = አንበጣ፡ Heuschrecke; hitlá = መንተሴ፡ Hase; kifír = ክንፈር፡ Lippe; sib = ሳምባ፡ Lunge u. s. w. Secundäres n zeigt sich aber in: giñí-rā = Bil. gehé-rā (G. ግሔ፡ Klipp-

schliefer; *giñi* steht für *giuhi* aus *gihi, h* und Hamze werden im Chamir häufig durch *y, i* ersetzt, vgl. §. 71.

58) Bisweilen hat sich inlautendes *n* dadurch erhalten, dass es sich an den folgenden Consonanten assimilirt hat; z. B. *giffá* (Quara *gümfá*) = A. ግንፉን፡ Katarrh; *kiff* = A. ክንፍ፡ Flügel; *eggá* = Bil. *inká* (G. ዐለቀት፡) Blutegel: *zággá* = Bil. *šánká* Gras: vgl. ዕፅ aus *yingaš*, ኣንኳ aus *natanta* u. s. w. Mit folgendem Guttural- oder Hauchlaut hat sich *n* aber häufiger zu *ñ* vereinigt (*ñ* zu sprechen wie *ng* in unserm lang); z. B. *diseñ* = G. ተለኳወ፡ sich gewöhnen; *hañ* dumm, blöde = A. ሀነ፡፡, G. ህንጎ፡ verdummen; *e-siñ* (Agaumed., Saho, 'Afar *san*, mit abgefallenem Guttural) = A. ስና፡ Nase; *jñ* und *jiñ* (Bil. *šñ*) rufen, nennen, und *šuñ* Name, vgl. A. ሮብኽ፡ rufen; *suñ* stehlen, Bil. *suc* stehlen, *suc-ánā* Dieb, aber plur. *suku-án* (Stamm *suk*, ስኰ፡).

59) Vocalisirt hat sich inlautendes *n* nach vorangehendem *a* in: *ôs-ráy* weiblich, Bil. *ñs-árî* weiblich, *ñ* aus *ô* verdumpft, vgl. §. 28, zu welcher Form im Bilin noch das Masculinum *nas-áuχ* männlich, vorhanden ist, Stamm አንስ፡; vgl. auch Prätorius, Amharische Sprache, S. 73, §. 83. Ebenso in *zôc* (Bil. *zuc*) regnen, aus Ti. ዘነመ፡ und ዘለመ፡.

60) Im Auslaut ist *n* abgefallen in: *ajüštá* = A. አኵስተን፡ (vgl. §. 30) Fischotter; *giffá* (Quara *gümfá*) = A. ግንፉን፡ Katarrh; *ecucá* (aus *e-cuqñá*) = A. ዕቅፅን፡ Scorpion; *kñ* (Quara *kñ*) = G. ክን፡, A. ህን፡, Bil. *kün* (archeistische und wenig mehr übliche Form) neben *gin*, Saho, 'Afar *kin* und *ki* sein, werden; *maynwá* = A. ወይዪን፡ Kalb.

61) Das *ñ* = Amh. ኝ mit dem Lautwerth des spanischen *ñ* entsteht aus der innigen Verschmelzung von *n* mit folgendem *y, i*. Häufig führt im Chamir *ñ* auf ein früheres *na* zurück; z. B. *ñûr* in Misscredit stehen = A. ነውሬ፡. Das *a* geht im Chamir in *i* über (§. 15), also *niûr* und monillirt *ñûr*. Ebenso *ñer* Handel treiben, zunächst aus *niyer*, im Quara noch *niyar* (vgl. §. 44); dann: *ñuñ* heuer, in diesem Jahre = Bil. *nauñi*. In *ñer*, sowie *giñirá* (Bil. *gehérá*, G. ግሕ፡) Klippschliefer, führt der Mouillirungslaut *y* auf einen frühern Guttural zurück, vgl. §. 71.

c) Die K-Laute.

62) In der Regel entsprechen einem Cham. *k*, *g* in den verwandten Idiomen die gleichen Laute, und nur sehr selten steht für *k* ein *g* und umgekehrt; z. B. *girkä* Tag, im Bil. *girgä*; *kibbena* (in Lasta) lautet im Wag *gibbenä* Eidechse. Ebenso erscheint *g* = *k* in: *agŭštä* = A. **አኵስታን**፡ Fischotter; *agdä* = G. **አክት**፡ Heuschrecke; *eggä* = Bil. *inkä* (A. **አለቀት**፡) Blutegel; *gŭid* = A. **ኂት**፡ graben u. s. w.

63) Wie die *t*-Laute, so gehen unter gleichen Umständen auch die *k*-Laute in *c*, *ç*, *j* über; so z. B. *cis* neben *kis* (Ti. **ኀይስ**፡, G. **ኀየስ**፡) besser sein; *cisŭ* neben *kisŭ* Feld, Acker; *ci* = Bil. *ki* die Nacht zubringen; *cil* = A. **ኵል**፡ Antimonium (*kŭl* ist in *kŭl* und *kil* und von da in *cil* übergegangen, §. 20); *nic* = Bil. *niki* heute; *cibes* (zunächst aus *kibes*) = G. **ከበተ**፡ verbergen (§. 38); *cal* (A. **ኾለ**፡) = G. **ኰሀለ**፡ mächtig sein. Für Uebergang von *q* zu *ç* liegt mir nur ein Beispiel vor in *biçiç y* = A. **በጭቀ**፡ **አለ**፡ blassgelb sein. Dagegen steht *j* = *g* in: *ji* neben *gi* = Bil. *giχ* Horn: *ejir* = Bil. *egir* Mensch; *jirmä* neben *girmä* Klippschliefer; *jiruwä* neben *giruwä* Huhn; *jenä* (zunächst aus *ginä*) = Bil. *ganä* Mutter; *jis* neben *gis* = Bil. *gasas* (G. **ገሰሰ**፡, جسّ) reinigen, fegen; *gan* (A. **ጋን**፡) Krug, in Lasta, neben *jin* (Wag) = Bilin *jan*.

64) Ueber die raffaisirten Laute *q̇* und *ġ* gilt auch im Chamir, was bereits im Bilin (Bilinspr. §§. 6 und 7) bemerkt worden ist, beide sind Reibungslaute von *q* und *g* (*ġ* auch bisweilen aus *k* hervorgegangen). Aus demselben Grunde erweichen sich auch *q̇* und *ġ* im Chamir sehr häufig zu *χ*, *ħ* und *h*; es erscheinen die Charaktere *q̇* und *ġ* als Durchgangsstadium des Lautüberganges von *k*, *q* und *g* zu den schwächeren Hauchlauten; vgl. z. B. *aχŭlä* = Bil. *agŭärä* und *aġŭärä*, Saho *akŭar* Mist; *oχŭr* = Bil. *eġŭär*, *oġär* zeugen; *χŭrä* = Bil. *qŭrä* und *uġrä* Kind, Sohn; *duχärä* neben *duġärä* = Bil. *duġárä*, plur. *duqál* (Cham. *duġal*) Esel; *agŭštä* = A. **አኵስታን**፡ Fischotter u. s. w.

65) Uebergang von den *k*- zu den Hauchlauten findet im Chamir ungemein häufig statt; vgl. z. B. *χirdäd* = A. **ክርዳድ**፡ lolium temulentum; *χetáb* = **ክታብ**፡ Buch; *χater* = Ty. **ከተረ**፡ Strassenraub treiben; *χátemä* = A. **ከተማ**፡ castrum; *maχen* =

መክነ፡ unfruchtbar sein; *maχer* = መክረ፡ rathen: *naχer* =
ነክረ፡ einweichen u. s. w. (χ = *k*). Ebenso: χŭ = Bil. *qŭi*
essen; χŭdá = Bil. *qĭṭ* pudendum muliebre: χar = Bil. *qŭr* Nacht;
χárā = Bil. *qĭrā* Wohlgeruch u. s. w. (χ = *q*, vgl. §. 55). Ferner
leχán und *lekán* = Bil. *laǰán* plur. *lakān* Wunde; *sohotá* = Bil.
saǰuatá acht u. s. w. (χ, *h* = *k*, *g*).

66) Daneben zeigt das Chamir in vereinzelten Fällen wie-
derum *k* und besonders oft *q* gegenüber den rauheren Hauch-
lauten anderer Sprachen; so z. B. *kidem* (auch Ti. ከይመ፡)
und ᎐ᎴᏨ dienen; *kīs* und Ti. ኅይሰ፡ besser sein; *sinek* bleiben
und *ṣanaq* zögern, gegenüber G., Ti. ጸንሐ፡ und so auch: *emuq*
und G. እምነ፡ küssen; *qebrá* und G. ᎐ᎲᏨᎮ Strick: *qabez* und
G. ᎐ᎳᏐ፡ kochen; *qadaq* und G. ቀይሐ፡, A. ቀጸ፡ schöpfen;
zilaq und Ti. ሸልሐ፡ abmagern; *siqaw* und G. ጽሐሰ፡ schwer
sein; *zaŭq*, *zôq* und G. ዘበሐ፡ schlachten, opfern; *nizeq* und
G. ነዝሐ፡ spritzen u. s. w.

67) Ein weiterer Schritt der Abschwächung von *k* zu *h*
ist der gänzliche Abfall von Hauchlauten, wie: *adim* = Saho
hadam, A. ሐይነ፡ und እይነ፡ jagen; *aҫená* = G., Ti. ᎐ᎸᏩᏏ
der Speer; *aya* (aus *agá*, *ağáy*, §. 71) = G., Ti. ሐጎይ፡ Som-
mer; *aṣ* = Ti. ᎐ᎸᎧ፡ enge sein; *aŭn* = A. አሀን፡ jetzt; *ji*, *gī*
= Bil. *gīχ* Horn; χim, *kim* = Ty. ከሕም፡ Bart (analog A. =
ፕም፡ = G. ጽሕም፡); *lô*, *laŭ* = Bil. *lāuχ* komm! *ṣar* = Bil.
a'd, G. ጸዐደወ፡ weiss sein; *ṣar* = Bil. *jakar*, Ty. ዐሕረ፡, A.
ᎱᎵᎱᎬ፡ und ᎾᎲᎬ፡ die Gluthkohle aus dem Feuer holen u. s. w.
Ebenso im Relativ I, wie: *qids-ar* = Bil. *qaddas-āǰer*, vgl. §. 159.[1]
Derselbe Vorgang findet bekanntlich auch im Amharischen statt,
doch geht in diesem Punkte das Chamir noch einen Schritt
weiter. Denn während das Amharische zum Ersatze eines abge-
fallenen Hauchlautes den Vocal der dem Hauchlaute unmittel-
bar vorangehenden Silbe dehnt, wird im Chamir derselbe noch
gekürzt, und zwar nach der in §. 11 angegebenen Norm, z. B.
bal aus A. በል፡ = G. በዓል፡ Fest; *faq* aus A. ፋቅ፡ = G.
ፈነቀ፡ gerben; *kal* aus A. ከይ፡ = G. ከሕይ፡ verleugnen;
mazín aus A. ማዝን፡ = G. ማዕዝን፡ die Ecke; *nas* aus A. ናስ፡
= G. ናሕስ፡ Mauer; *zaq* aus A. ᎥᎧ፡ = G. ሠሕቀ፡ verspotten;

[1] Dagegen hat das Chamir gegenüber dem Bilin *k* bewahrt in *qids-ank*
(*qids-a-kŭ*) = Bil. *qaddas-añ* (§. 159).

sat aus A. ሳት ፡ = G. ሰዓት ፡ Stunde; *tasás* aus A. ታሳስ ፡ =
G. ታህሳስ ፡ der vierte abessinische Monat; *was* aus A. ዋስ ፡ =
G. ወሐስ ፡ bürgen u. s. w. Diese Verkürzung von *ā* zu *a*, *a*
geht häufig noch weiter zu *i* (vgl. §. 16), wie: *cil* (zunächst
aus *kil, kül, käl*, §. 63, und dieses aus *kũal* und *kũāl*) = A.
ኂል ፡, G. ኰሐለ ፡ mit Spiessglanz färben; *sil* aus A. ሰለ ፡ =
Ti. ሰሕለ ፡ schärfen; *žilá* und A. ሽላ ፡, ሽሀላ ፡ Essig u. s. w.

68) Dagegen hat im Anlaut das Chamir häufig die Hauch-
laute beibehalten, wo das Amharische dieselben eingebüsst hat;
z. B. *habáśā* = A. አምበሻ ፡ (G. ኈበዝት ፡) eine bestimmte Brod-
sorte; *hádeyá* = A. አደ,ጋ ፡ Ueberfall; *hedír* = A. አደረ ፡ Depot;
hafer = A. አፈረ ፡ (G. ኀፈረ ፡) sich schämen; *hagír* = A. አገር ፡
(G. ሀገር ፡) Land; *hiçíç y* = A. እ̃ጭጭ̃ይ ፡ አለ ፡ einen schrillen
Ton geben; *hakes* = A. አንከሰ ፡ (G. ሐንከሰ ፡) hinken; *háleqá*
= A. አለቃ ፡ (Ty. ሐለቃ ፡) Fürst; *halángā* = A. አላንጋ ፡ (Ty.
ሐላንጋ ፡) Peitsche; *hamáža* = A. አማች ፡ (G. ሐም ፡) Verschwä-
gerter; *harbáśā* = A. አርበ̃ዂ ፡ Termitenhügel u. s. w. Da
zwischen አ und ዐ im Amharischen kein lautlicher Unterschied be-
steht, so erklärt sich auch im Chamir, besonders im Anlaut, der
häufige Wechsel zwischen ዐ und den Hauchlauten des Chamir;
z. B. *χaruue* = Bil. *'arab*, Ty. ዐወረ ፡, G. ዓረ ፡ blind sein; *χázā*
= A. ዐሣ ፡, G. ዓሣ ፡ Fisch; *χay* (aus *χaey*) = G. ዐብየ ፡ gross
sein u. s. w. (vgl. auch Dillmann, Grammatik der äthiop.
Sprache, S. 37); während in- oder auslautendes አ und ዐ im
Chamir spurlos verschwindet, z. B. *zil* = G. ወዐለ ፡ malen; *sifír*
= Bil. *çinb'ír* (Ti. ጽንዐት ፡) Finger; *şan* = Bil. *ça'an* (G. ጸዐነ ፡)
beladen; *şar* = Bil. *çā'ed* (G. ጸዐደው ፡) weiss sein; *ţab* = Bil.
ţa'anb dreschen, schlagen; *ţam* = G. ጠዐመ ፡ kosten u. s. w.;
doch in *areq* = Bil. *ar'* (d. i. አርኣ ፡) wissen; *litaq* (Bil. *lataq*
und *rataq*) = A. ረታ ፡, G. ረትዐ ፡ gewinnen; *suq* (Nebenformen
süq, siq) = Bil. *ji'* (Dembea, Quara *jaχ*, Agaum. *sekŭ*, cf. שֶׁקַע,
ﺳﻘﻰ, vgl. A. ጠጣ ፡, wohl aus früherem ጠመዐ ፡, መዐመዐ ፡)
trinken u. s. w., zeigt das Chamir *q* für Hamza und Ain.

69) Auf demselben Wege ist im Chamir auch der Abfall
von *k*-Lauten zu erklären; z. B. *aŭr* (zunächst aus *ahŭr*[1]) =
Bil. *aŋ̃uar* Kopf; *eçuuá* (zunächst aus *e-çiuuā*, §. 22, und dieses
aus *e-çiqũā*) = Bil. *śiqũá*. A. ጪዂን ፡ Scorpion; *eduuá* (G. ዕፃ ፡,

---

[1] cf. *aŭn* = Amhar. አሁን ፡ jetzt.

d. i. **ዕዳው፡**) = Bil. *adajŭá* aes alienum; *elé* = Bil. *egalé* (G.
እገሌ፡) ein gewisser; *baâr* jungfräulich, zu G. ** በኍረ፡** gehörig
(cf. **ገዞ**); *burá* = Bil. *buqrá*, d. i. *beqŭrā* Mehlsuppe; *dôsā*
(Quara *dăŭsā*) = A. **ዳጉሰ፡** Eleusine dagussa; *dĭruná* = Bil.
dargánā Maulbeerbaum; *duw* (zunächst aus *diqew*) = Ti. **ጠቀበ፡**
nähen; *ji̱, gī̱* = Bil. *gī̱χ* plur. *gikík* Horn; *gízu* = Bil. *gŭádug*
plur. *gŭázug* Bauch; *kalúnā* = Bil. *kaǧalúnā* Ei; *kaž* = Bil.
kaǧas gähnen; *lálā* = Bil. *láqlā* plur. *láqel* Biene; *mi-t* = Bil.
meǧī-r vergessen; *mú-t* = Bil. *muǧú-r* tragen; *malúsā* Nonne, neben
malǧúsā Mönch = A. **መንኩሴ፡**, G. **መንኮስ፡** μοναχός; *mizen-s*
= A. **እ — መሰነ፡** lobpreisen (noch *y = g* in *miziyánā* = A.
መስጋና፡ Lob, §. 71); *mus-ánā* Verschneidung, speciell: castrirter
Bock (für *muks-anā*) von *mikŭs* = A. **መኰት፡** (§. 38) castrare;
miser neben älterem *misker* = A. **መሰከረ፡** bezeugen; *niba-t* =
Bil. *nebāj-r* träumen; *nas* = Bil. *nāq-s* bringen; *nuwá* plur. *nú*
= A. **ኑግ፡** (Ty. **ንቩግ፡**, Bil. *lahunguá*, Quara *lungŭá*) Guizotia
oleifera; *sárā* = Bil. *sáqarā* Honig; *zrī* = Bil. *surgŭi* Braut;
zĭruwá, zirwá = Bil., Quara *jargŭá* (§. 41) Weizen; *sôrĭñin* (zu-
nächst aus *saŭrĭñin*) = Bil. *saǧŭarañin* dreissig; *sôtrĭñin* = Bil.
saǧŭatarắñin achtzig; *sôtā* (neben *sohotā*) = Bil. *saǧŭatá* acht;
zawá = Bil. *saqŭá* Fett; *zawá* = Bil. *saqŭá* Kuhfladen; *suwi-t*
= Bil. *suǧī-št* erkranken; *tas* rosten, braten = A. **ተኰሰ፡** (*dab-
tas* eine bestimmte Brodsorte, A. **ዳስ፡ ቆሰ፡** genannt); *talúsā* =
Bil. *talqŭúsā* ficus lutea; *war-t* = Quara *waǰer-t* spielen; *waṣá*
(aus *waṣaá* = *waṣaqā*, noch in *waṣaq-ún* ich bereitete das Lager
d. i. breitete die Haut auf, auf der man schläft) = Bil. *wašaqá*
Leder, Haut: *witú* (aus *quitú*) = Bil. *oqtuχ*, d. i. **ቍጡኍ፡** *qŭit-
uχ* wenig (G. **ኅጥጥ፡**, حَقَب); *yŭ* (Bil. *yaû, yô*, Quara *yuwī̱*,
zunächst aus *yaqŭī̱*) = G. **ሕቀ፡** Hüfte (über *y = h*, vgl. §. 71).
Desgleichen halte ich *çiçuwá* cercopithecus grisco-viridis (A.
ጠጣ፡) für entstanden aus *çiçakŭā* (vgl. Kaffa *šako* der Tota-Affe);
die Kunama, welche einst Nachbarn der Agauvölker waren,[1]
nennen dieselbe Affenspecies *tatakū*. In manchen Nennwörtern
ist der abgefallene Guttural noch in der Pluralform erhalten,
wie: *gĭluwá* Mann, aber noch plur. *gĭluk* (**ግልኮ፡**); *jĭruwá* plur.
jĭruk, jŭrkū Huhn: *luwá* plur. *lúkŭe* Kuh; *li̱* plur. *lik* (Bil. *láǧa*
plur. *lak*) Feuer; *âná* plur. *ukŭn* (Bil. *oǧinā* plur. *ukŭīn*)

---

[1] Vgl. Reinisch, Kunamasprache, S. 13.

Frau u. s. w.[1] Grammatisch hat das Chamir im Perfect *ǵ*, *χ* in
den Pronominalsuffixen eingebüsst, wie nachfolgendes Schema
von *waz* = Bil. *wās* hören, zeigt:

	Chamir	Bilīn
Sing. 1)	*waz-ún*	*wás-uǵún* ich hörte
2)	*waz-rú*	*wás-ruχ* du hörtest
3)	*waz-ú*	*wás-uχ* er hörte
Plur. 1)	*waz-nún*	*wás-nuǵún* wir hörten
2)	*waz-ŕnu*	*wás-dinuχ* ihr hörtet
3)	*waz-ún*	*wás-nuχ* sie hörten.

70) Nur in sehr sporadisch vorkommenden Fällen zeigt
das Chamir noch den *k*-Laut, wo derselbe in den verwandten
Idiomen ausgefallen ist, z. B. *duk* und *daq* gegenüber Bil. *duw*
sprechen; *daqāsá* gegenüber Quara *daûsā* Frosch; *dikŭ* (Bil.
dukŭ, *dauk*) gegenüber Quara *daû* vorbeiziehen.

71) Häufig gehen im Chamir *k*-Laute in *y* über. Die Er-
klärung für diese Erscheinung liegt in §. 63, vgl. auch §. 47;
Beispiele hiefür sind: *ayír* = Bil. *eǵir* plur. *ikíl* Vater; *tayír*
= Bil. *teǵrí* Tante; *aráyā* (aus *adaǵā*) = Saho, 'Afar *adáǵā*,
Ty. አጻ᎓ Markt, Bazar; *griyá* (neben *girká*) plur. *gírke* =
Bil. *girgá* plur. *girík* Tag; *jiriyánā* (aus *jiyranā*) = Bil. *jigránā*
(A. ገዓዴ᎓) Perlhuhn; *kiyán* = Bil. *keǵán* Hochzeit; *qabez*
neben *iebez* (G. ᎐ቦዘ᎓, §. 66 und 72) kochen; *qōqáyā* = G.,
Ti. ቆቃዩ᎓ Frankolinhuhn; *lis* (aus *lēs*, *lays*) = A. ለቀስ᎓ weh-
klagen; *miziyánā* = A. መሕ᎔ፍ᎓ Lob; *zilā* (aus *zēlā*, *zaylā*,
Quara *jēlā*) = Bil. *jûǵalú* Vogel; *ziyá* = Bil. *zeǵá* (G., Ti.,
A. ሥጋ᎓) Fleisch; *siyá* = G. ጸጌ᎓ Blume, ebenso *ayá* =
G. ሐጌ᎓ Sommer (§.55); *wáyā* = A. ፀጋ᎓ Werth, Preis u. s. w.[2]

---

[1] Aehnliche Lautvorgänge im Quara, z. B. *daw* = Bil. *dakŭ*, Cham. *dikŭ*
vorübergehen; *deûrā*, *dewrā* (vgl. Somali *daber* Esel, cf. A. ገነበዴ᎓
Waldesel) — Dembea *deqnārā*, Bil. *duǵárā*, Cham. *duχárā* Esel; *môzit*
(zunächst aus *maûzit*) = A. መኦዚት᎓ Amme; *wā* — Cham. *gŭā*, *gbā*,
Bil. *gabá* Seite, Richtung; hin, zu, bei u. s. w.

[2] Im Quara kommen die gleichen Lautübergänge vor; vgl. z. B. *ay* =
Bil., Cham. *aj* werden; *adiay* — Cham. *irday*, G. ᎐ዴ᎐᎓ verlassen; *ayir*
= Bil. *eǵir* Vater; *aray* und *arē* = A. ኣረቀ᎓ versöhnen; *bayrā* =
Bil. *baǵirā* Kette; *bēlā* (aus *baylā*) = Bil. *báqlā* Maulthier (G. በቅለ᎓);
dayá = A. ደዓ᎓ Hochland; *lay* = Cham. *naq*, Bil. *nāq* geben; *lēš*

In der Flexion zeigen solche Lautübergänge die Verba mit schliessendem *q* und *q̇*; vgl. z. B. von *naq* = Bil. *nāq* geben:

	Chamir		Bilīn	
	Präsens	Perfect	Präsens	Perfect
Sing. 1)	*nàq-åkŭn*	*naq-ún*	*nàq-åkún*	*nàq-u̱ġŭn*
2)	*náy-rau̱k*	*nay-rú*	*náq-rau̱k*	*náq-ru̱χ*
3) m.	*náy-au̱k*	*nay-ú*	*náq-au̱k*	*náq-uχ*
f.	*náy-ac*	*nay-c*	*nāq-átī*	*náq-tī*

u. s. w.

a) Diese Verkürzung geht bei anderen auf *q*, *q̇*, *g*, *ġ* auslautenden Verben, wie: *aġ* werden, *iedag* verlassen, zurückbleiben, *baq̇* flüssig werden, *ieṣaq* senden, *haq* siegen, *qadaq* schöpfen, *saq* nähen, *zaq* verspotten u. s. w. noch einen Schritt weiter, indem der *k*-Laut spurlos ausfällt; dagegen erscheint bei diesen in der tertia singul. masc. generis im Perfect statt der obigen Endung *-u* (Bil. *-u̱χ*) ein *wī*, dessen *ī* entweder aus früherem *-u̱χ* (also *ī*, *y* = *χ*) zu erklären ist, oder aber es trat hier eine Lautumstellung von *u* ein; vgl.:

Sing. 1)	*aġ-ún*	*iedag-ún*	*haq-ún*	*qadaq-ún*
2)	*a-rú*	*ieda-rú*	*ha-rú*	*qada-rú*
3) m.	*a-wí*	*ieda-wí*	*ha-wí*	*qada-wí*
f.	*áġ-ec*	*iedág-ec*	*háq-ec*	*qadáq-ec*

u. s. w.

neben den regelrechten, doch seltener gebrauchten Formen: *aġ-rú*, *aġ-ú* u. s. w.; *awí*[1] dürfte entweder für *aġ-uy* oder für *ay-u* stehen.

72) Mit vorangehendem *n* verschmilzt dieses *y* zu *ñ*, wie: *ñer* (zunächst aus *niyer* = Quara *niyar* und dieses aus *nigad* §. 44) = G., A. ነገደ ፡ Handelsreisen machen; *giñírā* = Bil. *gehḗrā* Klippschliefer (§. 57). Im Anlaut wird dieses aus *k*- und Hauchlauten hervorgegangene *y* wie kurzes *i* gehört und

(aus *layš*) = Cham. *nas*, Bil. *nāq-s* bringen; *layā* = Bil. *láġā* Feuer; *salañā* (vgl. §. 72), in Dembea *salayā* (A. ጠለ ፡, ፀለ ፡) = Bil. *sallaqā* Bier; *wušañā* (aus *wušanqā*) = Bil. *wušaġá* Leder; *séwā*, *sīwā* (aus *saywā*) = Bil. *saġñā*, Cham. *šakñā* drei; *wáyā* = Bil. *wákā*, Cham. *wikā* Hyäne; *wayā* = A. ዋጋ፡ Werth, Preis u. s. w.

[1] Vgl. die Adjectivbildung auf *-āwī*, *-āy*, *-ī* in den semitischen Sprachen.

fällt als solches auch häufig ganz ab; wegen dieser Lautung umschreibe ich daher an dieser Stelle auch nur *i*, nicht *y*; vgl. z. B. *ieduwá* und *eduwá* = G. ዕጻ: (aus ዕጸው·:) Schuld; *iedefá* und *edefá* = G. እደፍ:, A. እድፍ: Schmutz; *iedüm* und *edüm* = G. ዕድሜ: Lebensalter; *ieggá* und *eggá* = G. ዐለቅት: Blutegel; *ieṭin* und *eṭin* = G. ቀጢን: klein; jedoch *ieçuwá* und auch *yeçuwá* (nie *eçuwá*, welches Scorpion bedeutet, §. 69) = G. እንጻፕ: Maus u. s. w.; vgl. *jeçur* und ἧπαρ u. s. w. Wir haben in §. 9 a und b gesehen, dass bei den mit Hauchlauten beginnenden Verbis sich helles *a* behauptet, wie: *aden* jagen, *hafer* sich schämen u. s. w. (für grammatisch zu erwartendes *iden*, *hifer*); wenn aber der Hauchlaut durch *i* ersetzt wird, dann lautet der darauf folgende Vocal stets *e*, nie *i*, wie: *iebez* (neben *qabez*) = G. ኅበዘ: Brod backen; *iedem* = ዐደም: einladen; *iedag* = ኅደገ: verlassen; *iemuq* = እሞቅ: küssen; *ieqan* (Saho *kahan*, Bedanie *kehan*) lieben, *iezuw* (G. ዐጸው:) binden, *ieš* verfluchen, *ieš* machen, *iuw* (aus *iew* wegen §. 22) = Ti. ሀበ: geben u. s. w.; und da *i* im Anlaut, wie oben bei den Nominibus, häufig abfällt, so finden sich im Chamir auch neben den eben angeführten auch folgende Formen: *ebez, edem, edag, emuq, eqan, ezuw, eš, eš* u. s. w. Nur in diesem einen Falle zeigen Verba im Anlaut *e*.

73) Hinsichtlich der *u*-haltigen Gutturale ist das Wesentlichste bereits in §. 3 berührt worden. Mit Vocalen verbunden habe ich im Chamir folgende Gruppen beobachtet:

kŭa	*kŭā*	*kŭī*	*kŭe (kŭ)*	*kŭē*	*kŭŭ (kū)*	*kŭô*
gŭa	*gŭā*	*gŭī*	*gŭe (gŭ)*	*gŭē*	*gŭŭ (gŭ)*	*gŭô*
qŭa	*qŭā*	*qŭī*	*qŭe (qŭ)*	*qŭē*	*qŭŭ (qŭ)*	*qŭô*
ǵŭa	*ǵŭā*	*ǵŭī*	*ǵŭe (ǵŭ)*	*ǵŭē*	*ǵŭŭ (ǵŭ)*	*ǵŭô*
q̇ŭa	*q̇ŭā*	*q̇ŭī*	*q̇ŭe (q̇ŭ)*	*q̇ŭē*	*q̇ŭŭ (q̇ŭ)*	*q̇ŭô*
ńŭa	*ńŭā*	*ńŭī*	*ńŭe (ńŭ)*	*ńŭē*	*ńŭŭ (ńŭ)*	*ńŭô*
χŭa	*χŭā*	*χŭī*	*χŭe (χŭ)*	*χŭē*	*χŭŭ (χŭ)*	*χŭô.*

Graphisch bezeichnete mir Birru diese Laute also: ኰ *kŭa*, ኲ *kŭā*, ኰ· *kŭī*, ኵ *kŭī*, *kŭe (kŭ)*, ኴ *kŭē*,[1] ኵው *kŭŭ* und ኰ· *kū*,[2]

---

[1] Nur in der Flexion zusammengezogen aus *kŭay*, z. B. in tertia sing. fem. gener. des Relativs: *kŭē* welche existirt, *kŭē* = *kŭay* aus *kŭ-rá-rī*.

[2] Z. B. ኵውን: und ኰ·ን: ich war, vgl. §. 27.

ኵእ፡ *küô.*[1] In derselben Weise ጐ *gŭa*, ቈ *qŭa*, ኈ *ġŭa*, ቈ *q̇ŭa*, ኈ *χŭa* u. s. w. Für den Laut *ṅ* schrieb Birru bald ንኈ, bald auch ኟ d. i. ገ mit zwei diakritischen Punkten versehen, und demnach auch ንኈ *ṅŭa* u. s. w., wofür die Bilīn die Charaktere ኟ und ኟ anwenden. In den Tabellen acceptire ich der Deutlichkeit und typographischer Gründe wegen für die genannten Laute die Bilīnzeichen ኟ und ኟ, die ja doch auch aus ገ̈, ጐ̈ entstanden sind.

74) Das Chamir weist eine Reihe von Fällen auf, in welchen das *u* des Kehllautes entweder ganz abgefallen oder wenigstens im Schwinden begriffen ist; so z. B. *baq* = Bil. *baqŭ*, *bauq* fliessig werden, aber noch *bu-rá* = Bil. *buq-rá* Mehlsuppe; *dik* neben *dikŭ* = Bil. *dakŭ*, *dauk* vorüberziehen; *dàqŭsā* neben *dáqsā* Frosch; *cikel* neben *cikŭl* (A. ተኰለ፡) eilen; *χal*, *qal* neben *qŭal* = Bil. *qŭāl* sehen; *qas* = Bil. *qŭās* salben; *qalemá* und *qŭalemá* (A. ቋሊማ፡) Wampe; *kar* neben *kŭar* (Ty. ኰረየ፡) zürnen u. s. w., über die Verdünnung des *u* zu *i*, *e* vgl. §. 19 und 20. Umgekehrt kommen aber auch wieder Fälle vor, in welchen Kehllaute ein *u* zeigen, das in den verwandten Idiomen fehlt; z. B. *azuná* = Quara *anjiñi* Bil. *anjáy* gestern; *emqŭá* = Bil. *amáq* (cf. G. ሐመቀቀ፡) Schmutz, *iemqŭ-t* = Bil. *amāq-r* sich beschmutzen; *emuq* = G. አምኀ፡ küssen; *gŭaçir-tā* = Bil. *gráśā* (A. ግሬሜ፡) Stachelschwein; *χŭdá* = Bil. *qiṭ* pudendum muliebre; *kŭas* = A. ከሳ፡ abmagern; *lilqŭ* = A. ለቀለቀ፡ mit Farbe anstreichen; *suq* = Bil. *ji'* trinken u. s. w. Auf dieser letztern und der im §. 69 berührten Erscheinung beruht wohl auch der Wechsel zwischen *k*- und Hauchlauten mit *w*; wie z. B. aus *dáqsā* Frosch (vgl. die Nebenform *daqŭsā*) im Quara *daŭśā* geworden; so haben wir: *bíwā* = G. ቢኊ፡ Flusspferd; *laŭ* = Agaumed. *lagā* rechte Seite; *maw-aû* (Relativform, wörtlich: das Fliessige) die fliessige Butter, das Schmalz, vgl. G. መሀወ፤[2] *kŭas* mager werden, aus *kahas* (oder zunächst *kŭahas*) vgl. כחש, Ti. ከሰሐ፤ *aŭc-ánā* Katze = Amh. አጋዥ፡ (Guragne) vgl. አንጕዥ፡ (Agau

---

[1] Z. B. ኵእ፡ neben ኵእው፡ (ohne Hiatus zwischen *kŭ* und *ô*, *aû*) welcher existirt, vgl. §. 33.

[2] Vgl. im Mahra: *māḥ* Butter (Zeitschr. der deutsch. morgenl. Gesellsch. XXVII, 265).

von Agaumed.) und G. **አንከሰ**፡ felis aethiopica: *sesawá* = A.
ሰለ?፡ und **ሰሳ**፡ Antilope saltatrix ; *šewā* = Bil. *šakū* (aus *šēkā*,
šaykā, G. **ጸይሕ**፡, vgl. §. 12) Ebene.

d) Die Lippenlaute.

75) Gleich dem Bilīn besitzt das Chamir, wie es scheint,
kein *p*. Den Laut *p̌* finde ich in meinen Materialien in fol-
genden Wörtern vor : *kïp̌p̌ená* (Lasta), aber *gïbbená* (Wag)
Eidechse ; *p̌ábā* (Lasta) = *bábā* (Wag) Maulbeerbaum ; *pullímtā*
(Lasta) Kuh von schmutzig weisser Farbe, das, was A. **በለ**፡.
Birru schrieb diese Formen mit **ጰ** und sprach diesen Laut
stark explosiv wie im Amharischen aus (vgl. auch A. d'Abbadie
im Journal asiatique, sér. III, tóm. XI, 1841, pag. 390).

76) Die regelmässig vorkommenden Lippenlaute sind *b*,
f, *w* und *m*. Das *b* (**በ**) wird im Anlaut wie unser *b* in Bad,
böse u. s. w., nach einem Vocal aber wie unser deutsches *w*
gesprochen, während Cham. *w* der Laut des englischen *w* zu-
kommt. Im Chamir wechselt bisweilen *b*, *w* mit *f*; z. B. *habtám*
und *haftám* (A. **ሀብታም**፡) reich : *nifs* und *nibís* (A. **ነፍስ**፡)
Wesen, Seele; *mazíf* plur. *mazbít* (G. **ማዕፍ**፡) Schleuder; *ma-
yuwá* junger Stier, das wohl zu A. **ወይፈን**፡ (aus **ወይፈን**፡) zu
stellen ist, vgl. §. 60; *aqeb* = A. **አቀፈ**፡ (G. **ሐቀፈ**፡) umarmen;
sefír (Bil. *çïubï'r*) = Ti. **ጽንዐት**፡ Finger; *ṣabír* (Bil. *šabír*) =
A. **ዐፍር**፡ Riemen; *faṭ y* = Ty. **በፕ**፡ **የለ**፡ sich ausruhen; *lilef*
= A. **ለበለበ**፡ plappern, schwätzen : *wisíf* Heiratsbündniss, zu
G. **ወሰበ**፡ gehörig; *ṣefqá* = Bil. *šibkā* (Quara *šebkā*, Agaumed.
sifhā) Haar, Wolle.

77) Häufig lässt sich Lautübergang von *b* zu *w* und *u*
beobachten; z. B. *wa* (Postposition) bei, in = G., Ti., A. **በ**
(Präposition); *iuw*, *ûw* = Ti. **ሀበ**፡, G. **ወሀበ**፡ geben; *duw* =
G. **ጠቀ**፡, A. **ጠቀመ**፡ (§§. 36 und 69) nähen; *gŭā* (Lasta)
neben *gebá* (Wag) = *gabā* (Bil.) Seite; *giŭr* = Quara *gibrá*,
Bil. *gŭrbá* Nacken, Rücken; *gŭiy* = A. **ቀበለ**፡ (§. 53) nehmen;
qiçuc (im Imperativ *qeçú*) = G. **ቀጸበ**፡ zwicken : *lawín* = G.
ለብን፡ Weihrauch; *miŭrd* feilen, Denominat. von A. **መብረድ**፡.
مبرد Feile, zunächst wohl aus der jüngeren amharischen Form
ምረድ፡ (gleichsam *maŭrd*, woher nach §. 15: *miŭrd*, im Quara
möry-ā, *y* = *d* wie in §. 51); *zôw* = A. **ዝነበ**፡ (§. 59) regnen;

zôq und *zaûq* = G. ‖·በሐ ፡ (§. 66) schlachten, opfern; *siqaw* = G. ጽሕበ፤ schwer sein u. s. w.

78) Sehr selten steht im Chamir *m* = *b, f, w;* mir sind hiefür nur folgende Fälle bekannt: *mirā* neben *bílā* Thüre, vgl. A. በር፡; *mirmir* (A. መረመረ፡) = *barbar y* (A. በረበረ፡, G. በርበረ፡) ausspähen, spioniren; *qilím* und *qalím* (A. ቃለም፡) = Bil. *qaláb* (Saho, 'Afer *qālīb*, Ty. ቃሌብ ፡) die Wasserpfeife, Nargile; *qümtá* = A. ቀበት፡ Herd; *qàmerá* = Bil. *kŭaráb* Joch.

79) Häufiger zeigt das Chamir *b, w, û* für *m* in den übrigen Idiomen; vgl. z. B. *bisrá* plur. *bisír* = A. መሰር፡, Ti. መንሰር፡ (doch G. ·በርስን ፡) Linse; *bŭlá* = A., G. መንተሶ፡ Hase (§. 57); *gebár* (Quara *gebār*) Hälfte, zu A. ገመሰ፡ gehörig, woher ግማሽ፡ Hälfte (§. 45); *gánneb* = A. ገነገም፡ Hölle; *qebrá* = Bil. *gamár* (aber Ti. ·ገበር፡) Strick; *sab* = A. ጫማግ፤ Fusssohle, Sandale; *şagíb* = G., A. ዐጋም፡ linke Seite; *wibír* (Bil. *wàubar*, A. መንበር፡) = G. መንበር፡ Stuhl; *wules* = A. መለሰ፡ umrühren; *iûnet, ûnet* (A. እው-ነት ፡) = G. እምነት፡ Wahrheit. Auch scheint mir *ûnát* (Bil. *ûnar*, aber noch plur. *ûnat*) Woche, zunächst aus *haûnat* (vgl. auch §§. 28 und 30), auf den Stamm ሰመን፡ (vgl. §. 46) zurückgeführt werden zu sollen; vgl. auch *qaw* vorangehen, und *qaû* früher, einst, in §. 52.

80) Das *w* geht im Auslaut oder vor folgenden Consonanten in *û* über; vgl. z. B. *jilw-ún* ich drehte um, aber Imperat. *jilû* drehe um! ebenso *jilû-rá* du drehtest um, *jilû-s-án* ich liess umdrehen. Abfall von Labialen liegt vor in: *grā* (nach cf. *giûr*) = Bil. *gûrbá* Rücken; *gúlásá* (zunächst aus *gúlwásā*, §. 79) = A. ጕለማስ፡ Jüngling; *χay* (zunächst aus *χawy, χaûy,* §. 68) = G., Ti. ሀበየ፡ gross sein; *mirqá* (zunächst aus *mûrqá, mûrqā*) = A. መበረቅ፡ Blitz. Merkwürdig sind die beiden Formen: *yis* (wohl zunächst aus *yiwes*) trocken sein, und *wis* trocknen etwas (transit.), welche beide wohl zu G. የበሰ፡ gehören dürften, wenn nicht vielleicht *yis* (Bil. *id*) eher zu G. ወወ፡ zu stellen ist, wovon ወሰ፡ oder ኝሰ፡ Dürre, Trockenheit.

3) Metathesis und Assimilation von Consonanten.

81) Metathesis kommt im Chamir nur bei *r* und vereinzelt auch bei *t* und *l* vor:

a) Metathesis von *t*: *fárẓe* Pferde (aus *fars-te*, von *firzá* Pferd); *fárẓe* steht für *fardze*, *d* aus *t* vor folgendem *ẓ* erweicht und zu *ẓ (dz)* zusammengezogen. Ferner gehört hieher: *mìta-kŭá* = Bil. *mἄkŭatá*, Ti. **ሞኲት፣** Teig.

b) Metathesis von *l* kenne ich nur in *sileq* neben *siqel* = A. **ሰቀለ፣** aufhängen, und in *tilkŭ* neben *tikŭl* und *tikel* = A. **ተክለ፣** pflanzen.

c) Metathesis von *r* in: *bázrā*, plur. *baríz*, *barís-te* = A. **በዝረ፣** Pferdstute; *bukúrtā* = A. **ብርኵታ፣** eine bestimmte Brodsorte; *dìgŭrá* und *dἄrgŭά*, Bil. *dἄngŭrά* Fels, Stein; *egríb* und *ergíb* = A. **እርግብ፣** Taube; *fijirál* (aus *fijilar* und dieses aus *fijilat*) = A. **ፍኗላት፣** Schale (§. 43 c); *gefrá* Schaum, vgl. A. **ኰፈረ፣** schäumen, neben **ሕፈረ፣** Schaum; *griyá* neben *girká* = Bil. *girgá* Tag; *gŭaçir-tā* = Bil. *grἄšā*, A. **ግረኗ፣** Stachelschwein; *çirgá* = Bil. *šinkrá* plur. *šinkít* (Ti. **ጸገት፣**) Stock, Stab; *jiriyάnā* = Bil. *jigrάnā*, A. **ዝግረ፣** Perlhuhn; *χaruw* (Bil. *'arab*) = A. **አወረ፣** blind sein (§. 68); *kŭrmἄ* = A. **ርኵም፣**, **እርኵም፣** der Hornrabe; *qamerá* = Bil. *kŭaráb* Joch (übrigens scheint *qamerā*, wohl aus *qaberā*, bezüglich der Stellung des *r* ursprünglicher zu sein als *kŭarab*, vgl. A. **ቀምበር፣**, G. **ቀመር፣**, Galla *qambarī*).

82) Assimilation von *n* an folgende Consonanten haben wir bereits in §. 58 kennen gelernt. Nicht zu den Assimilationen gehören Fälle, wie: *abís-se* Löwen; *aχís-se* (von *aχsά*) Knoblauch; *fiçír-re* (von *fiçerά*) Ziegen; *qŭçír-re* (von *qŭçerā*) pudendum viri; *qŭaçíl-le* (von *qŭaçelá*) testiculi; *χiçíl-le* (von *χiçelά*) Krallen u. s. w.; vgl. hierüber §. 195. In *ammítā* (= A. **እመቤት፣**, nur in der directen Anrede gebraucht) Hausfrau, hat sich *b* an vorangehendes *m* assimilirt.

4) Der Accent.

83) Da die Abessinier ähnlich den romanischen Völkern im Allgemeinen die Stimme nur wenig moduliren, so war es mir beim Niederschreiben meiner Texte und Sätze nach dem Dictat meiner Lehrer oft nicht leicht, sofort die richtige Tonstelle aufzufassen, und bei der Revision meiner Texte finde ich daher nicht selten verschiedene Accentbezeichnungen an ein und demselben Worte, und zwar in derselben Beziehung und ·

Stellung. Im Allgemeinen können jedoch hinsichtlich des Accentes folgende Normen zur Richtschnur dienen:

a) Der Hauptaccent geht nie auf die drittletzte Silbe zurück, sondern ruht auf der letzten oder vorletzten Silbe.

b) Bei zweisilbigen Wörtern ruht der Accent auf der letzten Silbe, wenn der Vocal derselben an Quantität den der vorangehenden Silbe überwiegt; z. B. *agdá* Heuschrecke, *amrá* Jahr, *bidlá* Schaden, *burá* Mehlsuppe, *degrá* Unrath, *duklá* Steinbock, *amí* Dorn, *lib-á* fem. *lib-i* klug, *barúd* Pulver, *fetál* Leibtuch, *etán* Weihrauch, *hedár* der dritte abessinische Monat; *kiyán* Hochzeit.

c) Der kurze Vocal einer (einfach oder doppelt) geschlossenen Silbe im Auslaut überwiegt einen kurzen Vocal der vorangehenden offenen Silbe, z. B. *alíb* Fussspange, *aríb* Freitag, *hagír* Land, *meqbír* Grab; *adínt* Wildpret, *gesín* Hund, *kisín* Feld, *medríχ* Thürschwelle.

d) Auf der vorletzten Silbe ruht der Accent, wenn der Vocal derselben durch Natur oder Position lang ist; z. B. *bádā* Wehrwolf, *búnā* Kaffeebohne, *dósā* Eleusine, *línā* Deichsel: *bázrā* (aber plur. *baríz*, nach §. 83, c) Stute, *fárẓe* (von *firzá*) Pferde, *bírre* Zollplatz, *hárre* Seide, *dírbe* Stockwerk, *címtā* junger Stier.

Anmerkung. Der Vocal *a*, *a*, wenn aus *ā* hervorgegangen, gilt für den Accent als lang; z. B. *bábā* (Bil. *bánbā*) Maulbeerbaum, *bárā* (A. ስርይ:) Sclave, *fánā* (A. ፋና:) Fackel, *gázā* (A. ጋሽ: *gássā*) Schild, *χázā* (G. ሓዛ:) Fisch.

e) Bei dreisilbigen Wörtern ruht der Ton in den sub b und c angegebenen Bedingungen auf der letzten, in den sub d berührten Fällen auf der vorletzten Silbe; zugleich erhält die drittletzte Silbe einen Nebenaccent, wenn die letzte Silbe den Hauptton trägt; z. B. *birberá* Pfeffer, *baraχá* Wüste, *banderás* Marschalk, *digürá* Fels, *fuẓerá* Ziege, *gibbená* Eidechse, *Habešá* Abessinien, *mikerá* Kummer u. s. w.; *biúsā* Feigenbaum, *baritá* Nachttopf, *duχárā* (Bil. *duqárā*) Esel, *jiriyánā* (Bil. *jigránā*) Perlhuhn, *galánā* Ei; *bukúrtā* eine Brodsorte, *dugúlsā* ebenfalls eine Brodsorte, *galimtá* Hure, *güaçírtā* Stachelschwein, *jiráffā* Peitsche, *mikíddā* Polster.

Formenlehre.

I. Das Verbum.

1) Eintheilung des Verbs; Wurzelformen.

84) Die Verba im Chamir sind entweder ein- oder zwei-, drei- und mehrradicalige. Sie theilen sich ein: a) in primitive, b) in denominative Verba.

A) Primitive Verba.

85) Von den primitiven Verben sind folgende einradicalig: *hi* entbehren, *fi* ausgehen, *gi* reif werden, *gü* aufstehen, *ci* die Nacht zubringen, *χü* essen (vgl. Bilīnspr. §. 24), *kü* sein, *yi* sagen. Auch *mi* und *mu*, nur in der Reflexiv-, Causativ- und Passivform, nie aber in der Grundform gebräuchlich, demnach z. B. *mi-t* vergessen, *mu-t* tragen, erscheinen jetzt einradicalig, sind dies aber nicht von Haus aus, wie die Bilīnformen: *megü-r* vergessen, *müqu-r* tragen, ersichtlich machen. Auch von den übrigen angeführten einradicaligen lassen sich die meisten auf zwei- und dreiradicalige zurückführen, doch soll der Beweis hiefür an einem anderen Orte erbracht werden.

86) Die weitaus grösste Anzahl der Chamirverba besteht wie im Bilīn aus zwei Radicalen, wie: *ağ* werden, *bar* lassen, *bir* warm werden, *biz* öffnen, *dib* bedecken, *dad* treten, *dikü* passiren, *fiz* säen, *gab* sprechen, *güid* graben, *güis* ackern, *gim* herabsteigen, *gin* altern, *jib* kaufen, *lib* fallen, *saq* haben, *win* sein u. s. w. (vgl. Bilīnspr. §. 25).

87) Die dreiradicaligen Verba sind der Mehrzahl nach aus dem Semitischen entlehnt, wie: *aqeb* umarmen, *bidel* schädigen, *biqel* wachsen, *doges* pressen, *dakar* verstossen, *fiqed* wollen, *cikel* eilen, *hakes* hinken, *hayel* stark sein, *qides* heiligen, *liluw* heucheln, *mirez* vergiften, *nifeg* geizen, *rigef* herabfallen, *siqel* aufhängen u. s. w., oder aus zweiradicaligen durch Reduplication entstanden, wie *gigeb* (Bil. *gab*) verhindern, *titek* (Amh. ተሐተሐ፡) sprudeln, auf welche Art auch die vierradicaligen gebildet sind, wie: *birbir* auf Raub ausgehen, *mirmir* untersuchen, *niknik* zudringlich betteln u. s. w.

B) Denominative Verba.

88) Denominative Verba werden gebildet, indem man an
den Nominalstamm -*s* zur Bildung activer, -*t* zur Bildung re-
flexiver und -*š* zur Bildung passiver Verba anfügt: z. B. von
eduwá Schuld: *edú-s* borgen Jemandem, *edú-t* sich ausborgen
etwas, *edú-š* ausgeliehen werden (Geld); von *oklá* Gleichheit:
okúl-s gleich machen, *okúl-t* gleich werden, — sein; von *oqá* Ge-
lächter: *oqa-s* lachen machen, *oqa-t* lachen, *oqa-š* verlacht wer-
den; von *emquá* Schmutz: *emqŭ-s* beschmutzen, *emqŭ-t* sich
beschmutzen, *emqŭ-š* beschmutzt werden; von *esíñ* Nase: *esíñ-s*
schneuzen, *esíñ-t* sich schneuzen, *esíñ-š* geschneuzt werden; von
disñá Gewohnheit: *disíñ-s* gewöhnen, *disíñ-t* sich gewöhnen,
disíñ-š gewöhnt werden; von *gidír* Hunger: *gidír-s* hungern
lassen, *gidír-t* hungern; von *gizú* Bauch: *gizu-s* schwängern,
gizu-t schwanger werden; von *cil* Spiessglanz: *cil-s* mit Spiess-
glanz färben, *cil-t* sich färben; von *hañ* dumm: *hañ-s* verdum-
men Jemanden, *hañ-it* verdummt (selbst), dumm werden u. s. w.;
vgl. auch Bilīnspr. §. 28.

89) Eine andere Kategorie abgeleiteter Verba wird ge-
bildet, indem an die abstracte Nominalform eines Verbs oder
an Partikeln, Interjectionen und schallnachahmende Wörter das
Verb *y* sagen, angefügt wird; z. B. *embí y* sich weigern, *ogúg y*
donnern, *etíš y* niesen; *bŭbū y* bellen, *biçíç y* blass sein, *bak y*
hinaufsteigen, *da y* sich verspäten, *dadíd y* trübe sein (Wasser),
dis y froh sein, *fŭg y* blasen, *çíq y* gerade sein, *hiçíç y* einen
schrillen Ton geben, *haû y* verbrennen, *χar y* die Nacht zu-
bringen. *kad y* verleugnen, *kŭlíl y* trippeln, *qiss y* leise sprechen,
lib y lau sein, *lil y* weich sein, *laû y* winken, *malíf y* schön sein,
mir y hinüberhüpfen, *sa y* fliehen, *suq y* schweigen, *sitíq y* be-
scheiden sein, *tif y* ausspeien, *wit y* laufen, *ier y* verläumden
u. s. w., vgl. Bilīnspr. §. 74.

2) Stammformen des Verbs.

90) Gleich dem Bilīn bildet das Chamir aus der Grund-
form des Verbs eine Reihe von Ableitungs- oder Stammformen,
welche bestimmte Modificationen der Grundform des Verbs
ausdrücken. Hieher gehören folgende Formen:

A) Der Steigerungs- oder Wiederholungsstamm.

91) Derselbe wird mittelst Wiederholung des Grundstammes oder auch mittelst Reduplicirung der zwei letzten Radicale desselben gebildet und drückt eine Verstärkung der Grundbedeutung aus, wie:

akebkib eifrig sammeln	von	*akeb* sammeln
emqŭmqŭ abküssen	„	*emqŭ* küssen
aremrim fleissig jäten	„	*arem* jäten
dajdaj abgreifen	„	*daj* berühren
miselmisel haarscharf gleichen	„	*misel* ähnlich sein
rirebrib massenhaft aufschichten	„	*rireb* aufschichten
sigsig fein stossen	„	*sig* stossen
zilzil ausmalen, beschreiben	„	*zil* malen.

Indessen kommt diese Stammform im Chamir nur mehr sporadisch vor und scheint gegen das Bilīn, noch mehr aber gegen das Saho, in welchem dieselbe fast von jedem Verb gebildet werden kann, im Verschwinden begriffen zu sein (vgl. Bilīnspr. §. 30 und 31).

B) Der Causativstamm.

92) Das Causativ wird gebildet mittelst *-s*, welches an die Grundform des Verbs angefügt wird; z. B.

aden-s jagen lassen	von	*aden* jagen
akeb-s sammeln lassen	„	*akeb* sammeln
bidel-s schädigen lassen	„	*bidel* beschädigen
bir-s wärmen	„	*bir* warm werden
dad-s treten lassen	„	*dad* treten
ieqan-s Liebe bewirken	„	*ieqan* lieben
emqŭ-s küssen heissen	„	*emqŭ* küssen.

u. s. w.

93) Dreiradicalige Verba mit ultima *y* verwandeln dasselbe vor *-s* in *ī*, wie: *adī-s* theilen lassen, von *adiy* theilen (§. 56); zweiradicalige aber bilden das Causativ regelmässig, wie: *ḥay-s* bewachen lassen, von *ḥay* bewachen; *qey-s* verkaufen lassen, von *qey* verkaufen u. s. w.

94) Verba mit ultima *w* verwandeln dasselbe vor *-s* in *û*; z. B. *ezû-s* binden lassen, von *ezuw* binden; *jilû-s* umdrehen

lassen, von *jiluw* umdrehen; *kñ-s* tödten lassen, von *kuw* tödten; *ṣiqañ-s* schwer machen, von *ṣiqaw* schwer sein.

95) Verba mediae geminata setzen im Causativ -*es* an, wofür aber der Vocal der vorletzten Stammsilbe des Verbs ausfällt; z. B. *azz-es* befehlen lassen, von *azez* befehlen; *ebb-es* räuchern lassen, *binn-es* Heimweh verursachen, *kibb-es* belagern lassen u. s. w. Dieser Regel folgen auch Verba mit auslautendem *ṭ, ṣ, ẓ, š, ẓ́; z. B. *alṭ-es* nähern, von *aleṭ* nahe sein; *baṣ-es* spalten lassen, von *baṣ* spalten; *marẓ-es* wählen lassen, von *mareẓ* wählen; *qimš-es* gürten lassen, von *qimeš* gürten u. s. w.

96) Verba mit schliessendem *g, ǵ, q, q́*, wenn diesen Charakteren ein *u* vorangeht, werfen jene genannten Consonanten vor dem causativen *s* ab; z. B. *ba-s* gerinnen machen, von *baq́* fliessen, gerinnen; *ieṣa-s* senden lassen, von *ieṣaq* senden; ebenso die Causativa von *daǵ* berühren, *iedag* verlassen, *cuq* uriniren, *haq* siegen, *litaq* gewinnen, *qaduq* schöpfen, *ṣaq́* haben, *ṣuq* nähen, *zaq* verspotten u. s. w., als: *da-s, iedu-s, cu-s, ha-s* u. s. w. Man würde erwarten, dass in solchen Fällen für *g, ǵ, q, q́* wenigstens ein Hamze eintreten sollte, also *ba'-s* (für *baq́-s*) u. s. w. Meine Gewährsmänner liessen jedoch nie ein solches hören; es ist aber noch zu bemerken, dass neben den angeführten kürzeren Formen auch noch die ursprünglichen gehört werden, so: *baq́-s, ieṣaq-s* u. s. w. Das Verb *naq* geben, bildet das Causativ *na-s* (statt *naq-s*), welche Form auch insofern interessant ist, als hier nach Abfall von *q* auch *a* in *u* übergegangen ist (vgl. §. 9 c). Das Verb *ṣuq* (auch *ṣûq, ṣiq*) trinken, lautet ebenfalls im Causativ *ṣû-s* zu trinken geben, neben *ṣuq-s, ṣiq-s*; vgl. auch §§. 69 und 71.

97) Das zweite Causativ wird gebildet, indem an den ersten Causativstamm -*es* angesetzt wird, als: *aden-s-es, adī-s-es, ezû-s-es* u. s. w.; vgl. Bilinspr. §. 40 — 42. Das Causativ des Wiederholungsstammes (§. 91) wird regelmässig auf -*s* gebildet, als: *akebkib-s* eifrig sammeln lassen; das zweite Causativ davon aber wieder auf -*es*, als: *akebkib-s-es* veranlassen, dass man eifrig sammeln lasse. Uebrigens kommt das zweite Causativ im Allgemeinen selten in Anwendung.

C) Der Reflexivstamm.

98) Das Reflexivum wird gebildet, indem man an die Stammformen sub §. 92 — 94 statt -*s* ein -*t*, und an den Stamm in §. 95 statt -*es* ein -*et* ansetzt, als: *akeb-t* für sich sammeln, *ḥay-t* sich in Acht nehmen, *kû-t* sich tödten, *azz-et* gehorchen u. s. w. Von den Verben in §. 96 ist mir keine Reflexivform untergekommen. Ueber den lautlichen Uebergang von *t* zu *r* im Reflexiv vgl. oben §. 43 und Bilinspr. §. 43 — 45.

99) Das Causativ des Reflexivs erhält man durch Anfügung des Causativcharakters -*s* an den Reflexivstamm, als: *fô-t-s* zu Athem kommen lassen, von *fô-t* athmen; *gô-t-s* Furcht einflössen, von *gô-t* sich fürchten; *ka-t-s* sich übersetzen lassen (über den Fluss); *mi-t-s* vergessen machen, von *mi-t* vergessen; *mu-t-s* sich tragen lassen; *si-t-s* sich ankleiden lassen; *suǵan-t-s* dürsten lassen, von *suǵan-t* dürsten; *tam-t-s* süss machen, von *tam-t* süss sein, — werden; *war-et-s* spielen heissen, von *war-t* spielen u. s. w., vgl. auch Bilinspr. §. 46. Zu bemerken bleibt noch, dass in diesen Fällen reflexives *t* nie in *r* übergeht, sondern unverändert bleibt, wie z. B.

Perfect

	Sing.		Plur.	
1)	*fô-t-s-ún*		*fô-t-s-nún*	
2)	*fô-t-s-rú*		*fô-t-s-ŗnú*	
3)	*fô-t-s-ú*		*fô-t-s-úñ.*	

D) Der Passivstamm.

100) Das Passivum erhält man, indem man an die Stammformen sub §. 92 — 94 und §. 96 statt -*s* ein -*š*, und bei den Verben sub §. 95 ein -*eš* ansetzt, als: *aden-š* gejagt werden, *adî-š* getheilt werden, *ezû-š* gebunden werden, *iesa-š* und *iesaǵ-š* gesendet werden, *baz-eš* gespalten werden u. s. w.

101) Auf *s*, *z* auslautende Verbalstämme assimiliren diese Charactere an folgendes *š* des Passivzeichens; z. B.: *bileš-š* ausgebohrt werden, von *biles* bohren; *dikúš-š* angezündet werden, von *dikús* anzünden; *fireš-š* angepackt werden, von *fires* anpacken; *biš-š* geöffnet werden, von *biz* öffnen; *fiš-š* gesäet werden, von *fiz* säen u. s. w.

102) Ebenso häufig wird in diesen genannten Fällen das reflexive -*t* zur Passivbildung verwendet, vor welchem *t* aber

vorangehendes *s*, *z* in *š* sich verwandelt; z. B.: *ciqešt* fortge-
prügelt werden, von *ciqes* fortprügeln; *hakešt* (von *hakes*) ge-
holfen werden, neben *hakeš-š; qašt* (von *qas*) neben *qaš-š* gesalbt
werden; *qirešt* und *qireš-š* (von *qires*) geschnitten werden u. s. w.

103) Verba mit auslautenden *u*-haltigen Gutturalen bilden
das Passiv entweder regelmässig wie in §. 100 oder auf *-št;*
z. B. *emqŭ-š* und *emqŭ-št* geküsst werden; *χŭ-š* oder *χŭ-št* ge-
gessen werden; *duqŭ-š* oder *duqŭ-št* gesprochen werden; *dikŭ-š*
oder *dikŭ-št* vorübergebracht werden u. s. w.

104) Der Passivcharakter *-š* kommt auch vereinzelt mit
reflexiver Bedeutung vor; z. B.: *gadem-š* sich hinstrecken, aus-
gestreckt liegen = A. **ተንጸደመ፡**; ebenso: *areq-š* (= A. **ታረቀ፡**)
sich aussöhnen; *disiñ-š* sich gewöhnen u. s. w. (vgl. auch §. 103),
wie andererseits das reflexive *-t* in einigen wenigen Fällen mit
passiver Bedeutung gebraucht wird; z. B.: *bin-t* gebrannt wer-
den (der Kaffee, von *bŭnā* gebrannte Kaffeebohne); *bi-t* (Bil.
bi-st) beraubt, ledig werden, von *bi* entbehren; *dib-t* neben *dib-š*
(Bil. *dib-t*) geschlossen werden, von *dib* verschliessen; *qŭaš-t*
(Bil. *baš-ir*) gemolken werden, von *qŭaš* melken.

105) Passiva aus Causativstämmen kommen nur ver-
einzelt, und zwar blos bei intransitiven Verben vor; z. B. *bir-š-š*
erwärmt werden, von *bir-s* erwärmen, *bir* warm — sein, werden;
fi-š-š fortgeschickt werden, von *fi-s* entlassen, *fi-t* fortgehen;
gŭi-š-š aufgerichtet werden, von *gŭi-s* aufrichten, *gŭ* aufstehen
(*gŭn* ich stand auf, *gŭ-rŭ* du standest auf) u. s. w.

106) Passiva aus Reflexivstämmen sind ebenfalls nur
sehr selten im Gebrauche; z. B. *gô-t-š* in Furcht gesetzt, ein-
geschüchtert werden; *ka-t-š* hinübergesetzt werden (über den
Fluss); *mi-t-š* in Vergessenheit gerathen; *tam-t-eš* süss gemacht
werden. Das reflexive *t* bleibt wie bei den Verben in §. 99
durch alle Personen hindurch in der Flexion gleich und geht
nicht wie in §. 43 in *r* über.

107) Causativa aus Passivstämmen werden im Chamir
nicht gebildet, sondern es wird diese Stammform durch Verba,
wie: *bar* lassen, *azez* befehlen u. s. w. umschrieben; das von
diesen abhängige Verb wird in den Subjunctiv gesetzt (vgl.
Bilīnspr. §. 56); z. B. *an Birrŭ-t ciqištetă azzŭn* ich liess Birru
fortprügeln (= ich gab den Auftrag hinsichtlich Birru, dass
er fortgeprügelt werde).

E) Der reciproke oder Gegenseitigkeitsstamm.

108) Das Reciprocum bildet das Chamir mittelst An-
fügung des Passivcharakters -*š* (vgl. §. 104) an die redupli-
cirte Form des Grundstammes; z. B.

emqŭmqŭ-š sich gegenseitig küssen	von	*emqŭ* küssen
eqaneqan-š sich wechselseitig lieben	„	*eqan* lieben
jiñjiñ-š sich gegenseitig erzählen	„	*jiñ* erzählen
qŭalqŭal-š einander sehen	„	*qŭal* sehen
naqnaq-š einander verachten	„	*naq* verachten
ninqninq-š einander drohen	„	*nineq* drohen
zilezil-š einander Fabeln erzählen	„	*zil* malen
şafşaf-š sich gegenseitig schreiben	„	*şaf* schreiben
waqerwaqer-š einander ausfragen	„	*waqer* fragen.

109) Indem man an die vorangehenden Formen -*es* an-
fügt, erhält man das Causativ des Reciprocums; z. B. *eqane-*
qan-š-es gegenseitige Freundschaft stiften, *jiñjiñ-š-es* den Anlass
geben, dass einer nach dem andern eine Geschichte erzähle
u. s. w.

110) Hiernach erhalten wir nachstehende Tabelle der im
Chamir gebräuchlichen Verbalstämme:

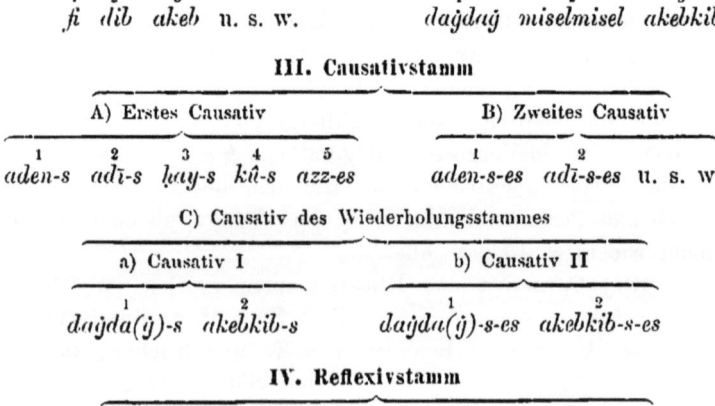

I. Grundform

1	2	3	
ji	*dib*	*akeb*	u. s. w.

II. Wiederholungsstamm

1	2	3
daǧdaǧ	*miselmisel*	*akebkib*

III. Causativstamm

A) Erstes Causativ

1	2	3	4	5
aden-s	*adĭ-s*	*ḥay-s*	*kŭ-s*	*azz-es*

B) Zweites Causativ

1	2	
aden-s-es	*adĭ-s-es*	u. s. w.

C) Causativ des Wiederholungsstammes

a) Causativ I

1	2
daǧda(ǧ)-s	*akebkib-s*

b) Causativ II

1	2
daǧda(ǧ)-s-es	*akebkib-s-es*

IV. Reflexivstamm

A) Einfaches Reflexiv

1	2	3	4
akeb-t	*ḥay-t*	*kŭ-t*	*azz-et*

B) Causativ des Reflexivs

1	2	3
fô-t-s	*mi-t-s*	*azz-et-s*

V. Passivstamm

A) Passive Grundform

1	2	3	4
aden-š	*adi-š*	*kâ-š*	*χŭ-št*

B) Passiva aus Causativen		C) Passiva aus Reflexion		
1	2	1	2	3
bir-š-š	*gŭi-š-š*	*gô-t-š*	*ka-t-š*	*ṭam-t-eš*

VI. Gegenseitigkeitsstamm

A) Einfaches Reciprocum		B) Causativ des Reciprocums
1	2	1
emqŭmqŭ-š	*eqaneqan-š*	*eqaneqan-š-es.*

Dieser Tabelle zufolge werden im späteren Verlaufe die
verschiedenen Verbalstämme des Chamir einfach durch die
Ziffern: II, III A, III Ca u. s. w. bezeichnet werden.

111) Aus dem Semitischen werden oft Verba in verschie-
denen Stammformen herübergenommen und an diese die Chamir-
endungen wie an einheimische Stämme angesetzt; z. B.: *ǎbreš-ú*
er demolirte = Ty. አፍረሰ፡, Causativ von ፈረሰ፡ in Ruinen
zerfallen. An diese entlehnten Stammformen werden auch noch
stammbildende Elemente des Chamir angesetzt; z. B. *abriš-es-ú*
er liess demoliren, *ǎbreš-r-ú* er trug sein eigenes Haus ab.
Ebenso *timen* wollen, *timn-ú* er wünschte = A. ተመኘ፡ (von
መኘ፡), davon *timen-s* Wünsche erregen, *timen-t* für sich Wünsche
hegen; oder *tismam* Gefallen finden an Jemand = A. ተሰማማ፡
(von ሰማ፡), davon Causativ *tismam-s* eine gute Meinung für
Jemand verursachen u. s. w.; vgl. auch Bilīnspr. §. 61.

3) Tempora des Verbums.

112) Im Chamir werden drei Zeiten unterschieden und
zwar: Präsens, Perfect und Futurum, als: *wáz-a-uk* er hört,
waz-ú er hat gehört, *wáz-tū* er wird hören. Da diesen ein-
fachen Zeitformen zumeist aoristische Bedeutung zukommt, so
wird, um ein duratives Präsens, Perfect oder Futurum auszu-
drücken, das Verbum entweder in der Participial- oder Relativ-
form mit einem Auxiliarverb verbunden, worüber sub §. 183 ff.
zu vergleichen ist.

113) In der Flexion kennt das Chamir Singular und Plural, ferner drei Personen, von denen in der tertia sing. eine masculine und eine feminine Form unterschieden werden. Die Personalpronomina können in der Abwandlung dem Verb entweder vorgesetzt (zumeist wohl nur dann, wenn auf dieselben ein besonderer Nachdruck gelegt werden soll) oder auch weggelassen werden. Die an den Verbalstamm anzusetzenden Temporalsuffixe sind folgende:

		Präsens	Perfect	Futurum
Sing.	1)	-ă-kŭn	-ŭn	-jir
	2)	-r-a-ŭk	-r-u	-tir
	3) { m.	-a-ŭk	-u	-tū
	f.	-a-c	-c	-tī
Plur.	1)	-n-ă-kŭn	-n-ŭn	-n-ak
	2)	-ŗn-a-ŭk	-rn-u	-ten-ak
	3)	-ń-a-uk	-ŭń	-ińta-ŭk.

Anmerkung. Vergleicht man diese Pronominalsuffixe mit denen des Bilīn (Bilīnspr. §. 64), so bemerkt man für das Präsens im Singular, wie in der prima plur. eine vollständige Uebereinstimmung, nur in der tertia fem. steht -c = Bil. tī (vgl. oben §. 39 a). In der secunda plur. haben wir im Chamir für Präsens und Perfect r = Bil. d (vgl. §. 44). In der tertia plur. des Präsens zeigt das Chamir ein -ń gegenüber Bil. -an; über den Abfall von a vgl. oben §. 23. Das ń wird man als ältere Form, als Bil. n anzunehmen haben, wie auch das Chamirpronomen der tertia plur.: ńáy, auch ńáy-tāy und ńá-tāy sie, gegenüber Bil. nāń sie. Im Perfect hat das Chamir in allen Personen den im Bil. noch vorhandenen Gutturallaut eingebüsst (vgl. §. 69), nur in der tertia plur. hat sich in Cham. -uń = Bil. -nuχ der abgeschwächte Guttural erhalten (vgl. §. 58 und Bilīnspr. §. 16). Im Futurum zeigt das Cham. durchwegs ältere Formen als das Bilīn. Die erste Person -jir und -jer scheint mir mit dem Bilīnrelativ -ǧer (vgl. Bilīnspr. §. 194, Anmerk.) gleich zu sein, j = ǧ, wie in §. 63. Die Bilīnform: wās-rī (= Cham. waz-jir) dürfte demnach auch für wās-īr (aus was-jir, was-ǧer, vgl. oben §. 71) stehen. In der zweiten Person: wás-tir du wirst hören, würde dem Gesagten zufolge -tir für t-ǧer stehen, wie ja auch im Relativ Cham. waz-rá-r = Bil. wās-rá-ǧer

der du hörst, worin *rā* [1] aus *ra* (= früherem *ta*, Zeichen der
zweiten Person) + *a* (Präsenszeichen, das auch im Indicativ
wás-ra-uḵ du hörst, gegenüber *wás-r-uᵪ* du hast gehört, erscheint);
Bil. *wás-tā* stünde demnach für *wās-tā-ǵer* = Cham. *wás-tir* (aus
was-t-ǵer). In der dritten Person sing.: Cham. *wás-tū* = Bil.
wás-rā er wird hören und Cham. *wás-tī* = Bil. *wás-tā* sie wird
hören, ist Cham. *-ū*, fem. *ī* augenscheinlich identisch den Aus-
gängen des Verbaladjectivs, wie: *ligm-ú*, fem. *-í* trägt u. s. w.
(vgl. §. 26). Der Plural im Futurum zeigt im Chamir die ver-
kürzten Formen des Präsens auf, nach Analogie im Singular
dürfte aber wohl auslautendes *-k* in der ersten und zweiten
Person für früheres *ker* (identisch mit obigem *ǵer*) stehen, in
der dritten Person aber ist das *k* noch *u*-haltig: *kū*. Mit *iñt*
in *iñta-uḵ* vgl. das Pronomen *ñatáy* sie.

114) Diese oben in §. 113 angegebenen Pronominalsuffixe
werden mit dem Verbalstamm verbunden zur Bezeichnung der
positiven Aussage, als: *wázåkún* ich höre, *waz-ún* ich hörte u. s. w.
Ausser diesen Elementen besitzt das Chamir noch bestimmte
Formen für die Negation und die Frage. Für die Negation
werden die negativen Formen des Relativs (vgl. §. 161 ff.) in
Anwendung gebracht, abweichend vom Bilin, das auch für die
directe Rede ein Negativum besitzt (vgl. Bilinspr. §. 65). Die
Frage aber wird im Chamir mittelst der Partikel *-ma* (Bil. *-mā*)
bezeichnet, z. B. *wazåkún-má* höre ich? *wazáker-má* höre ich
nicht? *wázru-má* hast du gehört? *waziyar-má* hast du nicht ge-
hört? Näheres hierüber vgl. in §. 188 f.

4) Die Conjugationen.

115) Gegenüber dem Bilin, welches drei Conjugationen
unterscheidet, deren charakteristischer Unterschied darin be-
steht, dass in gewissen Hauptzeiten und Modis zwischen dem
unveränderlich bleibenden Verbalstamm und den Personalsuf-
fixen ein *-ī-* zum Vorschein kommt oder nicht (vgl. Bilinspr.
§. 66), zeigt das Chamir allerdings nur eine einzige Conjugation,
indem dasselbe das Bil. *ī* der zweiten und dritten Conjugation
bereits eingebüsst hat. Da auch die Quarasprache jenes *ī* noch

---

[1] *ā* für *a* durch den Einfluss des Tons gedehnt.

besitzt, über dessen Ursprung später bei Behandlung des Quara
die Rede sein wird, so ist der Gedanke wohl abzuweisen, dass
jenes *ī* nur ein secundärer, blos verbindender Laut des Bilīn sei.
Dagegen kommen im Chamir hinsichtlich der Vocalisation der
Verbalstämme in der Flexion sehr nennenswerthe Veränderun-
gen vor, welche das Bilīn nicht kennt. Denn während dieses
die Pronominalsuffixe entweder mittelst *ī* oder unvermittelt ein-
fach mit dem Verbalstamm verbindet und in diesem letzteren
keinerlei Vocalveränderungen zu Tage treten, weist dagegen
das Chamir verschiedentlichen inneren Vocalwechsel in den
Verbalstämmen auf, den wir im Nachstehenden kurz zur Dar-
stellung bringen wollen.

a) Die in §. 85 aufgeführten einradicaligen Verba: *bi*,
ji, *gi*, *ci*, *yi* zeigen vor vocalisch anlautenden Suffixen, wie auch
vor *r* nur den einfachen Consonant *b*, *f*, *g*, *c*, *y*, vor consonan-
tischen aber tritt das kurze *i* des Stammes wieder zum Vor-
schein, als: *b-ắkŭn*, *b-ráṵk*, *b-ún*, *b-rú* u. s. w., aber: *bi-nắkŭn*,
be-nún, *bi-jir*, *bi-tír* u. s. w.

b) Die Verba *gŭ*, *χŭ*, *kŭ* (§. 85) bleiben dem Stamme
nach unverändert, nur wir mit folgendem *u* wird *ŭ* des Stammes
in *ŭ* zusammengezogen (§. 27), als: *gŭ-ắkŭn*, *gŭ-ráṵk*, *gūn* (für
gŭ-ún), *gŭ-rú*, *gū* (für *gŭ-ú*) u. s. w.

116) Zweiradicalige Verba bleiben wie im Bilīn vor
allen Pronominalsuffixen unverändert; z. B. von *gab* sprechen:
gắb-ắkŭn, *gab-ráṵk*, *gab-ún*, *gab-rú* u. s. w.

a) Nur die Verba mit auslautendem *w* verändern dasselbe
vor consonantischen Suffixen in *û*; z. B. von *kuw* tödten: *kuw-
ắkŭn*, aber *kû-raṵk*, *kuw-ún*, aber *kû-rú* u. s. w. Ebenso ver-
ändern Verba mit schliessendem *y*, wenn diesem *y* nicht der
Vocal *a* vorangeht, jenes *y* in *ī*; z. B. von *gŭiy* nemen: *gŭiy-
ắkŭn*, aber *gŭi-rauk*, *gŭiy-ún*, aber *gŭi-ru*. Dagegen bleibt *y*
z. B. in *ḥay* bewachen: *ḥ̣ày-ắkŭn*, *ḥáy-raṵk*, *hay-ún*, *hay-rú* u. s. w.
Ueber die auf *l*, *r*, *n* auslautenden Stämme, wie: *bin* aus dem
Schlaf auffahren, *bar* lassen, *bir* fliegen, *dil* bestimmen, *kil*
brechen u. s. w. vgl. §. 118.

b) Verba mit schliessendem *g*, *ġ*, *q*, *q̇*, wenn diesen Lauten
ein *a* vorangeht, wie: *aġ* werden, *baq̇* fliessig werden, *daġ* be-
rühren, *ḥaq* siegen, *saq* nähen, *zaq* verspotten (vgl. §. 71 a),

werfen diese Gutturale mit Ausnahme in der prima sing. präs. und präteriti, in den Hauptzeiten und Modis also ab; vgl. z. B. *aǵ* werden:

		Präsens	Perfect	Futur
Sing.	1)	*aǵ-akín*	*aǵ-ún*	*á-jír*
	2)	*á-rauk*	*a-rú*	*á-tír*
	3) { m.	*aǵ-auk*	*á-wī*	*á-tū*
	{ f.	*aǵ-ac*	*aǵ-ic, ac*	*á-tī*
Plur.	1)	*à-nakín*	*a-nín*	*á-nak*
	2)	*á-rnauk*	*á-rnu*	*à-tenák*
	3)	*á-ṅauk*	*a-úṅ*	*á-ṅtauk, á-tauk.*

c) Im Präsens wie im Perfect sollen, wie mir versichert wurde, von Frauen noch die volleren Formen *aǵ-rauk, aǵ-ínauk*; *aǵ-rú, ag-ú, ag-ínu, aǵ-úṅ* gesprochen werden, dagegen auch von diesen bereits: *a-naukún, á-ṅauk*, ferner *a-nún* und so auch das ganze Futur: *á-jír* u. s. w., wie bei der jüngeren männlichen Generation gebildet werden. Ueber die Verba *naq* geben, und *ṣaq* haben, beide ganz gleichmässig construirt, vgl. §. 71. Ein Analogon zu diesen lautlichen Vorgängen bietet im Bilīn das Verb *šāǵ* haben; vgl. Bilīnspr. §. 75.

d) Das Verb *suq* (auch *sūq, síq*) trinken, wird folgendermassen flectirt:

		Präsens	Perfect	Futur
Sing.	1)	*sùq-ákín*	*suq-ún*	*sü-jír*
	2)	*sü-ráuk*	*sü-rú*	*sü-tír*
	3) { m.	*süy-áuk*	*süy-ú*	*sü-tú*
	{ f.	*süy-ác*	*sü-c*	*sü-tī*
Plur.	1)	*sü-nákín*	*sü-nún*	*sü-nák*
	2)	*süy-ýnauk*	*süy-ýnu*	*sü-tnák*
	3)	*sü-ṅáuk*	*süy-úṅ*	*sü-ṅtauk.*

117) **Dreiradicalige Verba** haben in der Regel in der ersten Stammsilbe den Vocal *i*, in der zweiten *e*, wie: *bidel* schädigen, *biles* ausbohren, *fiten* versuchen, *cibes* verstecken, *jimer* probiren, *mirez* vergiften, *nifeg* geizen, *rigef* herabfallen, *siqel* aufhängen u. s. w. Diese Vocalisation erklärt sich aus Ty. A. በ'ደለ:, Ti. በ'ደለ፡ u. s. w., wonach dann im Chamir zufolge §. 15 betontes *a* zu *i* und unbetontes *a* zu *e* übergeht. Ueber davon abweichende Vocalisation, wie *aden* jagen, *ḥafer*

sich schämen, *dakar* verstossen u. s. w. vgl. §. 9; über Verba
mit anlautendem *e* neben *ie*, wie: *ebez, iebez* Brod backen, vgl.
§. 72. Formen, wie *oqer* oder *ioqer* deponiren, *boqes* ausraufen,
doges zusammenpressen u. s. w. stehen für *iequer, biques, digues*,
vgl. §. 21. In der Flexion nun bleibt der Vocal der ersten
Silbe unverändert, der der zweiten Silbe aber fällt unter Um-
ständen ab, wie aus folgendem Schema selbst am besten zu
ersehen ist; z. B. von *biles:*

		Präsens	Perfect	Futur
Sing.	1)	*bils-ákún*	*bils-ún*	*biles-jír*
	2)	*bils-ráuk*	*bils-rú*	*bils-tír*
	3) { m.	*bils-áuk*	*bils-ú*	*bils-tú*
	f.	*bils-ác*	*bils-ec*	*bils-tí*
Plur.	1)	*bils-nákún*	*bils-nún*	*bils-nák*
	2)	*bils-rnauk*	*bils-rnu*	*bils-tenák*
	3)	*biles-ńáuk*	*bils-úń*	*bils-íńtauk.*

Anmerkung. Verba, welche in der zweiten Silbe einen
anderen Vocal als *e* haben, wie: *dakar* verstossen die Frau,
ieqan lieben, *dikus* anzünden u. s. w., behalten denselben in
allen Personen bei, wie *dakàr-ákún, dàkar-ún, dikús-ákún, di-*
kús-ún (doch auch: *dyks-ákún, dyksún*, vgl. §. 3) u. s. w.

118) Verba mit auslautendem *l, r, n* zeigen in der zweiten
Person des Präsens wie des Perfects eine Abweichung im Suffix
(vgl. Bilinspr. §. 72), zugleich bietet auch die Vocalisation des
Stammes einige Verschiedenheiten vom vorangehenden Schema,
wie aus folgendem zu ersehen ist; wir wählen als Beispiel das
Verb *fiten* versuchen, aus:

		Präsens	Perfect	Futur
Sing.	1)	*fitn-ákún*	*fitn-ún*	*fiten-jír*
	2)	*fiten-dáuk*	*fiten-dú*	*fiten-tír*
	3) { m.	*fitn-áuk*	*fitn-ú*	*fiten-tú*
	f.	*fitn-ác*	*fitn-ec*	*fiten-tí*
Plur.	1)	*fiten-nákún*	*fitne-nún*	*fitne-nák*
	2)	*fiten-dŕnauk*	*fiten-dŕnu*	*fiten-tenák*
	3)	*fitne-ńáuk*	*fitn-úń*	*fitn-íńtauk.*

Ebenso flectiren die auf *l* und *r* auslautenden, wie *bidel*
schädigen, *kater* rauben, nur in der tertia plur. präsentis,

dann in der prima plur. perfecti et futuri tritt der Wurzel-
vocal der zweiten Silbe vor auslautendes *l*, *r*, wie: *bŭlel-ňáuk*
sie schädigen, *hàter-ňáuk* sie rauben, *bŭlel-nán*, *bŭlel-nák* u. s. w.
Zweiradicalige Stämme, wie *bar* lassen, *dil* bestimmen u. s. w.
lassen den Stamm unverändert und verändert einfach die mit
r beginnenden Suffixe in *d*, wie: *bár-dauk*, *bar-dínauk* u. s. w.
Ueber die Verba mediae geminata auf *l*, *r*, *n* vgl. §. 120.

119) Verba mit auslautendem *y* verändern dasselbe zu *i*
vor consonantischen Suffixen, vgl. von *adiy* theilen: *àdy-ákún*,
ady-ún, aber *adí-rauk* u. s. w. Ebenso verwandeln die auf *w*
auslautenden dasselbe in *ú*, wie von *jiluw* umdrehen: *jilw-ákún*,
jilw-ún (und *jilűn*), aber: *jilú-rauk* u. s w., vgl. §. 116a. Die
auf *g*, *ǵ*, *q*, *q̇* auslautenden Triliterae, wenn jenen Lauten ein
a vorangeht, wie: *iełag* verlassen, *iesaq* senden, *qadaq* schöpfen,
qaṣaq̇ züchtigen, *litaq* gewinnen, folgen dem Schema in §. 116b.

120) Die Verba mediae geminata werden wie zweiradi-
calige Stämme flectirt, indem der zweite Wurzelvocal in den
Hauptzeiten und den meisten Modis ausfällt, dagegen wird vor
consonantischen Suffixen und dem Verbalstamm ein *e* einge-
schoben; vgl. z. B. von *qaded* scheiden: *qàdd-ákún*, aber *qŭdde-
ráuk* u. s. w. Dieser Regel folgen auch die Stämme auf *l*, *r*, *n*,
wie *qalel* leicht sein, *marer* bitter sein, *binen* Heimweh haben,
als: *qàll-ákún*, aber *qàlle-ráuk* nicht -*dauk*, wie bei den Verben
in §. 118.

121) Das Chamir kennt keine Objectssuffixe am Verb,
welche im Bilīn eine so grosse Rolle spielen (Bilīnspr. §. 76 ff.);
statt dieser Suffixe wird hier der Dativ oder Accusativ des
persönlichen Fürwortes gesetzt; z. B. *an kŭ-t eqanún* = Bil.
an inkalugún-kā ich habe dich geliebt, *ayir liňá qŭrš yi-eis
iewú* = Bil. *y'ejér laňá qŭrš uwŭgŭ-la* der Vater gab mir zwei
Thaler; vgl. unten im Abschnitt über das Pronomen. Dass das
Chamir die genannten Objectssuffixe einst ebenfalls besessen
und erst später dieselben eingebüsst habe, dafür spricht wohl
auch der Umstand, dass die Agaudialekte in den Landschaften
um den Tzanasee die genannten Suffixe ebenfalls gleich dem
Bilīn noch besitzen.

5) Die Modi des Verbs.

122) Das Chamir unterscheidet gleich dem Bilīn folgende
Modi: 1) Indicativ, 2) Subjunctiv, 3) Consecutiv, 4) Impe-
rativ, 5) Jussiv, 6) Conditional I, 7) Conditional II, 8) Optativ,
9) Modus der Gleichzeitigkeit, 10) Perfectum subordinatum,
11) Causalis, 12) Objectmodus, 13) Participium, 14) Relativa,
15) Verbalnomen.

A) Der Indicativ.

123) Die Formen desselben sind bereits in den voran-
gehenden Schemata §. 115 ff. angegeben worden. Der Indi-
cativ wird, wie im Bilīn, nur in Hauptsätzen gebraucht, in
allen Nebensätzen dagegen werden je nach der Art der Ab-
hängigkeit die nachfolgenden Modi in Anwendung gebracht.

B) Der Subjunctiv.

124) Der Gebrauch desselben beschränkt sich auf die
Nebensätze der Absicht und des Zweckes. Hinsichtlich der
Vocalisation der Stämme gelten hier dieselben Normen, welche
oben §. 115 ff. angegeben worden sind, namentlich stimmt die
Vocalisation der Triliterae durchaus mit der des Futurums
überein, wie ja auch die grammatischen Formen des Subjunc-
tivs augenscheinlich sich von denen des Futurums abgezweigt
haben. Als Schema wähle ich von den dreiradicaligen das
Verb qides heiligen, aus und stelle der grösseren Anschaulich-
keit wegen dem Chamir-Schema das Bilīnische gegenüber.

Subjunctivus positivus.

		Chamir	Bilīn
Sing.	1)	*qìdes-já*	*qaddas-íyā*
	2)	*qìdes-tá*	*qaddás-tō*
	3) m.	*qìdes-tá*	*qaddás-rō*
	f.	*qìdes-tá*	*qaddás-tō*
Plur.	1)	*qìdes-ná*	*qaddás-nō*
	2)	*qìdes-tená*	*qaddàs-tinö*
	3)	*qids-íntā*	*qaddàs-dinó.*

Beispiele: *Kŭ qal-t wazjá ietetún* (Bil. *kŭ qálsī wasíyā
ïutują́n*) ich bin gekommen, um deinen Befehl zu hören. *Wurát*

Birrú-t ṭas-tá fi̯qedráuk-ma (Bil. *wurá-d Birrút ša'di-tó faqa-dráu̯u-n*) warum beabsichtigst du Birru zu schlagen? *Qírše iú begá jibú, n̊ir ṣümír-di̯ qŭáltā ṣayú* (Bil. *qirš uwó baggá jibíu̯χ, n̊ir šimársi qŭáltō šáu̯u̯ŭ-lā*) einen Thaler gebend kaufte er ein Schaf; um es zu besichtigen, fasste er es am Schwanze an. *Iúnǎ wǎlsána ṣayír wulestá wirbí-l túc* (Bil. *o̯u̯inā mala-sána-s šáu̯ro malástō wárabíl túti*) die Frau den Rührstock genommen habend, ging um umzurühren in den Fluss hinein. *Ie̯c̦uwá ári-s ṣu̯n̊tá fírec* (Bil. *inšuwá ár-si sútō fíti*) die Maus ging hin, um Korn zu stehlen. *K'ír-n ewaú qürše qŭálnā n̊aq* (Bil. *kü ejér uwá qirš qŭálnō nāu̯i-nā*) gib her das Geld, das dir dein Vater gegeben hat, auf dass wir es ansehen! *Yi-t kútená etetr̊nu* (Bil. *kútinó-la intídinu̯χ*) ihr seid gekommen mich zu tödten. *Zrī nasín̊tā firú̯u* (Bil. *zu̯rgŭí nāqsidinó fínu̯χ*) sie zogen aus, um die Braut zu holen.

125) Grössere Abweichungen in den beiden Idiomen treten im Negativ zum Vorschein, wie das nachfolgende Schema zeigt:

Subjunctivus negativus

		Chamir	Bilin
Sing.	1)	*qids-i-kā*	*qaddás-g-in*
	2)	*qids-i-rā*	*qaddás-gi-r-in*
	3) m.	*qids-i-yā*	*qaddás-g-in*
	3) f.	*qids-ī-rā*	*qaddás-gi-r-in*
Plur.	1)	*qids-í-nā*	*qaddás-gi-n-in*
	2)	*qids-í-rnā*	*qaddás-gi-dn-in*
	3)	*qids-í-n̊ā*	*qaddás-gi-n-in*

Beispiele: *Šišet-ikā lib-ikā n̊i nán-dī yi-t iewú* (Bil. *šatát yi-gīn lab-gin nī nánsi uwúu̯u-la*) damit ich nicht ausgleiten und fallen möge, gab er mir seine Hand. *Ederá-cik kü-t ṣǎr-s-ǎkún yi-t kuw-írā* (Bil. *jǎr-id šár-id-ǎkún-kā kú-girín-ila*) ich beschwöre dich bei Gott, dass du mich nicht tödtest. *Su̯n̊átā kŭ ár-dī su̯n̊-iyā kŭ n̊ín-dī ḫay* (Bil. *suwántā kŭ ár-si sú-gīn kŭ lín̊en-sí takáwī*) bewache dein Haus, auf dass nicht ein Dieb dein Korn stehle! *Kŭ jená kir-írā ederá-cik c̦aú* (Bil. *kŭ ganá kir-girin jǎr-sí šiwī*) bete zu Gott, dass deine Mutter nicht sterbe! *N̊i-t ṭas-ínā yiná-t tiksá c̦uwú* (Bil. *š ā'di-ginin-ilū tiksǽ šuwúu̯u-nā*) er bat uns sehr, wir möchten ihn nicht schlagen. *Fetná-l tuw-irnā c̦aúten* (Bil. *fitná-l tú-gidnin šiwā*) betet, dass ihr nicht in Versuchung eintretet! *Sájìt ìu ár-dī χü-iñá cisíñtī ḥayŭ̀ù* (Bil. *jáuggut ñā ár-sī qŭ-ginin kisíu-sī takàùnuχ*) sie bewachten den Acker, damit nicht die Paviane ihr Korn fressen möchten.

Anmerkung. Der Zusammenhang der Chamirformen mit denen des Bilīn leuchtet ein für den positiven Subjunctiv, zugleich kann man aus den Schemata den Zusammenhang des positiven Subjunctivs mit den Futuralformen (vgl. §. 113) ersehen. Im negativen Subjunctiv entspricht Cham. *-ī-* dem negativen *gi, g* des Bilīn, indem dieses im Chamir zu *y* und *ī* sich mouillirt hat (vgl. §. 71), wie dies aus den negativen Formen der folgenden Modi ganz deutlich hervorgeht. Mit *-kā* in *qids-i-kā* vgl. G. **ኵ፡**, Pronominalsuffix der ersten Person sing. Zur Form *qids-i-yā* fem. *qids-i-rā* vgl. §. 164. In den negativen Bilīnformen ist nur das auslautende *-ìn* fraglich; ich halte dasselbe ebenfalls für eine Negativpartikel (vgl. **ﺇن, ﻝ, አል፡**), so dass das Schema für das Bilīn wäre: Verbalstamm + Negation + Pronomen + Negation; vgl. die Negation des Verbs im Amharischen und Tigray mittelst: **አል — ም፡, አይ — ን፡**, d. i. Negation + Verb mit Pronomen + Negation.

126) Statt der obigen Subjunctivformen kann auch der Objectsmodus gebraucht werden, wenn das Verb des regierenden Satzes ein transitives ist; z. B.: *an Birrú-t ṭàs-je-ñá màχerú* er rieth mir an, dass ich Birru schlage. *An Birrūt ṭas-ì-ka-ñá màχerú* er rieth mir, dass ich Birru nicht schlagen sollte; vgl. §. 155.

C) Der Consecutivus.

127) In der Bedeutung und Construction stimmt derselbe vollständig mit dem gleichen Modus im Bilīn überein (Bilīnspr. §. 83). Er bezeichnet den Zielpunkt oder die Zeitgrenze, bis wohin die Dauer oder Wirkung einer Handlung sich erstreckt, und wird gebildet, indem man den Futurformen in §. 113 die Partikel *sik* (Bil. *sik = sī-k*, Objectssuffix *sī + k* ganz, durchaus) anfügt, wie: *qìds-jír-sik* bis ich heilige werde, geheiligt habe, *qìds-tír-sik* u. s. w.; vgl. G. **ኢይትቀተል፡ እስከ፡ አመ፡ ይቀውም፡ ቅድመ፡ በዑደ፡**, Dillmann, Aethiop. Gr. S. 137, §. 89.

Beispiele: *An etet-jir-sik eni-l gŭáy* (Bil. *an intiri-sīk nat çàbbari*) warte hier, bis ich komme! *Y'ár-dī wis-tír-sik kŭ luwá žán-tī sặqặkún* (Bil. *y'ár-sī wanz-rá-sĭk kŭ luwit šặqặkún*) ich behalte deine Kuh, bis du mein Korn zurückgestellt haben wirst. *Ni nín-dī wiqer-tú-sik enil gŭáytū* (Bil. *nī lĭnen-sí gabbar-dá-sĭk nat çabbárdā*) er wird hier bleiben, bis er sein Haus gebaut hat. *Tú-š-tí-sik nừ ĭr-t nín-il gŭayír sibáç* (Bil. *tú-sti-tá-sĭk nừ ejér-d lĭnen-il cabbardó hinbátī*) bis sie heimgeführt (d. i. geheiratet) sein wird, bleibt sie in ihres Vaters Haus. *Kŭ nín-dī qŭal-nák-sik gŭdená lĭgzaw-ä* (Bil. *kŭ lĭnen-sí qŭál-ná-sĭk daríb lagadáŋju-n*) bis wir dein Haus erblicken, ist bis dahin der Weg noch lang? *Lìgez-tenák-sik kütá-tis laú-si-k qazáŭ àçená iú-jir* (Bil. *lagat-tiná-sĭk intá-lid láŋz-sī-k wárká mardáy-t úrí-lkūm*) bis ihr erwachsen sein werdet, gebe ich jedem von euch eine schöne Lanze. *Sŭnát kir-intáŭk-sik ṭáb-š-ŋŭ* (Bil. *sŭkŭán kir-diná-sĭk ṭa'anbistinuz*) die Diebe wurden geschlagen, bis sie starben.

D) Der Imperativ.

128) Der Imperativ der positiven Form zeigt im Singular bei den ein- und zweiradicaligen Verben die reine Stammform, nur die Verba mit ultima *w* verändern dasselbe in *â;* im Plural wird an diese Stammformen *-ten*[1] angesetzt, als:

gŭ, gŭe!	plur.	*gŭ-ten!*	von *gŭ*	aufstehen
ci	„	*cí-ten!*	„ *ci*	übernachten
gab	„	*gáb-ten!*	„ *gab*	sprechen
kû	„	*kû-ten!*	„ *kuw*	tödten
ñer	„	*ñér-ten!*[2]	„ *ñer*	reisen.

Das Verb *χŭ* essen, bildet davon abweichend: *χŭáí!* plur. *χŭá-ten* und *χó-ten!*

129) Triliterae, welche in der zweiten Silbe den Vocal *e* haben, verwandeln diesen wegen des Accentes in *i;* Verba mit ultima *y, w* verwandeln selbes in *ī, ŭ;* z. B.:

---

[1] Im Dialekt von Wag habe ich öfters die Form *-tan* verzeichnet: *gŭbetán* sprechet! *kŭ-tan* tödtet! u. s. w.

[2] Ausser den in §. 72 angeführten Verben mit anlautendem *ie*, wie *ieqan* lieben u. s. w., ist *ñer* das einzig mir bekannte Beispiel, dass *ě* den Ton annimmt; vgl auch §. 130 s. v. *iềbĭe!*

adín!	plur. *adín-ten!*	von	*aden* jagen
iedím!	„ *iedím-ten!*	„	*iedem* einladen
maχír!	„ *maχír-ten!*	„	*maχer* raten
adí!	„ *adí-ten!*	„	*adiy* theilen
qaçú!	„ *qaçú-ten!*	„	*qaçuw* zwicken.

130) Die Verba mediae geminata werfen das *e* vor dem letzten Stammconsonanten aus und setzen dasselbe im Auslaut an; das Pluralsuffix lautet hier *tín* (statt *ten* wegen des auf dieser Silbe ruhenden Accentes, vgl. §. 14); z. B.

ázze!	plur. *ázze-tín!*	von	*azez* befehlen
iébbe!	„ *iébbe-tín!*	„	*iebeb* räuchern
kíbbe!	„ *kíbbe-tín!*	„	*kibeb* belagern
qádde!	„ *qádde-tín!*	„	*qaded* schneiden
látte!	„ *látte-tín!*	„	*latet* den Bogen spannen
líkke!	„ *líkke-tín!*	„	*likek* messen
líqqe!	„ *líqqe-tín!*	„	*liqeq* fortgehen
mízze!	„ *mízze-tín!*	„	*mizez* das Schwert ziehen.

Anmerkung. Vom Verb *nibeb* lesen, habe ich folgende zwei gleichbedeutende Formen verzeichnet: *níbbe!* plur. *níbbe-tín!* und *nibíb!* plur. *nibib-ten!* ebenso *sidíd* jage fort!

131) Die auf -*ay*, -*aĝ*, -*aq*, -*aq́* auslautenden Verba werfen vor dem Pluralsuffix den Guttural häufig ab; z. B.

aĝ!	plur. *á-ten* und *áĝ-ten!*	von	*aĝ* werden
iedáĝ!	„ *iedá-ten* „ *iedáĝ-ten!*	„	*iedag* verlassen
ieṣáq́!	„ *iesá-ten* „ *ieṣáq́-ten*	„	*ieṣaq* senden
qadáq́!	„ *qadá-ten* „ *qadáq́-ten*	„	*qadaq* schöpfen
naq!	„ *náy-ten* „ *náq-ten*	„	*naq* geben.

Anmerkung. Das Verb *ṣaq* haben, festhalten, bildet: *ṣaq!* plur. *ṣáy-ten!* Ebenso das Verb *suq* trinken: *suq!* plur. *sü-ten* und *súq-ten!* vgl. §. 116 c.

132) Die übrigen Verba mit auslautenden *u*-haltigen Gutturalen (vgl. z. B. *duq* sprechen, *emqü* küssen, *joq* processiren, *lilqü* anstreichen) bilden also den Imperativ:

duq!	und *díque!*	plur. *dúq-ten* oder *díque-tín!*
emúq	„ *iémqüe*	„ *emúq-ten*	„ *iémqüe-tín!*
joq	„ *jíqüe*	„ *jóq-ten*	„ *jíque-tín!*
lilúq	„ *lilqüe*	„ *lilúq-ten*	„ *lilqüe-tín!*

133) Verba mit schliessendem *t, ṭ, d, s, z* verändern diesen Laut im Singular meist in *c, c̣, j, š, ž.* Der Plural wird wie oben regelmässig gebildet; vgl. z. B. von *abit* festhalten, *gǘit* ziehen, *šišet* ausgleiten, *qaṭqaṭ* verschneiden, *šagǘṭ* verstecken, *waṭ* verschlucken, *dad* treten, *gǘid* graben, *qas* salben, *wires* erben, *waz* hören, *wiz* zurückgeben:

abíc!	plur.	*abít-ten!*	*daj!*	plur.	*dàde-tín!*
gǘic!	„	*gǘit-ten!*	*gǘid!*	„	*gǘnde-tin!*
šišic!	„	*šišit-ten!*	*qaš!*	„	*qás-ten!*
qaṭqác̣!	„	*qaṭqáṭ-ṭen!*	*wiriš!*	„	*wirís-ten!*
šagǘc̣!	„	*šagǘṭ-ṭen!*	*waž!*	„	*wás-ten!*
wac̣!	„	*wáṭ-ṭen!*	*wiž!*	„	*wís-ten!*

Anmerkung. Doch wird der Singular ebenso häufig ganz regelmässig nach §. 129 gebildet, wie: *abít, gǘit* u. s. w.

134) Nach dem vorangehenden Schema erfolgt die Imperativbildung der reflexiven und causativen Verba; vgl. z. B. von *azz-et* gehorchen (*azez* befehlen), *gidir-t* hungern, *gidir-s* hungern lassen (*gidír* Hunger), *girb-et* niederknieen, *girb-es* knieen heissen (*girb* Knie), *ka-t* (Bil. *kā-r*) übersetzen den Fluss, *ka-s* übersetzen Jemanden, *kin-t* lernen, *kin-s* lehren, *ki-t* sterben (Bil. *ki-r*), *lam-t* in Empfang nehmen (Bil. *lām-r*), *ayer-s* erneuern (*ayer* neu sein), *qǔal-s* zeigen (*qǔal* sehen), *nas* (§. 69 und 96) bringen:

azz-íc!	plur.	*azz-ít-ten!*	*ayr-íš!*	plur.	*ayr-is-ten!*
gidír-c!	„	*gidr-ít-ten!*	*gidir-š!*	„	*gidr-ís-ten!*
girb-íc!	„	*girb-ít-ten!*	*girb-íš!*	„	*girb-ís-ten!*
ka-c!	„	*ká-t-ten!*	*ka-š!*	„	*ká-s-ten!*
kin-íc!	„	*kin-ít-ten!*	*kin-íš!*	„	*kin-ís-ten!*
kí-c!	„	*kí-t-ten!*	*qǔal-íš!*	„	*qǔal-ís-ten!*
lam-íc:	„	*lam-ít-ten!*	*na-š!*	„	*ná-s-ten!*

Anmerkung. Vereinzelt habe ich auch Fälle verzeichnet, in denen *c* statt *t* auch vor der Pluralendung erscheint, so: *kin-ce-tín, kin-c-ten* lernet! *làm-ce-tín* empfanget! und im Dialekt von Wag: *arqicitáni* (von *arq-et*) söhnt euch aus!

135) Imperative des Passivstammes sind nicht im Gebrauch; in den Fällen, in welchen solche in Anwendung kommen

sollen, wird dafür das Causativ-Reflexiv gesetzt; z. B. *ezû-t-iš* lass' dich binden! von *ezû-t-s* sich binden lassen.

136) Der Imperativ der negativen Form setzt an den Verbalstamm im Singular *-tā*, im Plural *-tená* an; z. B.

gáb-tā rede nicht!	plur.	*gáb-tená !*	
kû-tā tödte nicht!	„	*kû-tená!*	
adín-tā jage nicht!	„	*adìn-tená!*	
liqíq-tā gehe nicht fort!	„	*liqìq-tená!*	
á-tā, áǵ-tā werde nicht!	„	*à-tená, àǵ-tená!*	
lilqǐe-tá bestreiche nicht!	„	*lil̯ùq-tená!*	
šišít-tā strauchle nicht!	„	*šišìt-tená!*	
azz-ít-tā gehorche nicht!	„	*azz-ìt-tená!*	

Anmerkung 1. An eine Respectsperson von hohem Range wird nie die Einzahl angewendet, sondern dafür die tertia plur. des Jussiv gebraucht; z. B. *daḥná-s ci* schlaf wohl! *daḥná-s citen* schlafet wohl! *daḥná-s ciñá* schlafen Sie (= du) wohl!

Anmerkung 2. Vergleicht man den Imperativ der positiven Form mit dem des Bilīn, z. B. *gab* (Bil. *gáb-i*) sprich! plur. *gíb-ten* (Bil. *gáb-ā*), so besteht anscheinend kein Zusammenhang der Formen in den beiden Idiomen. Doch entspricht 1) im Singular Cham. *χǚa-i* genau dem Bil. *qǔ-i* iss! 2) Die mouillirten Formen des Chamir in §. 133—134 setzen die Existenz eines früheren *ī* gleich wie im Bilīn voraus, wie: *qᵃtqᶐíç* = Bil. *qᵃtqᶐíᶅ-ī*, *daj* = Bil. *dád-ī*, *waž* = Bil. *wás-ī*, ebenso in den Reflexiv- und Causativformen, wie: *kin-ic* = Bil. *kin-ti*, *kin-iš* = Bil. *kin-si*, *naš* = Bil. *náǵ-sī* u. s. w. (vgl. §. 39 und 42, und Isenberg, Amhar. Gramm. pag. 19). Hiezu kommt noch 3) der Umstand, dass auch die Quarasprache, von welcher sich vermuthlich das Chamir zunächst abgezweigt hat, und zwar weit früher, als das Bilīn sich vom Chamir getrennt hat, den positiven Imperativ genau in der Weise des Bilīn bildet; z. B. *šáb-ī* mache! plur. *šáb-ā* = Bil. *háb-ī* plur. *háb-ā*. Aus diesen drei Thatsachen ist wohl zu erschliessen, dass das Chamir im Singular ebenfalls einst auslautendes *ī* besessen, selbes aber entweder spurlos abgeworfen oder aber durch Mouillirung absorbirt hat. In derselben Weise wie im Chamir scheint auch im Saho *ī* des Singulars abgefallen zu sein; wie z. B. *ab* mache! plur. *áb-á!* vgl. dagegen Galla: *ged-ī* sage! plur. *ged-á!* — Im Plural ist Chamir *-ten*, im Wag *-tan*, augenscheinlich das Pronominalsuffix der zweiten Person pluralis. Im Negativ stimmt das Chamir genau mit dem Dembea und Quara überein, indem beide Idiome *-tā* plur. *-tenā* ansetzen, während im Bilīn z. B. von *was* hören, der negative Imperativ *wás-i-g* (aus *was-g-ī*) plur. *wás-g-ā* lautet; *g* ist die Negativpartikel. Der äusseren Form nach ist der negative Imperativ des Chamir gleich mit der positiven Form des Subjunctivs (vgl. §. 124), und wahrscheinlich sind die beiderlei Formen auch dem Sinne nach identisch; vgl. z. B. *ẓáb-tā* dass du machst! (drohend = negativ).

E) Der Jussiv.

137) Im Wesentlichen stimmen die Chamirformen mit den des Bilīn überein. Hinsichtlich der Vocalisation gilt hier die in §. 124 angegebene Norm. Das Schema lautet:

		Jussivus positivus	
		Chamir	Bilīn
Sing.	1)	*qìdes-já*	*qìddas-ín*
	2)	—	—
	3) { m.	*qìdes-ná*	*qìddas-ín*
	f.	*qìds-ẹ́nā*	*qaddás-rin*
Plur.	1)	*qìds-ín-nā*	*qaddás-nin*
	2)	—	—
	3)	*qìds-ìná*	*qaddas-í-nīn.*

Beispiele: *K'ánā aġe-já, dúq-tā* (Bil. *kŭ oġínā áġ-in, duw-íg*) ich soll (will) dein Weib werden, sag' aber nichts! *Fiqdán yi-cík ieter-ná* (Bil. *járaban intín-ila*) wenn er will, soll er zu mir kommen! *Yi qal-t wáz-nā* (Bil. *yi qál-sī wás-in*) er soll auf mein Wort hören! *Girká sájrā χŭ-rnā, χar ç̇ìç̇uwá χŭ-rnā* (Bil. *gárik jàggúrā qŭ-in, qīr wáʿágā qŭ-in*) bei Tag soll der Pavian, Abend aber die Meerkatze essen! *Gibbená-l miser-dená*[1] *yiñ firúñ* (Bil. *beṭára-l maskár-din yinó fárnuχ*) sie gingen zur Eidechse, indem sie sprachen: sie soll Zeugniss

---

[1] Suffix *denā* = *rnā* wegen vorangehenden *r*, vgl. §. 118.

ablegen! *Haĝír liqqín fír-nā* (Bil. *birá-s bárnō fáṛ-nin*) wir wollen das Land verlassend fortziehen (lasst uns auswandern)! *Yiná mesá-t ẓáb-nā* (Bil. *yiná medá-s medás-nin*) lasst uns unsere Mahlzeit zubereiten! *Bìrekít yi-cik nàs-iñá* (Bil. *dirṇwá-s naqs-īnin-ila*) sie sollen mir das Ehrengeschenk bringen! *Ukăn kiû-l iedàg-iñá* (Bil. *ukŭin kô-l hinb-inīn*) die Frauen sollen in der Stadt zurückbleiben!

138) Für den negativen Jussiv lauten die Formen also:

Jussivus negativus

		Chamir	Bilin
Sing.	1)	*qids-i-kā*	*qaddás-g-īn*
	2)	—	—
	3) { m.	*qids-i-nā*	*qaddás-g-īn*
	{ f.	*qids-i-r-nā*	*qaddàs-gi-r-in*
Plur.	1)	*qids-i-nā*	*qaddàs-gi-n-in*
	2)	—	—
	3)	*qids-ī-ñi-ná*	*qaddàs-gi-n-in.*

Beispiele: *Witrík kŭ ñín-il tuw-ikā* (Bil. *wàrt-ti-k kŭ ñ̃en-il tû-g-īn*) niemals soll (will) ich dein Haus betreten! *An ien-il àĝan-dí iejír wurôrā ieter-i-nā* (Bil. *an nat aĝú lā eĝír inti-g-in*) während ich hier bin, soll Niemand kommen! *Yi gaṣ qŭal-i-rnā* (Bil. *yi gaž qŭál-gi-r-in*) sie soll mein Antlitz nicht schauen! *Mìndir-il tuw-i-nā* (Bil. *mandar-íl tû-gi-n-īn*) lasst uns nicht in die Stadt einziehen! *Gŭrít ña ukún-t miẓír waz-i-ñi-nā* (Bil. *ráñtit nā ukŭin-id kñadñiná-s wàs-gi-n-in*) Gatten sollen nicht auf den Rath ihrer Frauen hören!

Anmerkung. Der Zusammenhang dieser Formen mit denen des Subjunctivs liegt klar zu Tage. Für die erste Person pluralis im positiven Jussiv besitze ich für das Chamir zwei Formen, nämlich wie: *qids-in-nā* auch noch die Formen: *wiqr-in-nā* lasst uns bauen! ferner *šint-in-nā* wir wollen, lasst uns verachten, hassen! und *ieqan-in-nā* lasst uns lieben! Dagegen besitze ich ausser den oben §. 137 angeführten Beispielen: *fír-nā* lasst uns gehen! und *ẓáb-nā* lasst uns machen! noch die Fälle: *χū-nā* lasst uns essen! *sü-nā* lasst uns trinken! *ṣáf-nā* lasst uns schreiben! *ṭás-nā* lasst uns schlagen! *qabiz-nā* wir wollen kochen! übereinstimmend mit der tertia sing. masc. gen.

Vergleicht man *qids-ín-nā* mit Bil. *qaddás-ni-n*, wornach *in* = Bil. *ni* (Zeichen der prima plur.), so muss man wohl dieser volleren Form den Vorzug geben vor den kürzeren: *fír-nā*, *χŭ-nā* u. s. w. Doch ist auch bei diesen letzteren, namentlich bei *fír-nā*, *χúb-nā* und allen, welche vor *-nā* einen Consonanten haben, an eine blosse Verschreibung oder einen Gehörfehler kaum zu denken. Dazu kommt, dass auch die prima plur. der negativen Form äusserlich ganz mit der tertia sing. masc. gen. übereinstimmt. Hiernach dürfte die Annahme kaum abzuweisen sein, dass im lebenden Gebrauch das plurale *in* eben im Schwinden begriffen sei.

F) Der Conditional I.

139) Dieser Modus kommt, wie im Bilīn, zur Anwendung in einfachen Bedingungssätzen, von denen eine Folge abhängig gemacht wird. Die Uebereinstimmung der Formen mit denen des Bilīn ist eine ziemlich vollständige, wie das Schema (Verbalstamm + Pronomen + *an*, vgl. اِنْ, አመ፡) zeigt:

Conditionalis I positus

		Chamir	Bilīn
Sing.	1)	*qids-án*	*qáddas-án*
	2)	*qids-r-án*	*qaddás-r-an*
	3) { m.	*qids-án*	*qáddas-án*
	f.	*qids-r-án*	*qaddás-r-an*
Plur.	1)	*qids-n-án*	*qaddás-n-an*
	2)	*qids-ŕn-an*	*qaddàs-ran-án*
	3)	*qids-ŭ-án*	*qaddàs-an-án*.

Beispiele: *An kit-án yi rísiú diruná-t ṣugí-l yi-t díb-ten* (Bil. *an kir-án yi kidiú dargána-r soqŭáy-sí dafaná-la*) wenn ich sterbe, so begrabt mich unter dem Maulbeerbaum meines Gartens! *Iŭ-ran lámtrauk*[1] (Bil. *'ŭ-ran lāmídauk*) wenn du gibst, wirst du empfangen. *Waqŕ-dan*[2] *kŭ-sí wătsiúauk (wănqár-dan wăntasanăkŭ-lkā)* wenn du fragst, wird man dir antworten. *Iederá deχná yi-cís náy-an, yi kiŭ-l wăterjir* (Bil. *jăr daḫná nāq-án-ila yi kaŭ-l wăntárdi*) wenn mir Gott das Leben

---

[1] Präsens statt des Futurs, von *lam-t*, Bil. *lām-r*, §. 98.
[2] Vgl. §. 118.

schenkt, so werde ich in meine Heimat zurückkehren. *Kŭ jená nis qŭál-dan, wurá gabti-ma* (Bil. *kŭ ganá nĭs qŭáldan, wurá gábta-má*) wenn das deine Mutter sieht, was wird sie sagen? *Yĭná hagirĭl wátẏ-nan, kŭt kŭ ti-t enĭl iedatĭr-ma* (Bil. *yĭná kaŭl wántárnan, intí nat kŭ tū hinbráu̯gŭ-n*) wirst du denn allein hier zurückbleiben, wenn wir in unsere Heimat zurückkehren? *Kĭtá hàgirĭl wáter-dẏn-an, Gŭndirĭl fitŭkŭn* (Bil. *intá kaŭl wántárdanan, Gŭandarĭl farŭkŭn*) wenn ihr in eure Heimat zurückkehrt, so gehe ich nach Gondar. *Lerín qŭrš yĭš nay-rn-án, ien firzán kita-cís iûtir* (Bil. *laṅaráṅin qirš nāq̇-ranánila, iná fardá-s ŭrí-lkŭm*) wenn ihr mir zwanzig Thaler gebt, so gebe ich euch dieses Pferd. *Ẏi χŭr á-ṅ-an, yit wazĭṅtauk* (Bil. *yi qŭr àġ-an-án, wasdiná-la*) wenn sie meine Kinder sind, so werden sie auf mich hören.

140) Ebenso stimmt die negative Form mit der des Bilin überein mit dem Unterschiede, dass von der zweiten Person an negatives *g* des Bilīn im Chamir in *y*, beziehungsweise *ī* vor Consonanten (§. 71) übergeht.

Conditionalis I negativus

	Chamir	Bilīn
Sing. 1)	*qids-í-k-an* [1]	*qaddŭs-ag-án*
2)	*qids-i-r-an*	*qaddas-ág-r-an*
3) {m.	*qids-i-y-an*	*qaddŭs-ag-án*
3) {f.	*qids-i-r-an*	*qaddas-ág-r-an*
Plur. 1)	*qids-í-n-an*	*qaddŭs-ge-n-án*
2)	*qids-í-rn-an*	*qaddas-àg-dan-án*
3)	*qids-í-ṅ-an*	*qaddas-ág-n-an.*

Beispiele: *An kŭt ezuw-i-k-an, yi-tís fĭtrauk* (Bil. *an inšàw-ag-án-kā yi-lĭd fárdauk*) wenn ich dich nicht binde, so gehst du von mir. *Genzíb jiṅ-i-r-an, kŭ firzá-d qay* (Bil. *aqrŭš arar-ág-r-an, kŭ fardá-s kidí*) wenn du kein Geld bekommst, so verkaufe dein Pferd! *Yĭt waz-i-y-an, ṅit ṭábjir* (Bil. *wàs-agán-ila ṭa'anbrí-lū*) wenn er nicht auf mich hört, so werde ich ihn stäupen. *Nĭr-t daqár k'iŭnā kŭt ieqan-iran* (Bil. *kŭ oġĭnat inkal-agrán-kā daqarí-lā*) entlasse deine Frau,

---

[1] und *qids-i-y-an* wie in der dritten Person, z. B. *an ienĭl aġ-iy-an hàznŭkŭn* wenn ich nicht hier bin, so trauere ich. Ueber *k* in *qids-i-k-an* vgl. §. 125 Anmerkung; über obiges *y* vgl. §. 71.

wenn sie dich nicht liebt! *Fiz-inan aû-tis mī χŭ-nak-má* (Bil.
fad-genán awí-lid zánz'ā qŭnáju̇-n) wenn wir nicht säen, woher
sollen wir Brod essen? *Ar-is ḥay-irnan sajít χŭûntauk* (Bil.
ársī takaw-ágdanan jăggŭt qŭdinā) wenn ihr das Korn nicht
bewacht, so werden es die Paviane fressen. *Kŭ-t χŭ-s-íñan*
wurát sibrauk-má (Bil. *qŭīsagnán-kā, wurá-d hinbráju̇-n*) wenn
man dir nicht zu essen gibt, warum bleibst du?

141) Derselbe Modus wird im Chamir auch dadurch aus-
gedrückt, dass man an die obigen Formen statt des conditio-
nalen -*an* die Postposition -*š* anfügt, analog der Conditional-
bildung im Amharischen mittelst der Präposition ብ; im Bilin
sind diese Formen nicht in Gebrauch. Das Schema lautet:

Conditionalis I.

		Positivus	Negativus
Sing.	1)	*qidsí-š*	*qids-i-ki-š*
	2)	*qids-rí-š*	*qids-i-rí-š*
	3) m.	*qidsí-š*	*qids-i-yi-š*
	3) f.	*qids-rí-š*	*qids-i-rí-š*
Plur.	1)	*qids-ní-š*	*qids-i-ni-š*
	2)	*qids-ɣni-š*	*qids-i-rni-š*
	3)	*qides-ní-š*	*qids-i-ñi-š.*

Beispiele: *An kŭ-t qualí-š wurát gôtrauk-má* (Bil. *an*
qŭálán-kā wurád gŭträju̇-n) warum fürchtest du dich, wenn ich
dich anblicke. *Yit ieqan-di-š tûš* (Bil. *yit inkáldan keja̋ntí-la*)
wenn du mich liebst, so heirate mich! *Libŭ a-ri-š an yô*
ɣábtir (Bil. *'áqulu̇ɣ ágran an yáu̇ɣ-sī habitā*) wenn du klug bist,
wirst du thun, was ich sage. *Ñi-t yi ñin-íl tûš ietrí-š* (Bil. *in-*
tar-án yi liñen-íl tásí-lū) wenn er kommt, so führe ihn in mein
Haus! *Ñir-t ñin-íl tûš ietɣ-di-š* (Bil. *intárdan liñen-íl tásí-lā*)
wenn sie kommt, so führe sie ins Haus! *Ñit kibɣ-s-ní-š kŭírtū*
(Bil. *kabar-di-nán-ilū fawáš yirá-lnā*) wenn wir ihm Ehre
erweisen, so wird er übermüthig werden. *Iederá-t mizu-ɣní-š*
giûršitenák (Bil. *jár-sī mûsā ûranán, gawírsitnā*) wenn ihr Gott
dienet, werdet ihr Segen finden. *Yit ieqan-dɣni-š aníz kŭtá-t*
ieqánjir (*inkaldanán-ila añír inkaldí-kŭm*) wenn ihr mich
liebt, werde auch ich euch lieben. *Turák ietɣ-ní-š ña-cik*
gibɣtenà (Bil. *Turák intàranán gibír gŭšá-lom*) wenn die Türken

6

kommen, gebt ihnen keine Steuer! *Ṅit ezuw-iki-š yi-tís fírauk*
(Bil. *inšaw-ag-án-ilū yi-lid fárauk*) wenn ich ihn nicht binde, so
geht er von mir. *Yit ieqan-i-ri-š küt daqárjir* (Bil. *inkala-*
grán-ila daqardí-kī) wenn du mich nicht liebst, werde ich
dich verstossen. *Ṅit ṭab waz-iyiš* (Bil. *wàsagán ṭa'anbí-lū*)
schlage ihn, wenn er unfolgsam ist! *Ṅirt daqár küt ieqan-iriš*
(Bil. *inkalagrán-kā daqari-lā!*) verstosse sie, wenn sie dich
nicht liebt! *Ṅit kibṛsiniš kŭàršetŭ* (Bil. *kabardignán-ilū*
fŭf yirá-lnā) wenn wir ihm nicht Ehre erweisen, wird er er-
grimmt werden. *Xayô sinbít qidsírniš iederá-t kŭar kütá-t ṭábtū*
(Bil. *sanbár qaddáuχ-sī qaddasàgdanán jár-id išná ṭa'anbirá-*
lkŭm) wenn ihr den Sonntag nicht heiligt, so wird Gottes Zorn
euch treffen. *Küt χŭsíniš síbtā* (Bil. *qŭīsagnán-kā hinbíg*)
bleib eben nicht, wenn man dir nicht zu essen gibt!

142) Der Conditional des Perfects wird ausgedrückt, in-
dem man der Participialform des Verbs im Conditionalsatz das
Verbum substantivum *win* in der Conditionalform nachsetzt;
z. B. *an Gŭndiríl aj*[1] *win-án, genzíb jin-já*[2] *winán* (Bil. *Gŭan-*
daríl hinbó saṅán aqrŭš araráǧer gin) wäre ich in Gondar
gewesen, so hätte ich Geld bekommen. *Gŭndiríl ag-ṛ win-*
dán, genzíb jin-tá win-dú (Bil. *Gŭandaríl hinbró saṅrán aqrŭš*
araráǧer gin) wärest du in Gondar gewesen, so u. s. w. Ebenso
in Negativsätzen; z. B. *Gŭndiríl aj win-k-án y'ír-tī qŭál-ja*
win-ker (Bil. *Gŭandaríl hinbó sáṅagan, y'eǧír-sī qŭálgáǧer gin*)
wäre ich nicht in Gondar gewesen, so hätte ich meinen Vater
nicht gesehen.

Anmerkung. Die Formen *win-k-an* wie *win-ker* stehen
für: *win-ī-k-an, win-ī-ker*, vgl. §. 164, Anmerk.

G) Der Conditional II.

143) Dieser Modus wird nur im conditionalen Nachsatz
und zwar dann angewendet, wenn ausgedrückt werden soll,
dass ein Ereigniss nicht stattfinden kann oder konnte, weil
die hierzu erforderliche Bedingung nicht eingetreten ist. Formell
wird dieser Modus mittelst Anfügung der Postposition *-s* an die
verkürzten Futuralformen gebildet, wie im Bilín.

---

[1] Vgl. §. 158.
[2] Vgl. §. 151.

Conditionalis II positivus

	Chamir	Bilin
Sing. 1)	qìdes-jí-s	qaddás-rī-d
2)	qìdes-tí-s	qaddás-ti-d
3) { m.	qìdes-tí-s	qaddás-ri-d
f.	qìdes-tí-s	qaddás-ti-d
Plur. 1)	qìdes-ní-s	qaddás-nī-d
2)	qìdes-tní-s	qaddâs-tiní-d
3)	qìdes-ní-s	qaddâs-diní-d.

Beispiele: *An Gŭndiríl aján, dis yijís* (Bil. *Gŭandaríl hinbán fárhrīd*) wäre ich in Gondar, so würde ich glücklich sein. *Genzíb jiñrán, süyír dístis* (Bil. *aqrúš arárdan jïró dihístid*) bekämest du Geld, so würdest du es vertrinken. *Yit ieqanán tŭstis* (Bil. *yit inkalœ-dólik, keǧándid-ila*) liebte er mich, so würde er mich heiraten. *Yit ieqandán ietertís* (Bil. *inkaldán-ila intártid*) liebte sie mich, so käme sie. *Hašŭran kŭt ṭábnis* (Bil. *buñídran ṭa'anbnid-īkā*) würdest du lügen, so schlügen wir dich. *Šellá kŭta-cis naynán, rakšetnís* (Bil. *silláqsī nāqnán-ilkŭm, sakirtiníd*) gäben wir euch Bier, so würdet ihr betrunken werden. *Kistiyán áñan, sinbít qidesñis* (Bil. *kistán a'ánan, sanbár qaddàsdiníd*) wären sie Christen, so würden sie den Sonntag feiern.

144) Während das Bilin für die Negation des Verbs im conditionalen Nachsatz eigene Verbalformen besitzt (vgl. Bilīnspr. §. 90), umschreibt dieselben das Chamir durch das Verbum substantivum im Conditionalis II posit., welchem das Hauptverb des conditionalen negativen Nachsatzes in der negativen Relativform (vgl. §. 161) vorangesetzt wird; z. B. *an Gŭndiríl ajíkan, dis yéker ajís* (Bil. *Gŭandaríl àǧagán, farih-g-īd*) wäre ich nicht in Gondar, so würde ich nicht glücklich sein. *Genzíb jiñíran, süyír diz-àr-im atís* (Bil. *aqrúš aràragrán, jïró dihis-g-r-īd*) bekämest du kein Geld, so würdest du es nicht vertrinken. *Yit ieqaníran, tŭs-àr atís* (Bil. *inkàlagrán-ila keǧáng-ríd-ila*) liebtest du mich nicht, so würdest du mich nicht heiraten. *Yit ieqaníran ieter-áy-im atís* (Bil. *inkàlagrán-ila intar-g-ríd* oder *inti-gríd*) liebte sie mich nicht, so käme sie nicht. *Hašŭíran kŭt ṭab-ày-nak-ím anís* (Bil. *buñídagrán ṭa'ànbi-g-nid-ilkà*) lögest du nicht, so schlügen wir dich nicht.

6*

Šellá kúta-cis nayî-nan, rak-š-àyrnak-im atnis (Bil. *Silláq-sī nāqignán-ilkūm, sakìr-gi-dnid*) gäben wir euch kein Bier, so würdet ihr nicht betrunken werden. *Kistiyán agínan, sinbít qids-ákû-m anis* (Bil. *kistán a'ágnan sanbár qaddasginid*) wären sie keine Christen, so würden sie den Sonntag nicht feiern.

Anmerkung. Für das Perfect werden die Formen in §. 142 in Anwendung gebracht.

H) Der Optativ.

145) Dieser Modus wird im Chamir, abweichend vom Bilīn (Bilīnspr. §. 86—87), durch den Conditional in Verbindung mit bestimmten Partikeln des Wunsches oder der Frage bezeichnet; z. B. *wínā* (oder *wáyánī*) *Habešá ág-an* o wäre ich in Habesch! *wínā Habešá ágran* (oder *áran*) o wärest du in Habesch! d. i. o wenn ich wäre u. s. w. Ebenso: *ay wurá Habešá àġ-an-á* o wäre ich in Abessinien! *ay wurá Habešá àġ-ran-á* o wärest du in Abessinien! d. i. ach, was (wie schön) wäre es, wenn ich in Abessinien wäre u. s. w. Im Negativ: *wínā Habešá aġ-ik-an* o wäre ich nicht in Abessinien! Im Perfect wird den Verben *aġ* sein, werden, *win* gewesen sein, das Hauptverb in der Relativform vorangestellt, z. B.: *ay wurá Birrút ṭas-ár àġ-an-á* o hätte ich Birru geschlagen! *ay wurá Birrút ṭas-rár àġ-ran-á* o hättest du Birru geschlagen! Ebenso im Negativ: *ay wurá Birrút ṭas-iker àġ-an-á* o hätte ich Birru nicht geschlagen! *ay wurá Birrút ṭas-i-yar àġ-ran-á* o hättest du Birru nicht geschlagen!

I) Der Modus der Gleichzeitigkeit.

146) Auch dieser Modus wird, verschieden von der Bildung im Bilīn (Bilīnspr. §. 93 ff.) im Chamir dadurch ausgedrückt, dass man an die Formen des ersten Conditional die Postposition *-dí* bei, während, ansetzt; z. B. *an ienîl àġ-an-dí*[1] *wurôrā ieter-i-nā* während ich hier weile, soll Niemand kommen! Doch wird dieser Modus auch für gewöhnliche Temporalsätze in Anwendung gebracht; z. B. *ien migá-t ién-tī ien màl-an-dí, ñi-t*

---

[1] Oder ist hier vielleicht an G. ኣንH፣ zu denken? cf. ረከበሙ ፡ ኣንH፣ ይነዉሙ ፡ (Matth. 26, 40) er fand sie schlafend = er kam zu ihnen, während sie schliefen.

ṭasác, ieṅ lĭb-an-dí ieqŭarác so oft er jenen Mörser umwirft, schlägt sie ihn; so oft er selbst fällt, höhnt sie ihn aus. Ebenso wird die Gleichzeitigkeit auch nach Art der übrigen Temporalsätze durch das Perfectum subordinatum ausgedrückt; z. B. *an ṭayit-á-t okŭár Birrú ieterú* während ich geschlagen wurde, kam Birru; vgl. §. 148.

K) Das Perfectum subordinatum.

147) Dieser Modus wird in allen Temporalsätzen gebraucht und stimmt in seiner äusseren Form durchwegs mit dem Bilin überein.

Perfectum subord. positivum

		Chamir	Bilin
Sing.	1)	*qids-á*	*qaddas-ív*
	2)	*qids-rá*	*qaddas-ríe*
	3) {	m. *qids-á*	*qaddas-ív*
		f. *qids-rá*	*qaddas-ríe*
Plur.	1)	*qids-ná*	*qaddas-nív*
	2)	*qids-ṛná*	*qaddas-dinív*
	3)	*qidse-ñá*	*qaddas-nív.*

148) Diese Zeitformen werden mit bestimmten Postpositionen verbunden, je nach Art des Temporalsatzes. Wir unterscheiden demnach:

a) **Gleichzeitigkeitssätze** oder Sätze, in denen die Handlung des Nebensatzes mit der des Verbs im Hauptsatze zu gleicher Zeit vor sich geht. Solche Sätze werden ausgedrückt, indem man dem Perfectum subordinatum das Wort *kŭar* Zeit (eigentlich: Tage) nachsetzt; zwischen dieses Nennwort und das Perfectum subordinatum wird das Genetivzeichen *-t, -te* eingefügt; z. B. *an ieníl aj-á-t okŭár*[1] *Birrú ieterú* (Bil. *an nat ajú Birrú íntuχ*) während ich hier war, kam Birru. Das Wort *kŭar* kann auch weggelassen werden, z. B. *ieníl aj-á-t Birrú ieterú*. Ebenso kann an das Perfectum subordinatum *-tík* (= *te + k*, vgl. Bilinspr. §. 192, Anmerk.) angesetzt

---

[1] Weil *k* in *kŭar* unmittelbar dem *t* folgt, so wird der Hilfsvocal *e* eingeschoben und dieser durch das *ŭ* in *kŭar* zu *ọ* gefärbt, für *aja-te kŭar·*

werden; z. B. *fira-tik ẓaggá yajô sibá júṅu* als er so dahin wanderte, kam er auf grasloses Land. *Firṅa-tik báher júṅuṅ* wie sie auf dem Wege waren, trafen sie einen Fluss. *Ien ẓọhón-ne jim-a-tik giñít dádu* während der Elefant tanzte, trat er die Klippschliefer nieder. Ueber eine andere Form dieses Modus vgl. §. 146.

b) Temporalsätze, in denen die Action des Verbums bereits abgeschlossen ist, wenn die Thätigkeit des Verbs im Hauptsatze in Wirksamkeit tritt. Formell wird dieser Modus ausgedrückt, indem man statt des obigen *kŭar* die Postposition *grā* (vgl. A. 𝔛𝔸ᵢ) anfügt; z. B. *an ṭayit-á-t-grā Birrŭ ìèterú* (Bil. *an ša'istœ́ dambí Birrŭ íntuχ*) nachdem ich geschlagen worden war, kam Birru. *An fit-á-t grā* nachdem ich fortgegangen war; *kŭt fit-rá-t grā* nachdem du u. s. w.

149) Die negative Form stimmt, von einigen geringen phonetischen Veränderungen abgesehen, ebenfalls mit der im Bilïn überein. Das Schema lautet also:

Perfectum subord. negativum

	Chamir	Bilïn
Sing. 1)	*qids-í-kā*	*qaddás-g-ā*
2)	*qids-í-rā*	*qaddás-g-rā*
3) { m.	*qids-í-yā*	*qaddás-g-ā*
f.	*qids-í-rā*	*qaddás-g-rā*
Plur. 1)	*qids-í-nā*	*qaddàs-gi-ná*
2)	*qids-í-rnā*	*qaddàs-gi-dná*
3)	*qids-í-ṅā*	*qaddàs-gi-ná*

Anmerkung. Auslautendes -*ā* im Chamir geht vor Postpositionen in *a*, *a* über; als: *qidsika-t, qidsira-t* u. s. w.

Beispiele: *An ieníl aĝ-íkā* (oder *aĝ-íka-t* und *aĝ-íka-t okŭár*) *Birrŭ ìèteru* (Bil. *an nat ag-gi Birrŭ íntuχ*) während ich nicht hier war, kam Birru. *Yit ṭas-íra-t bôgā¹ waž* (Bil. *ša'digrí-la wasí-la*) höre mich an, bevor du mich schlägst! *Kir-íya-t bôgā ṅi genzíb gŭiyitir-má* (Bil. *kir-gi nï ganzáb adráuĵŭ-n*) wirst du sein Vermögen nehmen, ehe er stirbt? *Qal y-irat fírce* (Bil. *ĝāb yi-grí fítï*) ohne ein Wort zu sagen, ging sie hinaus.

---

¹ Wörtlich: vor dem, da du mich noch nicht geschlagen hast.

150) Die Negation dieses Modus kann auch ausgedrückt werden, indem man dem Verbalstamm die Partikel -*inku-t* (vgl. Bil. *engá-d* bei Nichtexistenz) anfügt; z. B. *jim-inká-t fiteja-má* soll ich fortgehen ohne zu tanzen? *Ńir zin:* ,*kü jená kŕce*' *y-inká-t giná ṣay ïèteru* er brachte nur ihren Bruder mit, ohne ihr zu sagen: deine Mutter ist gestorben. *Ńir zin yi-duqü-in-ká-t layá iejír yir wínce* nachdem er ihr nichts gesagt und mitgetheilt hatte, dass er ihr Bruder sei, so hielt sie ihn für einen fremden Menschen.

151) Eine Abart des Perfectum subordinatum ist die **künftig vergangene Zeit**, welche gebildet wird, indem man in den verkürzten Futurformen die vocalischen Ausgänge des Perfectum subordinatum ansetzt. Im Bilin sind analoge Bildungen nicht im Gebrauch. Das Schema lautet:

Futurum exactum

Sing.			Plur.	
1)	*qides-já*			*qides-ná*
2)	*qides-tá*			*qides-tená*
3)	m.	*qides-tá*		*qids-intá.*
	f.	*qides-tá*		

Ich kenne diese Verbalform nur in Verbindung mit dem Verb *win* sein; z. B. *an Gündiríl aj winán, genzíb jiṅ-já winún* wäre ich in Gondar gewesen, so würde ich Geld bekommen haben. *Küt Gündiríl ar wíndán, genzíb jiṅ-tá windú* wärest du in Gondar gewesen, so hättest du Geld bekommen. *Ieṅ genzíb jin winán, firzá jib-tá winú* hätte er Geld bekommen, so würde er ein Pferd gekauft haben. *Ńir genzíb jiṅ-ir wíndán, fiçerá jib-tá wínce* hätte sie Geld bekommen, so würde sie eine Ziege gekauft haben. *Yin genzíb jin-in wiṅnán, fárẓe jib-ná winnún* hätten wir Geld bekommen, so würden wir Pferde gekauft haben. *Kütentáy genzíb jiṅ-irne windŕnan, fárẓe jibtená windŕnu* hättet ihr Geld bekommen, so würdet ihr Pferde gekauft haben. *Náytäy genzíb jiṅ-iṅ winṅán, fárẓe jib-iṅtá winṅú* hätten sie Geld bekommen, so würden sie Pferde gekauft haben.

152) Die Negation dieses Modus wird mittelst der negativen Form des Verbum substantivum ausgedrückt; z. B. *an Gündiríl aj win-k-án y'ir-ti qüal-já win-ker* wäre ich nicht

in Gondar gewesen, so würde ich meinen Vater nicht gesehen
haben. *Küt Gŭndiríl ar win-i-ran, k'ir-tī qŭal-tá win-i-yar*
wärest du nicht in Gondar gewesen, so hättest du deinen Vater
nicht gesehen. *Iien G. aǵ win-i-yan, n'ir-tī qŭal-tá win-iy-aû*
wäre er nicht in G. gewesen, so hätte er seinen Vater nicht
gesehen. *Nir G. ar win-i-ran, nir ir-tī qŭal-tá win-iy-ay*
wäre sie u. s. w.

Anmerkung. Der negative conditionale Vordersatz kann
auch so ausgedrückt werden, dass das Verbum substantivum
in der positiven Form stehen kann, wofür aber an den Stamm
des Hauptverbs *-inkā* oder *inkát* angesetzt wird; z. B. *an G.
aǵ-inká winán* wäre ich nicht in G. gewesen; *küt G. aǵ-
inká windán* wärest du nicht in G. gewesen; *ieû G. aǵ-inká
winán* wäre er nicht in G. gewesen; *nir G. aǵ-inká windán*
wäre sie nicht in G. gewesen u. s. w.

L) Der Causalis.

153) Dieser Modus wird dadurch ausgedrückt, dass man
dem Perfectum subordinatum die Postposition *maṭán* weil, mit-
telst der Genetivpartikel *-t* anfügt; z. B. *an genzíb jiń-á-t
maṭán, laû firzá jiḇjir* weil ich Geld bekommen habe, so werde
ich ein Pferd kaufen. *Küt genzíb jiń-rá-t maṭán laû firzá
jiḇtir* weil du Geld bekommen hast, wirst du u. s. w. Ebenso
im Negativ, als: *genzíb jiń-ika-t maṭán yi firzá-d qiǰir* weil
ich kein Geld bekommen habe, werde ich mein Pferd ver-
kaufen. *Genzíb jiń-i-ra-t maṭán* weil du kein Geld be-
kommen hast.

Anmerkung. Das Wörtchen *maṭán* kann auch wegge-
lassen werden: als: *an genzíb jiń-á-t laû firzá jiḇjir* weil ich
kein Geld bekommen habe, so u. s. w.

154) Derselbe Modus kann auch dadurch bezeichnet
werden, dass man an die Relativform des causalen Satzes die
Postposition *wā* bei, weil, anfügt; z. B. *an Birrút ṭas-ár wā
lisank* weil ich Birru geschlagen habe, weint er. *Birrút ṭas-
rár wā ṣurít kū* weil du Birru geschlagen hast, ist er krank.
Ebenso für das Negativ; z. B. *Birrút ṭas-i-ker wá dis yi kū*
weil ich Birru nicht geschlagen habe, ist er froh. *B. ṭas-i-
yar wá* weil du B. nicht geschlagen hast.

M) Der Objectsmodus.

155) Derselbe wird gebildet, indem man an die Formen des Perfectum subordinatum das Nominalsuffix -*ńā* anfügt (vgl. Bilinsprache §. 118, Anmerkung 2); z. B. *an Birrút ṭàs-a-ńá Amán jińsu* Aman hat erzählt, dass ich Birru geschlagen habe (oder hätte). *B. ṭas-ra-ńá A. jińsu* A. hat erzählt, du habest B. geschlagen. Ebenso für das Negativ: als: *an B. ṭas-ì-ka-ńá A. jińsu* A. hat erzählt, ich hätte B. nicht geschlagen. *B. ṭas-ì-ra-ńá A. jińsu* A. hat erzählt, du habest B. nicht geschlagen.

a) Die gleiche Partikel -*ńa* kann unter Umständen auch an die verkürzten Futurformen angesetzt werden; z. B. *an Birrút ṭàs-je-ńá Amán màʐerú* Aman rieth mir, dass ich Birru schlagen möge. *B. ṭàs-te-ńá A. màʐerú* A. rieth, dass du B. schlagen mögest. Im Negativ werden aber die obigen Formen gebraucht; als: *B. ṭas-ì-ka-ńá A. màʐerú* A. rieth, ich möge B. nicht schlagen.

b) Der gleiche Modus wird auch ausgedrückt, indem man an das Perfectum subordinatum das Objectssuffix -*t* ansetzt; z. B. *an B. ṭas-á-t A. jińsu* A. hat erzählt, ich habe B. geschlagen.

c) In bedingenden Objectssätzen werden die Formen in §. 146 in Anwendung gebracht; z. B. *gibben, i-d ien daqùsá žán-tī: ,ieçuwá žan k'ár-dī ʐŭ-ran-dí qŭal-i-ker' yu* die Eidechse nun sagte zum Frosch: ,ich sah es nicht, dass (oder ob) die Maus dein Korn gefressen hat'.

N) Das Participium.

156) Gegenüber dem Bilīn haben sich die Ausgänge dieses Modus bereits sehr reducirt, so dass im Chamir das Particip nur mehr aus dem Verbalstamme mit folgenden verkürzten Personalpronomina besteht. Das Particip lautet:

Participium positivum

			Chamir	Bilīn
Sing.	1)		qidís	qầddas-ó
	2)		qids-ír	qaddás-rō
	3)	m.	qidís	qầddas-ó
		f.	qids-ír	qaddás-rō
Plur.	1)		qids-ín	qaddás-nö
	2)		qids-ńe	qaddàs-dinó
	3)		qids-ńi	qaddás-nō.

Anmerkung. Statt *qids-ír*, *qids-ín* kommen auch noch die Formen *qids-rí*, *qìdes-ní* im Gebrauche vor. Die Verba von §. 116, b), wie z. B. *aǵ* werden, bilden: *ag*, *ar*, *ag*, *ar*, *an*, *írne*, *aṅ*.

Beispiele: *Y'ír-tī emúq mìzenzún* (Bil. *y'eǵer-sí salamó amasgandụǵún-ilū*) meinen Vater küssend, dankte ich ihm. *Wátíb ẓay-ír auq naš* (Bil. *wántabá šáǵrō 'auq náǵsī*) das Sieb nehmend, hole Wasser! *Nir wedáy-de-t bàreχá fis kúwu* (Bil. *nir mamán-sī baraǵá fi-d-ó kuwúǵù-lū*) er führte ihren Geliebten in die Wüste und tödtete ihn. *Ar-iz suṅú-r físec* (Bil. *ár-sī sṅ-rō fíttī*)[1] sie stahl das Korn und nahm es fort. *Bábā dìruná qǔal-ní kṅártenún* (Bil. *bànba-dí dargṅna-dí-d qǔál-nō wáǵitnụǵùn*) auf den Maulbeer- und den Feigenbaum sehend, geriethen wir in Streit. *Wur' a-rní kṅartṅnaṅ yir ṭáyqec* (Bil. *wur' aǵ-dinó waǵītidináụχ yiró wáṅqarti-lom*) ‚was habt ihr, worüber ihr in Streit geriethet?‘ sagend, fragte sie dieselben. *Qaṅ-s naqíṅ wináụk iek inkí ṣádeq yiṅ àmenúṅ* (Bil. *immánā qābab-nö-lū saṅáṅ ik inkí ṣádiq yinó amennúǵù-lū*) alle Leute, die ihn früher missachtet hatten, glaubten nun an ihn, indem sie sprachen: er ist ein Heiliger. *Ied qúrše ieṅ fìzô-d ṅi ṣámde liqmíṅ físṅṅ* (Bil. *injá aǵrṅš nī fadáụχ-sī nī māz laqámnō fídnụχ*) jenes Geld, das er ausgesäet, hatten seine Kameraden aufgelesen und fortgenommen.

157) Das Negativ kann entweder nach §. 150 oder nach §. 149 gebildet werden; z. B. *χǔ-nká-t* (oder *χǔ-i-rnā*) *yi ṅin-tís firtená* (Bil. *qǔ-gi-dní yi liṅen-tilíd fígā*) nicht gegessen habend ziehet nicht fort aus meinem Hause! *Nit qǔal-inká-t* (oder *qǔal-i-ṅā*) *dikṅṅ* (Bil. *qǔāl-gi-ní-lū dáụknụχ*) sie zogen vorüber ohne ihn anzusehen. *Nāt ír-tī bar-inkát* (oder *bar-inā*) *mindiríl sibṅṅ* (Bil. *ṅa eǵer-sí bār-gi-ní mandaríl hínbinụχ*) ihren Vater nicht verlassend, blieben sie in der Stadt. *χatratít jìn-ìnkát* (oder *jìn-i-ṅā*) *ṅā kiṅl wátrạṅ* (Bil. *daṅrát arar-gi-ní nā kaṅ-l wáṅtárnụχ*) ohne die Räuber gefunden zu haben, kehrten sie in ihren Wohnsitz zurück.

Anmerkung. Das negative Particip wird häufig durch das Verb *bi* entbehren, umschrieben, welchem dann das eigentliche Verb des participialen Nebensatzes im Infinitiv beigegeben

---

[1] Aus *fì-d-lā*.

wird; z. B. *χatratít jinána bản wâtrản* (Bil. *daûrát arár-nā binó wẩntảrnụχ*) wörtlich: die Räuberfindung entbehrend kehrten heim.

158) Ganz so wie im Bilīn (Bilīnspr. §. 99, Anmerk. 2) wird auch im Chamir das Particip in Verbindung mit dem Verbum substantivum *win* sein, *kŭ* sein, *aj* werden, sein, *sib* sein, bleiben, gebraucht um die Dauerzeit auszudrücken, doch weicht das Chamir vom Bilīn darin ab, dass dieses in der eben angegebenen Weise die Dauer für das Präsens, Futurum und Perfect ausdrücken kann, während das Chamir für das durative Präsens das erste Relativ benützt und nur das Perfect und Futurum in der besagten Art bildet: z. B. *an ṣuwit-ár* (§. 159) = Bil. *šụ́ģištō himbâkản* ich bin krank; *ṣuwít winản* = Bil. *šụ́ģištō himbụ̄gản* ich war krank; *ṣuwít sibjir* = Bil. *šụ́ģišto himbirí* ich werde krank bleiben. Ueber das Futurum exactum vgl. die Beispiele in §. 151.

0) Die Relativa.

a) Die Relativa der directen Casus.

159) Während für diese im Bilīn besondere Formen für das Präsens (Futurum mit inbegriffen) und das Perfect bestehen, besitzt das Chamir hiefür in positiven Relativsätzen nur eine einzige Form, so dass eben aus dem Sinne des Satzes allein ersichtlich werden muss, welchem Tempus das Relativ angehören soll (vgl. jedoch unten Anmerk. 3). Wie das Bilīn unterscheidet auch das Chamir eine positive und eine negative Form des Relativs. Das Schema lautet:

Relativum I positivum

		Chamir	Bilīn
Sing.	1)	*qids-á-r*	*qaddas-á-ģer*
	2)	*qids-rá-r*	*qaddas-rá-ģer*
	3) m.	*qids-á-û*	*qaddas-á-uχ*
	f.	*qids-rá-y*	*qaddas-rá-rī*
Plur.	1)	*qìdes-ná-k*	*qaddas-ná-ģer*
	2)	*qids-ína-k*	*qaddas-daná-ģer*
	3)	*qids-á-ụk*	*qaddas-aû.*

Anmerkung 1. In der tertia masc. wird *-aû* oft in *-ô* und im fem. *-ay* in *-ê* zusammengezogen. Folgt auf das Relativ

unmittelbar ein Nomen, so kann die Endung -aû zu -ā gekürzt werden; z. B. *y' iûná lislis-á nan ẓayráy* meine **Frau** hat zarte Hände; vgl. auch Bilinspr. §. 110.

Anmerkung 2. Wie bereits in §. 158 erwähnt worden ist, dient dieses Relativ zur Bezeichnung des durativen Präsens; z. B. *an liûá gimlán ẓaġ-ár* ich besitze zwei Kameele. *Wáká gimlán ẓay-rar-á* wie viele Kameele besitzest du? *Birrú šakûá fárẓe zay-aû* Birru besitzt drei Pferde. *Ňir akûá fiçír ẓay-ráy* sie besitzt fünf Ziegen. *Genzíb ẓay-nák* wir haben Geld. *Genzíb ẓay-rnak-á* habt ihr Geld? *Fárẓe ẓay-aṵk* sie sind Pferdebesitzer.

Anmerkung 3. Da, wo der Sinn unbedingt eine Perfectform erheischt, um eine Undeutlichkeit zu vermeiden, wird das Relativum perfecti dadurch bezeichnet, dass man dem Particip des Verbs im Relativsatz das Auxiliar *win* sein, in der Relativform nachsetzt; z. B. *ien hagír-d iek inkí-t gis bijíq genzíb ẓay win-aû Birrú nan abín áwī* (Bil. *iná birá-r ik inkí-tilíd aġrúš bajáġuẕ šájō saníuẕ Birrú nān abín áijuẕ*) Birru, der einst mehr Vermögen hatte als alle Bewohner dieses Landes, ist nun ein Bettler geworden.

Beispiele: *Yi nifsít wir-ár aġán an, kûtá lṵkŭ-t wizjís* (Bil. *an yi lañd wárar-áġer aġœ-dólik, intá was wanziríd*) wäre ich derjenige, der geraubt hat, so würde ich eure Kühe zurückgeben. *Yûtís snûr win-dár¹ fû* (Bil. *yilid sûrō aġ-ráġer fari*) packe dich fort von mir, du der du mich nur bestohlen hast! *Gin-ô giñírā, gin-dě yiñírā ñitá ti-t iedáṵñ* (Bil. *gan-áṵẕ gehěrā gan-dárī gehěrā nā tǔ húñbinuẕ*) ein alter Klippschliefer und eine greise Klippschlieferin blieben allein zurück. *Ňi jná kṛ-dě-žan zílā a-r nis qûálec* (Bil. *nī ganá kir-dárī jàġalá aġró nīs qûáltī*) seine Mutter, welche verstorben war, hatte sich in einen Vogel verwandelt und sah das (alles, was vorging). *Kŭ kiû ẕür a-nák inkí kŭ-cík genzíb naynûn* (Bil. *kŭ kaû qŭr aġ-náġer inkí aġrúš náṵmuġún-ilkŭ*) wir alle, die wir deine Landsleute sind, haben dir Geld gegeben. *Gidirt-ṛnák inkí yicík láûten* (Bil. *tiyirí-d kir-danáġer yitíl láuġā*) kommt alle zu mir, die ihr in Bedrängniss seid! *Karán-sī uẕ ûršauk ñi ẕür inki Kaẕěl-d uqúr Yōsif ieferá winu* (Bil. *karán-til oqûar-*

saû nī qŭr-líd inkí Ra̤ṛél-d uqúr Yōséf šugñáṳṛ sáñaṳk) von
allen seinen Söhnen, die ihm in Charan geboren worden, war
Josef der Sohn der Rachel, der jüngste. *Bijíq zibíu wináṳk
qŭršc-t íñu* (Bil. *garíṳṛ u̯cán sañáû a̤qrúš 'ánúgñ-lū)* sie gaben
ihm Thaler, die sehr alt waren. *Liqíu firáṳk ú̯k-et inkí ñi
abíst-et ṣan júhu* (Bil. *bārnó-lū fíâ ik inkí nī qamán-sī ça'anó
arúgñ-lom)* seine Löwen beladen habend traf er auf alle jene
Leute, welche ihn verlassen habend fortgezogen waren.

160) Für die tertia singularis und pluralis existiren neben
den oben in §. 159 angegebenen Suffixen *-añ* fem. *-ray, -rē*
plur. *-aṳk* in folgenden mir bekannt gewordenen Fällen kürzere
Suffixe auf *-ū* fem. *-ī* plur. *-ṳk* und zwar in: *br-ú* rüstig, ge-
sund, frisch (von *bir* warm, lebhaft sein), *dalṇ-ú* heil, unver-
sehrt, *gab-ú* zanksüchtig (*gab*, Bil. *gāb* sprechen), *ginet-ú* roh,
ungeschlacht, *gayn-ú* Tränzer, *habt-ú* reich geworden, *hayl-ú*
stark, *kibb-ú* abgerundet, rund, *kŭn-ú* Nacht geworden, finster
(dann auch Nomen: Abend), *lib-ú* klug, *liqm-ú* träge, *lilm-ú*
saftig, grün, *lis-ú* sanft, *nify-ú* geizig, *rigs-ú* billig, *ṣûs-ú* krank,
tisf-ú hasenschartig, *wird-ú* breit, *wit-ú* klein, gering. Diese
Suffixe können auch an Nennwörter angefügt werden, so: *bin-ú*
verschuldet (*bin* Schuld, debitum), *bir-ī* Frau in der Menstrua-
tion (*bir* Blut, *bir* warm sein, wovon *brú* rüstig), *iedm-ú* bejahrt
(*iedím* Alter), *iomq-ú* schmutzig (aus *iemqŭ-ú* von *iemqŭ-á* Schmutz)
auch in der Reflexivform *iomq-r-ú* schmutzig, beschmutzt, *brind-ú*
roh, ungekocht (*brind* rohes Fleisch), *Birr-ú* n. pr. m. (wörtlich:
der Zöllner, von *bírre*, A. ⷀⷉ: Zollplatz), *gizuw-í* schwanger (*gizū*
= Bil. *gñadṳṛ* Bauch, *gñadgŭ-rí* schwanger), *harr-ú* von Seide,
seiden (A. ⷓⷍ: Seide), *ṣümr-ú* geschwänzt, mit einem Schwanz
versehen (*zimír* Schwanz), *tel-ú* Arzt (*tel-á* Arzenei). Auch
können diese Suffixe an Nominalelemente angefügt werden,
wie: *kṛ-ñ-ú* todt (*kṛ-ñá* der Tod, *ki-t*, Bil. *ki-r* sterben) *ças-ñ-ú*
Farzer (vgl. §. 176), *dis-t-ú* erfreut, *lil-t-ú* schlammig (vgl.
§. 172), *dekám-ū* (von A. ⷀⷉⷓⷔ:) oder auch *dekm-ū* (von
ⷀⷉⷊⷞ:) = A. ⷀⷉⷓⷔ: schwach. In der ersten und zweiten
Person sind die Ausgänge wie in §. 159, als: *an br-ar* ich bin
rüstig, *kŭt br-dár* du bist rüstig. Uebrigens ist dieses Suffix
-ū bereits im Erstarren begriffen und kann auch für die erste
und zweite Person gebraucht werden, als: *an br-ú an* ich bin
rüstig, *kŭt brú kŭt* du bist rüstig. Im Bilīn lautet dasselbe

Suffix: -*uχ* (fcm. -*rī*, plur. -*ū*, vgl. Bilīnspr. §. 104 und 155 a) aus -*χū*, ursprünglich -*χū* entstanden,[1] wie wir noch deutlich im Quara ersehen können; mit Cham. -*ū* vgl. infigirtes *ū* in den Formen G. **ᎶᏁᎴᏟ:**, Hebr. **פְּעוּל**.

161) In negativen Relativsätzen aber unterscheidet das Chamir gleich dem Bilīn ebenfalls zwei Formen, die eine für das Präsens und Futurum gemeinschaftlich, die andere für das Perfect. Das Schema lautet:

Relativum I präsentis negativum

		Chamir	Bilīn
Sing.	1)	*qids-ĕ-ker*	*qaddas-a-gá-ǵer*
	2)	*qids-á-r*	*qaddas-a-grá-ǵer*
	3) m.	*qids-á-û*	*qaddas-a-g-á-uχ*
	f.	*qids-á-y*	*qaddas-a-g-rá-rī*
Plur.	1)	*qids-a-y-ná-k*	*qaddas-a-g-ná-ǵer*
	2)	*qids-a-y-rná-k*	*qaddas-a-g-daná-ǵer*
	3)	*qids-á-uk*	*qaddas-á-g-a-û.*

Anmerkung. In der prima und secunda plur. wird bisweilen statt des auslautenden -*k* noch -*kū* gehört, gleich der tertia, als: *qids-a-yná-k* und *qids-a-yrná-k*. Der Vorgang der Verkürzung in den Chamirformen ist noch überall gut zu verfolgen. Das negative *y* (= Bil. *g*, vgl. §. 71) ist im Singular in allen Personen und im Plural in der tertia verschwunden, dafür aber mit Ausnahme der prima sing. das vorangehende ursprüngliche *a* zu *ā* gedehnt worden, ebenso hat sich inlautendes *r* zu *y* mouillirt (vgl. §. 51) und fiel dann aus.

162) Die obigen Chamirformen können auch noch mit negativem -*m* versehen werden, und zwar in folgender Art:

Sing.	1)	*qids-ĕ-ker-im*	Plur.	*qids-a-y-ná-k-em* [2]
	2)	*qids-á-r-em*		*qids-a-y-rná-k-em* [3]
	3) m.	*qids-á-w-um*		*qids-á-kŭ-m.*
	f.	*qids-á-y-im*		

---

[1] Vgl. im Mahra das Adjectiv verbale passiv. auf -*k*, wie: *šafay-k* geheilt (gegenüber *šafūne* heilend), *dares-k* verheiratet (*daresōne* verheiratend), *hōže-k* aufgeladen (*hōžōne* aufladend) u. s. w., Zeitschr. der Deutschen morgenländ. Gesellsch. XXVII, 278.

[2] selten: *qidsaynákŭm*, vgl. §. 161 Anmerk.

[3] selten: *qidsayrnákŭm*.

Beispiele: *Kŭ-ší gab dṵgŭ-ĕker yit wurá: „yi zin!" jŭṅ-*
raṵk-má (Bil. *gáb duw-agáǵer-ilká yit wurá: „yi dān!" šŭṅ-*
rāṵǵú-n-ilá?) der ich mit dir nicht rede, warum rufst du mich:
„mein Bruder!" *Yit ieqan-ár kŭt wurá ieqanắkŭn-má* (Bil. *Inkal-*
agrắǵer-ilá wurá inkalā̆ṵǵún-kā) warum sollte ich dich lieben,
der du mich nicht liebst? *Wurá-m ẓab-áû χŭ̆ínā* (Bil. *wắrát*
hab-agắṵχ qŭgín) wer nicht arbeitet, soll nicht essen! *Yit*
ieqan∙áy-im iûná-t ḍaqárǰir (Bil. *inkal-agrárī oǵína-t ḍaqárdi*)
eine Frau, die mich nicht liebt, werde ich verstossen. *Genzíb*
ẓay-aynákem tûsnā calnắkŭn-má (Bil. *aq́rŭ́š šā q́-agnắǵer*
keǵāntínō kahalnā̆ṵǵŭ-n) können wir denn heiraten, die wir
kein Vermögen haben? *Genzíb ẓay-ay irnák tûstenắ caldꞁrnaṵk-*
má (Bil. *aq́rŭ́š šāq́-agdanắǵer keǵāntitínŏ kahaldanáṵǵŭ-n*)
könnt ihr denn heiraten, die ihr kein Geld habt? *Waz-ákŭ̆-m*
jŭ̆ŭ̆ntaṵk (Bil. *was-agaû ardinā*) welche nicht hören, werden
es fühlen (finden).

163) Die Negation eines Adjectivs erfolgt durch die nega-
tive Form des Verbs *aǵ* werden, sein; dem vorangehenden
Adjectiv wird zugleich die Negativpartikel *-m* angefügt, z. B.
für: „ich bin nicht reich".

Sing.	1)	*habtám-im aǵ-ĕ-ker* Plur.	*habtamán-im aǵ-a-y-ná-k*
	2)	„ *aǵ-á-r*	„ *aǵ-a-y-rná-k*
	3) { m.	„ *aǵ-á-û*	„ *aǵ-á-uk*
	{ f.	„ *aǵ-á-y*	

Anmerkung 1. Ebenso die Negirung der in §. 160 an-
gegebenen Adjectiva; z. B. *ligm-úw-um aǵĕker* ich bin nicht
träge, *ligm-úkŭ-m aǵaynák* wir sind nicht träge u. s. w. Auch
die Formen in §. 159, wie: *qids-ár-em aǵĕker* u. s. w.; in der
Regel aber wird in solchen Fällen nur die tertia des positiven
Relativs angewendet, als:

Sing.	1)	*qids-áw-um aǵĕker* Plur.	*qids-ákŭ̆-m aǵaynák*
	2)	„ *aǵár*	„ *aǵayrnák*
	3) { m.	„ *aǵáû*	„ *aǵáṵk*
	{ f. *qids-ráy-im aǵáy*		

Anmerkung 2. Noch ist zu bemerken, dass die eben
angegebenen Formen selten für das negative Präsens, sondern
viel häufiger für das negative Futurum stehen, denn *habtám-im*

aǵéker ist wörtlich: nicht reich werde ich = ich werde nicht reich sein oder werden. Für das eigentliche Präsens negativum wird *aǵ* in der negativen Perfectform gebraucht: *habtám-im ík-ker* ich wurde nicht reich = ich bin nicht reich; vgl. §. 165.

164) Im Perfect tritt die merkwürdige Erscheinung zu Tage, dass in der zweiten Person sing. noch zwei Genera unterschieden werden, in denen das Masculinum durch Mouillirung von *r* zu *y* sich vom Femininum auszeichnet. Das Schema lautet:

Relativum I perfecti negativum

	Chamir	Bilïn
Sing. 1)	*ʔids-i-ker*	*qaddas-g-á-ǵer*
2) m.	*ʔids-i-ya-r*	*qaddas-g-rá-ǵer*
f.	*ʔids-i-ra-r*	„
3) m.	*ʔids-iy-a-û*	*qaddas-g-á-uχ*
f.	*ʔids-i-ya-y* [1]	*qaddas-g-rá-rî*
Plur. 1)	*ʔids-i-na-k*	*qaddas-gi-ná-ǵer*
2)	*ʔids-i-rna-k*	*qaddas-gi-dná-ǵer*
3)	*ʔids-iy-a-uk*	*qaddás-g-a-û*

Anmerkung. Das Feminin der zweiten Person sing. wird jedoch häufig schon durch die mouillirte masculine Form ausgedrückt. Das -*iy*- in der tertia ist nur als eine Zerdehnung von *î* wegen eines darauffolgenden Vocals anzusehen. Das negative *î* der ersten Person sing. fällt häufig ab, und zwar regelmässig dann, wenn dem Verb die Negativpartikel -*m* angefügt wird, als: *ʔidìs-ker-ím*; ebenso: *win-i-ker* und *win-ker*, *wìn-ker-ím* ich war nicht, *ʈas-i-ker* und *ʈás-ker* oder *ʈàs-ker-ím* ich schlug nicht, *χü-i-ker* und *χüe-ker* oder *χü-ker-ím* ich ass nicht u. s. w.

165) Die in §. 163 erwähnten Adjective werden im Perfect in der dort erwähnten Weise negirt und es steht dann das Verb *aǵ* eben in der Perfectform; statt *aǵ* kann auch *win* sein, gebraucht werden, als:

---

[1] auch: *ʔids-i-ra-y*, jedoch selten mehr gebraucht.

Sing. 1) $\quad$ *habtám-im ák-ker* $\qquad$ oder *win-ker* [1]

$\quad$ 2) $\left\{\begin{array}{l} \text{m.} \\ \text{f.} \end{array}\right.$ $\quad$ „ $\quad$ *á-y-ya-r* $\qquad$ „ $\quad$ *win-i-ya-r*
$\qquad\qquad$ „ $\quad$ *á-y-ra-r* $\qquad$ „ $\quad$ *win-i-ra-r*

$\quad$ 3) $\left\{\begin{array}{l} \text{m.} \\ \text{f.} \end{array}\right.$ $\quad$ „ $\quad$ *á-yy-a-ñ* $\qquad$ „ $\quad$ *win-iy-a-ñ*
$\qquad\qquad$ „ $\quad$ *a-y-yá-y* $\qquad$ „ $\quad$ *win-i-ya-y* [2]

Plur. 1) $\quad$ *habtamán-im á-y-na-k* $\quad$ „ $\quad$ *win-i-na-k*

$\quad$ 2) $\qquad$ „ $\quad$ *a-yi-rna-k* $\quad$ „ $\quad$ *win-i-rna-k*

$\quad$ 3) $\qquad$ „ $\quad$ *á-yy-a-ąk* $\quad$ „ $\quad$ *win-iy-a-ąk.*

166) Die vorgegangenen Formen in §. 161 ff. werden im Chamir überhaupt auch gebraucht, um die Negation für die drei Haupttempora: Präsens, Futurum und Perfectum auszudrücken. Im Bilîn existirt hiefür eine eigene Negativform (vgl. Bilînspr. §. 65), welche, wie aus dem Quara zu erschliessen ist, auch im Chamir einst bestanden haben muss.

Beispiele: *Aąq mu-t-ár-em* [3] *aj-é-ker aniz, kŭcík aąq mu-r-dáy lā giríd jib* (Bil. *'áąq muǵ-r-áǰer áǰ-lī aná, 'aąq muǵ-rari-lkā ganjĭnā jibĭ-lā*) ich bin ja kein Wasserträger; kaufe dir eine Selavin, die dir Wasser tragen wird. *Fiziran ayr-á-r-em* (Bil. *fadágran ašr-állā*) wenn du nicht säest, wirst du nicht ernten. *Iuw-áñ lam-r-áñ* oder *lam-r-áw-um* (Bil. *'uw-agáąχ lām-r-állā*) wer nicht gibt, empfängt nicht. *Qazañ ząbrĕ iñná daqar-š-áy-im* (Bil. *tiksrá habrárī ojĭnā daqar-s-állā*) eine Frau, die sich gut aufführt, wird nicht verstossen. *Kŭ hagír qŭal-i-nak-im* (Bil. *kŭ kañ qŭál-innī*) wir haben deine Heimat nicht gesehen. *Wurá yit waqr-irnak-má* (Bil. *wurá wanqar-dinni-ma-lá*) warum habt ihr mich nicht gefragt? *Amenáąk dan-š-á-kŭ-m* (Bil. *amináąñ da'an-s-ánnī*) welche nicht glauben, werden nicht errettet werden. *Amenáąk inki ginnitíl tuw-ákŭ-m* (Bil. *aminagañ gannatíl tuw-ánnī*) alle die, welche nicht glauben, werden nicht ins Paradies eingehen.

b) Die Relativa der obliquen Casus.

167) Während das Bilîn hiefür ebenfalls besondere Formen für das Präsens und Futurum einerseits, wie für das Perfect

---

[1] Auch *winiker*; *ák-ker* aus *ag-i-ker* entstanden, woraus *ag-ker*, *ákker*, ist mir nur in dieser letzteren Form vorgekommen.

[2] Auch: *a-y-rá-y* und *winiray*.

[3] Auch *mu-r-áw-um* nach. §. 163 Anm., von *mu-t* sich auflasten, vgl. §. 43.

anderseits besitzt, hat das Chamir nur eine Form für alle diese Tempora, die sich äusserlich zunächst an die Perfectform des Bilīn anschliesst. Da, wo der Sinn absolut ein Perfect erheischt, wird dasselbe mittelst des Hilfsverbs *win* in Verbindung mit dem Particip des eigentlichen Verbs umschrieben. Das Schema lautet:

Relativum II positivum

	Chamir	Bilin
Sing. 1)	*qids-áû*	*qaddas-áwχ*
2)	*qids-r-áû*	*qaddas-r-áwχ*
3) { m.	*qids-áû*	*qaddas-áwχ*
f.	*qids-r-áû*	*qaddas-r-áwχ*
Plur. 1)	*qides-n-áû*	*qaddas-n-áwχ*
2)	*qids-ʒn-áû*	*qaddas-din-áwχ*
3)	*qids-iñ-áû*	*qaddas-n-áwχ.*

168) Für das Feminin und den Plural besitzt das Chamir die Suffixe: *-ráy* (Bil. *-árī*) und *-auk* (Bil. *-aû* aus *-auk*). Diese Suffixe werden in folgender Weise an den Stamm angesetzt:

Sing. 1)	*qids-áû*	Fem.	*qids-ráy*	Plur.	*qids-áuk*
2)	*qids-r-áû*	„	*qids-ʒ-dáŋ*	„	*qids-r-áuk*
3) { m.	*qids-aû*	„	*qids-ráy*	„	*qids-áuk*
f.	*qids-r-áû*	„	*qids-ʒ-dáy*	„	*qids-r-áuk*
Plur. 1)	*qids-n-áû*	„	*qids-en-dáy*	„	*qids-n-áuk*
2)	*qids-ʒn-áû*	„	*qids-ʒn-dáy*	„	*qids-ʒn-áuk*
3)	*qids-iñ-áû*	„	*qids-iñ-ráy*	„	*qids-iñ-áuk.*

Anmerkung. Die Endungen *-aû*, *-ray* (*day*) werden häufig zu *-ô* und *-rē* (*dē*) zusammengezogen, und zwar regelmässig dann, wenn denselben eine Postposition angefügt wird.

Beispiele: *An kŭ-cik iuw-áû fetál qazáû fetál* (Bil. *an 'uw-áuǧŭ-lkú sàranú ḱk yáwχ gin*) das Kleid, das ich dir geben werde, ist schön. *Ien küt iedil qŭal-d-áû giluwá-n y'ïr ień* (Bil. *inú inti nírā qŭáldáwχ giruwú y'eǵér gin*) der Mann, den du dort siehst, ist mein Vater. *Ien küt iedíl qŭal-d-rē iûná-žan yi jená nïr* (Bil. *inú inti nírā qŭáldárī oǧiná yi ganá gin*) die Frau, welche du dort siehst, ist meine Mutter. *Ien küt iedíl qŭal-d-áuk gilkŭ-n yi zin ñāy* (Bil. *inú inti nírā qŭáldaû gurû yi žán gin*) die Männer, die du dort siehst, sind meine

Brüder. *Xŭrá kŭt qaŭs ieqanír win-d-rë-zan krci* (Bil. *injá qŭrá intí immánā inkal-d-á rī krtī*) das Mädchen, welches du einst geliebt hast, ist gestorben. *Iedŭl nit qŭŭltenák kŭtu-cik dŭqŭ-ô nā* (Bil. *nírā qŭāldanākŭ-lá duw-áuχ-di-kŭm saná*) dort werdet ihr ihn sehen, wie er es euch gesagt hat. *Estí k-ir-n iuw-aŭ qŭrš-et qŭálnā naq* (Bil. *eskí kŭ ejér 'uw-áujŭ-lká qirš-sí qŭálnō nāqí-nā*) gib uns her den Thaler, den dir dein Vater gegeben hat, damit wir denselben besichtigen! *Ien jŭŭáŭ mikerá-di-k qŭálec* (Bil. *iná ar-áuχ makará-si-k qŭáltī*) sie bemerkte alle Bekümmerniss, welche er erfahren hatte. *Yiná jená kŭ-r-ô-s inkí hagír liqín firnā* (Bil. *yiná ganá kŭ-r-áuχ iná birá-si-k bárnō fárnin*) wir wollen dieses Land, in welchem überall unsere Mutter uns tödten kann, verlassen und fortziehen! *Nir nir qŭr-cik win-d-áŭ* (oder *win-ir-áŭ*) *sifrá-t báru* (Bil. *nir nir qŭr-dī wāndáuχ sifrá-t bárŭχ*) er verliess den Ort, in welchem sie mit ihren Kindern weilte. *Nic zab-n-aŭ amír yinát cigirsáyim* (Bil. *nikí habnáuχ amará jibdŭlla-ŭá*) was wir heute verrichtet, macht uns morgen keine Mühe. *Wur'arní kŭartrn-aŭ* (Bil. *wur'ajdinó wajiti-dan-áuχ*) was habt ihr, worüber ihr streitet? *Iŭ-rn-áŭ qŭrš-ed ginŭŭ áwī* (Bil. *injá ŭtináuχ qirš ganáuχ gin*) jener Thaler, den ihr gegeben habt, war alt. *Liqŭŭ firŭuk ieke-t inkí júim ŭāy fir-nô sifrá-l* (Bil. *bárnô-lŭ fiŭ ik inkí arŭjŭ-lōm naŭ farnáuχ sifrá-l*) er fand alle Leute, die ihn verlassen habend fortgezogen waren, an dem Orte, wohin sie ausgewandert waren.

169) Das Schema für die negativen Formen dieses Relativs lautet also:

Relativum II negativum

		Chamir	Bilin
Sing.	1)	*qids-iy-aŭ*	*qaddas-g-áuχ*
	2)	*qids-i-r-aŭ*	*qaddas-g-r-áuχ*
	3) m.	*qids-iy-aŭ*	*qaydas-g-áuχ*
	f.	*qids-i-r-aŭ*	*qaddas-g-r-áuχ*
Plur.	1)	*qids-i-n-aŭ*	*qaddas-gi-n-áuχ*
	2)	*qids-i-rn-aŭ*	*qaddas-gi-dn-áuχ*
	3)	*qids-i-ŭ-aŭ*	*qaddas-gi-n-áuχ.*

Anmerkung. Die Bildung des Feminins und des Plurals erfolgt genau nach §. 168.

Beispiele: *Giluwá an arꝗ-iy-ô-t yi ńiníl tûstā* (Bil.
giruwá an ar'agáuẓsī yi liŭenîl tûsig) lasse keinen Mann, den
ich nicht kenne, in mein Haus eintreten! *Qŭrá ieꝗan-i-r-dē-t
tûstā* (Bil. *a'ĭ inkal-agrárīt keǵántīy*) heirate kein Mädchen,
das du nicht liebst! *Zabiŭô-t qŭal sinbít iejŭr ieš-iy-ôt* (Bil.
habanáuẓsī qŭálī sanbár eǵŭr isagáuẓsī) siehe an, was sie
machen, eine Sache, welche ein Mensch an einem Sabat nicht
verrichtet! *Suꝗŭ-i-nô aqŭá-l yiná-t libsrŭ* (Bil. *'āqŭā ja'agnáu-
ǰŭ-l labdirŭǵŭ-ná*) du brachtest uns zu einem Wasser, das wir
nicht trinken. *Ôsré duẓŭrā iek-tis laŭ ṣan-š-i-rē-t jŭitenák*
(Bil. *āsárī duꝗárī ik-tilíd lāuẓ ça'ansiꝗrárīt avárdanauk*) ihr
werdet eine Eselin finden. auf welcher noch Niemand gesessen
ist. *Ńa ḫrím-t bardꝗnô-k báršauk, ńā ḫrímt bar-i-rnô-t baršá-
wum* (Bil. *ńā harám-sī bārdināuǰŭ-k bāristŭkŭ-lôm, nā harám-sī
bārgidnáuǵŭǵá bāristálla-lôm*) ihr jegliches Vergehen, das ihr
erlasset. ist ihnen erlassen, was ihr aber nicht erlasset, ist ihnen
nicht erlassen. *Ńay ẓŭ-i-ŭ-ô-t ẓŭtená* (Bil. *nāŭ ꝗŭagnáuẓsī
qŭiyā*) esset nicht, was sie nicht essen!

P) Das Verbalnomen.

170) Bei den zweiradicaligen [1] Stämmen fällt das Nomen
(Collectivum) mit dem Verbalstamm zusammen; z. B. *bil* Motten
und *bil* zernagen, fressen; *bir* Blut und *bir* warm sein, —
werden; *ieṣ, eṣ* Fluch und fluchen; *duꝗ* Rede und sprechen;
fis Saat, Samen und säen; *caꝗ* Urin und pissen; *jim* Tanz und
tanzen; *ẓar* Geruch und riechen; *ẓŭr* Kinder, Nachkommen-
schaft und zeugen, gebären; *kib* Kälte und Kälte empfinden;
kŭir hochmüthiges Benehmen und stolz sein; *ñer* Handelsleute
und Handel treiben; *lis* Thränen und wehklagen; *sil* Schneid-
instrumente und schärfen; *zar* Schwüre und schwören u. s. w.
Indem man solchen Stämmen ein *-ā* anfügt erlangt man die
Bezeichnung einer concreten Handlung oder eines speciellen
Falles genereller Bezeichnungen, wie: *bel-á* die Motte, *ber-á*
ein Blutstropfen; *ieṣ-á* der Fluch, *duꝗŭ-í* das Wort, *ẓŭr-á* das
Kind, *kib-á* der Frost (Anfall eines Schüttelfrostes), *kŭir-á* ein

---

[1] Zweiradicalig vom Standpunkt des Chamir, indem ich hier davon ab-
sehe, dass viele solche Stämme aus Triliteris hervorgegangen sind, z. B.
bil fressen, von በላዐ ፡, *lis* wehklagen, von ለ<i>ቅ</i>ስ ፡ (§. 71), *sil* schärfen,
von ሰሐለ ፡ u. s. w.

abstossendes Wort, ñer-á eine einzelne Handelskarawane; lis-a
der Klageschrei, sel-á das Messer, zar-á der Eid. In Folge des
Tones auf -ā wird vorangehendes i oft zu e gekürzt oder fällt
auch ganz ab, wie: belá und blá Motte, berá und brá Bluts-
tropfen.[1]

171) Bei den drei- und mehrradicaligen Stämmen gilt die
gleiche Norm, nur mit dem kleinen Unterschiede, dass der letzte
Stammvocal, wenn derselbe ein e ist, wegen der Betonung sich
in i verwandelt (§. 14); z. B. adín Wildpret, von aden jagen;
bidíl Schaden, von bidel schädigen; biqñl Pflanzen, von biqñl
wachsen; disín Sitten, von disen sich einleben, Gebräuche an-
nehmen; fitín Versuchungen, von fiten auf die Probe stellen;
cinkír Nägel, von cinker nageln; iesáq Botschaft, von iesaq
senden; hakís Succurs, von hakes helfen; milkís Linien, von
milkes mit dem Lineal Linien ziehen: minzír Hurenvolk, von
minzer huren u. s. w. Bei Anfügung von -ā fällt der voran-
gehende Vocal ab, wie: adn-á ein (erlegtes) Jagdstück, bidl-á
eine Beschädigung, fitn-á die Versuchung, cinkr-á Nagel, disn-á
eine bestimmte Gewohnheit, haks-á ein Hilfsact, milkes-á (seltener
milks-á, wegen Anhäufung von Consonanten) Linie u. s. w.
Diese Verkürzung erstreckt sich auch bisweilen auf den dritt-
letzten Vocal, wie brq-á Blitz, von bireq blitzen; buql-á (ብቍኅ:,
für biqñl-ā) Pflanze; qrf-á (neben qarf-á, von qaref abschälen)
Rinde; qüsr-á die Zahl, von qüaser zählen u. s. w. Bei den
Verbalstämmen II, III u. s. w. (vgl. §. 110) gilt die gleiche
Norm; z. B. fañ-t (IV, A) Athem und athmen, fañ-t-á, fô-t-á
Athemzug, jib-s-á (V, A) gekaufter Gegenstand plur. jibíš, von
jib kaufen; laûṭ-š-á plur. laûṭ-íš[2] veränderte Verhältnisse, Zeiten,
von laûṭ wechseln u. s. w.; vgl. Bilinspr. §. 112 und §. 113;
Dillmann, Grammatik der äthiop. Sprache, S. 217; Prätorius,
Amhar. Sprache. S. 23, e.

172) Die in §. 89 angeführte Verbalclasse kann Singular-
nomina in der oben angegebenen Weise bilden; z. B. fïg y-á
der Wind, von fïg y blasen; bek y-á der Anstieg, von bek y

---

[1] Aus Formen wie fïtn-á (aus fïten-ā), aber collect. jitin u. s. w. scheint her-
vorzugehen, dass der Accent in jitín (statt fïten) nur der geschlossenen
Silbe zuzuschreiben sei, vgl. z. B. likü-á plur. liküe.

[2] In reflexivem Sinne kommt laûṭ-eš vor in laûṭ-eš-ráy das Chamäleon,
,das sich Verändernde', vgl, §. 159.

hinaufsteigen; *dis y-a* Freudensäusserung, von *dis y* sich freuen u. s. w. Im Plural sind Formen wie *fig y* u. s. w. nicht im Gebrauche, sondern es erscheint hiefür *-t*, als *fig-t* Winde, *dis-t* Freuden u. s. w., und davon auch die Singularnomina: *bek-tá* Anstieg (auf den Berg hinauf); *ogug-tá* Donnerschlag, von *ogug y* neben dem regulären Verbum *gáigú*) donnern; *dis-tá* die Freude: *lil-tá* der Schlamm, von *lil y* schlammig sein; *šušuẓ-tá* das Geflüster u. s. w.; vgl. die gleiche Bildung im Amharischen, wie ደስታ፡ Freude, von ደሰ፡ አለ፡ sich freuen u. s. w. Nach derselben Weise sind Thiernamen geformt, wie: *guaçir-tá* Stachelschwein (A. ንፍ.ዕዔ፡) *qúúçil-tá* Herpestes gracilis, Ichneumon; *lazir-tá* und *lazrá-tá* ein im See lebendes Thier, das von Form eines Schildes sein soll und im Amharischen ለለ.ም፡ genannt wird.

173) Dem Ursprunge nach gleich mit diesem Suffixe *-tá* scheint *-rá* zu sein (vgl. 43 d), welches jedoch im Chamir nur mehr vereinzelt vorkommt; ich kenne nur folgende Fälle: *hášwe-rá* Lügner, von *hašuw* (G. ሐሰወ፡) lügen; *gawet-rá* Feigling, von *gaṇ-t* sich fürchten; *kàžne-rá* Gähnen, von *kaž* athmen, gähnen. Ausserdem noch in den Nennwörtern: *iefe-rá* (Bil. *infá*) Knabe, Mädchen, Kind; *giç-rá* (A. ጐንፈቈ፡) eine bestimmte Getreidesorte; *giñi-rá* (Bil. *gehé-rá*, G. ንቄ.ኩ፡) der Klippschliefer. Vielleicht gehört auch hieher: *sib-rá* (Bil. *sàbará*) die Schlange, falls dieses Nomen von *sib* (Bil. *sab*) stechen, abzuleiten ist; ferner dürfte *aço-rá* Ratte, wohl mit *ieçuwá* (Ty. አንቈጵፐ፡) Maus, zusammenhängen. Der Plural lautet *-t*, als: *hašwít, gawít, kašiu-t* u. s. w.

174) Die Suffixe *-ú* und *-í* kenne ich nur in den sub §. 160 namhaft gemachten Adjectivendungen (Relativ perfecti). Ebenfalls Relativformen sind die Nomina auf *-aú*, zusammengezogen *-ó*, fem. *-ráy*, *-ré* plur. *-auk*; wie: *aqet-aú* der junge Löwe (wegen der lichtgelben Farbe, von *aqet* lichthaarig sein), *arg-aú*, *arg-ó* Greis, *ôs-ráy*, *ôs-ré* Weibchen (bei den Thieren, vgl. §. 59), *ieṣaš-ó* Brief, Sendung (für *iesaq-š-aú*, vgl. §. 69), *bl-ó* Brühe (von *bil*, A. ፈለፈለ፡ aufwallen, sieden), *b-aú*, *b-ó* Gesicht, Vorderseite,[1] *didn-ó* Schmerbauch (das, was umfang-

---

[1] Meist postpositionaliter gebraucht, wie: *laú giryá-s bó* vor einem Tage, *sezá yirki-s bó* vor vier Tagen, auch mit der Postposition *l* verbunden,

reich, vgl. A. **ዪ፡**), *χarnát fô* Freigelassener (von *fi* heraus-
gehen), *faq-aň* Lohgerber (A. **ፉ.ቂ፡**), *gilgil-giy-ô* eine Adlersorte,[1]
χar-aň, -ô Aas („stinkend‘), *kňir-ô* fem. *-day* plur. *-auk* (A.
ብፉ.፡) stolz, von *kňir* (A. **ኰፈ፡**) stolz sein; *kňas-ô* fem. *-ray*
(A. **ከኼ.፡** für **ከሰ.ኽ፡**) mager, von *kňas* (A. **ከሳ፡**, G. **ከሰ.ሕ፡**)
abmagern; *kaž-aň* Athem, Seele (vgl. §. 42), *qiň-ô* Gürtel (vgl.
§. 48), *qasen-š-aň* („gestohlenes‘ von *qasen*) unrechtmässig er-
worbenes Eigenthum, *laňț-eš-ráy* Chamäleon (§. 171, Note 2),
micist-ráy[2] trächtiges Weibchen (von Thieren), *maw-ô* Butter
(§. 74), *ňiçir-ô* eine Affenspecies („der schwarze‘, A. **ዒኦሳዪ፡**
genannt) u. s. w.

175) Ein weiteres Nominalsuffix ist *-nā*, welches an jeden
Verbalstamm angesetzt und von jedem Verb gebildet werden
kann; wie im Bilīn (Bilinspr. §. 118) wird durch dieses der
Infinitiv ausgedrückt, wie *dad-ná* treten, das Treten, *dàd-es-ná*
treten lassen, *dàd-eš-ná* getreten werden. Der Plural lautet: *-in*,
wie *dad-ín* (vgl. §. 14) Schritte. Solche Bildung ist auch vor-
handen in: *qùț-ín* Nässe (nasse Zeiten, Felder), *yis-ín* Trocken-
heit, Dürre u. s. w. Die negative Form lautet *-nkà* (Bil. *-gi-nā*),
als: *dàd-enkà* (Bil. *dād-gi-ná*) nicht treten, *dàd-s-enkà* nicht treten
lassen u. s. w. Es werden diese Formen wie abstracte Nenn-
wörter gebraucht, z. B. *kü hàzen-ná wurà yiraňk-má* was be-
deutet deine Traurigkeit? und können auch mit Postpositionen
verbunden werden; z. B. *nugúz-te ḥaq-ná-s* (oder *ḥa-ná-s*) *dis
yěker-ím aníz* über den Sieg des Königs bin ich wenigstens
nicht erfreut. Im Bilīn können zwischen den Verbalstamm
und die Endung *-nā* auch Personalsuffixe eingeschoben werden

---

wie: *arí-r bàwu-l* vor, im Angesichte des Kornes u. s. w. Dieses rela-
tive *b-aň* steht wohl für *ab-aň* (Bil. *ab* plur. *af* Mund, im Chamir sonst
nicht im Gebrauch, sondern dafür *mikā* gesagt, §. 23), wörtlich: „(Ding)
welches bei dem Gesichte ist‘. Im Tigré habe ich dafür **ኣፈዶ፡** im
Satze: *y'abbā ňin-is baň-l winu* = Ti. **ኣቡየ፡ ለፈዶ፡ ቤት፡ ኧኸ፡**
mein Vater befand sich vor dem Hause. Ausser diesem einen Falle finde
ich kein weiteres Beispiel in meinem Materialien, doch glaube ich nicht
weit zu fehlen, wenn ich **ለፈዶ፡** in **ለ + ኣዮ፡ + ኣዶ** = Cham. *b-aň-l*
zerlege, vgl. G. **ለፈ.፡**
[1] Wörtlich: „welcher Junge anpackt, anfällt‘, Adler, welcher junge Schafe,
Ziegen fortnimmt, A. **ጋለጋለ፡ ኣኽዏ፡** (Junge aufhebend) genannt.
[2] Etymologie nicht ganz klar; vielleicht vom Amh. Infinitiv **መዐ፡ኽሰ፡**
ein passives Relativ: *mi-cis-t-ray?*

(Bilinspr. §. 118, Anmerk. 2), ein Gebrauch, den ich im Chamir bei Nominalbildungen mittelst *-nā* nicht kenne, wohl aber bei dem folgenden Suffix auf *-nā*.

176) Das Suffix *-ñā* kennen wir bereits als Objectssuffix in §. 155. Es nimmt Personalsuffixe an, z. B. *hazen-da-ñá-s dis yéker* ich bin nicht fröhlichen Muthes ob deiner Traurigkeit. Das Negativ wird mittelst *y, ?* (= Bil. *g*) gebildet, als: *hazn-ı-ra-ñá-s çiqñá* [1] *digçár* über deine Nichttraurigkeit (dass du nicht traurig bist, darüber) bin ich sehr erstaunt. Zur Bildung von Nennwörtern finden wir dieses *-ñā* verwendet in: *oχriñá* Zeugung, *χūršiñá* Geburt plur. *oχūršín* Familie, Nachkommenschaft, Stamm, Tribus, *kin-te-ñá* Lernstoff, was man zu lernen hat, plur. *kiu-tíñ* Wissenschaft, *kın-s-eñá* Lehrstoff, Disciplin (Gegenstand, den der Debtera seinen Schülern beizubringen hat), *kr-ñá* der Tod, *kaše-ñá* meist pluraliter: *kašíñ* der Morgen (Morgenstunden), *kñniñ* der Abend, *duχare-ñá* Störrigkeit (*duχárā* Esel). Vielleicht gehört hieher auch *liñá* (Bil. *lañá*) zwei, vgl. A. **Λ**Ρ**:**, G. **ΛΛ**Ρ**:**, cf. §. 12 und §. 18. An solche Nomina kann auch das Adjectivelement *-ū* (fem. *-ī*. plur. *-uk*, vgl. §. 160) angefügt werden, wie: *ças-ñ-ú* Farzer (*ças-ñá* Farzerei, *ças* farzen), *kr-ñ-ú* todt (von *ki-t* sterben), *duχar-eñ-ú* störrig, *kint-eñ-ú* Student.

Anmerkung. Dieses *ñā* kommt auch selbstständig in der Bedeutung Ding vor, z. B. *kurá ñā hásebrú* woran (an welche Sache) dachtest du? *An Gündiríl aǵikan wur'ñá dis yicís* wie (in welcher Art) froh wäre ich, wenn ich nicht in Gondar wäre! Es wird auch postpositionaliter mit der Bedeutung von Bil. *sañá* wie, gebraucht; z. B. *yi ñā* wie ich, *kŭ ñā* wie du, *ñi ñā* wie er; *y'ir ǵin-añ k'ir-te ñā* (Bil. *y'egér ganáwχ kŭ egér-d sañá*) mein Vater ist so alt als dein Vater. Vgl. auch *ñtreñá*, Bil. *atarsaná* eine Hülsenfruchtsorte, wörtlich: ,der ᎎᎢᏟ**:** ähnlich'. Hieraus darf vielleicht gefolgert werden, dass *ñā* (aus *nhā* für *hnā*) aus *sanā* entstanden ist; vgl. §. 46.

177) Das Suffix *-áñā* bildet Nomina actionis, wie: *adn-áñā* Jagd, *amn-áñā* Glaube, *arq-áñā* Kunde, *buql-áñā* Wachsthum, *birbir-áñā* Raubzug, *bitn-áñā* Verschwendung, *duqñ-áñā* Redeweise. Dialekt, *dunqñr-s-áñā* Trotz, *fis-áñā* Aussaat, *fitn-áñā*

---

[1] Für *çiq-ñá-s* in hohem Grade, Bildung mittelst *-ñā*.

Versuchung, *giŭr-ánā* Segen, *çaw-ánā* Bettelei, *jĭm-ánā* Tanz-
weise, *haks-ánā* Hilfe, *kibb-ánā* Belagerung, *kin-t-ánā* Studium,
kin-s-ánā Unterricht, *kŭir-ánā* hochmüthiges Betragen, *ligm-ánā*
Augendienerei, *mirz-ánā* Vergiftung, *kŭúra f-ánā* Sonnenauf-
gang, Ost, *kŭúra tŭw-ánā* Sonnenuntergang, West, *emqŭ-ánā*
Kuss, *emqŭmqŭ-š-ánā* gegenseitige Umarmung, *iesaq-ánā* Auftrag
(Sendung), den man Jemandem zur Bestellung gibt, *iesaq-š-ánā*
(iesa-š-ánā) Auftrag, der ausgeführt wird durch einen beordeten
Boten, *qasn-ánā* Diebstahl, *timn-ánu* Wille u. s. w. In über-
tragener Bedeutung dient es auch zur Bezeichnung von Con-
creta, z. B. *iel-qŭal-ánā* Augenglas, Brille (Augenschauung), *dib-
ánā* Deckel, Riegel (Verschliessung), *dejr-ánā* Abort, Abtritt
(dijer cacare), *iezw-ánā* Stall (Anbindung, wo die Thiere an-
gebunden werden), *filfil-ánā* Abzugscanal, *jiriy-ánā* (Bil. *jiyránā*,
A. **ᎃᎎ**:) Perlhuhn, *kars-ánā* Furt (*ka-t* übersetzen den Fluss,
Causativreflex. *ka-r-s* übersetzen lassen), *qimš-ánā* Gürtel, *mus-
ánā* Castrat (Verschneidung, §. 69), *rb-ánā* Pflugschar, *sib-ánā*
Spiess (*sib* stechen), *zŭy-ánā* die Wasserpfeife, Nargile (Trin-
kung, von *suq* trinken, §. 71), *si-r-ánā* Bekleidung, Kleid (*si-t*
sich bekleiden), *ṭay-t-ánā* Krieg, Schlacht u. s. w., vgl. Bilinspr.
§. 123.

178) Das Suffix *-átā* (Bil. *-ántā*) bildet Nomina agentis,
wie: *adn-átā* Jäger, *amn-átā* gläubig, *arq-átā* Weiser, *birbir-átā*
Räuber, *bitn-átā* Verschwender, *duqŭ-átā* Sprecher, *dunqŭr-s-átā*
trotzig, *fis-átā* Seemann, *fitn-átā* Versucher, *gibir-átā* Steuerzahler,
gibir-s-átā Steuereinnehmer, *gŭat-átā* Zusprecher, *gŭat-eš-átā*
dem zugeredet wird, *giŭr-átā* Segner, *çaw-átā* Bettler, *jib-átā*
Käufer, *jīm-átā* Tänzer, Tänzerin, *χŭr-š-átā* adelig (geboren),
kin-t-átā Schüler, *kin-s-átā* Lehrer, *iesaq-átā* Absender, *iesaq-š-
átā* (und *iesa-š-átā*) Bote, *qasn-átā* Dieb u. s. w.

179) Das Suffix *-nat* (Bil. *-nār*), ursprünglich die feminine
Form zu *-nā* in §. 175, bildet Abstracta nach Art unserer
Formen auf heit, keit u. s. w., wie: *arge-nát* Alter, *arq-nát*
Weisheit, *giŭr-nát* Segnung, *haketim-nát* Faulheit, *har-nát* Freiheit,
hazen-nát Betrübniss, *lib-nát* (schon seltener *libbe-nát*) Klugheit,
lislis-nát Zartheit, *minzer-nát* Hurerei, *márre-nát* Bitterkeit, *nĭfge-
nát* Geiz, *wâj-nát* Aufmerksamkeit, *wuror-nát* Werthlosigkeit,
iŭ-nát Gabe u. s. w.

180) Die Endungen -iñā (aus -añā) und -ám (aus -ām) kommen lediglich nur an Lehnwörtern aus dem Amharischen vor, wie: ams-iñā (A. አመጣኝ፦) ungehorsam, anṣer-iñā (አንጠረኝ፦) Silberschmied, balj-iñā (ባለጀኝ፦) zum Handwerkerstand gehörig, belhat-iñā (ባለሀተኝ፦) Handwerker, bult-iñā (ቧልተኝ፦) Spötter, hašw-iñā und hašû-ñā (አሽተኝ፦) Lügner, maẓl-iñā (ማጉለኝ፦) in der Mitte befindlich, mirz-iñā (መርዘኝ፦) giftig u. s. w. Solche Bezeichnungen werden nach §. 164 negirt, z. B. ams-īyañ nicht ungehorsam, hašw-iyañ nicht falsch, mirz-iyañ unschädlich. Adjectiva auf -am (plur. -am-áñ) sind: hod-ám (A. ሆዳም፦) gefrässig, habt-ám (ሀብታም፦) reich, hâket-ám (ሀኬታም፦) träge, lib-ám (ልባም፦) Schmied; böser Zauberer, Werwolf u. s. w.

6) Das Verbum substantivum.

181) Wenn das Prädicat kein eigentliches Verbum, sondern ein Nomen ist, so verbindet das Chamir dasselbe mit dem Subject:

a) Durch einfache Anfügung desselben an das Subject, wie: y'ir qasañ mein Vater (ist) gesund; yi χiurá qasráy meine Tochter (ist) gesund; an míqā ich (bin) ein Hirt. Sâqûetá ligzô hagir Soqota (ist) eine grosse Stadt.

b) Ist das Subject ein Substantivum und das Prädicat ein Adjectiv, so wird diesem in der Regel das Substantiv ebenfalls noch nachgesetzt; z. B. ien hagir-ne ligsô hagir diese Stadt ist gross (diese Stadt eine grosse Stadt). Statt des Adjectivs kann auch ein Substantiv im Constructus das Prädicat ausdrücken; z. B. ien kizá-n ñiçir kizā dieser Sack ist schwarz (ein von Schwärze Sack).

c) Am häufigsten wird die Verbindung des Subjects mit dem Prädicat vermittelt, indem man diesem das Personalpronomen nachsetzt; z. B. an míqā an ich bin ein Hirt, kût míqā kût du bist ein Hirt, ieñ míqā ieñ er ist ein Hirt, y'ir míqā ieñ mein Vater ist ein Hirt. Ien ṣafá-n yū ieñ dieses Buch ist mein. K'ir añ ieñ wer ist dein Vater (dein Vater wer er)? Birrú añt ieñ wo ist Birru? Wurá ñā ieñ was ist das (was für eine Sache sie)? Enín witáder-t sifír ieñ das hier ist ein Soldatenlager. Dieses ieñ (er) kann auch als Copula gebraucht werden, wenn ich das Subject ist; z. B. *an qasár ieù, küt jeĝa küt* ich bin ordentlich, du aber bist schlecht.

d) Ausserdem besitzt das Chamir noch drei Verba, welche als Copula verwendet werden, nämlich: *aĝ* eigentlich werden, doch auch für sein gebraucht; dann *kü* und *win* beide sein bedeutend. Der Gebrauch dieser Verben ist folgender:

A) Kü sein.

182) Dasselbe dient zur Bezeichnung des Präsens in der positiven Aussage, erscheint aber formell nur mit den Endungen des Perfects. Es wird also flectirt:

Sing. 1)	*kūn*	oder	*ǫk-ún*	auch	*iǫk-ún*	ich bin
2)	*kü-rú*	„	*ǫk-rú*	„	*iǫk-rú*	du bist
3) { m.	*kū*	„	*ǫk-ú*	„	*iǫk-ú*	er ist
f.	*kǖ-c*	„	*ǫk-ec*	„	*iǫk-ec*	sie ist
Plur. 1)	*kǖ-nún*	„	*ǫk-nún*	„	*iǫk-nún*	wir sind
2)	*kǖ-rnú*	„	*ǫkǖ-rnú*	„	*iǫkǖ-rnú*	ihr seid
3)	*kūú*	„	*ǫk-úù*	„	*iǫk-úù*	sie sind.

Beispiele: *An daχná* [1] *kūn* (oder *ǫkún*) ich bin gesund. *Küt yi wedáj kùrú* (oder *ǫkrú*) du bist mein Freund. *Yïr ùin-il kū* (oder *ǫkú*) mein Vater ist zu Hause. *Yi zìn daχná küc* (oder *ǫk-ec*, auch *ǫkü-c*) meine Schwester ist gesund. *Yinne daχna künún* wir sind gesund. *Kitentáy ñer kùrná* ihr seid Händler. *Yiná duĝál-de aúl ǫkúù* wo sind unsere Eseln?

183) Mit dem Particip verbunden drückt *kü* das durative Präsens aus (vgl. den sogenannten Constructivus im Amharischen bei Isenberg, Gramm. of the Amh. Lang., pag. 70); z. B. *an kibír kūn* ich stehe in Ehren, *küt kibù-d kùrú* du stehst in Ehren. *Aw' ay-ir* [2] *kùrú* wie befindest du dich? *Kü zìn yit ieqán kū* dein Bruder liebt mich, *kü zìn yit ieqín-d küc* deine Schwester liebt mich. *Yïr ṣuwít* [3] *ǫkú* mein Vater ist krank (siecht hin), *y'iná ṣuwit-ir küc* meine Mutter leidet, *yinne ṣuwit-in künún* wir sind krank. *Kitentáy kibr-dŕne kùrnú* ihr steht in Ehren, *kitentáy yinát kiber-s-ŕne kùrnú* ihr ehret uns.

---

[1] für *daχná-s* mit Gesundheit.

[2] Bil. *aw' aÿ-rǿ inti* wie dich befindend du?

[3] Von *ṣuwit*, im Quara *šuwis-t*, Bil. *šúĝis-t* (cf. G. ሰውስ ፡) Reflexivform, krank werden.

Yi zín-de kíbr-iñ kúñ meine Brüder stehen in Ehren. *Yi χŭr
ñin-d buñl war-t-íñ* [1] *okúñ* meine Kinder spielen vor dem Hause.
Gíluk cisíñil zubúñ okúñ die Männer arbeiten auf dem Felde.
184) Die Negation des Prädicats in den sub §. 181 und
§. 182 behandelten Fällen erfolgt nach §. 165 (vgl. §. 163,
Anmerk. 2), nämlich mittelst *aý* in der negativen Perfectform,
als: *an miqá-m ákker* ich bin kein Hirt. *Y'ñ qasáwu-m áyyañ*
mein Vater ist nicht gesund. *Yi χŭrá qasráy-im áyyay* meine
Tochter ist nicht gesund. *Sñqñetá hagír ligzáwu-m áyyañ* Soqota
ist keine grosse Stadt. *Ien hagír-ne ligzáwu-m áyyañ* diese Stadt
ist nicht gross. *Ien kizán ñiçír-em áyyañ* dieser Sack ist nicht
schwarz. *Küt miqá-m ayyár* du bist kein Hirt. *Ien safán yñ-m
áyyañ* dieses Buch ist nicht mein. *Enín sifir-ím áyyañ* das hier
ist kein Lager. *An daχnás ákker* ich bin nicht gesund u. s. w.
Die Negation der Fälle in §. 183 erfolgt nach §. 161 und §. 162,
als: *an kibréker* oder *kibréker-im* ich stehe nicht in Ehren, *küt
kibrár* du stehst nicht in Ansehen, *kü zin yit ieqanáwum* dein
Bruder liebt mich nicht u. s. w.

B) Win sein.

185) Es dient zum Ausdrucke der Copula für das Perfect
in der positiven wie negativen Aussage. Sein Gebrauch be-
schränkt sich nur auf das Perfect, die Flexion ist folgende:

	Positiv	Negativ
Sing. 1)	*win-ín*	*win-ker* [2]
2)	*win-dí*	*win-i-yar* [3]
3) { m.	*win-ú*	*win-i-yañ*
f.	*win-ce* und *win-ec*	*win-i-yay* [4]
Plur. 1)	*win-nín*	*win-i-nak*
2)	*win-dénu*	*win-i-rnak*
3)	*win-úñ*	*win-i-yauk.*

---

[1] Quara *waýer-t* sich ergötzen, spielen.
[2] Auch noch, jedoch nur mehr selten *win-i-ker; i* ist die Negation, die in
der ersten Person häufig abfällt, *ker* ist Personalendung der ersten
Person des Relativ I.
[3] Für das Feminin *win-i-rar* (= Bil. *wān-g-rá-ýer*, commun. generis).
[4] Und *win-i-ráy* (Bil. *wān-g-rá-rī*).

Beispiele: *Y"ír qasañ winú* mein Vater war gesund; Negat.
qasáwu-m winíyañ er war nicht gesund. *Yï χúrá qasráy wínce*
meine Tochter war gesund; Negat. *qasráy-im winíyay* sie war
nicht gesund. *An miqā winún* ich war ein Hirt; Negat. *miqá-m
wínker* ich war kein Hirt. *Ien hagír-ne ligzañ winú* diese Stadt
war gross; Negat. *ligzáwu-m winíyañ* sie war nicht gross. *Ien
kizán ñiçír winú* dieser Sack war schwarz; Negat. *ñiçir-im
winíyañ* er war nicht schwarz. *Ien ṣafán yū winú* dieses Buch
war mein; Negat. *yū-m winíyañ* es war nicht mein. *An daχná
winún* ich war gesund; Negat. *daχnás-im wínker* ich war nicht
gesund u. s. w.

186) Die in §. 183 berührten Fälle werden in der gleichen
Weise in das Perfect gesetzt, indem man die Participialform
mit *win* verbindet; z. B. *an kibír winún* ich stand in Ehren;
Negat. *kiber-im wínker* ich stand nicht in Ansehen. *Kü kibír-d
windú* du standest in Ehren; Negat. *kiber-d-im winíyar* du
standest nicht in Ehren. *Kü zin yit ieqán winú* dein Bruder
hat mich geliebt; Negat. *ieqán-im winíyañ* er hat mich nicht
geliebt u. s. w.

C) Aǵ werden.

187) Die Flexion dieses Verbs ist der von ,ℏჄ: auf
Tabelle II gleich. Es dient im Futurum zum Ausdrucke der
Copula, z. B. *an kŭ miqā ájir* ich werde dein Hirt sein (eigent-
lich: werden). Negirt wird dieses im Futur nach §. 163, als:
kŭ miqá-m aǵéker ich werde dein Hirt nicht sein. Ueber den
Gebrauch von *aǵ*, um die Copula für das Präsens zu negiren,
vgl. §. 184.

7) Die Frage.

188) Fragepartikeln hat das Chamir folgende: -*má*, -*ni*
und -*á*. Sie können ausgelassen werden, wenn im Satze be-
reits ein bestimmtes Fragewort vorhanden ist, wie: *wurá küt
gábru* was hast du gesagt? Ist ein solches Fragewort nicht
vorhanden, dann muss die Frage durch die obigen Partikeln
gekennzeichnet werden. Im Gebrauch dieser Partikeln macht
jedoch die Sprache einige Unterscheidungen, welche wir kurz
erörtern wollen.

189) Die Fragepartikel *-má* [1] ist die weitaus am häufigsten gebrauchte und kann an jedes beliebige Wort im Satze, auf welches der Nachdruck der Frage gelegt werden soll, angefügt werden; z. B. *küt χamrá-t gab arǫrauk-má* verstehst du die Agausprache? *Gisá* [2] *áynak-má* sind wir denn nicht Landsleute? *Ieníl-ma ájir* werde ich hier bleiben? *Daχná círu-má* hast du gut geschlafen? *Sâqñetá eǫasañ ḫúgir-má* ist Soqota eine schöne Stadt? *Ni ûnàt-is-má* ist es wahr? *Küt zin àyyañ-má* ist er denn nicht dein Bruder? *An-má* (und *am-má*) *ṭasún* habe ich geschlagen?

190) Nach und neben *-ma* am häufigsten im Gebrauche ist *-á.* [3] Es kann an jedes beliebige, besonders zu betonende Wort im Satze angefügt werden; im Verb wird es, so weit meine Materialien dies zeigen, nur in den Modis und ausserdem an das Futurum angesetzt gefunden; z. B. *ien iejír-ne aû ieñ-á* wer ist dieser Mann (wer — er)? *Ien ûna-zán aû ñir-á* wer ist diese Frau (diese Frau wer sie)? *Ien iefír-ne aû-táy-á* wer sind diese Knaben? *Kŭ žuñút aw-á* wie heisst du? *Xamrá-t ḫagír aû iokû hàbtam-á* wer ist der reichste Mann in Agau? *Aûl okúñ yimá duǫal-d-á* wo sind unsere Esel? *Kŭ ñinde aûl-á* wo ist dein Haus? *Küt aûl gñayñtir-á* wo wirst du dich ansiedeln? *Kŭ χür aûl gñayñtiw-á* wo wird sich dein Sohn niederlassen? *Wäkā gimlán zàyrar-á* wie viel Kameele hast du? *Xamrá-t ḫagír wäkā bahrán zàyaw-á* wie viele Flüsse hat das Agauland? *Kŭ ñin wuraǫótā χàyaw-á* wie gross ist dein Haus?

191) Beide genannten Fragepartikeln können auch im gleichen Satze gebraucht werden; z. B. *yi ñìn-is-má kŭ ñin χàyaw-á* ist dein Haus grösser als meines? *χamrá-t ḫagír ábbe bǘǵiǵ-má zàyaw-á* hat das Agauland viele Berge? *Küt arǫìrauk-*

---

[1] Bil. *-mū* (Bilinspr. §. 127), Quara *-mū*.

[2] Wörtlich: vom (selben) Dorfe.

[3] Es steht wohl im Zusammenhange mit *añ*, Bil. *añ*, Agaum. *ay* wer? Saho *ay* was, *añ*, *ū* welcher? und dem fragenden ⲁⲉ : im Geᶜes, auch schon in dieser Form im spätern Aegyptisch in 𓉻𓄿𓅂𓅆 *aa-ṣa*, ⲁ︦Ϣ wer, welcher? Es entspricht: Ti. *-γ :*, Ty. *-Ʋ :*, G. *-Ʋ :*, Amh. *-ū*, Hebr. הֹ, Ar. ـٔ (entstanden aus لْ ? woraus durch Monillirung von *l* sich die Formen *hay, hū, hañ, hô, hū* erklären würden); vgl. §. 231.

má Xamrát gab-á verstehst du die Agausprache? *Ginzib-má ẓàyrar-á* hast du Geld? *Ginzib-má yàjrar-á* bist du ohne Geld? *Ginzib-má jĭñtir-á* wirst du Geld bekommen? Negat. *ginzib-má jĭñár-ā?* wirst du kein Geld bekommen? *Ienil-má winĭyar-á* warst du nicht hier?

192) Die Fragepartikel *-nĭ*[1] fand ich fast nur vor nach den Perfectendungen der positiven Aussage, sehr selten nach Präsensformen. Fast immer kommt sie mit *-ma* im gleichen Satze vor; z. B. *ienil wĭndu-nĭ* oder *ienil-má wĭndu-nĭ* warst du hier? *Ginzib-má ẓayrár wĭndu-nĭ* hast du Geld bekommen? *Ieñ-má aŭl wĭnu-nĭ* wo war er? *Kŭt ṭas-má wĭnun-nĭ* habe ich dich geschlagen? Negat. *kŭt ṭàsker-má wĭnun-nĭ?*[2] habe ich ihn nicht geschlagen? *Ienil-má àrauk-nĭ* bleibst du hier? *Xamrát gab-má gàbrauk-nĭ* sprichst du die Agausprache?

II. Das Nomen.

193) Der bei weitem grössten Mehrzahl der Nennwörter im Chamir liegt eine verbale Radix zu Grunde, aus welcher sie nach §. 159—180 abgeleitet worden sind. Nur von verhältnissmässig wenigen Nennwörtern ist eine verbale Radix nicht mehr erweisbar, wie *ayír* Vater, *jená* Mutter, *zin* Bruder, *ejŭr* Mensch, *gĭluwá* Mann u. s. w. Nähere Erörterungen erheischen das Geschlecht, die Zahl und Casusbildung der Nennwörter.

1) Das Geschlecht.

194) Das Chamir unterscheidet männliches und weibliches Geschlecht. Die Ermittlung des Genus ist eine sehr einfache: alle Nennwörter, welche nicht ihrer Natur nach Feminina sind, wie: *jená* Mutter, *luwá* Kuh u. s. w., gehören unter die Masculina. Den femininen Nennwörtern werden auch beigezählt die Deminutiva und überhaupt die Nomina, denen der Begriff von Kleinheit, Schwäche, Verächtlichkeit zukommt; vgl. z. B. *arát* das Angareb (masc. gen.), wie: *y' arát χayô árut* mein Angareb ist

---

[1] Vgl. Bilinspr. §. 126 und G. **7. ꝫ.**

[2] Allerdings ein verneinender Satz, aber *wĭnén* ich war, ist eine positive Perfectform; wörtlich: war ich's der ihn nicht geschlagen hat?

gross; aber *y' arát žan ețín ńir* dieses mein Angareb da ist klein.[1] Aeusserliche Merkmale des Genus am Nomen, wie solche das Bilīn wenigstens an vielen weiblichen Nennwörtern noch besitzt,[2] kennt das Chamir nur noch im Worte *tayír* (Bil. *t-eģr-í*) die Tante väterlicher Seite, Schwester des Vaters, vgl. *ayír* (Bil. *eģér*) der Vater.

195) Das natürliche Geschlecht an Menschen und Thieren wird entweder durch verschiedene Ausdrücke, wie: *ayír* (Bil. *eģer*) Vater und *jená* (Bil. *ganá*) Mutter, *ģiluwá* (Bil. *ģiruwá*) Mann und *iáná*, *áná* (አው፡, ው፡, Bil. *oģíná*) Weib, *bírā* Stier und *luwá* Kuh u. s. w., oder bei gleichlautenden Gattungsnamen durch gewisse Beisätze unterschieden, wie: *bárā* Sclave und Sclavin, letztere auch *bar' áná*; *dábā* Taube, *dab ģiluwá* Tauber; *çayçá* Antilope redunca (Amh. በሮ፡), *çayç' áná* das Weibchen davon (Amh. ፈቃ፡); *ģizíñ* (Bil. *ģidíñ*) Hund, *ôsré ģizíñ* (Bil. *ģidiñ-i*) Hündin ; *azô widíl* fem. *ôsré widíl* Junges von Thieren; *fíçerá* Ziege, *beģá* Schaf, *ģíruwá* Huhn, aber *çin fíçerá* Ziegenbock, *çin beģá* Schafbock, *çin ģíruwá* Hahn u. s. w.

2) Die Zahl.

196) Das Chamir unterscheidet Singular und Plural. Die ursprüngliche Bildung des letzteren scheint in den Agausprachen in der Wiederholung des Singularstammes bestanden zu haben (also eigentlich ein Dual), wofür noch zahlreiche Belege in sämmtlichen Agau-Idiomen vorliegen; so in der Sprache von Agaumeder: *aki* der Mensch, plur. *ak-aka; χariñ* der Stein, plur. *χariña-χariña; χǔna* Weib, plur. *χǔna-χǔna* u. s. w.[4] Ebenso im Dembea: *zen* Bruder, plur. *zene-zen; yir* Mensch, plur. *yir-yir; kiriña* Stein, plur. *kir-kiriña,*[5] vgl. auch Bilīnspr. §. 138. Im Chamir

---

[1] *ńir* pron. tert. sing. fem. generis, §. 219. Vgl. Bil. *ar durra* (masc. gen.), aber *ar-á* ein einzelnes, kleines Durrakörnchen (gen. femin. Bilīntexte pag. 212, 6), analog dem Ge'ez, cf. ቃል፡ Wort, masc. gen., aber አሕት፡ ቃል ፡ ein Wort. Auch im Tamaschek wird das Deminutiv durch die Femininform ausgedrückt, z. B. *ajerem* Stadt, aber *t-ajerem-t* Städtchen. Vgl. auch Amh. አገር፡ Stadt, aber አገሪት፡ das Städtchen.

[2] Bilīnspr. §. 131—133.

[3] Bil. *nas-āῠχ* männlich, fem. *ūsárī* weiblich, vom Stamm አነስ፡, vgl. §. 28, Note 1 und §. 59.

[4] Th. Waldmeier, Wörtersammlung, S. 27.

[5] J. Halevy, Actes de la soc. philol. III, 165.

kenne ich eine solche Bildung blos im Worte *aríb* Freitag, plur. *aríbrib;* in den übrigen Fällen weist nur mehr die Wiederholung des letzten Radicals vom Singularstamm auf eine einstige Reduplication des ganzen Wortes hin, wie:

aqŭál	plur.	*aqŭál-le* Bach	*ûnát*	plur.	*ûnát-te* Woche
amzá	„	*amíz-ze* Kuchen	*laq̇*	„	*láq-qe* Zunge
arján	„	*arján-ne* Nileidechse	*luk*	„	*luk-úk* Bein
aváj	„	*avíj-je* Proclamation	*qalīm*	„	*qalīm-me* Tabakspfeife
ig	„	*íg-ge* Oheim	*qis*	„	*qís-se* Priester
iel	„	*iél-le* Auge	*uaẓ*	„	*uáẓ-ẓe* Knochen
erúk	„	*erkúk (erkŭuk)* Zahn	*zir*	„	*zír-re* Wurzel

197) Stoff- und Gattungsnamen, da ihnen der Begriff von Menge innewohnt, gelten bereits als Pluralia. Das Einzelnwort wird hieraus gebildet durch Anfügung von *-ā* an das Stammwort; so z. B. *bir* Blut, daher *ber-á* ein Blutstropfen;[1] *bil* Motten, daher *bel-á* eine Motte; *fiz* Samen, daher *fez-á* ein Samenkorn; *līs* Thränen, daher *lis-ā* eine Thräne u. s. w. Dieselbe Formation zeigt sich bei den Verbalnomina, wie *bidíl* Schaden (*bìdl-ún* ich schädigte), daher *bìdl-á* eine Beschädigung; *cikīl* Nägel und nageln (*cìkl-ún* ich nagelte), daher *cìkl-á* ein Nagel u. s. w.[2] Diese Stoffnamen gestatten übrigens eine Pluralbildung nach Art von §. 196, wie: *bíl-le* Mottenhaufen, *fíz-ze* Samenmassen, *lál-le* Bienenschwärme (*lal* Bienen, *lál-ā* eine Biene, Bil. *láq̇lā* plur. *láqel*). Solche Plurale sind: *áb-be* Gebirge, von *ab-á* (Amh. አምባ፡) Berg; *abís-se* Löwen, von *ábs-ā* (G., A. አንበሳ፡); *abíṭ-ṭe* Heuschreckenschwärme, von *abíṭ* Heuschrecken, *ábṭā* (G., A. አንበጣ፡) Heuschrecke; *agíd-de* Heuschrecken kleinerer Sorte, von *ágd-ā* (G. አኵት፡); *ṣíl-le* Sonnenschirme, von *ṣelá* (aus *ṣellá*, G. ጽላ፡); *aχúl-le*, *aχŭl* Rindermist, sing. *aχŭl-á* Kuhfladen; *míq-qe*, *miq*, sing. *miq-ā* Hirt; *síb-be, sib*, sing. *sib-ā* Ortschaft u. s. w.

---

[1] Ueber den Vocalwechsel *bir* und *ber-á* vgl. §. 14.

[2] Vgl. §. 170; Bilīnspr. §. 139; Dillmann, Gramm. der äthiop. Sprache, S. 227. Die Nominalbildung in *bidíl*, *cikíl* entspricht der im Aethiopischen ነፍስ፡ u. s. w. (vgl. Dillmann, S. 173, §. 105), der Accent auf ultima nur wegen der oben §. 83c erwähnten Ursache.

198) In lautlicher Hinsicht tritt im Chamir gleich dem Bilin [1] ebenfalls die Erscheinung zu Tage, dass in Folge von Anfügung des singularen -*ā* häufig der letzte oder vorletzte Radical des Stammes eine Veränderung erleidet; so geht:

a) *t* und *d* bisweilen in *r* über, wie: *amít* (G. ፍሞት ፡, A. አሞት ፡) Zeit, Jahr, davon *amr-á* ein Jahr; *samíd* oder *sámde* (G. A. ዕም፪ ፡, צָמָר) Genossenschaft, Kameraden, davon *samr-á* der Gefährte. Diesem Zuge folgend zeigt sogar das Wort *zejrá* (A. ዝጀፐ ፡) der Affe, im Plural *zejít*. In *giñít* die Klippschliefer, sing. *giñí-rā* (Bil. *gehé-rā*, G. ፀዕ ፡) ist das individualisirende -*rā* ebenfalls = früherem -*tā*, vgl. §. 43 d.

b) Auslautendes *l* geht vor singularem -*ā* ebenfalls oft in *r* über, so: *duqál* die Esel, davon *duqár-ā* der Esel; von *sibíl* (auch *sibíl-le*) lautet der Singular *sibr-á* (Bil. *sàbará* plur. *sáfal*) Schlange; *ñiçíl* Schwärze, lautet im Singular *ñiçr-á* ein schwarzer Gegenstand. Dieser Analogie folgt *bíl*, im Singular *bír-ā* der Stier, obwohl dieses zweifellos = G. ቦፉ፪ ፡, בְּעִיר.

c) K-Laute zeigen vor singularem -*ā* Abschwächungen zu *y* und fallen bisweilen ganz ab; so hat *dirkün* im Sing. *dírun-á* (zunächst aus *dirhun-ā*, Bil. *dargúnā*) Sykomore; *okün* (እኩን ፡, ኩን ፡) Weiber, im Sing. *únā* (aus *uhün-ā*, Bil. *oǧínā* plur. *ukúín*); *gíluk* (ግልኩ ፡) Männer, im Sing. *gíluwá* (aus *gílkü-ā*, Bil. *gíruwá* plur. *gurú*, aus *gírhü*); *gíruk* (ግርኩ ፡) Hühner, im Sing. *gíruw-á* (aus *gírhü-ā*, *girkü-ā*, Bil. *díruwá* plur. *díruk*); *gírke* Tage, im Sing. *gríy-á* neben *girk-á* ; *lik* Feuer, im Sing. *liy-á* (zunächst aus *lih-á*, Bil. *láqā* plur. *lak*); *zilk* (für *zikl*) Vögel, im Sing. *zil-ā* (Bil. *jaqalá* plur. *jákal*); *mie* Brod, im Sing. *miy-á* Brodstück; vgl. §. 69 ff.

199) Sämmtliche consonantisch auslautende Singularstämme (die auf *ī*, *ū* mitbegriffen) können den Plural mittelst Anfügung von -*t* oder -*te* (nach Doppelconsonanten) bilden, wie z. B.:

abín	plur.	*abín-t* Gast	*çin*	plur.	*çin-t* Männchen
iel	„	*iel-t* Auge	*kiff*	„	*kíf-te* und *kiff-it*
ir	„	*ir-t* Vater			Flügel
iesín	„	*iesín-te* Nase	*kisín*	„	*kisín-te* Feld
gizín	„	*gizín-te* Hund	*kiá*	„	*kiá-t* Tribus

ñiñ	plur.	ñiñ-t Haus	siñú plur. siñú-t Montag
sifír	„	sifír-t Lager	walí „ walí-t Antilope
zin	„	zin-t Bruder	yū „ yū-t Hüfte.

200) Diese Endung -t kann auch an Gattungsnamen nach Beschaffenheit der in §. 197 beschriebenen Plurale angefügt werden und bildet sodann neue Plurale aus Pluralen, wie:

áder Erbsen, sing.	adr-á Erbse;		adír-t Erbsenhaufen
arf Monate,	„	arb-á Mond;	arb-it viele Monate
fendí Mist,	„	fendiy-á Rossknödel;	fendi-t Misthaufen
iefír Kinder,	„	iefer-á Kind;	iefir-t Kinderschaaren
til Arzenei,	„	tel-á ein Heilmittel;	til-t Arzeneien.

201) Mit diesem pluralen -t wechselt constant -tān und verkürzt -tan ab (in der Quarasprache regelmässig -ⵃⵎⵗ:), so dass sich unwillkürlich die Vermuthung aufdrängt, es sei obiges -t, -te aus -tan, -tān verkürzt. Anfänglich war ich der Ansicht, dass dieses -tān eine feminine Pluralform zu masculinem -an (äthiop. -ān) sei, weil z. B. von χŭrá Kind, der Plural qŭr Söhne, aber χŭr-tán Töchter, Mädchen; von zin Bruder und Schwester, der Plural zin-t Brüder, aber zin-tán Schwestern, gebildet wird. Doch diese Unterscheidungen sind nebensächlich und wirklich nur zufällig, indem man ja effective Masculina im Plural ebenfalls mit -tān versieht, so ir Vater, plur. ir-t und ir-tān; azín Schwiegervater, plur. azín-tān; çin Männchen bei Thieren, plur. çín-te und çín-tān; ǧáśá plur. ǧuś-tán Büffel; ǰirkŭá plur. ǰirkŭ-tán Kind; ḫamáźá plur. ḫamáś-tān Schwager; telá plur. telú-tān (neben tel-úk, vgl. §. 160) Arzt; yim plur. yim-tān der Schech, Schulze.[1] Ein Zusammenhang zwischen den zwei Elementen -an und -tān, -tan besteht aber doch, was aus folgender Thatsache zu ersehen. Birru aus Soqota in Lasta übersetzte mir eines Tages den Satz: ‚meine Taschen sind schwarz' mit: yi kís-tān hiçír-tān ñäy. Bindu aus dem Wag aber übersetzte den folgenden Tag den gleichen Satz mit yi kīz-án-ne[2] ñiçir-án

---

[1] Vgl. den Plural auf -ten im Mahra, Zeitschr. d. Deutschen morgenländ. Gesellsch. XXVII, 284.

[2] Das Demonstrativ in kīzán-ne (auch kīzán-en) ist hier erforderlich, um den Plural kīz-an von kīzan = kīza-n dieser Sack, zu unterscheiden; vgl. §. 227 und 230.

ńáy. Auf meine Bemerkung, dass Birru wie oben angegeben construirt habe, entgegnete er mir, ja in Soqota sage man so, auch in Wag würde man das gut verstehen, gewöhnlicher aber sage man *kīz-an* statt *kīs-tān.* Dieselbe Pluralform *-an* habe ich auch einige Male von Birru aus Lasta gehört, so in: *giml-án* Kamele, sing. *gimíl; nifg-án* Geizhälse, von *nifíg; nibiy-án* Träume, von *nibí* Traum, ferner in den Lehnwörtern: *hōd-ám* plur. *hōdam-án* gefrässig, *haketám* plur. *haketam-án* träge u. s. w. Ohne hieraus an diesem Orte einen weiteren Schluss zu ziehen, will ich hier nur die Identität der beiden Pluralelemente *-ān* *(-an)* und *-tān (-tan)* constatiren. Aus jenem *-ān* ist wohl der Plural im Bischari auf *-ā* mit Abfall des Nasals entstanden.

202) Aus dem Plural auf *-ān (-an)* kann mittelst Anfügung von *-t* ein Abstractum gebildet werden, z. B. von *hašt* Lüge, die Form *hašt-ánt* Lügengewebe; *ieslámā* ein Muslim, plur. *ieslam-án,* davon *ieslam-ánt* die muselmännische Welt, alle Bekenner des Islams: *barúd* Pulver *(barúd-ā* ein Pulverkörnchen), davon *barūd-ánt* Pulvervorräthe.[1]

Anmerkung. Vereinzelt kommt *-tāy* als Pluralelement vor in *eńa-táy* Mütter *(eńá* Mutter), *ọkūn-táy* Frauen, dann in: *kiten-táy* ihr, *ńáy-tāy* sie, *ań-tāy* welche?, womit wohl auch im Zusammenhange steht *-zāy* in: *ien-záy* diese (plur. von *ien* dieser) und *iez-záy* jene (plur. von *ied* jener); vgl. im Quara: *en* dieser, plur. *en-zō,* und *yin* jener, plur. *yin-zō;*[2] im Agaumeder: *en* dieser, *ani* jener, plur. *eni-sa.*[3]

3) Die Casusbildung.

203) Das Chamir unterscheidet: Subject (Nominativ), Object (Dativ und Accusativ), den Abhängigkeitscasus (Genetiv) und die verschiedenen Casus, welche mittelst Postposi-

---

[1] Vgl. den äthiop. Plur. auf *-āt.*

[2] እን፡ plur. እንዚ፡ und ይን፡ plur. ይንዚ፡ M. Flad, descript. of the Falascha pag. 25 schreibt *en* plur *enso* und *yin* plur. *yinso.* Die Form *-zū* ist wohl aus *zań* = *zay;* vgl. z. B. Bil. *nāū* sie = Cham. *ńáy* u. s. w. Die Endungen: *-tāy, -zāy* sind gewiss aus *-tān, -zān;* vgl. §. 53 und 59.

[3] Th. Waldmeier, Wörtersammlung, S. 26.

tionen näher bestimmt werden, um die Richtung nach oder von einem Orte, das Verharren an demselben u. s. w. (Locativ, Instrumentalis u. dgl.) zu bezeichnen.

1) Der Nominativ.

204) Das Subject ist durch kein besonderes Casuszeichen charakterisirt, sondern der nackte Wortstamm erscheint als Nominativ. Die Stellung desselben ist eine ziemlich freie, in der Regel aber steht das Subject vor dem Satzverbum; z. B. *Yōsiftī ñi zin qiyuñ* den Josef verkauften seine Brüder. *Karán-sī oχūršauk ñi qūr inki Raχél-d uqūr Yōsīf iðferá wínu, Binyám Kenaán oχāršu* unter allen seinen Söhnen, welche in Haran geboren worden, war Josef der Sohn der Rachel der jüngste, denn Benjamin ward in Kanaan geboren. *Yáqōb ñ' uqūr-is inki Yōsíftī ièqanáû wínu* unter allen seinen Söhnen liebte Jacob den Josef.

2) Der Genetiv.

205) Die kürzeste Art, den Genetiv auszudrücken, wird dadurch bewerkstelligt, dass das Nomen rectum einfach dem regens vorangestellt wird; z. B. *báher digūrá* Klippe (Meeresfels), *geziñ lálā* Hundsbiene (Wespe), *ñin mírā* Hausthüre, *χar zílā* Nachtvogel (Fledermaus) u. s. w. Diese Art Genetivbildung kann mit dem semitischen Constructus verglichen werden, da bisweilen das Wort in der Genetivstellung verkürzt wird, indem Nomina auf -*ā* dieses im Genetiv abwerfen, z. B. *iûn gūriyá* Ehemann (Herr einer Frau, *iûnā*), *amír bal* Neujahr (Fest des Jahres, *amrá*) u. s. w. Bisweilen wird auslautendes -*ā*, ohne abgeworfen zu werden, nur zu *a* gekürzt, wie: *kŭára fená* Sonnenaufgang, Ost (*kŭárā* die Sonne), *kŭára twáná* und *kŭar twáná* West, *mirbá il* Nadelöhr u. s. w.

206) In der Regel wird der Genetiv jedoch gebildet, indem zwischen das Nomen rectum und regens ein *te* oder *t* eingeschoben wird; auslautendes -*ā* des Nomen rectum geht vor *te* in *a* und *e* über, z. B. *Abrahím-te ñin* Abrahams Haus, *ïr-t iûnā* des Vaters Frau (die Stiefmutter), *χamrá-t hagír* das Agauland, *witadrá-t dŭnkŭán* das Zelt eines Soldaten, *bára-t žuñ* der Name des Sklaven (*bárā*), *iûná-t oq* die Brüste eines Weibes, *χŭrá-t ïr* der Vater des Mädchens u. s. w.

207) Lautet das Nomen rectum auf *l* oder *n* aus, so schwächt sich der obige Genetivcharakter in *de, d*; bisweilen

erscheint *d* auch nach vorangehendem *r*; z. B. *Raχél-d uqŭr* Sohn der Rachel, *qŭaṣíl-de ṣimírt* Schwänze von Füchsen, *zin-d nqŭr* Neffe, Bruders Sohn, *k' ir-de haγír aŭl-ā* wo ist dein Vaterland? Vgl. Bilinspr. §. 152.

208) Vereinzelt steht *-s*, *-is* als Genetivzeichen in einigen Fällen, wie: *χŭr-is χŭr* Enkel (Sohnes Sohn), *sará-s haṣā* Honigwabe. Im Beispiel: *an Birrú-s ńi ṣalát-um á-ker* ich bin nicht Birru's Feind, ist *Birrú-s* wohl eher Dativ, wörtlich: ich dem Birru sein Feind bin ich nicht. Ebenso: *ien ieferá-s ŭ' ir ṣuwitaŭ ień* der Vater dieses Knaben ist krank (wohl: diesem Knaben sein Vater u. s. w.) Ferner: *ńin-is gŭriγá* Hausherr und *ńin-is iŭnā* Hausfrau, wohl = Herr, Frau über das Haus, also ein Ablativ, vgl. §. 242 und Bilinspr. §. 156. Im Idiom von Agaumeder wird der Genetivcharakter übereinstimmend mit dem des Dativs als *-s* angegeben,[1] in der Quarasprache erscheint **ዝ** als Genetivzeichen nach Masculinen, **ሽ** (vielleicht *ž*, aus *zi*) nach Femininen, z. B. **መሳፍንተንዝ ፡ እሥራኤልስ ፡ ስራውዝ ፡ ጊዣ ፡** (Rut. 1. 1) zur Zeit der Richter, welche über Israel herrschten. **ይዐረዝ ፡ ጎሕሬ ፡ ጐዘ ፡[2] ሕሬ ፡** (Genes. 27, 27) meines Sohnes sein Geruch ist Ackerduft. **አሊጫለክሬ ፡ ናሚሽ ፡ ንሽ ፡ ረ0 ፡ ኪ0ዐ ፡** (Rut 1, 3) und Elimelech, der Naomi ihr Gatte, starb. Dass dieses genetivische **ዝ** mit dem gleichlautenden Ablativcharakter identisch sei, ist wohl zu erschliessen aus: **ኪሽንዝ ፡ አዶሬይ ፡[3] ኪጎኑ ፡ ሁርሬ ፡ ኩጎ ፡ ሰዜድና ፡** (Genes. 27, 29) werde ein Herr deiner Brüder (über deine Brüder) und deiner Mutter Söhne sollen sich vor dir neigen![4] Ebenso vereinzelt kommt im Chamir *-r* statt *-t* im Genetiv vor; ich finde von diesem Gebrauche in meinen Materialien nur vor: *ár-ir báw-ul*[5] im Antlitz des Korn's, dann: *kitá-r gis* mehr als ihr, *ńatá-r gis* mehr als sie, dagegen: *yi-t gis* mehr als ich, *kŭ-t gis* mehr als du, *ńi-t gis* mehr als er, *ńir-te gis* mehr als sie.

---

[1] Th. Waldmeier, Wörtersammlung, S. 26—28.

[2] Für **ጐዝገ ፡** von **ጐዝ ፡**, Cham. *gŭiz*, Bil. *gŭad* Ackerbestellung; pflügen, ackern, aufgraben. In Chamir würde der Satz lauten: *yi χŭrá-t ńi χárā gŭis-te χárā*, Bil. *y' uγrá-r qirū gŭad-ir qirā*.

[3] Für **አዶሬ ፡ አይ ፡**, Bilin: *adarú aγi*.

[4] Bibelmanuscript in der Quarasprache vom Falascha Debtera Beru, mir durch Herrn M. Flad gütigst besorgt.

[5] Doch habe ich auch verzeichnet: *laŭ giriγá-s lô* vor einem Tage, *ṣekú qirk-is lô* vor zehn Tagen, *arát-is báwu-l* vor dem Bette.

Anmerkung. Reste eines veralteten Genetiv pluralis sind noch vorhanden in: *farẓ-á* equorum von *fárẓe* Pferde (Sing. *fírzā* plur. *fírz-de* aus *fírz-te* geschwächt und per metathes. *fírdze*, der Vocal *a* in *fárẓe* noch aus früherem ልፈሰ : erhalten), *farẓ-á* *ṣabtān* Pferdehufe. Ferner in *χàmir-á* die Agausprache, selten für *χamír gab* und einfach: *χamír*. Vgl. auch Bilīnspr. §. 153, Almkvist, Bischarisprache I, 68, §. 69.

209) An diese Genetivformen kann auch die Adjectivendung -*ū* fem. -*ī* plur. -*uk* (§. 160; Bilīnspr. §. 155) angefügt werden; die syntaktische Stellung ist bei diesen Adjectiven vor dem Nomen regens, abweichend vom Gebrauch im Bilīn, wo diese Adjectiva dem Nennwort nachgesetzt werden; nur in prädicativer Bedeutung werden auch im Chamir dieselben dem Nennworte nachgesetzt; z. B. *Birrú-tū zin* Birrus Bruder, *Birrú-tī zin* Birrus Schwester, *Birrú-tuk zintán* Birrus Geschwister, aber *ien iñnā žan Birrú-tī ñir* diese Frau ist die Birrus.

3) Der Dativ.

210) Dativ und Accusativ waren wie im Bilīn als Objectscasus ursprünglich gleich construirt, wie noch jetzt das Zeichen -*s* auch für den Accusativ gebraucht erscheint. In der Regel wird gegenwärtig aber -*s* (nach Vocalen), -*es* und -*si* (nach Consonanten) in Lasta, -*š* in Wag für den Dativ angewendet; z. B. *yi-s (yi-š), kū-s (kū-š), Birrú-s (Birrú-š), Yimám-es (Yimám-ši) iuwu* er gab mir, dir, dem B., dem J. Syntaktisch geht dem Dativ der Accusativ voran, z. B. *zajerá ñir qūrá-t çịcuwá-s iúwec* (oder *iñc*) der Pavian gab seine Tochter dem Nesnas.

Anmerkung. Im Agaumeder wird der Dativ mittelst -*s*, -*is* (Waldmeier, S. 26 ff.), in der Quarasprache mit -*š* gebildet, z. B. ኒግሽ : ይወዐ : (Genes. 27, 13) er gab es seiner Mutter. ያዕቆብሽ : ይወት: (ibid. 27, 17) sie gab es Jakob. ገጥርኽ : ኩሽ ፡ ስፈስኩን ፡ (ibid. 27, 29) alle Völker werden dir dienen. In der Sprache von Dembea -*si*, aber auch -*si* und -*s* (J. Halevy, Actes de la soc. philol. III, 173 ff.).

4) Der Accusativ.

211) Das Zeichen für den Accusativ ist -*t* (nach Vocalen), -*et*, in Wag -*tī* (nach Consonanten); auslautendes -*ā* geht vor diesem Suffix in *a*, *a* über; z. B. *yi-t, kū-t, ñir-et (ñir-tī)*,

Bírrú-t, Yōsíf-et (*Yōsíf-tī*), *Abdállu-t sisú* er hat mich, dich, ihn, sie, den B., J., A. bekleidet. *an kirbrá-t tasún* ich schlug die Trommel. *Yo ūnát-et duq* sag' mir die Wahrheit!

212) Nach *l, r, n* lautet der Accusativcharakter häufig *-dī* neben *tī;* z. B. *y' il-dī tasú* er schlug mein Auge. *Y' ár-dī suùrú* du hast mein Korn gestohlen. *ńir ńín-dī qŭáldu ńir ár-dī bíce* als sie ihr Haus besichtigte, fand sie ihr Korn nicht.

213) Im Idiom von Wag begegnete mir einige Male der Gebrauch von *-s* für den Accusativ; z. B. *ár-es suńtá fírce* sie ging um Korn zu stehlen. *ár-es suńŭr físec* sie stahl das Korn weg (Korn stehlend sie trug fort).

5) Der Vocativ.

214) Er steht wie der Nominativ ohne Casuszeichen, wie: *yi gŭriyá* o mein Herr! *ayír lô* komm' mein Vater! Häufig wird dem Nennwort im Vocativ das Wort *qŭadáy, qoday* (vielleicht im Zusammenhange mit Amh. ሆኖ፥) nachgesetzt; auslautendes *ā* des Nennwortes geht vor diesem in *a* über; z. B. *kit libám qŭadáy* o du Menschenfresser! *kitín slimrŭk qŭadáy* o ihr Schwänze! *duχáru qŭadáy* du Esel! *yi gŭriyá qŭadáy* o mein Herr! *y' imměta qŭadáy* o meine Herrin! *y' áderá qŭadáy* o mein Gott!

6) Der Ablativ.

215) Die verschiedenen Fälle, welche die Richtung nach oder von einem Gegenstande oder Orte, das Verweilen an demselben, die Zeit, Absicht, das Mittel u. s. w. bezeichnen, werden durch Postpositionen ausgedrückt, vgl. §. 242 ff.

III. Das Adjectiv.

216) Das Chamir besitzt keine ursprünglichen, sondern nur von Verben oder Nennwörtern abgeleitete Adjectiva, [1] demnach nur Relativa auf *-ań* fem. *-ray* plur. *-auk* (§. 159) und denominative Adjectiva auf *-ū* fem. *-ī* plur. *-uk* (§. 160). Die Stellung derselben ist vor dem Nennwort, nur wenn sie prädicativ gebraucht werden, stehen sie nach dem Nennworte und

---

[1] Einige scheinbar ursprüngliche Adjectiva, wie *ńićír* schwarz u. s. w. sind Substantiva, *ńićír qamiš* ein schwarzes Hemd (Hemd von Schwärze), oder sie sind semitische Lehnwörter, wie *iețín* klein. Ty. ቀጢን፥ u. s. w.

zwar vor dem Verbum. Zu bemerken ist noch, dass die Endungen -*aû* fem. -*ray* vor einem folgenden Nennworte oder einer Postposition fast immer in -*ô* fem. -*rē* zusammengezogen werden; z. B. *tik yô zin Birrú ieñ* (Bil. *tik yāu̯χ dān B. gin*) ein guter Bruder ist B.; aber *B. tik yaû ieñ* B. ist gut. *Ñi kr̥dě*[1] *jená-t lisu* (Bil. *nī kir-dárī ganá-t lú̯qesu̯χ*) er beweinte seine verstorbene Mutter. *Ligzáu̯k gilú̯k yi zín-te ñāy* (Bil. *lagadáû gūrû yi žān gin*) meine Brüder sind erwachsene Männer.

217) Der Comparativ wird mittelst -*is, -tis, -gis* bezeichnet, welche dem verglichenen Worte, das meistens die erste Stelle im Satze einnimmt; nachgesetzt wird; z. B. *yi fàrẓe-ís yi du̯qál bijíg* meine Esel sind zahlreicher als (über) meine Pferde. *Abrahím-te ñin-ís Birrú-te ñin kístā* Birrus Haus ist schöner als das von Abraham. *Yi ñin-ís-ma kü ñin χayaw-á* ist dein Haus grösser als meines? *Yi ñin χayaû kü ñin-ís eñá* mein Haus ist ebenso ·gross als deines. *Begá witû du̯χará-is* das Schaf ist kleiner als der Esel. *Big witú̯k du̯qál-is* die Schafe sind kleiner als die Esel. *K' arát žan-tís y' arát qazráy* mein Angareb ist schöner als deines da. *Yi-t-gis küt bijíg ginzíb ẓayrár* du hast mehr Geld als ich. *küt-gis an bijíg ginzíb ẓaqár* ich habe mehr Geld als du.

218) Der Superlativ wird bezeichnet, indem man den mit -*k* (alle) versehenen Gattungsnamen die obigen Postpositionen anfügt; z. B. *arat-ik-is y' arát kístā* mein Angareb ist das schönste (über alle Angareb ist mein Angareb schön). Dem Gattungsnamen kann auch, *inkí* (alle) nachgesetzt und an dieses die Comparationspartikel angefügt werden, als: *arát inki-tis y' arát kístā*.

IV. Das Pronomen.

1) Das persönliche Fürwort.

219) Für den Nominativ des persönlichen Fürwortes bestehen folgende Formen:

an ich	*yínne, yin* wir
küt, küt, kit du	*küten, kíten, küten-táy* ihr
ieñ er	*ñāy, ñáy-tāy* sie
ñir sie	

---

[1] Vgl. §. 168 Anmerk. und §. 118.

Vor den Verben werden diese meist weggelassen und nur dann gesetzt, wenn ein besonderer Nachdruck auf dieselben gelegt werden soll, z. B. *an fitán kŭt gŭayi-tir* wenn ich weggehe, wirst du bleiben. Ueber den Gebrauch der kürzeren Formen als Verbum substantivum vgl. §. 181, c.

220) Im Constructus lautet das Personalpronomen also:

yi mein   *yiná, yiná* unser
kŭ, kü, ki dein   *kütá, kütá, kitá* euer
ńi sein   *ńā, ńatá, ńatá, ńitá* ihr.
ńir ihr

Diese Formen treten unmittelbar vor das folgende Nennwort, als *yi ńin* mein Haus, *y' ar* mein Korn, *kŭ ńin* dein Haus, *k' ar* dein Vater, *k' ińá* deine Mutter, *ńi zin* sein Bruder, *ń' ir* sein Vater, *ńir zin* ihr Bruder, *yiná ńin* unser Haus, *kütá ńin* euer Haus, *kütá qŭrá* eure Tochter, *ńā wedáj* ihr Freund, *ńatá ńin* ihr Haus, *ńatá gimlán* ihre Kamele.

221) Werden diese Possessiva prädicativ gebraucht, so erhalten sie die Adjectivendungen -*ŭ* fem. -*rī* plur. -*uk* für die Singularpronomina, und die Relativendungen -*aŭ* fem. -*ray* plur. -*auk* für die Pluralpronomina, als:

y-ŭ   fem. *yi-rī*   plur. *yūk* mein
k-ŭ   „   *kŭ-rī*   „   *kŭ-kŭ, kūk* dein
ń-ŭ   „   *ńi-rī*   „   *ńūk, ńukŭ* sein
yin-aŭ   „   *yin-dáy*   „   *yin-auk* unser
kŭt-aŭ   „   *kŭt-ráy*   „   *kŭt-auk* euer
ńat-aŭ   „   *ńat-ráy*   „   *ńat-auk* ihr

Beispiele: *Ien firzá-n yŭ ień* dieses Pferd ist mein. *Ien bàra-žán yirí ńir* diese Sklavin ist mein. *Birrú-t-uk fárz-is yūk bijúj* meine Pferde sind zahlreicher als die Birrus. *Ien firzá-n kŭ ień* dieses Pferd ist dein. *Ien bàra-žán kŭrí ńir* diese Sklavin ist dein. *Ienžáy bár-en kūk* diese Sklaven sind dein, *kŭkŭ-m-āīyauk* sie sind nicht dein u. s. w.

Anmerkung. Für *yirí, kŭrí* und *ńirí* kommen auch die verkürzten Formen *yī, kŭī* und *ńī* in Anwendung, wie: *ien iána-žán yī ńir* diese Frau ist die meine.

222) Die Formen in §. 220 werden auch gebraucht vor sämmtlichen Postpositionen, demnach:

a) für den Dativ, mittelst -*cis*, als: *kut yi-cis iñrú* du gabst mir: *an kŭ-cis iuwún* ich gab dir; *ieñ ñi-cís iuwú* er gab ihm; *ñir ñír-cis iŭc* sie gab ihr; *kütentáy yiná-cis iuwíʼnu* ihr gabt uns; *yinne kütí-cis iŭnún* wir gaben euch; *ñáytäy ñatá-cis iuwúñ* sie gaben ihnen.

b) Für den Accusativ, mittelst -*t*, als: *kŭt yi-t eqándu* du liebtest mich; *an kŭ-t eqanún* ich liebte dich; *ieñ ñi-t eqanú* er liebte ihn; *ñir-t eqanú* er liebte sie; *yiná-t eqandíʼnu* ihr liebtet uns; *kütá-t eqanúñ* sie liebten euch; *yínne ñatá-t eqíʼnnun* wir liebten sie.

c) Dieselben Formen auch vor allen übrigen Postpositionen, wie: *yi-l* zu mir, *kŭ grā* hinter dir, *ñi-tik* bei ihm, *ñir dig* ausser ihr, *yiná bô* vor uns, *kütá-tis* von euch, *ñatá-t matan* ihrer wegen.

223) Als pronominale Substantiva werden am häufigsten gebraucht: *šū, šü* (Bil. *šñ*), und *nibís, nifís* Seele, beide mit den possessiven Pronomina verbunden zu Bezeichnung unsers: selbst; z. B. *ñi šū firú* er ging selbst, *kü šū fiš* flüchte dich! *ñi šū-t kŭwú* oder *ñi nifs-et kuwú* er tötete sich selbst. Die reduplicirte Form *šúšū* hat die Bedeutung: gegenseitig, einer den andern, *šúšū qadmúñ* sie liefen einer dem andern vor. Dieselbe Bedeutung hat *qares*,[1] wie: *ñi qares* (auch *qùres-ís* mit Postposition -*s*) *χūn* ich ass neben ihm; ebenso reduplicirt: *qàres-ís qáres*[2] *eqanúñ* sie liebten sich gegenseitig.

224) Wie *šū* wird auch *tü, ti* (Bil. *tū*) allein construirt, wie: *yi ti* ich allein, *kü ti* du allein, *ñi ti* er allein u. s. w. Dieselbe Bedeutung hat *ellá*,[3] ebenso construirt, als: *an yi 'llá ieñ* ich bin allein, *küt kü 'llá küt* du bist allein, *ieñ ñi 'llá ieñ* er ist allein, *ñir ñir ellá ñir* sie ist allein, *yínne yina 'llá yin* wir sind allein, *kütentáy küta 'llá küten* ihr seid allein, *ñáytäy ñata 'llá ñäy* sie sind allein.

225) Als unbestimmte Pronomina sind im Gebrauch: *mán-man, màne-mán* oder auch *mínmin* und *mìne-mín*[4] irgend einer,

---

[1] Dem Semitischen entlehnt = ひ + አበስ : oder wahrscheinlicher *qares* = Amh. አበስ :, über *q* = አ, ኣ, vgl. §. 68.

[2] Vgl. Amh. አበስ : በበስ : und እበ : በበ :.

[3] Nach §. 69 dürfte *ellá* Einsamkeit, Alleinheit, wohl zusammenhängen mit Amh. ገለል : sich absondern, ገለ : Einsamkeit; adj. einsam, allein.

[4] Amh. ማንም :, cf. [hieroglyph] *men*, Jemand; vgl. auch Zeitschr. d. Deutschen morgenländ. Gesellsch. XXVI, 259.

jemand, und *elĕ*[1] jemand; z. B. *elĕ 'terú* es ist jemand gekommen. *Mine-mín-em eteríyañ* niemand (nicht irgend einer) ist gekommen.

2) Die deutenden Fürwörter.

226) Gleich dem Bilīn besitzt das Chamir je zwei Formen des Demonstrativs, d. i. ein adjectivisches und ein substantivisches sowohl für nähere (dieser) als auch für fernere Objecte (jener). Sie lauten:

Adjectivische		Substantivische	
ien, en[2] plur.	*ien, en-zái*	*ienín, enín*[4] plur.	*ienenzái* dieser
ied, ed[3] „	*iez, ez-zái*	*iedín, edín*[5] „	*iedenzái* jener.

227) Die adjectivischen Deutwörter werden dem Nennwort zugleich vor- als auch nachgesetzt.[6] Auslautendes *ā* des Nennwortes geht vor folgendem *-n*, *-d* in *α* über; endigt das Nennwort auf einen Consonanten, so lautet das folgende Demonstrativ entweder *-en*, *-ed* oder auch *-ne*, *-de*. Vor pluralen Nennwörtern kann die plurale Endung *-zāy* des Demonstrativs entweder gesetzt oder auch weggelassen werden; z. B. *ien áɋŭ-n lib yañ ieñ, ied áɋŭ-d qazqazáñ ieñ* (Bil. *iná 'āuq lam yāuχ, injá 'āuq qažqažáuχ gin*) dieses Wasser ist lau, jenes kalt. *Ien simáy-en ñiçiráñ ieñ* (Bil. *iná samáy niširáuχ gin*) dieser Himmel ist schwarz.

---

[1] G., Ty., A. ㅅ7ᒋ ፡, vgl. §. 69.

[2] Bil. *in* und *iná, ená*, letztere Form adjectivisch und verkürzt aus *enáuχ*, vgl. Bilínspr. §. 110. Dasselbe ist auch der Fall in *láuχ* einer, aber *lā* vor einem Nomen, z. B. *lā girnwá* ein Mann. Quara ㅅ7 ፡ plur. ㅅ7ዘ ፡ Agaum. *en* plur. *eni-sa* dieser. Vgl. G. ㅅ7- (ᒋᒋ), ᒋ *'an*, ᒋᒋᒋ *n*, da, hier.

[3] Bilín *injá* aus *in-j-ā* (dieser dort), auslautendes *ā* wie oben in *in-ā*; *j* entspricht dem Cham. *ed* (G. 7ᒋ, ᒋᒋ, ᒋᒋ); im Bilín übrigens noch vorhanden in *edu-rá* und *inda-rá* = Cham. *ied-rá, ed-rá* dort, eigentlich: jener Ort. Im Idiom von Dembea entspricht dem Bil. *inj-ā* die Form *sin* aus *si-n* worin *-n* dem Bil. *in-* und *si* dem Bil. *-j* entspricht; Quara ᒋ7 ፡ *yin* jener, aus *yi-n* = Demb. *si-n*. Agaumed. *ani* jener (vielleicht = *ha-ni*).

[4] Aus *en-in* dieser-dieser, Bil. *nîn* aus *nū-in* er-dieser.

[5] Aus *ed-in* Bil. *in-ju-han*.

[6] Ganz wie im Kunama, *inū kēna* (*inū ka-ina*) dieser Mann; vgl. meine Kunamasprache §. 23.

Ien abá-n ligzáñ ieñ, ied (oder *iez-záy*) *áb-ed* (oder *áb-de*) *ligzá-kü-m aíyauk* (Bil. *iná gírā lagadáuχ gin, injá gíl lagad-u-g-áñ gin*) dieser Berg ist hoch, jene Berge nicht. *Ien gimíl-ne yi gímil, ied gimíl-de kü gímil* (Bil. *iná gimmilá yuχ gin, injá gim-milá küuχ gin*) dieses Kameel ist mein, jenes dein. *Ien* (oder *ienzáy*) *gimilán-ne yiná gimilán, ied* (oder *iezzáy*) *gimilán-de kütá gimilán* (Bil. *iná ginfil yinañ, injahan-nāñ intáñ gin*) diese Kameele sind unser, jene euer. *Ien bará-n yü ieñ, ied* (oder *iezzáy*) *bár-de yükü-m aíyauk* (Bil. *iná ganjinñ yuχ gin, injá ganžin yü agínnī*) dieser Sklave ist mein, jene sind nicht mein. *Ien iejír-ne añ ieñ-á* (Bil. *iná egir awí nī*) wer ist dieser Mann? *Ien* (oder *ienzáy*) *ik-en añ-táy-ā* (Bil. *iná ik añ nāñ*) wer sind diese Männer? *Ied iejír-de* jener Mann, *iezzáy ik-ed* jene Männer. Ist das Nenn-wort mit einer Postposition versehen, so folgt dieser *ien, ied* nach; z. B. *ien migú-t ien-tī mälu* er warf diesen Mörser um. *Ied iejír-t ien-tī ţasu* er schlug jenen Mann.

228) Die substantivischen Demonstrativa bieten im Ge-brauche nichts besonders Beachtenswerthes dar: vgl. *ienín wáywá-tü kü, iedín wáywátü-m áyyañ* das hier, dieses da ist gelb, jenes nicht. *Ienín (eníu) ţáqemauk* das nützt. *Enín witadír-t sifír ieñ* das ist das Lager der Soldaten. *Enín ûnát ieñ* das ist wahr. *Edín ûnát-üm aíyañ* jenes ist nicht wahr. *Ienenzáy yi zínte ñāy* diese da sind meine Brüder. *Iedenzáy bar ñāy* jene dort sind Sclaven.

229) Für das Feminin des adjectivischen Demonstrativs existirt im Singular eine besondere Form; es wird nämlich dem *ien* die Form *-jan*, dem *ied* die Form *žan* und dem weiblichen Nennwort *-žan* oder auch *-žan-zā* angefügt; als:

ien-ján efera-žán-zā [1] dieses Mäd-chen,	*iež-žán efera-žáu* jenes Mäd-chen
ien-jan iúna-žán-zā diese Frau,	*iež-žan iúna-žan* jene Frau
ien-ján aba-žán-zā dieser Hügel,	*iež-žan abu-žan* jener Hügel
ien-ján bara-žán-zā diese Sklavin,	*iež-žan bara-žan* jene Sklavin
ien-ján gī-žan-zā dieses Hörnchen,	*iež-žan gī-žan* jenes Horn.

---

[1] Das *ienján* = *ien-já* + *en*, Bil. *in-jā*, vgl. auch *injandin* = *in-jā-n-di-n* jener. Cham. *žan* besteht aus *žā* + *n* worin *žā* = obigem *zā*; vgl. §. 226, Note 3. Im Quara **Hː** mit der abgeschwächten Bedeutung aber, wie ፋትː**Hː** Ruth aber (Ruth 1, 14), ከረስ**Iː** die Diener aber (Joh. 2, 9), እንትዘː du aber (Joh. 2, 10), ዘHː er aber (ib. 2, 21) u. a.

Obwohl in diesen Formen grammatisch kein Geschlechts-
unterschied ausgedrückt ist und im Bilīn die Form *injá* für
beide Genera gebraucht wird, so werden doch die eben ge-
nannten *ien-ja-n* und *ież-žan* (selten *ied-žan* und *ied-jan* gesagt)
im Chamir zum Ausdrucke des Feminins verwendet; vgl. z. B.
ien ięferá-n jeýá, ienján ięfera-žán qazráy dieser Knabe ist häss-
lich, dieses Mädchen aber schön. *Ien abá-n ligzaû, ież-žan aba-
žán-zā ligzráy-im* ¹ *aiyay* dieser Berg ist hoch, jener nicht. *Ien
gī-n ligzô gī, iežžún gī-žán-zā ligzráyi-m aiyay* dieses Horn ist
lang, jenes kurz.

230) Die Demonstrativa *ien, en,* dann *ied, ed, din (= de +
ien),* ferner *zā* werden häufig in der kurzen Form *n, d, z* einem
Nennwort angefügt, wenn auf dasselbe im Satze ein gewisser Nach-
druck gelegt werden soll; z. B. *ayír-en daχná, iñá șûsī* der Vater
ist wohl, die Mutter (aber) krank. *An gîbhená-d yu* ich bin die
Eidechse, sagte er. *Zohon-tán-de: ánē! yųù* die Elefanten nun
sagten: recht so! *Yi ûín-de aûlā* wo ist denn mein Haus? *Yi
duχára-d aûl iǫkǚ* wo ist mein Esel? *Yiná ûín-din aûl iǫkǚ* wo
ist unser Haus? *Kǚ ûín-din χayaû ięù* dein Haus ist gross. *Kǚ
χǚrá-z aûl ûi gǔayená-d-ū* dein Sohn, wo ist denn sein Aufent-
halt? *Ieù-íz ien-il-íz gǔáyank* er wohnt ja hier. *An-íz suùkûár*
ich bin doch kein Dieb. *Yiná-z yiná-t eqaneqanšinǎkǚn* wir
lieben uns gegenseitig. *Y' arát-žan-íz eqazráy-im aiyay* mein An-
gareb da ist nicht schön. *K' ïr-zi-me k' iñá-z kǚ-t naquù* dein Vater
und deine Mutter haben dich missachtet. *Ieçuwá-zi-me daqǔsá-z
gîbhená-l firuù* die Maus und der Frosch gingen zur Eidechse.

231) Als demonstrative Adverbia sind im Gebrauche: *ien-íl*
hier, *ienján-t-íl* hier, an dieser Stelle, *ien-ís* von hier weg, *ien-íl
aś* bis hieher; *ied-íl, ed-íl* dort, *iedíl-aś* dorthin, *ied-rá* dort.

3) Die fragenden Fürwörter.

232) Die Frage: wer, welcher wird ausgedrückt mittelst
aû plur. *aû-tāy;* ² es wird fast immer mit dem fragenden *-á* ³

---

¹ Man beachte *abā* grosser Berg, masc. gen., dagegen als kleiner Berg
gen. fem. So auch *ien gī-n* dieses Horn, *ien gī-žan* dieses Hörnchen
u. s. w., §. 194.

² Bil., Quara, Demb. *aî*, Agaum. *ag*, Bі-chari *aî, a*, Saho, 'Afar *ā*, cf. G.
ኦዶ:, اي, א.

³ Vgl. §. 190, Note 3.

verbunden, das aber auch an ein anderes Wort im Fragesatz
angefügt werden kann; z. B. *kŭt aŭ* oder *aw-á* wer bist du?
Ien ieferá-n aw-á wer ist dieser Knabe? *Ied gĭluwá-l aw-á* wer
ist jener Mann? *Ienjún iŭna-žán aw-á* wer ist diese Frau? *Ien
iejír-ne aŭ ieŭ-á* wer ist dieser Mensch? *Ienjún iŭna-žán-zā aŭ
ŭir-á* wer ist diese Frau? *Ienzáy efír-ne aŭ-táy-ā* wer sind diese
Knaben? *Ied gĭlkŭ-de-zá aŭtáy-ā* wer sind jene Männer? *Ied
iokŭn-de aŭtáy-ā* wer sind jene Frauen? *χámerá-t ḥagír-il aŭ
iokŭ habtam-á* wer ist der reichste Mann im Agau? *Aŭ ieŭ
eterô-d-á* wer ist jener, der gekommen ist? *Aŭtáy ŭáy ien ʾik-
en-á* wer sind diese Leute? *Aŭ-jan iŭna-žan eterdé-n-ā* wer ist
diese Frau, die gekommen ist?

233) Die Frage: **wann?** lautet *aŭn, awu-n,*[1] als: *áwun
ayír-en ĭeterú* wann kam der Vater? *Kŭ zin áwun krá* wann
starb dein Bruder? Mit Postpositionen verbunden, dient das-
selbe *aŭ* zur Bezeichnung der Fragen: **wohin, wo, woher,
wie:** *kŭ ŭin aŭ-l iókŭ* wo befindet sich dein Haus? *Kŭ hagír
áŭ-l-ā* wo ist deine Heimat? *Kŭt aŭ-l gŭaŭter-á* wo wohnst du?
Aŭl iokŭŭ yiná duqál-d-ā wo sind unsere Esel? *Birrú aŭ-t ieŭ
wo ist Birru? *Aŭ-t fŭrú* wohin ist er gegangen? *Aŭ-ti-s ĭeterú*
woher kam er? Die Frage: **wie?** wird mittelst *awá y*[2] aus-
gedrückt; z. B. *awá yi kŭ* wie geht es ihm (wie sich befindend
ist er)? *Awá yir kŭe* wie geht es ihr? *Awá yir kŭrú* wie geht
es dir? *Awá yírne kŭrŭú* wie geht es euch? *Awá yiŭ kuŭ* wie
geht es ihnen?

234) Das sächliche Fragewort ist *wurá*[3] **was?** z. B. *wurá
awī* was ist geschehen? *wurá yu* was sagte er? *wur' árne*[4]
kŭartírnaŭ* was habt ihr worüber ihr streitet? *wurá-t matan

[1] Bil. *áwun*, Demb., Quara *awin*, cf. اين, אין.

[2] Vgl. §. 89; *awa* ist Accusativ vom sonst ungebräuchlichen Nomen *awá*;
vgl. Bilīnspr. §. 182.

[3] Bil. *wurá* (ⷓ·ⵉ·ⵜ) Quara *wērā* (ⷒⵉ·ⵜ), Demb. *wērā* und *wē dera*. Im
Agaumeder lautet diese Frage: *darma* = *dar* (Sache) + *mā* (was,
welche?); cf. Amh. ꙮⵌⵍꝐⵜ was? *wērā* ist sicher verkürzt aus *wē
derū*, das sich bei Halevy (Act. de la soc. philol. III, 174) findet: *yinog
deri wé deri šewnog kuši* und sie sprachen: was (ist), das wir dir thun
sollen? *wē* scheint aus *awā* (vgl. Bilīnspr. §. 182) + deutendem *i* ent-
standen zu sein, demnach *awē-rā* = von was Sache, welche Sache,
analog ايش *was* = شُى أَى welche Sache?

[4] Bil. *wur' aydinó*.

aus was Ursache? warum? Häufig wird im Chamir für was? auch: *wurañá* gesagt = von was (*wura*) Sache (*ñā*), z. B. *wurañá ieñ-á* was ist das? *wurañá okñ* was gibt es? *wurañá yirñ* was sagtest du? *wurañá tákñyk* was für eine Sache ist diese (welchem Ding gleicht es)? *wurañá zaqár-ā* was geht mich das an (= was habe ich)? *wurañá jiñ okñ* was gibt es Neues? *wurañá-t* warum?

235) Die Frage: wie viel? lautet *wurágô* (Bil. *wurī-kañ*); z. B. *wurágô-t χñrñ* wie viel hast du gegessen? *kñ ñìn wurágô χayñw-á* wie gross ist dein Haus? *wurágôt iñrñ* wie viel hast du gegeben? In Lasta wird für dieses der Ausdruck *wáykā* und *wákā* auch *wáqā* (vgl. §. 51) gebraucht, wie: *wákā fárze sayrár* wie viel Pferde hast du? *wákā ik okñ̀ñ* wie viel Leute sind es?

V. Das Zahlwort.

1) Die Grundzahlen.

236) Die Zählmethode ist in sämmtlichen Agausprachen die gleiche, in den Einheiten nach dem quinaren, von zehn an nach dem decimalen System. Im Chamir lauten die Grundzahlen:

1 *láwā*	6 *wal-tá*
2 *liñá*	7 *lañe-tá, lañ-dā*
3 *šakñá*	8 *soho-tá, sôtá*
4 *sezá*	9 *saycá*
5 *akñá*	10 *sekñ*

11 *sekñ láwā*	16 *sekñ waltá*
12 *sekñ liñā*	17 *sekñ lañetá*
13 *sekñ šakñá*	18 *sekñ sohotá*
14 *sekñ sizñ*	19 *sekñ saycñ*
15 *sekñ akñá*	20 *láren*

21 *láren lô*	31 *sôríñen lô*
22 *láren liñá*	32 *sôríñen liñá*
23 *láren šakñá*	33 *sôríñen šakñá*
24 *láren sezá*	34 *sôríñen sezá*
25 *láren akñá*	35 *sôríñen akñá*
30 *sôríñen*	40 *sizeríñeñ*

50 *akŭáriëñ*	80 *sôtáriëñ*
60 *waltáriëñ*	90 *saycáriëñ*
70 *laňdáriëñ*	100 *lah*
101 *lahŭ lô*	300 *šakŭá lah*
102 *lah liňá*	400 *sezá lah*
103 *lah šakŭá*	401 *sezá lahŭ lô*
104 *lah sezá*	500 *akŭá lah*
200 *liňá lah*	1000 *šīχ*
1001 *šīχ lawá*	10.000 *şeká šīχ*
1002 *šīχ liňá*	100.000 *lah šīχ*
2000 *liňá šīχ*	1,000.000 *şeká lah šīχ.*

237) Die Form *lawá* eigentlich: Einheit, ist ein merk-
würdig gebildetes Nennwort aus dem Relativ *laû* (Bil. *láuχ*)
fem. *lay* (Bil. *lárī*); auch im Quara: ለቀ፡ eins, Einheit, ለፀ፡
einer, fem. ለፀ፡ eine, vor Postpositionen: ለስ፡ fem. ለፀስ፡ einen,
eine u. s. w. Vor Nennwörtern wird *laû* oder *lô* auch *lā* ge-
braucht, *laû ňin* ein Haus u. s. w. Doch habe ich auch *lā*
alleinstehend in: *iejír inkí ňi lā, ňi lā keráuk* jedermann einer
wie der andere stirbt. Wie im Bilīn stehen diese Zahlwörter
vor den Substantiven, *liňá gimlán* zwei Kameele, *šakŭá zínte*
drei Brüder, *waltá bar* sechs Sklaven, *láren amít* zwanzig Jahre
u. s. w.

2) Die Ordnungszahlen.

238) Für erster, erste fand ich stets *laû-din* fem. *láy-
žan* im Gebrauch, d. i. die Grundzahl mit dem Demonstrativ
versehen, *y' uqŭr-tis laúdin Birrú yenáû, láy-žan Birrútū yenáy*
von meinen Kindern heisst der erste (Sohn) Birru und die
erste (Tochter) Birrutu. Die übrigen Ordinalia werden mittelst
Anfügung von *trā* an die Cardinalia gebildet, als *liňa-trá* der
zweite, *šakŭa-trá* der dritte, *siza-trá* der vierte, *akŭa-trá* der
fünfte u. s. w., *şeká-laûdin* der eilfte. Das Suffix *-trā* ist wohl
= *t-rā* wovon *t* Genetivzeichen und *-rā* das individualisirende
Element ist (vgl. §. 173). Im Bilīn ist *r* in *lina-r* zweiter, *sigŭa-r*
dritter u. s. w. ebenfalls Genetivelement für *lina-r-uχ* (vgl. Bilīn-
spr. §. 155, b). Das Feminin im Chamir wird mittelst des
demonstrativen *-žan* bewerkstelligt; das Schema lautet:

9

1ᵗᵉʳ *láŭ-din*	fem. *láy-žan*
2. *liña-trá*	„ *liña-trá-žan*
3. *šñkŭa-trá*	„ *šákŭa-trá-žan*
10. *șȉka-trá*	„ *șȉka-trá-žan*
11. *șekŭ lañ-din*	„ *șekŭ láy-žan*
12. *șekŭ liña-trá*	„ *șekŭ liña-trá-žan*

u. s. w.

3) Die Theilungszahlen.

239) Wie im Bilīn werden dieselben gebildet mittelst Anfügung des Nominalsuffixes *-ñ* an den Ordinalstamm, wie: *liñatrá-ñ* ¹/₂ (häufiger bei dieser Zahl *gebár* Hälfte gesagt, vgl. §. 45), *šakŭatráñ* ¹/₃, *șekatráñ* ¹/₁₀, *šakŭá akŭatráñ* ³/₅ u. s. w.

4) Die Vervielfältigungszahlen.

240) Wie im Bilīn wird an den Cardinalstamm das Suffix *n* angesetzt, als *liñan* zwei Mal, *šakŭán* drei Mal, *sezán* vier Mal, *akŭán* fünf Mal u. s. w. Für ein Mal fand ich *lô zerá* im Gebrauch (wohl = Amh. ለ፡ : Handlung, Werk).

5) Die Umfangszahlen.

241) Für den Ausdruck: alle beide, alle drei, — vier u. s. w. wird wie im Bilīn *-k* (alle) an das Cardinale angesetzt: das auslautende *ñ* der Grundzahl geht vor *k* in *a* und *ɛ* über, als: *liñá-k* alle beide, *šakŭá-k* alle drei, *șezá-k* alle vier, *akŭá-k* alle fünf, *waltá-k* alle sechs u. s. w.

VI. Die Postpositionen.

242) Eigentliche nur als Postpositionen vorkommende Elemente besitzt das Chamir nur sehr wenige, die meisten Verhältnisse der Nennwörter werden durch Verbindung mit anderen Substantiven näher bestimmt. Zu den einfachen Postpositionen gehören: *t, te, tī; d, dī; s, sī; l* und *wā*. Den Gebrauch von *t* zur Bezeichnung des Abhängigkeitsverhältnisses und des Objectes haben wir bereits in §. 206 und 211 kennen gelernt. Vereinzelt wird *t* auch verwendet für locale Bezeichnung in *añ-t* wo und wohin, *aû-ti-s* woher, §. 233. Die Postposition *d*, *dī* an den Conditional angefügt, ist sicher = *t, tī* (vgl. §. 146),

da im Chamir vorangehendes *n* auf folgendes *t* erweichend wirkt (vgl. §. 207).

243) Ueber *s*, *sī* vgl. §§. 208, 210 und 213. Ausserdem wird es wie *t* local gebraucht, wie: *Kwán-sī* in Hauran, *Meẋúwa-s* in Massaua, *Hoṭumblú-s* in Hotumlu. Auch zur Bezeichnung der Richtung woher, z. B. *Hamasién-is ïetetún* ich komme aus dem Hamasen. *Birrú-s ekiltár* ich weile fern von Birru. Ferner für Zeitangaben, wie: *qaû-s* ehemals, *giriyá-s* bei Tage u. s. w. Auch instrumental: *wáṭb-is auq waẋ* hole Wasser mit dem (im) Siebe! Ueber den Gebrauch von *s* beim Comparativ vgl. §. 217.

244) Die Postposition *l* bei, drückt sowohl das Verweilen an einem Orte, als auch die Richtung nach demselben aus; z. B. *ied hàger-íl bijíg zibín gúáyu* in jenem Lande blieb er lange Zeit. *Añ-l* wo? *ien-íl* hier, *ied-íl* dort u. s. w. *Mínder-íl tûû* sie zogen ein in die Stadt. *led hàger-íl ïeterú* er kam in jenes Land. *leu iejír-n-íl laúutá abíste ieterúú* zu dem (besagten) Mann kamen sieben Löwen.

245) Die Postpositionen *tis* und *til* sind zusammengesetzt aus *ti* + *s* und *l* und werden mit *s*, *l* gleichbedeutend gebraucht: z. B. *y' ír-tis y' iúá-tis senú waẋ* bring' mir Butter von meinem Vater und meiner Mutter (= von meinen Eltern)! Vgl. auch §. 217. *N'' ír-til u'iúú-til firú* er ging zu seinen Eltern. *leujáutil gñayíjir* ich werde hier bleiben.

246) Die Postposition *wā* wird im Chamir, soweit meine Aufzeichnungen reichen, stets als synonym mit *maṭán* wegen gebraucht, vgl. §. 154. Im Quara finde ich **ዋ** (Halevy schreibt -*wo*, Dembea) gebraucht zur Bezeichnung der Richtung nach, wie: **ክበ.ኟዋ ፡ ፈ.** (Genes. 27, 3) geh in die Wüste! **ክበኟዋ ፡** (sic!) **ፈኦ፡** (ibid. 27, 5) er ging in die Wüste. **ኂአበዋ ፡ ተውኦ.፡** (ibid. 27, 18) er trat zu seinem Vater. **ይዘንዋ ፡ ላንኟዋ ፡ ፈ.፡ ከፈ.ንዋ ፡** (ibid. 27, 43) ziehe zu meinem Bruder Laban nach Haran!

247) Die Postposition *aẋ* [1] bis, drückt den Zielpunkt einer Action aus, z. B. *ien-is Hamasiéu aẋ* von hier bis Hamasen;

---

[1] Es ist fraglich, ob dieses *aẋ* mit G. **አስክ ፡ (አስ + ክ)** usque ad, zusammenhängt. Im Quara finde ich hierfür die Form **አሶኟ ፡** in: **አዋ ፡ አሶኟ ፡** (Joh. 2, 7) bis oben, ferner einmal **አሶንኟ ፡** in **ኪ.ዘን ፡ ከርይ.፡ ወንተርይ.፡ አሶንኟ ፡** (Genes. 27, 44) bis deines Bruders Zorn sich

Uukůllů aš bis nach Mukullu, *Meṣuw aš* bis nach Massaua u. s. w.
Das vorhergehende Nennwort kann auch noch mit *-l* verbunden
werden, wie: *Sellíya-l aš* bis nach Tigré, *ien-il aš* bis hieher,
ied-il aš bis dorthin.

248) *Tik* und *cik*[1] nahe bei, bei, an; z. B. *yi tik (yi-cik)*
iéteru er trat zu mir. *Y' eqanánā kǔ-cik ɣayaů ieñ* meine Liebe
zu dir ist gross. Es wird diese Postposition auch gebraucht
zur Bezeichnung der Gesellschaft: mit; z. B. *ůr qǔr-cik fírec*
sie zog fort mit ihren Kindern. Sie dient auch zur Bezeichnung
des Mittels: *wwrаńá-cik-á ṭásru* womit hast du geschlagen?

249) *Cis* zu, hin wird mit *cik* gleichbedeutend gebraucht;
z. B. *yi šiktán kǔ-cis ɣayaů ieñ* mein Hass gegen dich ist gross.
Häufig ist es im Gebrauch zur Bezeichnung des Dativs, wie:
kǔ-cis iwcúń ich gab dir; *yi-cis iůrú* du gäbst mir, *yiná-cis naq*
gib uns!

250) *Gbā* und *gůā*[2] bei, neben, *yi gůā* bei, neben mir,
kǔ gůā neben dir, *yiná gůā* neben uns; *yi gůā lô* komm zu
mir! Das vorangehende Nennwort erhält in der Regel das
Genetivzeichen; z. B. *Birrů-t ugůā* neben Birru, *arat-is ugůā*
neben dem Angareb; vgl. auch *ik-il ugůā* zu den Männern hin,
iukůn-il ugůā zu den Frauen.[3]

251) *Baů, bô,* auch *báwu-l*[1] im Angesichte, vor, *ar-ir*
báwul im Angesichte des Korns, vor dem Korn, *arát-is báwu-l*
vor dem Angareb, *ůi báwul iéterec* sie kam zu ihm; *lā giriyá-s*
bô vor einem Tage, *ṣekà girk-is bô* vor zehn Tagen, *y' aůr-is bô*
in meiner Gegenwart (bei meinem Haupte, cf. A. በፊ∙ህዘ፥).

252) *Grā*[5] hinter, nach, z. B. *yi grā* hinter mir, *kǔ grā*
hinter dir, *ůin grā* hinter dem Hause. Auch mittelst *t, s* mit

---

gewendet hat. Diesem entspricht in Dembea (bei Halevy, Actes de la
soc. phil. III, 178) *ajenší* in: *kien agenší* bis in den Tod = *ayen* (das
Sein, die Existenz) + *ši* Objectszeichen.

[1] Gehört zu *tak* nahen, daher noch *taká-t* in der Nähe, *taka-tis* aus der
Nähe; cf. G. ጥቅ፡ በጥቅ፡ proxime, juxta; vgl. Bischari *deh* zu,
Almkvist, Bischari-Sprache, §. 127 und 153.

[2] Eigentlich: Seite, wie *aůr gbā* Kopfseite, *luk gůā* Fussseite, *Bil. gabů;*
vgl. Amh. ጎ፡, cf. Bischari *gēb* bei.

[3] Eigentlich: *Birrů-te gůā* u. s. w., wo dann *e* durch den folgenden *u-*
haltigen Guttural zu *u* verdumpft wird.

[4] Vgl. §. 174, Note 1.

[5] Vgl. §. 148 b.

dem Nennwort verbunden, wie: *arat-is grä* hinter dem Angareb, *šakiuá girk-ís grä* hinter, nach drei Tagen, *amír-te grä* übermorgen (hinter dem morgigen Tag), *azuñá-te grä* vorgestern.

253) *Será*[1] nach (zeitlich), *edí será* nach jenem, hierauf, *nan será* nach diesem, von jetzt an, *amír será* von morgen an, *liñá girk-ís será* nach zwei Tagen.

254) *Ľgá*[2] auf, über, *arát ugá* (und *uga-s*) *guáyu* er sass auf dem Angareb. *Zilä ñin ugá guáyu* der Vogel sass über dem Hause (auf dem Dache). *Y̌ ugá aw-á* wer ist über mir?

255) *Sugá*[3] unter, *arát sugá* unter dem Angareb; meist *sugá-s, sugá, sugí-l* gebraucht, *giziñ arát sugá guáyu* der Hund lag unter dem Angareb.

256) *Dig* (Bil. *däy*) neben, über, ausser; wegen, z. B. *ñir gúriyá dig lañ wedáj ẕábec* sie hielt neben ihrem Gatten einen Freund. *Bábä dig kñartúñ* wegen des Feigenbaumes geriethen sie in Streit.

257) *Maṭán* (Bil. *maṭän*) wegen, *ginzíb maṭán* wegen des Geldes. Meist mittelst *t* und *s* mit dem Nennworte verbunden, wie: *firzá-t maṭán* wegen eines Pferdes, *en-ís maṭán* desswegen.

VII. Die Conjunctionen.

258) Die Verbindung zweier coordinirter Ausdrücke erfolgt mittelst *-m, -me*[4] und; z. B. *ñ' ir-tĩ-m ñi jná-tĩ-m sayañ winu* er hatte Vater und Mutter. *Iequrá-ze-me daqñsá-z luwáñtuk gisá winúñ* die Maus und der Frosch lebten beisammen als Nachbaren. *Yi χŭr-iz-me kŭ χŭr-iz lañ ñáy ñatá χŭršiñ-de* mein und dein Sohn sind gleich alt. *Iñá-z-me ayír-iz daẕná ñáy* meine Mutter und mein Vater sind gesund.

259) Unser oder wird mit *winím*[5] ausgedrückt: z. B. *an winím kŭt* ich oder du, *yínne winím kŭtentáy* wir oder ihr. Für

---

[1] Vgl. Saho, 'Afar *sará* Hintertheil, Schwelf, *yt sará-kū duwá yána* er steht hinter mir.

[2] Dembea *agŭē* Kopf, *y' agŭē-s* über mir u. s. w., Agaum. *agŭi-s* oben, über, Bil. *agŭar* Kopf, daher *liñen ayñár-ti* über dem Hause, doch meist dafür die Form *awáy* und *-si*, wie: *y' awáy-si* über mir; über *away* = *aẕñar* vgl. §. 51, 52 und 74.

[3] Bil. *suqŭá*, Agaum. *sáki-tä*.

[4] Amh. ግ ።

[5] G. ወለእም ፣, ወእም ፣, Amh. ወይም ።

unser aber, sondern kenne ich im Chamir keinen besonderen
Ausdruck, meist stehen die zu trennenden Begriffe unvermittelt
neben einander, wie: *yi zin aíyaâ, yi gŭriyä ieŕ* er ist nicht
mein Bruder, (sondern) mein Gatte. Der hervorzuhebende Begriff kann durch Deutewörter noch besonders bezeichnet werden,
als: *yi zin aíyaâ, yi gŭriyá-z ieŕ* oder *yi gŭriyä ieŕ-iz.*

VIII. Die Adverbien.

260) Adverbien der Zeit: *nie* (Bil. *niki*) heute, *nan* (Bil.
nān) jetzt, *aŭn* (A. አሁን ፡) jetzt, *amír* (Bil. *amari*) morgen,
amír-te gra (Bil. *amari engrá*) übermorgen, *azŭŕŭá, azŭŕ* (Bil.
anjáy) gestern, *azŭŕ χar* gestern Nachts, *azŭŕá-te grä* vorgestern,
gaŭ-s einst, ehemals, früher, *ŕŭŕ* (Bil. *nauŕi*) heuer, dieses Jahr,
witrik (Bil. *wártik*) immer, stets.

261) Adverbien des Ortes: *ieŕ-il* (Bil. *eŕ-il, na-rá*) hier,
hieher, *ied-il* dort, dorthin, *ied-rá, ed-rá* (Bil. *indará*) dort, *ŭgá*
(Bil. *awá-t*) oben, *sŭgá* (Bil. *sŭqŭá-t*) unten u. s. w., vgl. §. 247 ff.

262) Adverbien der Bejahung und Verneinung: *yô, yay*
(Bil. *yawá*) ja, *áŕē, ánay* ja, recht so, gut, *aíyaâ, aíyô* nein
(= es ist nicht), *embí* (A. አንቢ ፡) nein, durchaus nicht, ich
will nicht.

IX. Die Interjectionen.

263) *Qŭadáy, qodáy* o! (in der directen Anrede, §. 214),
āy o, ach, ach so (*āy duwí awy-á* o, krank ward er!), *wāy*
(A. ወይ ፡) o weh! *usáy* (A. እስይ ፡) o wie gut, wie schön, hoi!
ski pst! stille! *qis* (A. ቀስ ፡) pst! leise! *qasi* rasch, schnell! *esti*
(Saho *eski*, A. እስh. ፡, G. እስኑ ፡) gefälligst! ich bitte! *astán*
siehe da!

INHALTS-VERZEICHNISS.

	ቅድ፡ሰወ
?.ር ፡	ቅድ፡ስረ(
፡	ቅድ፡ሰወ
?.ይ ፡	ቅድ፡ስረ(
) ፡	ቅድ፡ስነa
፡ድ፡ርጎክ ፡	ቅድ፡ስርነ
ቶ ፡	ቅድ፡ስጘa
	ቅድ፡ሲ.ይ(

Übersichtstabelle zur Bildung der Tempora und Modi des Chamirverbums.

	ነቀዉ ፡	ነ
፡	ነይረዉ ፡	ነ
	ነዖዉ ፡	ነ
፡	ነይረዉ ፡	ነ
	ነይነዉ ፡	ነ
እክ ፡	ነይርነዉ ፡	ነ
፡	ነይገዉ ፡	ነ
	ነቄዖዉ ፡	ነ
	ነዖረዉ ፡	ነ

Uebersichtstabelle zur Bildung der Tempora und Modi des Chamirverbums.

DIE

CHAMIRSPRACHE

IN

ABESSINIEN.

II.

VON

LEO REINISCH,

CORRESP. MITGLIEDE DER KAIS. AKADEMIE DER WISSENSCHAFTEN.

WIEN, 1884.

IN COMMISSION BEI CARL GEROLD'S SOHN

BUCHHÄNDLER DER KAIS. AKADEMIE DER WISSENSCHAFTEN.

Aus dem Jahrgange 1881 der Sitzungsber.chte der phil.-hist. Classe der kais. Akademie der Wissenschaften (CVI. Bd , I. Hft., S. 317) besonders abgedruckt.

12415

23

Druck von Adolf Holzhausen in Wien.
k. k. Hof- und Universitäts-Buchdrucker

Textproben.*

1.

Chamir.

1. *Qañ-s¹ iejír wínu. ïen iejír-*
ne habtám wínu. Arqátā:² ‚kü-t
ami kútū‘ iñ-t yu.

2. *Ied iejír-de ami jiñšiyañ³*
ḫagír fíru, ami jiñšiyañ ḫagríl
iéteru,⁴ ied hagríl bijíg zibín
gñáyu.⁵

Bilín.

1. *Emmánā egír wāníuχ. enā*
egír gádduχ wāníuχ. Ar‘ántā:
‚kū-t egám kūrā‘ gújū-lā.

2. *Enjá egír egám arar-a-g-*
áuχ birí-l fiuχ. egám araragáuχ
biríl íntuχ, enjá biríl bajaŋ-áuχ
’ñwán hímbuχ.

---

* Die nachfolgenden Texte sind auf etwas complicirte Art zu Stande ge-
kommen. Uebersetzer derselben ins Agau ist ein abessinischer Mönch
aus Wag, der mehrere Jahre im Kloster auf *Ṣā‘ed-’ambā* lebte, dann
von den Lazaristen in Keren zum Katholicismus bekehrt wurde. Da sein
Verstand in Folge Jahre langer geistlicher Uebungen sich gänzlich von
weltlichen Dingen abgewendet hatte, so war er nicht im Stande irgend
eine Erzählung zu combiniren und vorzutragen. Um für den Satzbau
im Agau doch einige Proben zu gewinnen, wurden ihm nachstehende
Erzählungen von meinen Dienern im Amharischen vorerzählt, aus
welchem nun der Mönch dieselben ins Agau übertrug. Da den geistigen
Fähigkeiten des Mönches nicht viel zugemuthet werden durfte, mussten
dann nur ganz einfache Stoffe für die Uebersetzung gewählt werden.

¹ A. **በፈደም፡**, vgl. §. 52 und 243.

² Nom. ag. von *areŋ*, §. 178; vgl. auch §. 68.

³ Land, in welchem ein Dorn nicht gefunden wird, *jiñ* auch *juñ* (cf. Amh.
ገኘ፡) finden, vgl. §. 169.

⁴ Das Verb *iet, et* (**እኘ፡**, cf. G. **እቱወ፡**) wird im Präsens und Perfect
in der Reflexivform gebraucht, als *ièt-et-án* ich kam, *ièt-et-rá* du kamst,
ièt-er-ú er kam, vgl. §. 98; über das entsprechende Bilinwort *ent* vgl.
Bilinsprache §. 75.

⁵ Dembea, Quara *qñaŋ.* Amh. **ቍየ፡**.

1*

Chamir.	Bilin.

Chamir.

3. *Lā kŭárā qírše iû begú jíbu, ûir šümerîl çigŭagŭát wánu. ien begá-žán-t qŭáltā ûir šümírdī ṣáyu,¹ ṣayá-tik ûi nán-is amítis šíbešu.² ien iejír-de kru, yíûauk.³*

Bilin.

3. *Lā kŭárā qirš 'ûwó baggá-t jíbiuχ, nir šemár-li çagŭagŭát wániuχ. enā baggá-t qŭáldō nir šemár-sī šáquχ, šāqǽ nī nánil egúm-lid sabistīuχ. enā egír kruχ, yánauk.*

1. Es war einst ein Mann; dieser Mann nun war reich. Ein Wahrsager sprach zu ihm: ‚Dich wird ein Dorn tödten.‘

2. Der Mann nun zog in ein dornenloses Land und kam dahin und wohnte daselbst lange Zeit.

3. Eines Tages kaufte er um einen Thaler ein Schaf; im Schwanze desselben befand sich aber ein Dorn. Um nun dieses Schaf zu besichtigen, erfasste er es an seinem Schwanze, und da er es anfasste, ward er an der Hand vom Dorn gestochen. Der Mann starb, wie man erzählt.

2.

1. *Qŭûs iejír winu. ien iejírne hablám-um ayyāû,⁴ deχá-m ayyāû.*

2. *Ien iejír-ne mindír iek inki bariû firûá ṣanána bi ûi ti-t iedáwī.⁵*

3. *Ien iejír-ni-l laûdá abíst iéteruû. laûdá abíst iéteûá-tik: ‚láuḫtan!‘ yu. laûdá abíst iéteûátik ûi gûáz-et ṣánu, ṣaná fíru.*

4. *Liqqíû firánk iék-et inkí ûi abíst-et ṣan jáûu ûáy firnô sefrá-l.*

1. *Emmánā egír wāniuχ. enā egír gádduχ áglā, jiĝá áglā.*

2. *Enā egír mándar ik inkí bárnō farnǽ ça'anánā bœ ní-tū çábbaruχ.*

3. *Enā egír-il laûatá gáman íntenuχ, intenǽ dæmbí: ‚láuĝā!‘ yuχ. laûatá gáman intenǽ nī muqŭár-sī çá'anuχ, ça'anǽ fáruχ.*

4. *Bārnó-lū fíû ik inkí nī gamán-sī ça'ánō áruχ, nāû farnáuχ sifrá-l.*

---

¹ Vgl. §. 71.

² Der Accent im Perfect ist eigentlich: *šibšún, šibšrú, šibšú* u. s. w., in der Pause aber tritt häufig derselbe zurück, so oben: *winu* er war (für *winá*) u. s. w.

³ Wörtlich: sie sagen (man sagt), von *yi*.

⁴ Vgl. §. 165.

⁵ Vgl. §. 71, a.

Chamir.

5. *Qaûs naqiñ winá͡uk iek inki şádiq yiù ámenuù. nán-ùm* [1] *ù' uqŭr inki abisse ùatú ĭr şanañ yiù jíñiñauk.*

Bilîn.

5. *Emmánā māqnö-lū saûáû ik inki çádiq yinò amennúji-lū. nān aktá-sik nī uqŭr inki ùā ejérsī gímun ça'anáuχ-sī yinó šíñanauk.*

1. Es war einst ein Mann: derselbe war weder reich noch arm.

2. Dieser Mann nun blieb, da alle Leute die Stadt verliessen und fortzogen, allein zurück, weil er nicht aufladen konnte.

3. Da kamen zu ihm sieben Löwen und zu diesen sprach er: ,Kommt heran!' Als sie herangetreten waren, so lud er ihnen sein Gepäck auf und reiste ab.

4. Er traf nun, nachdem er die Löwen beladen hatte, alle Leute, welche ihn verlassend fortgezogen waren, an dem Orte, wohin sie gegangen waren.

5. Alle, die ihn früher missachtet hatten, hielten ihn nun für einen Heiligen. Heute noch erzählen alle seine Nachkommen von ihrem Ahnvater, der Löwen beladen habe.

3.

1. Qaûs galímtā iûnā wínce. ñir gŭryá dig laû wedáj zábec. ñir gŭryá haftám wínu. ñi háfted [3] *lálle wínu: lañdá madír lálle şáyañ wínu.*

2. Iûna-žán ñir wedáy-še [4] *şábbe, sará iċbezeráy wínce. ñir gŭryá dekmû wínu, ñit naqrĕ wínce. sará-t heşá jeĵá iûrá-tik wínce, ñir wedáyše sará-t jínte-t, şábbe-t jínte-tí-m ñi kiû-l χútá iûrá-tik wínce.*

1. Emmánā oĵínā nir ráñsī eĵir suwánuχ-sī kintrárī saûátī. [2] *nir rāù dāg lā máda-s habitī. nir rāù gádduχ wāníuχ. nī gádd láqil wāníuχ: luùatá máχdur láqlid šáqáuχ wāníuχ.*

2. Ená oĵínā nir mádá-sī šabb, saĵará 'ûrárî saûátī. nir rāù dekámuŋ sáûauk, māqrurīlū saûátī. saĵará-r jeĵá heçíyu-s 'ûrarî-lū saûátī, nir mádá-sī saqará-dī, šábbe-di-r ján-sī nī kaûl qŭrö 'ûrarî-lū saûátī.

---

[1] Vgl. §. 258; *nán-em* und jetzt (vor folgendem Labial wird *e* oft zu *ù* getrübt); vgl. §. 22.

[2] Wörtlich: sie war einen ihren Gatten betrügenden Mann kennen lernend.

[3] Vgl. §. 230.

[4] Anstatt *wedéj-sī.*

Chamir.

3. *Nir gŭryá bijíg qiñátik wínu, ñi zin-d uqŭr-is ieñ bĭdešáñ bidíl inki wazá-tik wínu, hàzenátik wínu.*

4. *Ieu iejír-ne hàzená-tik win ied ñir wedáy-de-t bàreɀá fĭs kŭwu.*

Bilīn.

3. *Nir ráñ qŭen'á-s bajagŏ hímbuɀ; nī dān-d uqrá-lid bistáuɀ bidílsik wāsŏ· dambí gariuɀsi wāgítuɀ.*

4. *Wāgítō himbŏ enjá nī ogína-r máda-s baragá fĭdŏ kŭwŭgŭ-lū.*

1. Es war einst eine Ehebrecherin; diese hatte neben ihrem Gatten noch einen Geliebten. Ihr Gatte war reich, sein Reichthum bestand in Bienen: sieben Bienengehöfte besass er.

2. Die Frau nun pflegte ihren Geliebten mit Milch und Honig zu bewirthen. Ihr Gatte war schwach und sie missachtete ihn: sie gab ihm nur schlechte Honigwaben, während sie ihrem Geliebten Töpfe voll Milch und Honig verabreichte.

3. Ihr Gatte ward sehr eifersüchtig, und als er von seinem Neffen alle offenkundige Schande vernommen hatte, wurde er sehr zornig.

4. In seinem Zorne nun führte er ihren Freund hinaus in die Wüste und tödtete ihn.

4.

Iefír wínu, ñi zin wínce, ñatá jnā krce. Nir gŭriyá ñir zin: ,kŭ jná krce' yiukát¹ giná say ièterú yiñauk. ñir zin yi duqŭn-
5 *kat layá iejír yir wínce.²*

,Wáṭbis³ auq naš!· yirátik wínce. ieu waṭíb-ne qĭbsan-dí ṭasrátik wínce, yiñauk.

Es war ein Knabe, er hatte eine Schwester, die Mutter aber war schon todt. Der Gatte der Schwester brachte einst ihren Bruder, ohne ihr den Tod der Mutter zu melden. Da jener ihr nicht gesagt hatte, dass dies ihr Bruder sei, so hielt sie ihn für einen anderen Menschen. ,Hole Wasser mit dem Sieb!' sagte sie zu ihm. Wenn er nun Wasser verschüttete, so schlug sie ihn.

---

¹ Vgl. §. 150.
² ,Ein anderer Mensch (ist es)' sagend war sie.
³ Vgl. §. 243; *waṭib*, Bil. *wän̄tabá*, A. ወንበር ፡, G. መንበር ፡.

‚Migú-cik ṣamíc!' yirátik
wínce. ień-im migú-cik ṣắmerắuk[1]
yíńauk. migú-t íⁿn-tï ień málu.
ien migú-t ién-tï ień málan-dï
ńit ṭásac yíńauk. ień ñban-di
ièqñarác yíńauk. ien yińátik
winứñ,[2] yíńauk.

Ṅi jná kɽdé-žan zïlā ar ień
juńô mìkerá-ti-k qñálec, yíńauk.

Ien eferá-ni-l zïla-žán bằreǵá
sinká ńi bắwu-l iéterac.

‚Kü zin migú-s ñbrandí kứt
ieqñarac, migú-t mäldandí kứt ṭá-
sac; wáṭeb ṣábir auq naš yac
ki zin‘ yíce ńi jnā. ‚Yô‘ yu.

Ṅir qứrá-tï: ‚waṭíb ẓábir auq
naš yirán kü zin ayyô-má? migú-
cik ṣamíc yidán[3] kü zin ayyô-
má?[4] ńit migú-t mälandí ṭásrauk,
migú-s ñbandí oqứátrauk‘ yir
dứqñc.

Ṅir qứrá-me wázec, ńir zin
aǵá-m[5] ień wázec. bijíǵ lïsec, ńir
zín-tï iéqasec, ńir gứriyá-t dá-

,Arbeite mit dem Mörser!'
sagte sie zu ihm; er arbeitete 10
also mit dem Mörser und warf
ihn um. Wie er den Mörser
umwarf, so schlug sie ihn, fiel
er selbst durch den Mörser, so
verhöhnte sie ihn. So trieben 15
sie es.

Seine Mutter, die gestorben
war, hatte sich in einen Vogel
verwandelt und sah all' seinen
Kummer.

Als er einst in der Steppe
sich befand, kam sie als Vogel
zu ihm.

‚Deine Schwester verlacht 20
dich, wenn du durch den Mörser
fällst und schlägt dich, wenn du
ihn umwirfst. Bring' Wasser im
Sieb! sagt dir deine Schwester,'
sprach die Mutter. ‚Ja,‘ sagte er.

Da sprach die Mutter zur
Tochter: ‚Hole Wasser mit dem 25
Sieb, sagst du zu ihm, ist er
nicht dein Bruder? Dass du
ihn mit dem Mörser arbeiten
lässt, ist er nicht dein Bruder?
Du schlägst ihn, wenn er den
Mörser umwirft, und verlachst
ihn, wenn er fällt.'
Ihre Tochter nun hörte das 30
und erfuhr, dass er ihr Bruder
sei. Sie weinte sehr, wusch

---

[1] Von ṣam-t sich plagen, §. 43 a.
[2] Wörtlich: beim so sagen (= es so machend) waren, blieben sie.
[3] yidan, vgl. oben yiran, wenn du sagst. yidau, wurde mir gesagt, werde
noch von alten Leuten statt yiran gebraucht.
[4] Verkürzt für ayyań wegen darauffolgenden Affixes; vgl. §. 184.
[5] aǵá Existenz, m und.

qarec, ńir zín-tī ṣáyir fírec, yí-
ńauk.

ihm, jagte ihren Mann davon
und sie selbst zog mit ihrem
Bruder fort.

5.

Hāń winú yíńauk, ń'ír-ti-m
ńi jná-ti-m ṣayań winú yíńauk.
Lā kŭárā ayir-iz-me ińá-z: [1]
‚kŭ ṣámde-cík [2] nigíd fit!‘ yuń.
5 ‚Anay‘ yi fíru; bijíǧ zibín winúú
qŭrš-et iúń ńatú qŭr-sī. ień ńi
qŭrš-et ṣay ńi ṣámde-cík firú
yíńauk.

Ńi ṣámde-d: estí k'ir-n ewáú
10 qŭrš-et qŭúlnā naq!‘ yuń.

Ień: ‚ástan‘ yi qŭúlesu. ńay-
tāy ńi ṣámde-de qŭrš-et qŭúlńa:
‚k'ir-zū-m kŭ jná-z kŭt naqíń
ginúú qŭršet iúń, šéwa-tík fíž,
15 ayír átā!‘ yuń.

Ień: ‚ánay!‘ yi qŭrše-d ién-
tī šéwa-tík fizu, yíńauk. ień ńáń-
ne ién-tī ńi ṣámde-d: ‚ien qŭrš-
ed biqìltisik layá qŭršet k'ir-tis
20 k'iúí-tis naš!‘ yuń yíńauk.

Ien ńáń-ne ‚ánay!‘ yi ń'ir-tíl
ńi jná-til firu, eterá-tik: ‚kiten-

Es war einst ein Tölpel,
der hatte Vater und Mutter.
Eines Tages sprachen zu
ihm seine Eltern: ‚Zieh du mit
deinen Kameraden auf Handel
aus!‘ ‚Gut!‘ sagte er und ging;
alte Thaler gaben sie ihm mit.
Er nahm die Thaler und zog
fort mit seinen Kameraden.

Da sprachen zu ihm seine
Kameraden: ‚Gib doch her die
Thaler, welche dir dein Vater
gegeben hat, auf dass wir sie
beschauen!‘

‚Da,‘ sagte er und zeigte sie.
Nachdem nun seine Kameraden
die Thaler besichtigt hatten,
sprachen sie: ‚Deine Eltern
haben, dich missachtend, dir
alte Thaler gegeben; säe sie
an, damit neue entstehen!‘

‚Gut,‘ sagte er und säete die
Thaler an. Hierauf sprachen
zum Tölpel seine Kameraden:
‚Bis dass diese Thaler da wach-
sen, hole dir andere Thaler
von deinem Vater und deiner
Mutter!‘

‚Gut,‘ sagte der Tölpel und
ging hin zu seinen Eltern,

---

[1] jnā, jenū (Bil. yanū) und ińā, eúū, eń ū, auch eńyá (A. ኤኛት፡) werden
fortwährend abwechselnd gebraucht.
[2] Vgl. §. 198, a.

táy iûtenáû q̆ŭrš-ed gináû áwī,
ayír átā šéwa-tik fizún, nán-üm
ien q̆ûršed biq̇iltisík layá q̆ûrše
naqitán!" yu.

und da er angekommen war,
sprach er zu ihnen: ‚Die Thaler,
die ihr mir gabt, waren ja alt; 25
ich säete sie also an, damit
neue wachsen; nun aber bis
diese wachsen, gebt mir andere
Thaler!'

‚Ien ḥáû-ne yiná genzíb-dī
dízu' yiû firúû yíûauk. ied q̆ûrše
ieû šéwa-tik fizô-d ûi sámde
liqmiû fisúû yíûauk.*

‚Ach dieser Tölpel hat unser
Geld verthan' sagten die und
zogen hin. Die Kameraden aber
hatten bereits die Thaler, die 30
er angesäet hatte, aufgelesen
und waren fort.

*Ien ḥáû-ne û'ír-zü-m ûi jná-z
ûitá genzíb-dī biû watrúû yíûauk.*

Die Eltern dieses Tölpels
fanden also ihr Geld nicht
wieder und kehrten heim.

6.

*Haû iûná, haû gìluwá winúû
yíûauk; ienzáy liûatáy-ik iûna-
žán-de gìluwá-d ûir gûriy' áwī.*[1]

Es war einst eine dumme
Frau und ein dummer Mann,
sie waren beide mit einander
verheiratet.

*Haû iûna-žán haû gìluwá
ién-tī: ‚y'ír-tis yi jná-tis ená
naš!" yir ázzec.*[2]

Da sprach einst die dumme
Frau zum Gatten: ‚Hole mir 5
Butter von meinen Eltern!'

*‚Anē!" yi firú haû gìluwá-d,
ûir jená-til iéteru, yíûauk.*

‚Ganz gut!' sagte er, ging
hin und kam zu ihrer Mutter.

‚Kütá q̆ŭrá ená[3] *yac' yi
duq̆û, sin baw ieçér*[4] *iûcic.*

‚Ihre Tochter wünscht But-
ter' meldete er. Sie füllte einen 10
Kübel mit Butter an und gab
sie ihm.

*Say firátik záyya yájô sibá
júûu, yíûauk. ien ená-t ién-tī:*

Als er damit auf dem Wege
war, kam er auf ein grasloses

---

[1] Schwerfällige Ausdrucksweise; wörtlich: sie beide waren ja (vgl. §. 230) Frau (und) Mann; er war ihr Gatte, *gûriyá áwī.*

[2] Wörtlich: sagend sie befahl.

[3] Für *sená-t.*

[4] Butter in den Kübel eingiessend gab sie (ihm). *ieçaq* und *ieçay* (Ꮐ. ⲱⲌ·ⲁ⟨⟩:), vgl. §. 156.

2*

‚y’ír-te hagír yisú‘ yi oqísu,
senú yajô ú’úná-til ñi kiñ giná
15 *túcu.*

     Ied žan iñná huñ žan : ‚áwu-l
     kñ senú?‘ yic, yíñauk.
     ‚Y’ ír-te hagír yis júñun, edí
     será qíbsun‘ yu.

20   *‚Yiná jená kúróš inki hagír*
     liqqín firnā‘ yíce, yíñauk. ‚ánē!‘
     yu.

     Šakūá siláy gisán ṣayíñ hagír
     liqquñ, yíñauk.

     Gúidánā firñátik báher jú-
25 *ñuñ, yíñauk. ien bahrí-l juñañá:*
     ‚yiná mesá-t zúbená!‘ yuñ yíñauk.

     ‚Anē! ien bahír - ne kúárā
     birô ien yiná gisán-is kúbesná!‘
     yíce, yíñauk.

30   *Walsána ṣayír wulestá túc*
     yíñauk. ien bahír-ne iúna-žán-tī
     wáṭu, yíñauk.

     Ien iejír-ne : ‚y’úná ñir ti-t
     úbsec‘ yi tuwá wáṭešá yíñauk.

35   *Hañ gíluwá-z-me hañ iúná-z*
     enís juñúñ yíñauk.

Feld. Da sprach er: ‚Meines
Vaters Boden ist vertrocknet,‘
und strich die Butter auf und
kam dann leer heim. ‚Wo ist denn die Butter?‘
fragte ihn jetzt seine Frau.
‚Ich traf meines Vaters Bo-
den vertrocknet und salbte ihn
dann,‘ sagte er.
‚Wir müssen jetzt dieses
Land, wo unsere Mutter uns
tödten könnte, verlassen,‘ sagte
sie dann. ‚Recht so,‘ sagte er.
Sie nahmen also drei Schef-
fel Mehl und verliessen das
Land.
Auf dem Wege kamen sie
zu einem Fluss. Da sprachen
sie: ‚Wir wollen nun unsere
Mahlzeit zubereiten!‘
‚Ganz gut,‘ sagte sie, ‚in
diesem Fluss, der von der Sonne
erwärmt ist, wollen wir das
Mehl anrühren!‘
Sie nahm also einen Rühr-
stock und ging, um anzurühren,
in den Fluss hinein, der Fluss
aber verschlang sie.
Da sprach der Mann: ‚Mein
Weib isst alles allein,‘ ging auch
in den Fluss und wurde ver-
schlungen.
Solches begegnete dem dum-
men Mann und seinem Weibe.

7.

Lúñetá iefír wínuñ. ñatá
jná kḟce, ñatá ñr wínu. ñatá

Es waren einst sieben Kna-
ben; ihre Mutter war schon

īr-t iûná : ‚kibá kŗnún' yŭ̀n¹
àçen-si dig biráwu-l ioqŭrce,
ŋíŋaṵk.

Iedí será adír ieçayô qafána-l
ṅatá-t tûsec. ien qafán-is ádri-s
χŭ̀n² yíṅaṵk.

Iedí será bŭbū yŭ̀n, zájit àn,
yíṅaṵk, qafánis fŭ̀n, bàregá
fírṵn.

Ṅatá īr-t iûná ien iésec, ṅir
ẓabrô dig zájit aṵn, yíṅaṵk.

gestorben, der Vater aber lebte
noch. Als sie einst kalt hatten,
da setzte sie ihre Stiefmutter
auf heisses Eisen.

Hierauf steckte sie diese in 40
einen Eimer, der voll war von
Erbsen; dort assen sie Erbsen.

Hierauf fingen sie an zu
bellen, wurden Paviane, stiegen
aus dem Eimer heraus und 45
zogen in die Wüste.

Ihre Stiefmutter richtete das
an; dadurch, dass sie so that,
wurden jene zu Pavianen.

8.

Giṅírā iûnā, zọhón iûná³ wí-
nṵn. giṅíra-žán zọhón žán-tī:
‚wisíftī zàbená' yir qŭaẓór yíce.⁴

Zọhón žan: ‚ánē!‟ yíce. qŭa-
ẓór šṵ́ṅṵn.⁵ griyá-d-ŭm jṵ́ṅu.

Ied griyá-d giṅít inki zọhón-
te ṅín-il zirí nasṵṅtá fírṵn. ginô
giṅírā, gindē giṅírā ṅatá ti-t
iedáṵn.

Es war einst ein weiblicher
Klippschliefer und ein weib-
licher Elefant. Zu diesem sprach
der Klippschliefer: ‚Wir wollen
eine Heirat stiften.'

‚Ganz recht,' sagte der Ele-
fant; sie setzten den Tag an 5
und dieser Tag kam heran

An dem Tage nun zogen
alle Klippschliefer hin zum
Hause des Elefanten, um die
Braut zu holen; ein greiser
Klippschliefer und eine greise
Klippschlieferin blieben allein
zurück.

---

¹ Wörtlich: wir sind (durch) Kälte gestorben = wir sind (halb) erfroren,
sagten sie (als sie sagten).
² Aus χŭ̀n.
³ Vgl. §. 195.
⁴ ‚Ein Heiratsbündniss wollen wir machen' sagend, sagte (setzte) sie
den Termin (der Heirat) an.
⁵ Sie nannten den Termin.

10   *Giñit-ed zohon-tán-t mìnderíl*
tûñ, jimuñ; giñit inki χayŏ qal
gǘisiñ jimuñ.

    Ziri-žan-d ïr zohón-de: ,yi
qŭrá gǐlŭwá tûtñ jiminkat ieda-
15 *ǰáker!" yi žáru.*

    Ziri-žan-d ir-de jímu. ien
zohón-ne jimátik giñit ezzé-t [1]
dádu. ienžáy giñit inki abitŭñ
yiñauk.

Die Klippschliefer zogen
nun in die Stadt der Elefanten
ein und tanzten, laut schreiend.
Da schwur der alte Elefant,
der Brautvater: ,Ohne dass auch
ich getanzt, soll der Mann nicht
zu meiner Tochter eingehen!'
Da tanzte der Brautvater;
als aber der Elefant tanzte,
zertrat er alle Klippschliefer. So
kamen die Klippschliefer um.

9.

    Jiriyánñ wínce yiñauk. enján
jiriyána-žán dir sugil oχŭrce.
Ien dír-n-il li tuwú yiñauk.
Enján jiriyána-žán ñir qŭr
5 *ñbetír firtñ aqaiyŏ ñwï, gñayená*
eqanír wínce, li gŭátec.

    Ñir gŭriyá-t çáwuc yiñauk:
,nán-ïim yi gŭriyá, yi gŭriyá!"
yir çáwuc yiñauk, ,yi gŭriyá ien
10 *feţúr inki kŭ tehásebrauk, ieñ-*
ím kïtt eqánauk'.
    Ien dír-ne inkí li hañ yu,
ñir ñir qŭr-cik winirŏ sifrá-t
báru, yiñauk.

Es war einst ein Perlhuhn;
selbes brütete unter einem Ge-
büsch, dieses fing Feuer.
Das Perlhuhn war nun
ausser Stande, seine Jungen
zu retten, es wollte bleiben,
fürchtete aber das Feuer.
Da betete es zu Gott: ,Nun
jetzt, o mein Gott, an alle Crea-
tur denkst du, und auch diese
liebt dich.'

Das ganze Gebüsch ging in
Feuer auf, das Perlhuhn aber
blieb (unversehrt) mit den Jun-
gen an seinem Orte.

10.

    Zäjerá wínce, çiçuwá wínce
yiñauk, diruna, bába law ññtñ [2]
wínu, lawáñ χñná-tik wínuñ.

Es gab Paviane und Nesnas,
diese besassen gemeinschaftlich
die Sykomore und den Maul-
beerbaum und assen davon.

---

[1] Aus *ied-žǟy-t*, vgl. §. 226.
[2] Vgl. §. 160, Text 11, Note 2.

Dirúna-diy bába-diy aň zä-
jerá ç̧çṷcá kŭartáň yíňauk.

Giñirā: ,wuŕárne kŭartír-
naň?ʻ yid [1] *[áyqie.* Zäjerá žan
ç̧çṷcá žán-ìm: ,dirúna bába
χŭni kŭárteṇun̄ʻ yiň wätersŭñ.

Giñirā: ,kŭarúnā jejá ieň,
ieqasáw-um áyyaű, ariqšitáni!ʻ
yid çáwuc.

,Anay!ʻ yiň zäjerá žan ç̧çṷ-
cá žán-ìm: ,yinái-t ariqíš!ʻ yiň
wätersŭñ giñiras.

,Anay, girká zäjerá χŭrnā,
χär ç̧çṷcá χŭrnā!ʻ yíce giñirā.

,Qasáŭʻ yiň ariqšŭñ; zäjerá
ñir qŭerá-t ç̧çṷcá-s iúwcuc.

Da geriethen aber Paviane
und Nesnas in Streit wegen der 5
Sykomore und des Maulbeer-
baumes.

Der Klippschliefer fragte
sie und sprach: ,Weshalb strei-
tet ihr?ʻ Da erwiderten sie ihm:
,Wir streiten uns, da wir von
der Sykomore und dem Maul-
beerbaum essen.ʻ

Der Klippschliefer aber 10
redete ihnen zu und sprach:
,Streiten ist garstig und nicht
schön, söhnt euch aus!ʻ

Da erwiderten Pavian und
Nesnas dem Klippschliefer und
sprachen: ,Gut also, so ver- 15
mittle du uns den Frieden!ʻ

Da sprach der Klippschlie-
fer: ,Gut also, der Pavian esse
bei Tage und der Nesnas am
Abend!ʻ

,Gut,ʻsprachen sie und söhn-
ten sich aus; der Pavian gab
seine Tochter dem Nesnas.

11.

Ièçṷcá-z-me dăqŭsá-z law
áňtụk [2] *gisá wínụñ. dăqŭsá-žan*
ièçṷcá-žán-tī: ,yi ñín-dī yʼ ár-dī
ḥáy!ʻ yíce, ,an qiyán fì-jer-wáʻ
yíce.

,An-íz imbí, imbi ḥayíkerʻ yic
ièçṷcá-žan.

Die Maus und der Frosch
lebten beisammen in einem
Dorfe. Da sprach einst der
Frosch zur Maus: ,Bewache
mein Haus und Korn, da ich 5
zu einer Hochzeit gehe!ʻ
Die Maus erwiderte: ,Ich
wenigstens bewache nicht.ʻ

---

[1] Statt regelrechtem *yi-r* sagend, §. 156; vgl. Text 4, 26, Note 3.
[2] *aň* Existenz (von *aj*) + *t* Genetivcharakter + *ū* Adjectivendung; vgl.
§. 209, *law*, *laň* eins.

Iedí sera dâqûsá-žan: ,gisá àynak-má, hay yi ûā!' yíce.

10 *Ièꭓuwá: ,ínē!' yíce. dâqûsá-žan qiyán fírec.*

Gìbbená dâqûsá-t ár-ir báwul gûáyi wínu. dâqûsá-žan firá-t qrā ien ĭèꭓuwá-žan dâqûsá-t ár-
15 *is suûtâ fírec. ien gìbbená-n enís qûálu.*

Ien gìbbená-t ién-tī ièꭓuwá-žan qûálda: ,k̕ ûnā àgejá dûqtā!' yíce.

20 *Gìbbená: ,ánē!' yu. ièꭓuwá-žan áris suûûr físec.*

Nan-ím dâqûsá-žan iéterec. dâqûsá-žan ûir ûin-dī qûálda ûir ár-dī bíce.
25 *Iedí será dâqûsá-žan ĭèꭓuwá-žán-tī: ,y̕ ár-dī suûru' yíce.*

Ièꭓuwá-žan dâqûsá-žán-tī; ,an-íz suûûikeꭓ' yíce, ,gìbbená misùrdená!' yíce.

30 *Dâqûsá-žan: ,ínē!' yíce. nan-ím ĭèꭓuwá-z-me dâqûsá-z gìbbená-l misùrdená yìû fírgû.*

Dâqûsá-žan gìbbená-t ién-tī: ,ĭèꭓuwá-žan y̕ ár-dī suûûraûá
35 *àrqeráuk-má?' yíce.*

Ièꭓuwá-žan-ím gìbbená-t ién-tī: ,dâqûsá-žan-t ár-dì hùqaûá àrqeráuk-má?' yíce.

Der Frosch aber sprach: ,Sind wir Landsleute? Bewache also meine Habe!'

,Nun gut,' sagte die Maus, und der Frosch ging zur Hochzeit. Neben des Frosches Korn aber lag die Eidechse. Als nun der Frosch fortgegangen war, machte sich die Maus auf, um dessen Korn zu stehlen. Das sah die Eidechse.

Da sprach die Maus, als sie die Eidechse erblickte, zu dieser also: ,Sag' nichts! ich will dann dein Weib werden.'

,Ganz recht,' erwiderte die Eidechse, und nun trug die Maus heimlich das Korn fort.

Nun kam der Frosch an; als er aber sein Haus besichtigte, vermisste er sein Korn. Hierauf sprach er zur Maus: ,Du hast wohl mein Korn gestohlen?'

Diese aber erwiderte: ,Ich wenigstens stahl es nicht; lassen wir die Eidechse Zeugniss ablegen!'

,Nun gut,' sagte der Frosch und beide, Maus und Frosch, gingen hin zur Eidechse, auf dass sie Zeugniss gebe.

Da sprach der Frosch zur Eidechse: ,Weisst du, ob die Maus mein Korn gestohlen hat?'

Auch die Maus sagte zur Eidechse: ,Weisst du wohl, ob ich des Frosches Korn gestohlen habe?'

Gibbená-d ien dáqúsá-žán-ti:
,ièçuwá-žan k' ár-dī χúrándi
qúalíker' yu, ienáy gìbbená misír-
du. ièçuwá litac, dáqúsá lítašec.' [1]

Iedí será gìbbená-d ien qasô
gáž̄ā, qasô áçená, qasô álebá,
qasô mátemyá, qasô súrri žab
ièçuwá-žán-til iéteru, ú' úná-t
žábtā.

,Küt aw-á?' *yie ièçuwá-žan*
gìbbená-t iéntī.

,An gìbbená-d' yu.

,Wuraná hásebrú?' *yie ié-*
çuwā.

,Tûsejá iételtún' yu.

,Hañ-žán-d uqúr, yit tûsejá
yìr-má[2] etetrú?' *yie ièçuwá-žan*
gìbbzná-t iéntī.

Gìbbená-d ien: ,hañ žán-d
uqrá, küt y' úná-t žabánā[3] iedáš[4]
· gídde yajár;[5] dáqúsá žán-t ár-dī
wìž!' gi fíru.[6]

Die Eidechse sprach nun
zum Frosch: ‚Ich sah nichts 40
davon, dass die Maus dein Korn
gegessen habe.' Also bezeugte
die Eidechse; die Maus gewann
also und der Frosch verlor.

Nun nahm die Eidechse einen
schönen Schild, eine schöne
Lanze, ein schönes Leibtuch, 45
einen schönen Gürtel und schöne
Beinkleider und kam zur Maus,
um sie zu heiraten.

‚Wer bist du?' fragte die
Maus jene Eidechse.

‚Ich bin ja die Eidechse,' 50
sagte diese.

‚Was willst du?' sagte die
Maus.

‚Dich zu heiraten bin ich
da,' sagte die Eidechse.

‚Sohn einer Närrin, mich
zu heiraten bist du da?' sagte 55
die Maus.

Die Eidechse aber sprach:
‚Tochter einer Närrin, ich brau-
che dich nicht zu heiraten; stelle
aber dem Frosch sein Korn zu- 60
rück!'Darnach entfernte sie sich.

---

[1] Für *lütaq-š-ec*, wie *litac* für *litay-c*, *litaq-ec* (Bil. *lataq* und *rataq*, G. ረጠበ፡,
vgl. §. 68 und 70.

[2] Wörtlich: ‚zu mir, damit ich heirate sagend bist du gekommen?'

[3] Infinitiv von *žab* machen.

[4] Particip passiv prim. pers. sing. von *iedag* zurückbleiben, *ieda-š* zurück-
gelassen, abgewiesen werden.

[5] Relativ prim. pers. sing. von *yaj* baar, leer, ohne sein. Die wörtliche
Uebersetzung ist: ich abgewiesen, dich zu meiner Frau zu machen,
wende ich keinen Zwang an = es thut nichts zur Sache, ich mache
mir nichts daraus, von dir einen Korb bekommen zu haben.

[6] Die ganze Erzählung entstammt dem Saho, Abdallah Schehaui ist ihr
Erfinder; vgl. auch meine Kunamasprache, S. 87 ff.

Chamir-deutsches Wörterbuch.

A, e, i, o, u.

-ā, Fragepartikel, *kū šuñū-n aw-á* wie ist dein Name? *ien iejír-ne aû ieñ-á* wer ist dieser Mann? Vgl. §. 190.

A verkürzt aus *aġ* werden, sein (s. d.).

Ab rad. inus. (vgl. Saho, 'Afar *ob* sinken, fallen, cf.  *χab* niederfallen, כפף, كفّ niederbeugen, sich krümmen); *ab-s* III A zu Grunde richten, verderben (Text 6, 34). *ab-it* IV A umkommen, zu Grunde gehen, *giñit inkī àbitûn* alle Klippschliefer kamen um. Relat. *abit-aû* fem. *-ráy* plur. *-auk* abgebraucht, abgenützt, unbrauchbar.

Abá plur. *ab, ábbe* subst. (Amh. አምባ ፡) Berg, *ligzô abá* hoher Berg, *eṭín abá* kleiner Berg, Hügel, *ab' áwir (abā aûr)* Berggipfel.

Abbā subst. Vater, nur in der Verbindung: *χayô (χēô) ábbā* Grossvater. *ábba-gūbí* plur. *-tān* (Ty. ኣቦ ፡ ጉቢ ፡) Schildkröte.

Eb und *ebb* v. (Bil. *ib*, A. እፍ ፡ አለ ፡) aufblasen, z. B. den Schlauch u. s. w., Perf. *eb-ún, ebb-ún*, Imper. *iébbe!* Nom. *ebánā* Blaswerk, *iebíb* das Blasen, *ebátā* der Bläser. *ebb-es* III A aufblasen lassen, *ebb-eš* V A aufgeblasen, aufgebläht werden (Schlauch, Bauch).

Ebb, iebb v. (Bil. *abbaû*, cf. G. አፈው ፡,  *'apaû* odoramentum) räuchern, einen Gegenstand beräuchern, Perf. *ebb-ún*, Imper. *iébbe!* Nom. *iebbū* (Bil. *abbû*) Räucherung, *ebb-es* III A räuchern lassen, *ebb-eš* V A geräuchert werden.

Ubē, Ubiē nom. pr. m. (Amh., Ty.), Bil. *Obē*.

Abál plur. *-le* subst. (A. አባል ፡) Glied.

Eblaw v. (Bil. *emblaw*, G. እንበልበለ ፡) warm, heiss werden, Perf. *eblaw-ún* ich erhitze mich. Relat. *eblaw-aû* fem. *-ray* plur. *-auk* warm, das was *bir-aû*. *eblaû-s* III A (Bil. *emblaû-d*) erwärmen, erhitzen. *emblaû-š* V A 1 (Bil. *emblaû-s*) erhitzt werden.

Abín plur. *-te* subst. (Bil. *abin*, Quara *aben*, Bischari *ū-amnā*) Fremder, Gast, *abín ñin* Gasthaus, -stube, Wohnung, die einem Reisenden als Absteigequartier überlassen wird.

Abráhim nom. pr. m.

Abríš-t v. abtragen das Haus, s. *fireš.*

Ebez, iebez v. (G. ·ነበዘ፡) Speise zubereiten für jemanden; ihn bewirthen, tractiren, Perf. *ebz-ún*, Imper. *iebíž! mīz iebzeráy* (A. መዥ፡ አበዘ፡) Magd, dazu angestellt, um Honigwein zu bereiten. *ebz-es* III A kochen lassen, *ebz-eš* V A gekocht werden (Nebenform *qabez*).

Absā plur. *abis, abis-te, -se* subst. (A. አንበሰ፡) der Löwe; §. 57.

Abṭā plur. *abíṭ, -ṭe* (A. አንበጥ፡) die Heuschrecke; §. 57.

Ed, ied plur. *ez-záy* jener, §. 226.

Edíf, iedíf subst. (A. አደፍ፡, G. አደፍ፡) Schmutz, Unrath, *edefá* Schmutztheilchen, Adj. *edf-ú* schmutzig, beschmutzt.

Edag, iedag v. (G. ·ነደገ፡, Demb. *aday*, Quara *aday*, Bischari *fedíy* verlassen, lassen; über den Anlaut *ieday* vgl. §. 72, über die Flexion §. 71 a) verlassen; zurückbleiben. Imper. *iedág!* Caus. *ieda-s* (Quara *ada-s*), §. 96, zurückbehalten etwas. *ieda-š* V A verlassen werden; Relat. *iedaš-ráy* eine geschiedene Frau.

Adogŭr subst. (Bil. *adŭngŭal*, Ti. አደንጉል፡, Ty. አደንጉር፡, ⲥⲉⲟ, cf. ⲧⲁⲅⲭⲁⲡⲧ Goldkörner in Form kleiner Bohnen, welche die Könige von Axum durch den Gouverneur der Agau aus dem Süden bezogen. Kosmas bei Dillmann, Anfänge des axumit. Reiches, S. 200) Bohnen, Sing. *adogŭrá.*

Edem, iedem v. (G., A. ዐደመ፡) einladen, zu einer Hochzeit u. dgl. Perf. *edm-ún*, Imper. *iedím!* Nom. *iedím* Zeit, Lebensalter, *k' ir wāk' amít zabú ñi iedím-de* wie alt ist dein Vater? Adj. *iedm-ú* bejahrt. Nom. ag. *iedm-átā* Einlader. *iedem-s* III A einladen lassen, *iedem-š* V A geladen werden, Relat. *iedem-š-aú* ein Geladener, *iedem-š-iyaú* ungeladen.

Aden v. (Saho *hadan*, Galla *adam*, Amh. አደነ፡) jagen, auf die Jagd gehen, Perf. *adn-ún*, Imper. *adín!* Nom. *adín* Wildpret, Sing. *adná* ein erlegtes Thier. Nom. action. *adn-ánā* Jagd, Nom. ag. *adn-átā* Jäger. *aden-s* III A jagen lassen, *aden-š* V A gejagt werden.

Adará und *iederá, ederá* subst. (Bil. *adará*, Quara *adará* Herr, *yadurā* Gott, cf. Ty. ·ነደሬ፡ Herr) Gott.

Adir subst. collect. (Bil. *'atar*, Quara አዘር፡, G. ዐተር፡, vgl. auch *atreñ*) Kichererbsen, das was A. ኽንባሬ፡, Sing. *adrá* eine Erbse; Plur. plur. *adír-te* Erbsenhaufen.

Aderáž subst. (A. አደራሽ ፡) Empfangssalon, Audienzsaal.

Eduw, edû subst. (G. ዐደው፡) Schuld, debitum, Sing. *eduwá*. *edû gûryá* Schuldenmacher, -herr. *iedû-s, edû-s* den. v. (Bil. *adag̊-d*, Quara *aday-s*, *adē-s*) III A borgen, ein Darlehen geben, Perf. *edû-s-ún*, Imper. *edû-š!* *edû-s-es* III B veranlassen, ein Darlehen jemandem zu geben, Bürgschaft für Rückzahlung einer Schuld jemandes leisten. *edû-t* (Bil. *adag̊-r*, Quara *adē-t*) IV A sich etwas ausborgen, Anleihe machen, Imper. *edû-c!* *edû-š* V A geliehen werden; *edûšô genzíb* ausgeliehenes Geld.

Adey v. (A. አደላ፡, Saho *hadil*) theilen, Perf. *ady-ún*, *adi-ru* u. s. w., Imper. *adí!* Nom. act. *ady-ánā*, Nom. ag. *ady-átā*, Nom. concr. *eduwá* Theil, vgl. §. 56. *adī-s* III A theilen lassen, *adi-š* V A getheilt werden.

Af Präpos. zu, nach, hin (G. ኀበ፡), *af gánneb firu* er fuhr zur Hölle.

Iefá und *ieffá* subst. (Bil. *imfá!* nur vocativisch: he da, Bursche! Demb., Quara *anfa-rā*, Agaum. *anṣa-rā* [cf. ሕበኅ፡] Knabe, Mädchen) nur vocativisch: he da Bursche! Mädchen! mit dem indiv. *-rā* aber: *ieferá, eferá* Knabe, Mädchen, auch: *eferá giluwá* Knabe, *eferá iûnā* Mädchen. Plur. *iefír, iefír-t;* Nom. abstr. *iefer-nát* Kindheit.

Afír subst. Milchrahm; Pomade (Milchrahm oder weisse Butter hiezu verwendet); Sing. *aferá* (G. ዐፍረት፡ unguentum) ein Butterkörnchen oder Milchrahmtheilchen.

Ag̊ v. (Bil. *aj̊*, Demb. *ag*, Quara *ay*; zur Flexion vgl. §. 71, a, 116, b und 156, Anmerk.) 1. werden, geschehen, sich ereignen, *lebá ág̊un* ich wurde klug, *árgaw ág̊ru* oder *áru* du bist alt geworden, *árgaw ág̊u* oder — *awī* er ist alt geworden, *sajít auñ* sie wurden Affen. 2. weilen, sich aufhalten, *ieníl ag̊-án dis ịokŭn* wenn ich hier weile, bin ich froh. *ieníl ag̊-á-t* B. *iéteru* während ich hier war, kam B. *küt ieníl-ma a-tr-á* wirst du morgen hier sein? 3. sein, sich befinden, *ieqazáw-um ayyaû* er befindet sich nicht wohl, ist nicht gesund. *an Birrú-s ṣalát-um á-ker, yi wedáj ieñí* ich bin nicht Birru's Feind, mein Freund ist er vielmehr. Caus. *a-s* Aufenthalt geben.

Ag̊í subst. Haut, s. *ag̊áy*.

Ig plur. *ígge* subst. (Agaum. *ig*, Bil. *ag* plur. *ágeg*, *íkek*, Demb., Quara *ag*, A. **እጕት :**) Oheim mütterlicher Seite, Bruder der Mutter, *ig-zin* Oheims Schwester = Tante (woraus wahrscheinlich A. **እኽስት:** aus *ak-sin-t* entstanden sein dürfte). *Ugá* i. e. **እጓ:** *egŭā* subst. (Agaum. *agŭ̄* Oberseite, *agŭ̄-s* oben, über, Bil. *awáy* [aus *agŭay*] Spitze, Obertheil, *awáy-sī* über, Quara *away* und *awá* Haupt, Gipfel, Scheitel, Spitze; auf, über; Demb. *agŭē* [aus, *aguay*] Kopf; auf, über; vgl. Bil. *ajŭar*, Cham. *awur*, *aŭr* Kopf; über *agŭay* = *agŭar* vgl. §. 254) Oberseite, Gipfel, *ugá-s* und *ugá* Postpos. oben, auf, über, *ńin ugá* auf dem Hause, *arát ugá-s gŭáyu* er sass auf dem Angareb. *y' ugá aw-á* wer ist über mir (wer hat mir etwas zu befehlen)?

Ayíd subst. coll. (G. **እኽት:**) kleine Heuschreckensorte, im A. **ደጎቤ:** *dâgōbiē* genannt; Sing. *aylá; Plur. plur. *ayíd-de* Heuschreckenschwärme, §. 197.

Eggá, ieggá plur. *egg-án, -an* subst. (Bil. *enqí, enkí*, G. **0ለቀት:**, vgl. §. 58) Blutegel.

Ogug y i. e. **እጕጕ : ይ :** v. donnern, s. *gŭ̄igŭe*.

Agelgil subst. (A. **እገልገል:**) kleiner Korb, mit gut verschliessbarem Deckel versehen, dient für Aufbewahrung von Brod und überhaupt Esswaaren; besonders auf Reisen verwendet.

Agilgel v. dienen, helfen, s. *gilgel*.

Aganá plur. *agán-tān* subst. die Handfläche, palma manus (vgl. Bil. *agan* abmessen, mit der Handspanne etwas abmessen).

Egríb subst. die Taube, s. *rigíb*.

Agŭstá plur. *agŭste* aus *agŭst-te* subst. (A. **እኽስታን:**, vgl. §. 60) die Fischotter.

Ajáy und *aggáy*, zusammengezogen *aggē* und *aji* plur. *-tān* subst. 1. Haut, besonders starke, dicke Haut, z. B. an der Fusssohle, *ṣab ajáy* Sandalensohle (Bil. *ajá* plur. *ak* Haut; vgl. Somali *ay* Fusssohle). 2. Loch, Höhle, *qarus ajáy* Ohrhöhle, *esíń ajáy* Nasenlöch (Bil. *anqáy*, Quara *anχ̄ē*, Demb. *anχā*).

Ieçaq v. eingiessen, s. *ieçay*.

Açín subst. (G. **ኅጺን:**, Ti. **ሐጺን:**) 1. Eisen, Adj. *àçen-ú* eisern, *àçenú gib* ein Eisenstock. Sing. *àçen-á* einzelnes Eisenstück. 2. Lanze, Speer (cf. **ፅሃ**), *zirbô àçená* ein Wurfspiess, *àçená-t mĭkā* Lanzenspitze, *-ziy* Lanzenschaft. 3. Schlacht.

Eçin adj. kurz, klein, s. *eṭin*.

Eçôrā, eçûrā subst. Ratte, s. *ieçuwā*.

Eçuwá plur. *eçû-te* subst. (aus e-çuwā und dieses aus *çeqŭā* = Bil. *śiqŭá*, A. ⷈⷑⷕ፣, §§. 14, 16, 69) Scorpion.

Ieçuwá plur. *ieçŭk*, demnach aus *ieçekŭ*, woraus der Sing. *ieçekŭ-ā*, *ieçŭkŭ-ā* und daraus *ieçuwā* subst. (Bil. *inśuwá* plur. *inśŭ*, Quara *enśewá*, Agaum. *inṣā*, Ty. ኣንፑዋ ፣, Tig. ኣንጸይ ፣, G. ኣንጸዋ ፣, A. ኣይጥ ፣ aus *anṭ* Maus, Radix wäre zufolge Obigem *naṣaka*, cf. G. ነሰከ ፣, ꝑꝓꝓ beissen) die Maus. — *Eçûrā* plur. *eçû-tán* eine bestimmte Rattensorte (im A. ቀብረ ፣ ኣይጥ ፣ genannt). Das Wort wohl = *eçû-rā*, vgl. §. 173.

Ieçay seltener *ieçaq* v. (Bil. *ensaj*, Quara *ensā* anfüllen, ein-giessen, cf. G. ወጸሕ ፣, ꝑꝓꝓ, ꝑꝓꝓ) ein-, anfüllen, eingiessen, *sin baw ieçér (= ieçay-r) iáwuc* Butter in den Kübel ein-giessend, gab sie ihm diese. Imper. *ieçaq!* Caus. *ieça-s* ein-giessen lassen, Pass. *ieça-ś*.

Iej, ej plur. *eje-tán* subst. (A. ኣጅ ፣) der Arm.

Ajib plur. *-tān* subst. (Ty. ኣጅብ ፣, A. ኣይብ ፣, A. ሕሲብ ፣, §. 53) Topfen, junger Käse; saure Milch.

Ajemié nom. pr. fem.

Iejír, ejír plur. *ik, iek* subst. (Bil. *ejír* plur. *ik*, Quara *yiʼ* plur. *ik*, Agaum. *aki* plur. *akaka* Mensch, über *-r* vgl. §. 173) Mensch, *lay ejír* ein anderer Mensch, *iejír inki krauk* jeder-mann stirbt, *ik inki* alle Leute. *lay iek-is genzib fisu* er nahm anderer Leute Geld.

Aχŭl subst. coll., plur. plur. *aχŭlle, aχŭl-te*, sing. *àχŭl-á* (Bil. *aĵŭar, âĵar*, Saho *akŭar*, Ty. in Hamas. ኣኰር ፣) trocken ge-wordener Mist, alter Rindermist; *fiçír aχŭl* Ziegenmist.

Aχŭazá, aχozá subst. ein bestimmtes See-, Flussraubthier, s. *aĵŭazā*.

Ek, iek v. (Bil. *ink, enk,* scheint = G. ኣንቀዐ ፣, von ነቀዐ ፣, ꝑꝓꝓ, naga) öffnen, auflösen, loslösen; befreien. *ek-s* III A öffnen lassen, Imper. *ekiś! ek-s-es* III B, Imper. *eks-iś!* heisse öffnen zu lassen! *ek-et* IV A sich befreien, Imper. *ek-ic!* *ek-eš* V A geöffnet, befreit werden, *ekešaâ* ein Befreiter.

Ik, iek subst. Leute, s. *ejír*.

Ok, iŏk v. sein, s. *kŭ*.

Akŭá num. (Bil., Demb., Quara, Agaum. *ankŭá*) fünf, *akŭá gŭálle* fünf Söhne, *akŭá ayŭrtán* fünf Töchter. *şekǽ akŭá* fünfzehn, §. 236. *akŭa-trá* fünfter, §. 238. *akŭa-tráủ* ein Fünftel, §. 239. *akŭáin* fünfmal, §. 240. *akŭá-k* alle fünf, §. 241. *akŭrủeủ* fünfzig.

Akeb v. (Bil. *akeb* und *akab*, Ti. **አከበ**ː, Ty. **አከበ**ː) sammeln, zusammenbringen; zusammenrollen (die Matte), Imper. *akíb!* Perf. *akb-úin* ich sammelte, *bijủj genzíb ákbu* er hat viel Geld zusammengebracht. *akeb-s* III A sammeln lassen, Imper. *akbủš!* *akeb-t* IV A für sich sammeln, Imper. *akbíc!* *akeb-š* V A gesammelt werden.

Akál subst. (A. **አከ**ː) Leib, Körper; Person, *y' akál* ich selbst. *Akủel*, häufiger *iekủl*, *iekủl* und *ekel* v. (A. **እጐለ**ː, G. **ህጐለ**ː) verschollen sein, in unbekannter Ferne weilen, abhanden sein, *iekủl* die Ferne. *iekủel-s* III A verschwinden lassen, Imper. *ekủl-iš!* *iekủl-t* IV A verschwinden, sich weit entfernen, abhanden kommen, Imper. *ekủl-íc!* Relat. *iekủl-d-aủ* (aus *iekủl-r-aủ*, §. 43 a und §. 118) entfernt, verschollen.

Okủl subst. (gekürzt aus **እጐ**ː, von G. **አከለ**ː), *oklá*, Bil. id., Gleichheit, Halbpart. *okủl-s* v. denom. III A in gleiche Theile theilen, gleich machen, Imper. *okủl-iš!* *okủl-t* IV A gleich werden, unter sich etwas gleich vertheilen.

Iekan, ekan v. lieben, s. *eqan*.

Akủrủen num. fünfzig, s. *akŭá*.

Auq subst. coll. (Bil. ʿāuq, Agaum. *aq̆ủ*, Demb., Quara *ay̆ủ*, cf. G. **ዐይግ**ː) Wasser, Sing. *aq̆ŭá* ein Wassertropfen, *aq̆ŭ zílā* Wasserhuhn (A. ** የወሃ**ː **ዶሮ**ː genannt); *aq̆ŭ nibrá* ein bestimmtes, im Wasser lebendes Thier, A. **የወሃናት**ː genannt; *aq̆ŭ gibbená* Wassereidechse. *lib yô auq* laues Wasser, *qazqazô auq* kaltes Wasser. *auq iel* Quelle (Wasserauge). Plur. plur. *auq-tán* die Wässer.

Oq i. c. **እቍ**ː plur. *oq̆ŭ-tán* subst. (Bil. *ungŭí*, Quara, Agaum. *engŭā*, Saho, ʿAfar *angŭ*, *ângŭ*, Bischari *ū-nug* id., cf. G. **ወግ0**ː,

aqaq lacte alere) Brustwarze, *iủná-t oq* Brüste des Weibes, *luwá-t oq* Kuheuter.

Ieqa, eqa rad. inus., davon *ieqa-s* v. denom. III A (Bil. *enqa-s*, Quara *eny̆a-s*) waschen, Imper. *ieqa-š* wasche! *alb eqáš* wasche die Kleider! Relat. *ieqasráy* Wäscherin. *ieqa-s-s* III B waschen

lassen, Imper. *ieqasíš! ieqa-t* IV A (Bil. *enqa-r*, Quara *enχa-y*)
sich waschen, Imper. *ieqac! ieqa-š* V A gewaschen werden.
Ieqŭa, eqŭa, oqa und *ieqŭa* u. s. w. rad. inus., davon v. denom.
III A *ieqŭa-s, oqa-s* (Bil. *enqŭa-s*, Quara *ieχŭ-s*) zum Lachen
bringen, Imper. *oqi-š! ieqŭa-t, oqo-t* IV A (Bil. *enqŭa-r*, Agaum.
iχŭa-r, Quara *ieχŭ-y*) lachen; auslachen, verspotten, Imper.
oqó-c! ieqŭa-š, oqa-š V A verlacht werden.
Aqeb v. (A. አፀ፦ ÷, G. ሐፀ፦ ፡) umarmen, Perf. *aqb-ún*, Imper.
aqíb! aqeb-s III A umarmen heissen, Imper. *aqb-iš! aqeb-š*
V A umarmt werden, *aqebaqeb-š* VI sich gegenseitig umarmen.
Aqŭál, aqól plur. *-le, -te* subst. (Saho *egíl;* vielleicht *a-, e-* nur
prosthet., vgl. Bil., Demb., Quara *kŭrā* Fluss, cf. G. ፪ሰ ፡
Tiefland, das Dillmann zu קור חור bezieht, מקור Quell, vgl.
G. ፈሰይ ፡ Tiefe = Ty. in Hamas. ፈሰይ ፡ Fluss) Strom, Fluss;
Bach.
Ieqan, eqan, selten *iekan* v. (Bil. *enkal*, Quara *iekal, ekal*,
Agaum. *inkan*) lieben, wollen, begehren, Perf. *eqan-ún, -du*,
§. 118; Imper. *eqán!* Nom. *eqanúnā* Liebe, *eqanátā* Liebhaber
von etwas. *eqan-s* III A Liebe einflössen, *eqan-t* IV A sich
lieben, *eqan-š* V A geliebt werden, Relat. *eqanš-aû* werth,
theuer, geliebt. *eqaneqan-š* VI sich gegenseitig lieben.
Ieqŭr, eqŭr, oqŭr v. (Quara *ànχŭr*) setzen, stellen, Perf. *oqr-ún,
oqŭr-du*, §. 118; *hadír oqrún* ich gab in Depot (Werthsachen
zum Aufbewahren), Imper. *oχŭr! oqŭr-s* III A hinstellen, hin-
setzen lassen, Imper. *oqr-iš! oqŭr-š* V A gestellt, gesetzt werden.
Eqasá plur. *eqás-te*, Nebenform *hesá* subst. (= *e-qasā*, Bil. *qešā*,
Quara *χeší*, Demb. *χesē*, vgl. §. 68; G. ዕዪ ፡) Wurm.
Aqŭazá und *aχŭazá, aχozá* plur. *aχós-te* subst. ein kleines Fluss-
thier, dessen genauere Bestimmung aus der mir gemachten
Beschreibung ich nicht ermitteln konnte; A. soll dasselbe
ዐ''ቄзᎀ ፡ heissen.
Aqet subst. coll. graues, weisses Haar, Sing. *àqetá* (Bil. *akará*
plur. *ákar*). Davon v. *aqet* weisse Haare bekommen, grau
werden. Relat. *aqet-aû* junger Löwe. *aqet-s* III A graue
Haare machen, Kummer bereiten.
Iel, el, auch noch *al* plur. *-tān, iél-le* subst. (Bil. *'il* plur. *'ilíl*,
Agaum., Demb., Quara *iel, il, el*, Galla, Somali *ilá*, Saho,
'Afar *in-tī*, vgl. §. 12 und 50) Auge, *ii' ir iel bu* sein Vater
ist an einem Auge blind = *law el χarwaû*. *ieltán bu* er ist

an beiden Augen blind. *el qernib* Augenbrauen, *el ṣafíq* Augenwimpern, *el ṣaraû* das Weisse im Auge, *el ńiçír* Augenstern, *mirbá-t el* Nadelöhr, *aqŭ-t el* Quelle, *el qŭalínā* Augenglas, Brille (Augen-schung).

Ilé und *elá* subst. (G., A. አገሉ፡, vgl. §. 69) jemand, ein Gewisser, *ilé 'terû* es ist jemand gekommen.

Alebá plur. *alíb, ălbe-tán* subst. (vgl. Galla *erbe* Kleid), 1. Leibtuch, Kleid, *ieqazô ălebá* eine Quara, schönes Leibtuch, *emqŭ-t-ô ălebá* ein schmutziges Kleid. 2. Segel.

Alíb plur. *-be, -tän* subst. (A. አልበ፡, Ty. in Hamas. አለበ፡) Fussring, -spange, von Frauen und Mädchen als Zierde getragen.

Alá_d plur. *-de* subst. (A. አላ_ድ፡) Hälfte, Halbscheid, *qirš ăláḍ* ein halber Thaler; synonym *gebár*.

Ielfíṅ subst. Frauengemach; scheint per metathes. aus *ief-liṅ* (cf. Bil. *liṅ* Haus) entstanden zu sein.

Ielel v. wiehern, *firzā iéllu* das Pferd hat gewiehert; Nom. act. *iell-ánā* Gewieher; *iell-eš* III A wiehern machen.

Iellá, illá, ellá subst. Alleinheit; nur, allein, *yi' llá* ich allein u. s. w., §. 224.

Alím subst. (G. ዓለም፡) Welt, Menschheit: Sing. *ălemá* Geschlecht, Generation.

Elísfā, ellísfā subst. bestimmte Sorte von Wildschwein, A. አሰግ፡ genannt.

Aleṭ v. (cf. A. አለጠቀ፡ nahe kommen, nahen, nahe sein, von ላጠቀ፡, G. ለጸቀ፡, Bil. *lašaq*) nahen, Imper. *alíç!* Perf. *alṭ-un,* Nom. *alṭ-ánā* Nähe, Relat. *alṭ-aû* nahe. *alṭ-es* III A nahe bringen, Imper. *alṭ-íš! alṭ-eš* V A zur Stelle gebracht werden.

Amí plur. *-tän, -t* und *amík* subst. (demnach wahrscheinlich das Stammwort *ameg* oder *amek, §.* 69, vgl. Agaum. *angu,* Quara *amū,* Bil. *egám,* አግም፡ *u* in *egum* wegen folgenden Labials, cf. G. ዐቀብ፡) Dorn, *kŭ-t amí kûtū* ein Dorn wird dich tödten. *amí-tis šibešú* er wurde von einem Dorn gestochen. *χaz' amí* Fischgräte.

Embí, imbí adv. (A. እንቢ፡) nein, durchaus nicht, *an-iz imbí imbí ḥayiker* ich wenigstens bewache nicht. *embí y* v. (A. እንቢ፡ አለ፡) mit Entrüstung, barsch abweisen eine Bitte, ein Verlangen.

Amdárke subst. plur., s. *medrík.*

3

Iemqŭ, emqŭ I v. (Damot *ĭmaq*, Demb. *ĭmag*, Quara *ĭmay*, G. **እም፡**) küssen, Imper. *emŭq!* Perf. *emqĭn* [i. e. *emqŭ-ĭn*, §. 27], *emqŭ-rŭ* u. s. w. Nom. *emqŭ-ánā* das Küssen, der Kuss, *emqŭ-átā* Küsser, *emqŭ-s* III A küssen lassen, *emqŭ-št* V A geküsst werden, *emqŭ-mqŭ-š* VI sich gegenseitig küssen.

Iemqŭ, emqŭ, omqŭ II v. (Bil. *amaq*, cf. G. **ሐመገ፡, ሐብቀቀ፡**) schmutzig, unrein sein, Nom. Unreinlichkeit, Sing. *emqŭá* eine schmutzige Stelle. Adj. *emqĭ (emqŭ-ŭ)* unreinlich, fem. *emqŭ-ĭ* plur. *emqŭk (= emqŭ-ŭk, emqŭ-kŭ), emqŭ ȧǵetá* sei nicht unreinlich! auch im moralischen Sinne: niedrige Gesinnung habend. *emqŭ-t* IV A sich beschmutzen, — besudeln, Perf. *emqŭ-t-ĭn, emqŭ-t-rŭ, emqŭ-r-ĭ*, Relat. *emqŭ-t-añ* (und *emqŭ-r-añ*) fem. *emqŭ-t-ráy* (und *emqŭ-r-dáy*) plur. *emqŭ-t-auk* (nicht *emqŭ-r-auk*, welches = sie beschmutzen sich) beschmutzt, *emqŭtô ȧlebá* ein schmutziges Kleid, *emqŭtré ĭñnā* Frau, die sich besudelt hat.

Ammiétā und *ammitā* subst. Herrin, nur in directer Anrede an die Hausfrau (A. **እሞቤቲ፡, እሜቲ፡**), sonst *ñin ĭñnā* gesagt.

Amen v. (A. **እመነ፡**) glauben, Trauen schenken, Perf. *amn-ĭn*, *ȧmen-dŭ*, Imper. *amín!* Nom. *amn-ánā* Glauben, Vertrauen, *amn-átā* gläubig, *amen-s* III A glauben machen, *amen-t* (A. **ታመነ፡**) IV A sich anvertrauen, anhänglich sein, Imper. *amn-ĭc* und *amn-ĭt!* *amen-š* V A geglaubt werden.

Amír adv., subst. (Bil., Quara *amarí* Morgen, morgen, G. **አሜር፡** Tag) morgen, der morgige Tag, *amír-te grā* übermorgen.

Amurá plur. *amŭr-te* subst. (A. **አሞራ፡**) Geier, Adler, *ĭñčír ȧmurá* ganz schwarze Adlersorte, das was A. **ፕቁር፡አሞራ፡**; *ṭumb amurā* = A. **የፕንብ፡አሞራ፡** Aasgeier, *ṣaflā amurā* = A. **ቀዳራ፡** der Rabe.

Amrá plur. *amít* und *amír-te* subst. (Bil. *amará* plur. *ámar*, Demb., Quara *amiyá*, Agaum. *amet*, A. **እመት፡**) Jahr, *amír bal* Neujahr (Jahrfest).

Ames v. (G., Ty. **ዐመዐ፡**, A. **እመጠ፡**, Bil. *amaṣ*, cf. **ܡܐܣ**) bösartig, ungehorsam, widerspänstig, abtrünnig sein, Perf. *ams-ĭn*, Imper. *amíš!* Adj. *amsiñā* (= A. **እመጠኛ፡**) fem. *amsiñ-ráy* plur. -*ĭt*. *ams-es* III A zum Abfall verleiten, ungehorsam machen. Imper. *ams-ĭš!*

Amzá plur. *amizze, ȧmes-tán* subst. (A. **እሚ፡፡**) bestimmte Sorte von Kuchen, Rahmkuchen aus dem Mehl von Poa abessinica bereitet.

Amít subst. Jahre, s. *amrá*.

An ich, plur. *yínne* wir (Bil. *an* plur. *yín*, Quara *an* plur. *anun*, Demb. *an* plur. *anen*, Agaum. *an* plur. *anu*), auch als Verb. subst. gebraucht, *an habtám an* ich bin reich, §. 181 c. **Anē** adv. ganz recht, schön, s. *ánay*.

Ien, en plur. *-záy* pronom. demonstr. (§. 226) dieser, *ien iéferá-n* dieser Knabe, *ien-júu iéfera-žún* dieses Mädchen u. s. w. **Iûnā**, *ûnā* plur. *ukún* und *iûn*, *iûn-te* subst. (Bil. *oǵinā* plur. *ukúin*, Demb. *kúúnā* plur. *kúūn*, Quara *iewīnā*, *iwīnā*, *uwīnā* plur. *iewīn*, Agaum. *χúnā*) Frau, Weib, *iûnā 'ferā* plur. *ukúin efír-te* Mädchen, *bar' ûnā* Sklavin, *ǵalímtā iûnā* Hure, *ír-t ûnā* Vaters Weib, Stiefmutter, *iûná-t oq* weibliche Brust, *ńin ûnā* Hausfrau, *iûn ǵúriyá* Ehemann.

Inkí (Bil. *inkí*, aus *en* + *kī* dieser jeder) alle, jeder, *iejír inki* Jedermann, *ik inkí* alle Leute, *ú' uqúr inki* alle seine Söhne, — Nachkommen, *fețúr ínkí* alle Creatur, *ǵińít inki* alle Klippschliefer.

-ínka-t Postpos. (Bil. *eng* entbehren, ohne sein, *engá-t* bei Entbehrung, *wuláld engát* ohne Kinder) ohne, nur mit Verbalradices verbunden, *jim-ínkat* ohne dass ich tanze, *kú jnā kçce yí-nkat* ohne dass er (ihr) sagte: deine Mutter ist gestorben. *ńir zin duqú-ínkat layā iejír yir wínce* da er ihr nicht sagte (ohne zu sagen), es sei der ihr Bruder, so hielt sie ihn für einen andern Menschen; s. §. 150.

Unkúllū nom. pr. loci, Dorf Mukullu bei Massaua. *Unkúllū aš* bis Mukullu, *Unkúllū-s ieníl aš* von Mukullu bis hieher.

Ankalís subst. (A. አንኰስ᎐ሕ፡) die Masern.

Ienín, enín pronom. demonstr. (Bil. *nīn*) dieser da, §. 227.

Inne subst. (Bil., Quara *an*) der Grossvater oder die Grossmutter, auch Urgrossvater, -mutter.

Anár plur. *-te* subst. (A. አነር፡) Wald-, Wildkatze.

Ansereñá plur. *anserín-te* subst. (A. አንጠረኛ ፡) Silber-, Goldschmied.

Ûnát plur. *ûnát-te* subst. (Bil. *únár* plur. *únāt*, scheint aus *haûnāt* und dieses aus ሰምነት ፡ entstanden zu sein, vgl. §. 79) die Woche, *lā ûnat* eine Woche.

Iûnít, *ûnịt* subst. (A. እውነት፡, G. እምነት፡) Wahrheit, *ien gab-ín iûnít ien* diese Rede ist Wahrheit. *enín ûnít-um áyyaú* das ist nicht wahr. *enin iꞔnìt-is-má* ist das wahr (in Wirklichkeit)? Adj. *ûꞔiteñá* (A. አወ·ነ·ተ·ኛ :) wahrhaftig, aufrichtig, treu.

Anay, áné adv. recht so, schön, gut, ja, wie Ar. نعم gebraucht als Antwort auf einen Befehl, — eine Bitte, vgl. Texte 5, 16. 21. *A ꞔ* v. tert. pers. plur. particip., s. *aǵ.*

Ieꞔ, eꞔ plur. *ꞔáy, -táy* pronom. pers. (Agaum. *eꞔi* plur. *aniꞔa,* Demb., Quara *ꞔì* plur. *ꞔáy,* Bil. *ꞔì* plur. *ꞔáꞔ*) er, plur. sie, §. 219; als Verb. subst. §. 181 c.

Eꞔá, iꞔá und *eꞔá, iꞔá* plur. *eꞔe-, eꞔe-táy* subst. (A. አኛት :) Mutter, *χayéꞔā = χayē eꞔā* Grossmutter, *eꞔá-zin* der Mutter Bruder, — Schwester; Oheim, Tante mütterlicher Seite; vgl. auch *jená.*

Ar subst. coll. (Bil., Demb., Quara, Agaum. *ar*) Korn, Getreide, *ar ꞔìn* Kornkammer, Speicher, Sing. *ará* ein Getreidekörnchen; vgl. Texte 11, 3. 12 u. a.

Ar v. du seiend, s. *aǵ.*

Ir und *ayir* plur. *ìr-, ayir-tān* subst. (Bil. *eǵer* plur. *ikìl*) Vater, *ìr-zin* Vaters Bruder oder Schwester, Oheim, Tante väterlicher Seite, *ìr-t ûnâ* Vaters Weib, Stiefmutter; vgl. Texte 2, 5; 5, 1, 11. 13. 21; 6, 5 u. a.

Ier y v. (G., Ti. ዐየረ :) verläumden, Perf. *ier yun,* Nom. act. *-yánā,* Nom. ag. *-yátā,* Nom. abstr. *-yā* die Verläumdung; *ier y-is* III A verdächtigen lassen, *-y-it* IV A in bösen Leumund kommen, *-y-iš* V A verläumdet werden.

Arbá num. (Quara *arbā,* Bil. *arbíyā,* A. አርባ :, አርብኝ :) vierzig, häufig neben *sizeriꞔen* gebraucht.

Arbá subst. fem. (Bil. *arbá* plur. *árfef, árfûf,* Demb., Quara, Agaum. *arfā* plur. *arf,* cf. G. ወርኅ :) Mond, Monat, *ꞔarê arbā* Vollmond, *χayê arbā* grosser Mond, wachsender Mond, nahe dem Vollmond, *eꞔìn arbā* kleiner, abnehmender Mond, *arbā dízec* der Mond ist zu Grunde gegangen, Neumond ist eingetreten. Plur. *arf, erf* und *àrbe-tán* Monate.

Aríb plur. *aríbrib* und *àreb-tán* subst. (A. አርብ :) Freitag.

Ieríb, eríb plur. *-tān* subst. (A. ረቡ :) Mittwoch.

Erbánā plur. *erfán* subst. (Bil. *erbánā* plur. *erfán,* G. ዕርፍ :, vgl. §. 177) die Pflugschar, vomer.

Ardeχ rad. inus. (cf. G. ለትሕ :); davon *ardeχ-s* III A jemanden dazu bestellen, irgend eine Person blau und weich zu prügeln, halb todt schlagen lassen. *ardeχ-t* IV A von Motten zerfressen werden, taub werden das Korn in Folge von Motten; voll Beulen werden in Folge erhaltener Schläge.

Areg v. (G. አረገ፡) alt werden, Perf. *arg-ún* ich bin alt geworden, Relat. *arg-aú* fem. *-ráy* plur. *-aŋk* alt, bejahrt, *argaw ajún = argún*. Nom. *arge-nát* das Alter. *arg-es* III A alt machen (durch Kummer u. dgl.).

Ergít subst. (A. እርገት፡) das Fest der Himmelfahrt Christi. *Arján* plur. *-ne, -tān* subst. (A. አርጃም፡) die Nileidechse.

Erúk, ieruk plur. *-tān* und *erkúk* subst. (Bil., Agaum. *irkúi* plur. *irkúk*, Demb., Quara *irkú* plur. *-kú*, Galla *ilkā*, Somali *ilig*, Ti. አለሕይ። Zahn, Relativform: der Kauende, cf. كِنْح, كِلَع, كُلّ, G. ሔሕ፡, §⌒⌒⌒ × ◿ ⌣ *hanaq* kauen) der Zahn, *berṭ erúk* Elfenbein.

Ierkáb, erkáb und *erkíb* plur. *-te, -tān* subst. (A. እርከብ፡, ركاب) Steigbügel, -eisen.

Areq I v. (Bil. *ar' i. e.* አርእ፡ wissen, verstehen, Somali und Galla *araq, arag* sehen, beobachten, ⊃᷃◿ᶆ㡮 '*araq* einsehen, begreifen, verstehen, cf. G. ያቀ፡, A. አወቀ፡ cognoscere, vielleicht aus '*anaqa,* '*araqa,* vgl. §. 59) verstehen, kennen, wissen, *küt arqerauk-má χamrá-t* gab verstehst du Agau? *yay, arqákün* ja, ich verstehe es; vgl. Texte. Perf. *arq-ún,* Imper. *aríq!* und *árqe!* Nom. *arqánā* das Wissen; die Wissenschaft. *arqátā* Weiser, Wahrsager, Texte 1, 1. *arq-es* III A wissen lassen, — machen, unterweisen. *arq-eš* V A in Erfahrung gebracht, offenkundig werden.

Areq II v. (cf. G. ረቀየ፡, رَقي) zaubern, behexen, *yit árqeᶜ* sie verhexte mich.

Areq III v. (Bil. *arak,* G. ዐረከ፡, ዐረፈ፡) aussöhnen, versöhnen, Perf. *arq-ún,* Imper. *árqe, aríq!* *arq-es* III A zum Frieden rathen, Friedensvermittlungen anregen. *arq-et* IV A sich versöhnen, Imper. *arqíc!* *arq-eš* V A versöhnt werden und sich versöhnen, wie *arq-et* (G. ተዐረፈ፡). *areq-areq-š* VI A sich gegenseitig versöhnen.

Arem v. (A. አረመ፡, Bil. *arám*) 1. ausjäten Unkraut; 2. verbessern, aussetzen einen Fehler, Imper. *arím!* Nom. *armá* plur. *arem-t* Unkraut, Fehler, Versehen, Vergehen. *arem-s* III A, Imper. *armíš! arem-š* V A.

Armí plur. -*t* subst. (G., A. **አረግ፡, አረግዌ፡**) der Heide,
enis armí 'llā amenaû ieñ das glaubt nur ein Heide.

Arír subst. coll. (A. **አረር፡**) Blei, sing. *àrerá* eine Blei-, Schiess-
kugel, plur. *àrer-tán.*

Aržá plur. *árž-et* subst. (Bil. *arasá* id., A. **አረሰ፡**, G. **ሐረሰ፡**
ackern) der Bauer, Ackersmann. *maháržā* und *maχáržā* (Ti.
መሐረስ፡, A. **ግረሽ፡**) Pflug, -eisen.

Arát plur. -*tān* subst. (Ty., Ti. **አራት፡**, G. **ዐራት፡**) das Angareb,
Bett, bei Tage als Sitzbank benützt.

Aruwá subst. (Saho *arabá*) Gemeindeversammlung, Rathsver-
sammlung der stimmberechtigten Mitglieder eines Dorfes,
einer Stadt.

Arawí plur. -*t* subst. (A. **አርዌ፡**) wildes Thier, *dádā arawít*
die Thiere der Wüste.

Aráyā plur. *aráyi-t* (Demb., Quara *ayā*, §. 44 und 71, Ty. im
Hamas. **አዴ፡** Markt, **አዴግ፡** kaufen) Markt, Bazar.

As rad. inus. (G. **አነስ፡**), davon Relat. *ās-aû* (aus *anes-aû* =
Bil. *nas-áuχ*) männlich, *asô widíl* ein männliches Junges, *āsô*
duχárā ein männlicher Esel, fem. *ôs-ráy* (Bil. *ūs-árī*) weiblich,
ôsrĕ duχárā eine Eselin, plur. *āsauk* fem. *ôsauk* (Bil. *nas-aû*
fem. *ūs-aû*) vgl. §. 59.

Azáj plur. -*je* subst. (A. **አዣዦ፡**) Hofbeamter, *mic azáj* das,
was A. **የንዦሬ፡ አዣዦ፡** Aufseher des Brodes, der die Brod-
lieferungen an das königliche Haus zu besorgen und zu über-
wachen hat; s. *azez.*

Ieslámā plur. *eslam-án* subst. Muslim, Mohammedaner; plur.
plur. *eslamánt* Islam; die muslimische Welt, §. 202.

Azmár plur. -*te* subst. (A. **አዝማሪ፡**) Barde, Sänger, Improvi-
sator, der bei Geigenbegleitung seine Gesänge vorträgt.

Asmárā subst. (i. q. G. **አስማር፡** v. **ሰምሬ፡**) Herbst, Erntezeit,
April bis Ende Juni.

Azín plur. -*te*, -*tān* subst. (A. **አርሴኝ፡**) Bräutigam, Verlobter.

Esíñ, iesíñ plur. -*tān* (A. **ስናዐ፡**, Agaum., Saho, 'Afar, Somali
san) die Nase, *esíñ neχúál* Nasenloch. Adj. *esñ-ú* plur. -*uk* Mann,
dem stets der Nasenschmutz heraushängt, rotzig. Denom. v.
esíñ-t IV A sich schneuzen, Imper. *esíñic!* Nom. *esíñt* der
Rotz; *esiñ-s* III A schneuzen, *esiñ-š* V A geschneuzt werden.

Azuñá, azuñấá der gestrige Tag; gestern (Demb. *anzini*, Quara
anjiñi, Bil. *anjay* gestern), *azuñ χar* Nacht von gestern, die

vergangene Nacht, *azûn kûn* gestern Abends, *azuńú-te grá*
vorgestern.

Osráy weiblich, s. *ás.*

Azez v. (A. ኣዘዘ፥) befehlen, Imper. *azíz* und *ázze!* Perf.
azz-ún, Nom. *azíz* der Befehl, *azáj* (A. ኣዘ፝፥) Befehlshaber,
Aufseher. *azz-es* III A einen Befehl erwirken, Imper. *azziš;*
azz-et IV A gehorchen, Imper. *azzíc*, Inf. *azzetánā* gehorchen,
die Unterwürfigkeit, *azzet-aû* fem. *-ráy* plur. *-ank* gehorsam,
unterthänig.

Assáy interject. (A. ኣሰይ፥) ach wie schön! oh! herrlich!

Esti (A. ኣስኪ፥) interjectio, auf! da! als Aufforderung etwas
zu thun, z. B. *esti! k-ır-n ewaû qûrše quálnā naq* he! gib her
die Thaler, die dir dein Vater gegeben hat, auf dass wir
sie beschauen.

Astan siehe da! voilà! *ástan yi quálesu* da sind sie, sagend,
zeigte er sie (die Thaler).

Aš präpos. bis zu, *Gûndir-il aš* bis Gondar u. s. w., §. 247.

Eš v. (Bil. *iš*, Demb. *es*, Quara *eš, ieš*, Saho *is, iš* 'Afar *is*)
machen, thun.

Ašker subst. (A. ኣሽከር፥) Knabe, Bursche, Jüngling, *ûn' ásker*
Mädchen.

Ašmáyil nom. propr. viri.

Eṣ, ieṣ v. (Bil. *iṣī*, Quara, Agaum. *iš*, vgl. §. 54) fluchen, ver-
fluchen, *eṣá* Fluch, Caus. *eṣ-es*, Pass. *eṣ-eš*, Relat. *eṣ-eš-aû*
verflucht.

Eṣaq, ieṣaq v. (Bil. *inšāq*, Agaum. *inṣaq*, Quara *inšaqü* und
inšaû) senden, Imper. *eṣáq*, Nom. *eṣáq* Sendung, *eṣaqánā*
senden, *eṣaqátā* Sender, Caus. *eṣaq-s* und *eṣa-s*, Pass. *eṣaq-š,
eṣa-š*, Nom. *eṣaqšata* Bote, adject. relat. *eṣa-š-aû* gesendet.

Aṣeṣ v. (Ty. ጸጸ፥, G. ጸጠጠ፥) schmal, enge sein, adject. relat.
aṣṣ-aû enge, *ien mirá-n aṣṣ-áû ień* diese Thüre ist enge.

Ezuw v. (Bil. *inšaû*, G. ዐጸው፥) binden, Imper. *ezû*, Perf. *ezw-ún*,
Inf. *ezw-ánā* Bindung; concr. Stall, in welchem die Thiere
angebunden werden. Caus. *ezû-s*, Pass. *ezû-š;* vgl. *mišqā* Band.

Et, iet (Bil. *int*, Agaum., Demb., Quara *int*) v. I ungebräuch-
lich, *et-et* IV A (Bil. *intar*) kommen, Texte 1, 2, Note 4.

Etigi subst. (A. ኣቲዝ፥) Königin.

Atená plur. *atín-te* Bleistift.

Eṭán (A. ኣጠን፥) Weihrauch.

Eṭín, *ieṭín* adject. (A. ቀ፝ጭ፝ን ፡, Ti. ቀጣ፝ን ፡) klein, *eṭín sibā* kleine Ortschaft, Dörfchen, *eṭín abā* kleiner Berg, Hügel, *zin eṭín* der jüngere Bruder, *eṭín arbā* abnehmender Mond; Nebenformen *ieçín*, *eçín* und *ieçíñ* (Quara *iyen*).

Aṭár plur. -*tān* subst. (A. ኦጣ፝ሬ ፡) Krämer, Kleinwaarenhändler.

Atréñ subst. coll. (Bil. *atarsaná*) bestimmte Schotenfruchtsorte, sing. *átreñá*, §. 176 Anmerk.

Eṭíš y v. (G. ዐጠሰ ፡) niesen, *eṭíš yun* ich nieste, §. 89.

Aú (Bil., Demb., Quara *aú*, Agaum. *ay*) wer, welcher? *ien efurá-n aú ieñ-á* wer ist dieser Knabe? *ien efera-žán aú ñir-á* wer ist dieses Mädchen? *ied gilgú-t aú-tāy-á* wer sind jene Männer? — *aú-l* wo, wohin? *kút aú-l gáayiter-á* wo wohnst du? *yi zin aú-l firú* wohin ging mein Bruder? — *aú-t* wo, wohin? *Birrú aú-t ieñ* wo ist Birru? *aú-t firú* wohin ging er? — *aú-ti-s* woher? *aú-ti-s etetrú* woher kommst du? — *aú-n* wann? *k-īr aú-n krú* wann starb dein Vater? §. 232 ff.

Aú y, *awá y* v. (vom obigen gebildet) wie sich befinden (Bil. *aú aǵ*, vgl. §. 233, Note 2), *awá yir kúrú* wie geht es dir? *awá y kúu (kū)* wie geht es ihm? *awá yir kúc* wie geht es ihr? *awá yiñ kuñ* wie geht es ihnen?

Ew, *ñw*, *iuw* v. (Bil. *'uw*, ኦወ ፡, Demb., Quara *iuw*, *iú*, Saho, 'Afar *hawa*, Ti. ሀሰ ፡, G. ወሀወ ፡) geben, Imper. *iú*, Perf. *iuw-ún*, Inf. *iuw-ánā*, Nom. ag. *iuw-átā* Geber, adject. relat. *iuw-aú* gebend, *iúnat* Gabe, Caus. *iú-s*, Pass. *iú-š*.

Aúcán-ā plur. -*te* subst. (aus *aúc-ánā*, §. 177; vgl. auch §. 74) Katze, *aúcán gilúwá* Kater, *aúcán χúrá* junge Katze, *bit' aúcánā* Wildkatzenspecies, A. ኦፍ፝ን ፡ genannt, *aúcán mirā* kleines, vierfüssiges Thier von der Grösse einer Maus, A. ዖጠ ፡ genannt, *aucán χìcelá* Katzenkralle.

Aúcár-ā plur. -*t* Aloe.

Awáj und *awíj* (A. ኦፆ፞ ፡) königliche Proclamation.

Awál (Ti. ኦፆል ፡) Junges, *awál firzā* Fohlen, junges Pferd.

Aúlá (A. ዐወ፝ሎ ፡) Sturm, auch *aúlá nefás* Sturm, -wind.

Añu (A. ኦሀ፝ን ፡) jetzt.

Aúr plur. -*tān* (Bil. *aǵúar*, Demb. *agúē*, *aχúē*, in Quara *away* aus *agúar*, vgl. s. v. *uǵā*) Kopf, *ab' aúir* Berggipfel, *aúr bit-aú* kahlköpfig.

Ewār Spiel, s. *wār*.

Aúraš-ā plur. -*te* (A. ኦወ-ሬ-ሪሰ ፡) Nashorn, Rhinozeros.

Awes v. I verfertigen, Imper. *awíś*, Perf. *aws-un, aûs-un*, Caus. *awes-s*, Pass. *awes-t*.

Aûsáná Palmsonntag, A. ሠዓዕ፡.

Ewet, iewet v. (Bil. *bit*, Demb., Quara *bit*) satt, reich sein, *ewet-úu* ich bin satt geworden; adject. relat. *ewet-aû* fem. *-ráy* plur. *-auk* satt, reich, *ewtá* Sättigung, Fülle, Reichthum. *Ay* Interject. o! ach so! *ay duwī au-ā* so, krank ist er geworden?! *Aiyaû, aiyô* nein, s. *ayyaû*. *Aiya-t* ohne, s. *ayyat*.

Ayá, Nebenform von *hiyá* (s. d.) Sommer, trockene Jahreszeit; vgl. §§. 55, 67, 71.

Aybír plur. *-te* subst. (Bil. *abir*, Ti., A. ኣደበት፡, §. 43 c) grosser Getreideschlauch aus Kuhleder.

Aymirá subst. (Quara *aymiyā*) Silber, *aymirim-ā* plur. *-t* silberfärbig, *aymirimā luwá* graugefleckte Kuh.

Ayir subst. Vater, s. *īr*.

Ayer I (§. 45 und 47) v. I neu sein, sich erneuern, adject. relat. *ayír* fem. *-dáy* plur. *ayr-auk* neu, frisch, jung. *ayr-s* III A erneuern, Imper. *ayríś, ayer-š* V A erneuert werden.

Ayer II (Bil. *ašir*, Ti. ዐፀደ፡, A. ኣጸደ፡, §. 44) v. I mähen, schneiden (Gras, Korn), Imper. *ayír*, Perf. *ayr-ún, -du, mayír* (Ti. ማፀደ፡, A. ማጸደ፡) die Sichel. Caus. *ayr-s*, Pass. *ayr-š*, adject. relat. *ayr-š-aû* gemäht, geschnitten.

Ayya-t ohne, *yi-t áyy-a-t īeterú* er kam ohne mich, *kü-t ayy-ra-t* ohne dich u. s. w., von *aǧ*, vgl. §. 149.

Ayyaû, ayyô nein, es ist nicht so, Gegensatz *yay* ja, es ist so, s. §. 165.

B.

Bi (Bil. *bĭ*, Quara *bī*, 'Afar *bā*, Saho, Somali *way*) v. I entbehren, nicht können, abgehen, mangeln, Präs. *b-aukŭn; genzíb bauk* es geht das Geld aus, Perf. *b-un, be-ru, bi-c* u. s. w. (vgl. s. v. *el* Auge), Partic. *bĭ, bĭ-r* u. s. w. entbehrend, *sanánā bi ñi ti-t iedawī* da er nicht aufladen konnte, blieb er allein zurück. *ñitá genzíb-dī b i ñ wátryñ* ihr Geld nicht gefunden habend, kehrten sie heim. Adject. relat. negat. präs. *b-ě-k-er, bār, bāû, bāy, báynak, bayrnak, bayauk* ich, du u. s. w. nicht entbehrend, d. i. ich bin nicht ohne, *genzíb běker* ich habe Geld. Adject. relat. negat. perf. *biker, bīr, biyaû, biyáy,*

bīnak, bïrnak, biyauk ich, du u. s. w. nicht im Mangel gewesen,
genzíb biyaû oder *genzíb-im biyaû* er war nicht ohne Geld. *bi-t*
entblösst, kahl sein, adject. relat. *bit-aû, aûr bit-aû* kahlköpfig.
Bába plur. *bab* subst. (Bil. *bámbā* plur. *bānf*, A. **ባምበ፡** auch
ሾለ፡ genannt) besondere Species von Sykomorenbaum; in
Lasta: *pábā*.

Būbū y v. (A. **ቡ፡ አለ፡**) Bellen, vom Pavian gebraucht.

Búdā (A. **ቡዳ፡**) Wehrwolf, Mann oder Weib, sich bei nächt-
licher Zeit in eine Hyäne verwandelnd, um Menschen und
Thiere anfallen und fressen zu können.

Búddī (vgl. Galla *abode*) die Faust.

Bidíd Blattern, Pocken (Ty. **ቢዶዶ፡**, Agaum. *búzi* bei Beke,
busi Waldm.).

Bidel (A. **ቢደለ፡**), v. I schädigen, beschädigen; beleidigen,
Imper. *bidíl*, Perf. *bidl-ún*, Nom. *bidíl* Schändlichkeit, Sünde,
Vergehen, *bedlá* Schaden, Caus. *bidel-s*, Pass. *bidel-š*.

Begá plur. *big* (A. **በግ፡**, G. **በጎፅ፡**) Schaf, *ein begā* Schafbock,
ôsráy begā Schaf, *begá gilawá* männliches Lamm, schon zeu-
gungsfähig, *gilgíl begá* junges Lamm, *big deχrá* Schafmist,
big qerbí Schafhaut, *big ṣefíq* Schafwolle.

Bôgā postpos. (wohl aus *bô* + *gūā* Stirn-seite) bevor, ehe, vgl.
§. 250 und 251.

Beçá plur. *bùçetán* (A. **በጭ፡**) adject. gelb; gelbe Farbe.

Biçíç y v. (A. **በጭቀ፡ አለ፡**) blassgelb aussehen, adject. relat.
biçíç y-aû fem. *-yi-ray* plur. *-y-auk* blassgelb (vom mensch-
lichen Gesicht).

Becuwá plur. *becû* Leopard, Panther.

Bijeq, bijeg (Bil. *bajaχ*, G. **በጅኅ፡**) v. I sich vermehren, viel
werden, Nom. *bijeqá* plur. *bijíq* Menge, adject. relat. *bijeq-aû*
fem. *-ray* plur. *-auk* viel, zahlreich. *bijíq* (= G. **በዝኅ፡**)
adject., *bijíq genzíb* viel Geld, *bijíq zibín* lange Zeit, plur.
ebenso: *yi farz-ís yi duqál-de bijíq* meine Pferde sind zahl-
reicher als meine Esel = ich habe mehr Pferde als Esel.

Báher und *bar, bor* subst. (A. **በሕር፡**) Bach, Fluss; See, Meer,
χamrá-t hagír bijíq báher ẓayaû das Agauland hat viele Flüsse.
báher digūrá Klippe, *báher máylā* der Mais, zea mais.

Beχit-á plur. *beχít* (A. **በኽት፡**) das Aas.

Bek y (Saho *bukā* Höhe) hinaufsteigen, -klettern, Perf. *bek y-un*,
Imper. *bek yī* und *bekí*, Caus. *bek yi-s* und *bekīs*.

Buḳ̆ărtá plur. *buḳ̆ărt* (A. **ብርቱ፨ :**) Steinbrod; der Teig wird zu einer Kugel geformt, dann ausgehöhlt und in diese Höhlung ein glühender Stein gelegt, hierauf wird diese Oeffnung wieder mit Teig geschlossen und die Kugel in glühende Asche auf etwa drei bis vier Minuten gelegt, wodurch der Teig von Innen und Aussen zugleich gar wird.

Baḳ (Bil. *baụḳ*) v. I gerinnen, sauer werden (Milch), Perf. *baḳ̂-u*, öfter *ba-û* sie gerann, *baḳ̂* der Rahm, Caus. *ba-s;* vgl. s. v. *mi* und *micā.*

Bâḳilá plur. *baḳû̂l, -t* (A. **ባቄላ :**) Bohne, Ar. فول.

Biḳŭl und theilweise *biḳel* (G. **በቀለ :** und **በቅለ :**, A. **በቀለ :**) v. I wachsen, gross werden, Imper. *biḳíl,* Perf. *biḳl-ûn, biḳŭl-dú,* Inf. *biḳlánā* wachsen, Wachsthum, *buḳlá* plur. *buḳŭl* Pflanze, Caus. *biḳul-s* und *biḳel-s* zum Wachsen bringen, pflanzen, *biḳŭl-s-es* III B pflanzen lassen.

Biḳlā plur. *biḳíl* (A. **በቅሎው :**, G. **በቅላ :**) Maulthier, *biḳíl ńin* Maulthierstall.

Boqes v. (i. e. **ብቀስ :**, Bil. *bâqŭs*) ausreissen, -raufen (Haare, Gras), Imper. *boqûs,* Perf. *boqs-un,* Caus. *boqes-s,* Pass. *boqeš-š.*

Bal (A. **ባል :**, G. **ባዓ :**) Festtag, *amír bal* Neujahr (Jahresfest).

Bílā plur. *bil, -tān* (Galla *balbalā,* A. **በር :**) Thüre, als Verschluss; vgl. *mirā.*

Bil (Quara *bel*) v. I sieden, brodeln, aufwallen, kochen (intrans.), adject. relat. *bl-aû* kochend heiss; die Brühe, Fleischsuppe; vgl. *bir* II.

Bil subst. collect. (A. **ብል :**, cf. G. **ባዕ :**) Motten, sing. *belá;* Plur. plur. *bil-le* Mottenschwärme.

Bull-á (A. **ቡላ :**) Isabellenfarbe (von Pferd, Kuh), *bullá firzā* Pferd von Isabellenfarbe = isabellenfärbig.

Bàlbalá plur. *bálbal* (A. **በል :**) Ast, Zweig.

Balbiêt (A. **ባለቤት :**) Herr! in der Anrede an den Hausvater, vgl. *ammiêtā.*

Bulád (A. **ቡላድ :**, فالوذ, פְּלדָּה) Feuerstahl, zum Feuerschlagen.

Balgi (A. **በልግ :** Bauer) adject., fem. *bàlgi-ráy* plur. *balgît* gemein (von niedriger Herkunft, Gegensatz *oχûršátā* adelig, vgl. s. v. *χûr*), ungeschlacht, roh, grob.

Balejiñā (A. **ባለጅኛ :** *bāla-eji-ñā*) Diener, Knecht, Gegensatz *girîd* Magd.

Belçit (A. ብልጭት፦) Feuerstein.

Belhát (A. ብልያት፦) Handwerk, *belhatiñá* plur. *belhatin-te* Handwerker (Schuster u. s. w.).

Balimṭ-ā plur. *balímṭ* subst. (wahrscheinlich aus በል ፦ ዐሞፐ ፦) der schwarze Panther, wegen seines Felles besonders geschätzt; nur hochgestellte Personen haben das Recht, solche Felle zu tragen; A. heisst dieses Thier ጎ/ሥል፦.

Bullímtā plur. *bullimt*, *bullimtān* (in Wag), Nebenform *pullímtā* (in Lasta) Rind oder Pferd von schmutzigweisser, gelblicher Farbe, das was A. ቡⶱል፦.

Biles v. I ausbohren (mit dem Bohrer), Imper. *biliš*, Perf. *bils-ún*, Caus. *biles-s*, Pass. *bileš-š*.

Bilís (A. በለስ፦), auch *bilís ferá* die Frucht vom ficus pseudocarica, *bilis saf* der Feigenbaum, das was *biñsā* (s. d.).

Bultiñ-á (auch *boltiñā*) fem. -*ī* plur. -*it* und *bultin-t* (A. ቧልተኛ ፦) spottsüchtig.

Baltít (A. በልቲት፦) Witwe.

Bin I plur. -*t* (Bil. *baná* plur. *fan*, von *ban* den rechtmässigen Antheil geben) rechtliche Forderung, Lohn für eine gethane Arbeit; Schuld, debitum für eine gelieferte Arbeit (Gegensatz *edúā* Schuld durch dargeliehenes Geld contrahirt), *bin gúriyá* Schuldner an Dienstleute, *an bin ẓaqár* ich habe Schulden (an Arbeitsleute), *bin nasún* ich stürzte in Schulden, *bin-ú* fem. -*ī* plur. -*uk* verschuldet, *binú aǰ-ún* ich kam in Schulden, wurde verschuldet; *bín-d-ū* = *binú*.

Bin II (A. ብኅኅ፦) v. I mit Schrecken aus dem Schlaf fahren, Perf. *bin-ún*, *bin-dú* u. s. w., Caus. *bin-s* aufschrecken Jemanden, Imper. *biniš*.

Búnā plur. *būn*, -*t* (A. ቡን ፦) Kaffeebohne. *bin* v. I denom. Kaffee brennen, Imper. *bin*, Perf. *bin-ún*, *bin-dú*; *bin-s* III a, *bin-t* IV a, *bin-š* V a.

Bíndū Nom. pr. m., s. *bin* II, vgl. §. 207 und 209.

Bándras (A. በ₽ራስ፦) Pferdeaufseher, Oberster über das Gestütwesen.

Binen (cf. A. ዐኅዐኅ፦) v. I an Heimweh leiden, abmagern vor Sehnsucht nach dem Vaterlande, Perf. *binn-ún*, *bínne-rú*, Nom. *bennú* das Heimweh. Caus. *binn-es* Heimweh verursachen, *binn-eš* V a, von Heimweh befallen sein.

Bar plur. -*t* See, Meer (Quara *bār*), Nebenform zu *baher*.

Bar (Bil. *bār*, Agaum., Demb. *bay*, Quara *bē*, *bi*) v. I lassen,
unterlassen; verlassen, Imper. *bar*, Perf. *bar-un*, *-du*; *bar-s*
III A untersagen; fortschicken, entlassen, Imper. *bariš; bar-es-s*
III B fortjagen lassen, *bar-š* V A entlassen werden.
Bárā plur. *bar* (A. ባርያ ፡) Sklave, *bar' ānā* Sklavin, *bárnat*
Sklaverei.
Bir (A. ብርዕ, ብርዕ ፡) Schreibfeder, Calamus.
Bir I (A. በረረ ፡) v. I fliegen, Perf. *bir-un*, *-du; bir-s* III A
freilassen (den Vogel).
Bir II (Bil. *bir*) v. I 1. heiss, warm werden, — sein, 2. frisch,
jugendlich, gesund sein; Perf. *bir-ún*, *-du* u. s. w., adject.
relat. *bir-aû, br-aû* fem. *br-dáy* plur. *br-auk* heiss, frisch, ge-
sund, stark, *br-ū* fem. *-ī* plur. *-uk* stark geworden, *sená brū*
stark an der Brust. *bir-s* III A erwärmen, erhitzen, *bir-s-s*
III B erwärmen lassen ; vgl. *bil.*
Bir subst. collect. Blut, sing. *ber-á* ein Blutstropfen (Bil.,
Agaum., Demb., Quara *bir*, *ber*, Saho *biló*, Bedauie *buy* Blut,
vgl. *bir* II), *dirán brā* Milchtropfen, aus der geritzten Syko-
more hervorquellend.
Birā plur. *bil*, *bíl-le* (A. በሬ ፡, G. ብሀሬይ ፡) Stier als Zug-
und Saumthier, *çin birā* Zuchtstier.
Berú nom. propr. masc. = Ty. ብሩኽ ፡.
Bôr, bôr oχŭr der erstgeborene Sohn, s. *baûr.*
Borā plur. *bor* See, Meer.
Bórā plur. *bōrínt* (A. በራ ፡) adject. Pferd oder Rind, mit einem
weissen Streifen auf der Stirn behaftet.
Burá (Bil. *buġrā*) Mehlgrütze, A. ንፍሮ ፡ genannt.
Birbir (A. በረበረ ፡) v. I auf Razzia, auf einen Raubzug aus-
gehen, Imper. *birbír*, Perf. *birbr-un*, *birbir-du* u. s. w., Inf.
birbiránā auf Raub ausgehen; Raubzug, *birbirátū* Räuber,
birbir s III A.
Birber-á plur. *-t* (A. በርበሬ ፡) rother Pfeffer, Paprika.
Birid (A. በረድ ፡) Hagel; sing. *berdá* ein Hagelstein, -korn.
Barúd (A. ባሩድ ፡) Pulver; sing. *barúdā* ein Pulverkörnchen;
plur. plur. *barūdánt* Pulvervorräthe.
Birçeqó plur. *-t* (A. ብርጭቆ ፡) Trinkglas.
Berhán (A. ብርሃን ፡) Licht.
Bàreχá, bàreġá (Ti. በረሀ ፡, Ty. በረኻ ፡, A. በረሃ ፡) die Wüste.

Birkit (A. ብረኽት ፡) Ehrengeschenk an höher gestellte Personen, *birk-es* (aus *birkes-s = birket-s*, vgl. §. 38, Note 1) III A ein Ehrengeschenk geben, Imper. *birkiš*, Caus. *birk-es-es* III B ein Ehrengeschenk geben lassen.

Bireq (A. ብረቀ ፡) v. I blitzen, *berqá*, *bṛqá* der Blitz.

Burqán plur. *-t* das Ruder.

Birili plur. *-t* (A. ብርሎ ፡) Krystall, Glas.

Bṛmik-ā plur. *-te* Fischangel.

Brind (A. ብፍንያ ፡) rohes Fleisch, mit Pfeffer gegessen.

Birre plur. *-t* subst. (A. ብር ፡, vgl. *bilā* und *mirā*) Zollplatz, -stelle, Mauthhaus. Adject. *bír-ū* bei der Mauth bedienstet, Zöllner. *Birrā* nom. propr. masc.

Birit (A. ብረት ፡) Eisen.

Baritā plur. *barit* (A. ባረት ፡) Nachttopf.

Berṭá plur. *birṭ* (cf. Somali *merodi*) Elefant, *berṭ eṛuk* Elfenbein.

Birtụ́k Backofen.

Baruw v. I auflockern die Erde mit einem Karst, Imper. *barû*, Perf. *baruw-un*, Caus. *barû-s*, Pass. *barû-š*.

Bas (A. ባሰ ፡) v. I Einschnitte in die Haut machen, um Blut ausfliessen zu lassen, zur Ader lassen; tätowiren, Caus. *bas-s*, Pass. *baš-š*.

Biz (Bil. *bid*, Quara, Agaum. *biz*, *bez*) v. I öffnen, Imper. *biz*, *biž*, Inf. *bizánā*, Nom. ag. *bizátā* Schlüssel; *bit* (wohl aus *biz-t?*) IV A offen stehen, — sein, *mirá bit winú* die Thüre stand offen, Nom. *bitô* Oeffnung (*bit-aû* adject. relat. für *bis-t-aû?*).

Basbas (Ti. ባኅባኅ ፡, A. ባsባm ፡) v. I mit Wasser vermengen (das Mehl, den Kalk u. s. w.), Imper. *basbás*, Perf. *basbas-un*.

Bisíq subst. coll. Binsen, sing. *bisqá*.

Bisír subst. coll. act. (A. መስር ፡, G. ብርስን ፡, بلس, بلسن) Linsen, sing. *bisrá*.

Bázrā plur. *bazír*, *-t* und *baris* (A. ባዘሬ ፡) Pferdestute.

Baẓ v. I spalten, auseinanderreissen, Nom. *baẓ* Hacke, Beil, Caus. *baẓ-es*, Pass. *baẓ-cš*.

Bat (A. ባበ ፡) v. I beginnen (nur vom Monat gesagt), *batu* der Monat hat begonnen. Nom. *bátā* Anfang des Monats.

Bit (Bil. *bit*) Staub, Erde, ṣará bit (weisse Erde) Kalk.

Bitá plur. *bit* in *bit aûcánā* (s. d.).

Bitlā plur. *bitíl* (A. መንተሎ ፡) Hase.

Biṭlā plur. *biṭíl* Wolf, das was A. ተዙስ ፡.

Biten (Quara *batan*, A. በተነ፥) v. I ausstreuen; verschwenderisch sein, sein Geld verwerfen, *bitnátā* Verschwender.

Bettā plur. *hítte* (Bil., Quara *bitā*, Agaum. *yinti*) Laus.

Baw (Agaum. *bū*) v. I auf dem Rücken tragen, *baû-s* III A auflasten Jemandem eine Bürde.

Baû, bô plur. -*t* (Demb., Quara *bo*) 1. Stirn, 2. Postpos. vor, *laû girga-s baû* vor einem Tage, auch *baw-il, baûl*; 3. schon, bereits, adv., vgl. §. 251.

Baw-ā, baw plur. -*t* (A. ቧዖ፥) grosse Kürbissorte mit sehr bitterem, ungeniessbarem Fleisch; ausgehöhlt dient diese Frucht als Gefäss für Butter u. s. w.

Biwā plur. *biw* (G. ቢዋ፥, vgl. §. 74) Flusspferd, Hippopotamus.

Baûr (G. ባዕር፥) 1. der erstgeborene Sohn, in diesem Sinne meist in *bôr* zusammengezogen, *bôr oχúr* der erstgeborene Sohn, *bôrĕdín* dasselbe = der erste; 2. *baûr* selten in *bôr* zusammengezogen (بِكْر, formell vgl. بَاكُرْ) Bezeichnung für junge weibliche Thiere, die noch nicht besprungen sind, *baûr fiçerá* junge Ziege.

Biûs subst. coll. (A. ባለስ፥) Feigenbaum, ficus pseudocarica, sing. *biûsā*.

D.

-*d, -de* 1. demonstrative Partikel, *ied firzá-d yū* jenes Pferd ist mein, *iezzāy efár-dá aû-táy-ū* wer sind jene Knaben? s. §. 227; 2. Genetivzeichen, *zin-d uqŭr* des Bruders Sohn, s. §. 207.

-*dī* postpos. für -*tī* 1. beim Object *y' ár-dī suŭru* du hast mein Korn gestohlen, s. §. 212; 2. bei, an, *an fitan-dī* wenn ich gehe, s. §. 146.

Day v. (A. ዳ፡ ኸለ፥) saumselig, langsam sein bei der Arbeit, adject. *dateñ-ā* (vgl. *datini* langsamer, bei Waldmeier) fem. -*ráy* plur. -*it* langsam, träge.

Dāb, auch *ṭāb* und *tāb* subst. coll. (Quara *tāb*, Agaum. *táffi*, A. ጣፍ፥) Getreidesorte, Poa abessinica, sing. *dábā* ein einzelnes Korn.

Dábā plur. *dab* (A. ዳብ፥) eine Taubensorte mit weissem Halsstreifen, *dab gíluwá* der Tauber, *dab sifír* Taubenhaus.

Dábā plur. *dab* (A. ዳብ፥) eine bestimmte Brodsorte; *dabtas* (A. ዳብ፡ ቶለው፥ genannt) andere Brodsorte, aus *dabā* + *taks*, vgl. *dikŭs*.

Dib (Bil., Demb., Quara *dab*) v. I bedecken, zudecken; begraben, beerdigen, *dibánā* Deckel; Riegel an der Thüre zum Verschliessen, *dib-s* III A verdecken lassen, *dib-t* IV A sich verdecken, zudecken, *dib-š* V A bedeckt werden, *dibšátā* Leichnam, der bestattet wird.

Dibüb (A. ደብብ፥) der Süd, §. 20.

Dabtás Brodsorte, s. *dabā*.

Dibyá plur. -*it* und *dibyán-a* plur. -*t* Säule.

Dad (Bil., Quara *dād*) v. I treten, niedertreten; schreiten, *dad* Schritt, Tritt, *dadnā* = *dad*; Caus. *dad-s*, Pass. *dad-š*.

Dádā plur. *dād* (Galla *dida* Wüste, cf. G. ደደ ፥ ህ ፡ ዏዳ፥) die Wüste, Steppe, der freie Raum ausserhalb des Dorfes.

Dedá (A. ደዳ፥) stumm, taub, dumm.

Dadíd y (A. ዳዲን ፥) aufgewühlt, trübe sein (Wasser), adject. relat. *dadíd yaû* (und *dadijaû*) fem. *dadíd yiráy* (und *dadíjray*) plur. *dadíd yauk* (und *dadijauk*) trübe, aufgewühlt.

Diden v. (A. ደንደን፥) dick, umfangreich, fett sein, Relat. *didn-aû* fem. *diden-dáy* plur. *didn-auk* dick.

Difár (A. ደፋር፥) adject., fem. *difar-dáy* plur. -*auk* tapfer, muthig.

Dag (Saho, ʼAfar *dag*, Galla *tuqa* [Tutschek], ት፡ቀ፥ [Maier], Bischari *tak* berühren) v. I berühren, antasten, *dagdag* II abgreifen, *dag-s* III A, *dag-š* V A.

Dig (Bil., Demb., Quara *dāg*) Postpos. über, auf; gegen; wegen; s. §. 256.

Dugŭlá bestimmte Brodsorte, A. ርጕ°ጠ ፥ genannt; cf. Ty. ዱ፡ጉ፡ሱ° ፥ pain cuit sous la cendre, Abbadie.

Dugŭlšā bestimmte Brodsorte, für die Reise bestimmt, A. ዏ°ጉዓ፡ቈ፥ genannt.

Degrá und *dezrá* plur. *dizer* subst. (Bil. *dagrá*, Demb., Quara *dagrā*, Agaum. *dozrī*) Dreck, Mist, *big degrá* Schafmist, *dukül degrá* Gazellenmist, *dizer hesá* Mistkäfer. Denom. v. *dizer* cacare, Perf. *digr-án*, *dizer-dú*, Imper. *digír!* Nom. *digr-ánā* Abort.

Digŭrá plur. *digŭr* (Bil. *dingŭrá*, Ti., Ty. ደንጐስ ፥, A. ደንገ፡ ፥ Felsblock) Stein, *báher digŭrá* Flussstein, Klippe, *sahlán digŭrá* Wetzstein; Nebenform *dirgŭā*.

Doges (ደጕስ ፥, A. ደጕስ ፥) v. I 1. zusammenpressen, -drücken (Gegenstände); eindrücken, -pressen, z. B. ein Zeichen mittelst

eines Stempels (cf. G. ደ7ግ፣, ڡٮٮۂ, ףﬠד pungere); 2. aus-
winden (das gewaschene Kleid), Imper. *dogíš*, Perf. *dogs-un*,
Caus. *dogs-es*, Pass. *dogs-eš*.

Dejazmáč (A. ደጃዝማጭ፣) Gouverneur.

Dexá (A. ደኅ፣) arm, *A. dexá* A. ist arm, *dexá-m ayyaû* er
ist nicht arm; fem. *dex-ráy* plur. -*auk*.

Dihen und *dan* v. (Ty. ደኅን፣, A. ፃን፣) entkommen einer Ge-
fahr; gesund sein. Nom. *dihná* und *daná*, Gesundheit, Wohl-
befinden, *dehná-s ci* schlaf wohl! *dehná-s* (oder *dehná*) *ciru-má*
guten Morgen! (hast du gut geschlafen?), *ayír dehná iokú*,
iná suwitráy der Vater ist gesund (bei Gesundheit), die Mutter
aber krank. Adject. *dehn-ú* fem. *dehn-ī* plur. *dehn-uk* gesund.
Dán-s III A erretten, *dan-š* V A errettet werden.

Duxárā und *duǫárā* plur. *duǫal* (Bil. *duǫárā* plur. *duǫāl*, Agauu.
doghari [Beke], *duxari* [Waldm.], *doquara* [Salt], Demb. *dugara*
plur. *dugalt*, Quara *deûrī* [aus *degûrā*] Esel, vgl. Galla *don-
gora* Maulesel, Somali *daber* Esel und A. ꜰበ&ᎠᎾ Waldesel)
der Esel, *ôsráy duǫárā* Eselin, *duǫál fendiyá* Eselmist. Adject.
duǫar-iň-ú fem. -*i* plur. -*uk* störrig, eigensinnig, §. 69, Note 2;
§. 176.

Dik postpos. bei, zu, hin, s. *tik*.

Dikū I und theilweise *dik* (Bil. *dauk*) v. I passiren, vorbei-,
vorüberschreiten, Imper. *dik*, Perf. *dik-un*, *dik-ru*, Caus.
dikū-s passiren lassen, vorbeiführen, Pass. *dikū-š*.

Dikū, *duk* sprechen, s. *duq*.

Duklá plur. *dukúl* (A. ደከላ፣), auch *duklá* plur. *duxúl* Anti-
lope decula Rüpp.; vgl. auch *siriyá*.

Dikám fem. -*ray* plur. -*t* (A. ደከም፣) schwach, sowohl in
physischer als geistiger und moralischer Beziehung, *ňir gúryá
dikám winu* ihr Gatte war schwach *dekm-ú* id., §. 160.

Diker und *dakar*, selten *daqar* (Bil. *daqar*, G. ደቀሬ፣) v. I
entlassen, scheiden (die Frau), fortschicken.

Dikūs v. I anzünden, s. *tikūs*.

Dukūsyá besondere Brodsorte, A. ꜰንበ፣ genannt, beschrieben
von Abbadie, Dictionn. de la langue Amar. pag. 889 a.

Duq, in Wag *duk* (Bil. *duw*, Quara *duw*, Agauu. *dokwi* [Beke],
d. i. ደሱ፣) v. I sprechen, sagen, das Wort an Jemanden
richten, Imper. *duq; yo ânát-et duq* sag' mir die Wahrheit!
duqtá sage nichts! Perf. *duq-un*, *duq-ru* u. s. w., *kutá qurá*

siná yac yi dúqu ‚Ihre Tochter begehrt Butter‘ sagend, meldete er. Inf. *duqŭánā*, Nom. *duquá* plur. *duq* Wort, Rede, *duquátā* Sprecher. Caus. *duq-s*, Pass. *duq-š* und *duqŭ-št*.

Daqur v. entlassen, scheiden, s. *diker*.

Duqárā Esel, s. *druárā*.

Dáqŭsá und *daqisá, daqsá* (Demb. *ayodaša*, Quara *ahodaŭša*, d. i. *aqŭa* Wasser + *daša, dauša* aus *daqŭsā*, cf. G. ደቈ፡) der Frosch.

Dil v. I (A. ደለ፡) bestimmen, festsetzen, befestigen; ansetzen (eine Zeitfrist), Imper. *dil*, Perf. *dil-un, -du*, Nom. *dilnā* Bestimmung, *dil* festgerammter Sitz, Bett: Caus. *dil-s*, Pass. *dil-š*.

Delúm plur. *-t* (Ty. ደለም፡) Schlauch, gleichbedeutend mit *hirbā*.

Dumdum v. (A. ደመደመ፡) stumpf werden, Relat. *dumdum-aŭ* stumpf.

Dumdumát (A. ድምድማት፡) Balken unter dem Stubendach, Dippelbaum.

Dimeq v. I ungebräuchlich, *dimq-eš* V A reflexiv: sich begegnen, zusammentreffen, *dimq-es-s* V B zusammenführen.

Dimená plur. *dimín* (A. ደመና፡) Wolke, *diminqist* Regenbogen.

Dümená Mühlstein, Reibstein, auf welchem das Korn gerieben wird, *dümín χar* (Mühlstein-Kind) der Reiber, mittelst dessen das Korn gerieben wird.

Dan v. gesund sein, s. *dihen*.

-din (aus *d + in*) demonstr. *yiná hin-din aŭl-á* wo ist denn unser Haus? s. §. 230.

Dunkŭán (A. ድንኳን፡) das Zelt, *dunkuán nib* Zeltstange.

Donqŭer und *donqŭr* (A. ደንቈረ፡) v. I taub sein; adject. relat. *donqŭr-aŭ* fem. *-day* plur. *auk* taub, *laqsešaŭ donqŭr* taubstumm. *dunqŭr-s-átā* Nom. ag. von III A sich taub stellend, d. i. trotzig, widerwillig.

Dir (A. ደር፡) Gebüsch, Wald: Wüste.

Dirbe (A. ደርብ፡) Stockwerk; *dirbe* ist zunächst der erste Wohnraum im Hause, das Erdgeschoss, Raum über dem Keller; über jenem *häatrá dirbe* der zweite (eigentlich erste) Stock, *šakuatrā dirbe* dritter Stock.

Dirgŭá Stein, s. *digŭrá*.

Diruná plur. *dirukán* (Bil. *dargina* plur. *darkán*) ficus bengalensis L., das was Amh. *wárka*.

Dray plur. *drayt* (Bil. *dirār*, Ti. **ያፈር፡**, vgl. §. 51) das Abend-
essen, die Abendmahlzeit, *an dray χūn* (aus *χŭ-ŏn*) ich ass
zu Abend.

Dis y (A. **ያሕ፡ አለ፡**) sich freuen, froh, heiter, vergnügt sein,
distá Freude, *genzib jŭaná χayañ distá* Geld zu bekommen
ist ein grosses Vergnügen. Adject. *dis-t-ú* fem. *dist-i* plur. *-uk*
lustig, heiter, froh; adject. relat. *dis y-añ* fem. *-iray* plur.
-auk froh, heiter, negat. *dis y-aw-um* fem. *dis yiyay-im* plur.
dis yiyaukŭ-m unzufrieden. *dis yi-s* III A erfreuen.

Diz v. I 1. verschwinden, untergehen, zu Grunde gehen (Bil.
did, Demb., Quara *dez*), *arbá díz-ee* der Mond ist verschwun-
den, zu Ende gegangen (Neumond), *y' albá diz-ú* mein Kleid
ist verloren gegangen, *Rom diz-ú* das Volk der Rom ging zu
Grunde; 2. vernichten, verwüsten (Bil. *dih-is*, Quara *deš*),
Imper. *diz*, *diž*, Perf. *diz-un* ich vernichtete, *yiná genzib-dī
dizu* er hat unser Geld vergeudet. Nom. ag. *dizátā* Verwüster:
diz-es III A verderben lassen, *diz-eš* V A vernichtet werden.

Dôsā Getreidesorte, s. *daúsā*.

Disñ (cf. G. **ተስኣመ፡**) v. I sich gewöhnen, befreunden mit
gegebenen Verhältnissen, lernen, Imper. *disiñ*, Perf. *disŭ-un*,
Nom. *disiñ* Sitten, Gebräuche, sing. *disiná* ein bestimmter
Gebrauch, eine Charakterseite. *disiñ-s* III A gewöhnen Jeman-
den, Gebrauch und Sitte lehren, *disiñ-š* V A.

Diste plur. *-tān* (A. **ያሕተ፡**) Pfanne.

Detñu-ā und *datñn-a* plur. *-t* der Hahn.

Duw (A. **ጠቀስ፡**) v. I durchziehen (einen Gegenstand durch
eine Oeffnung), einfädeln (die Nähnadel), nähen, Imper. *dú*,
Perf. *duw-ún* ich zog durch, *an tiṭá-t mirbá il-íl duwun* ich
zog den Faden durch das Nadelöhr. Caus. *dú-s*, Pass. *dú-š*.

Duwī plur. *duwiy-án* (A. **ያወያ፡**) krank, *an duwī ajun* ich
bin erkrankt, plur. *yinne duwiyán*.

Daúsā und *dôsa* plur. *daús*, *dôs* (Quara *daúsā*, A. **ጸተስ፡**)
Getreidesorte, Eleusina tocusso.

F.

Fi (Bil. *fi*) v. I herausgehen, hervorkommen; frei werden, die
Freiheit erlangen, Imper. *fi* geh' hervor, *harnát-is fi* sei frei,
ziehe in Freiheit! Präs. *f-aukŭn*, *fí-rauk*, *f-auk* u. s. w.; Perf.

i*

f-un, fï-ru, f-u u. s. w., *harnát-is fun* ich wurde befreit, zog ab in Freiheit. *qafá-s fuṅ* sie stiegen aus dem Korb heraus. Nom. *fená* Ausgang, *harnát fená* Freiwerdung, *kŭárā witrík gríyá kŭará fená-s fac* die Sonne geht täglich im Osten (im Sonnenaufgang) auf. Adject. relat. *f-aû* fem. *fray* plur. *fauk* hervorgehend, -gegangen, *harnát faû* frei geworden. *Fï-s* III A herausführen, -bringen (Bil. *fi-d,* Demb. *fe-s,* Quara *fe-š*), *ṅir wedáy-tī bareχá fi-s kuwu* ihren Geliebten in die Wüste hinausführend, tödtete er (ihn dort). *lay ík-is genzíb fisáuk* er nimmt anderer Leute Geld fort. *ar-is suṅŭ-r fisec* das Korn stehlend, nahm sie es fort. *Fï-s-s* III B (Bil. *fi-d-is*) fortschicken lassen, *fi-t* IV A (Bil. *fa-r,* Agaum. *fa-t,* Demb., Quara *fē* und *fī, y = r, t*) fortgehen, gehen, Imper. *fit,* Perf. *fi-t-ún, fi-t-rú, fi-r-u* (aus *fi-t-u*), *fi-r-ic, fi-r-nún, fi-t-ṛnu, fi-r-uṅ.*

Fig y (Bil. *fiṅg*) blasen, Imper. *fig yi!* Perf. *fig y-un, fig yā* der Wind, *fig yá fig yu* der Wind wehte.

Fïçer-á plur. *fiçír* (Bil. *fintírā,* Demb., Quara *fintirā*) Ziege, *gilgíl fiçerá* Kitzlein (männlich), *baṅr fiçerá* Kitzlein (weiblich), *fiçír aχŭlá* Ziegenmist.

Fijerál plur. *-t* (aus *fijelár = fijelat,* G. ፍጀላ ፡, A. ፍዣላት ፡) Kaffeeschale, *fijerál garás* Henkel der Kaffeeschale, *fijerál guyánā* Untertasse der Kaffeeschale.

Feḥmá plur. *fiḥím, fiḥím* (Ty. ፈሕም ፡, A. ፍሕም ፡, ፍም ፡) die Gluthkohle; s. χeḥmá.

Faq (A. ፈቀ ፡) v. I gärben, *faqátā* oder adject. relat. *faqaû* Gärber.

Fiqed (A. ፈቀዶ ፡) v. I wollen, wünschen, begehren, Imper. *fiqíd,* Perf. *fiqd-un, fiqed-ru,* Nom. *fiqíd* Wunsch, Wille.

Filfil (G. ፈለፈለ ፡, A. ፈልፈለ ፡) v. I 1. hervorquellen, -sprudeln, *auq filfil-u* Wasser quoll hervor; 2. sich abzweigen, entstehen, *Birrú-t wigná-ti-s filfil-un* ich bin von Birru's Verwandtschaft entsprungen = gehöre zur Familie Birru's. Nom. *filfilánā* plur. *filfilán* 1. Abzugscanal (für Wasser); 2. Abzweigung, Herkunft. Caus. *filfil-s* ableiten, abfliessen lassen. Pass. *filfil-š.*

Fïleḥá plur. *filíḥ* (Ty. ፈለḥ ፡) Ameise, *zeraû f.* rothe Ameise, *ṅiçír f.* schwarze Ameise.

Fïláša plur. *fïláš* (A. ፈላሳ ፡) Bekenner mosaischer Religion.

Feltá plur. *filít* (Bil. *filítā,* Quara *peleyā*) der Floh.

Fánā plur. *fan* (A. **4.ꝗ:**) Fackel, *zrī fan* Brautfackeln = Hochzeit.

Fandiyá plur. *fundi, -t* (A. **4.ꝗꝗ.ꝑ:**) Mist, Koth, *duꝛár fandiyá* Eselkoth, *farꝛá f.* Pferdemist.

Fir (A. **6.ꝔꝔ:**, Bil. *fri*) v. I Frucht tragen (Baum); sich vermehren (die Heerde), Imper. *fir*, Perf. *fir-un, -du,* Nom. *firá* plur. *fir,* plur. plur. *firír* (A. **ꝗ.ꝛ:**, Bil. *firá* plur. *fir, firír* Demb., Quara *firá* plur. *fir*) die Frucht. Caus. *fir-s* (A. **ꑁꅵ6.ꝛ:**, Bil. *frī-s*) fruchtbar machen, Früchte erzielen, Pass. *fir-š* gedüngt werden (Acker).

Faraǵ (Demb. *feraǵ,* cf. G., Ti. **6.ꝛꝖ:, 6.ꑁꝖ:**) v. I ausgedehnt, weit, geräumig, gross sein; adject. relat. *faraǵ-áú* fem. *-ráy* plur. *-auk* weit, breit, gross, *ꝛamrá-t ḥagír faraǵ-aú* das Agauland ist gross. *fara-s* III A 1 ausdehnen, erweitern. *fara-š* V A 1 erweitert werden.

Firez (G. **6.ꐔꑁꑁ:**) v. I anpacken, losstürmen, angreifen (den Feind), Imper. *firíz* und *firíž,* Perf. *firz-un,* Caus. *fires-s,* Pass. *fireš-š.*

Firzá plur. *fárꝛe* (Bil. *fardá* plur. *faríž,* Demb., Quara *farzā,* G., Ti., A. **6.ꝛꑁ:**) das Pferd, *ien firzá-n yū ieú* dieses Pferd ist mein. *yi fárꝛ-is yi duꝗál-de bijíꝗ* meine Esel sind zahlreicher als meine Pferde. *firz giǵíl* Fohlen, *firz ꝛifqā* Rosshaar, *firzá ꝛab* Pferdehuf, *farꝛá sifrá* Pferdestall.

Firiš (Ty., A. **6.ꝛꑁ:**) v. I ungebräuchlich, *abreš* (= Ty. **ꑁꝗ:ꝛꑁ:**) zerstören, §. 111; *abriš-es* III A zerstören lassen; *afreš-t* und *abreš-t* IV A sein Haus abtragen, um ein neues zu bauen.

Fasmá plur. *fas, fast* (A. **ꝑ:4.ꑁ:**) das Tetel, Antilope defassa R.

Fiz (Bil. *fad,* Quara *foz*) v. I säen, Imper. *fiz,* Perf. *fiz-ún,* Inf. *fizánā* das Säen; die Nachkommenschaft (Quara *fazanā*), *fizátā* Säemann, *fizá* plur. *fiz* (Bil. *fadan* plur. *fazan*) 1. Same, Saat; 2. semen virile. Caus. *fiz-is,* Pass. *fiz-iš.*

Faṭ v. I (Bil. *bat y*) sich ausstrecken, sich hinstrecken, der Länge nach sich hinlegen, Caus. *faṭ-es,* Pass. *-eš.*

Fetál (A. **ꝗ:ꑁ•ꑁ:**) kostbare Robe, Kleid, *an fitál si-t winun* ich habe mein Prunkkleid angezogen.

Fiten (A. **6.ꑁꝔ:**) v. I versuchen, probiren, auf die Probe stellen, Imper. *fitín,* Perf. *fitn-ún, fiten-du,* Inf. *fitnánā,* Nom. ag. *fitnátā* Versucher, *fetná* Versuchung, Caus. *fiten-s,* Pass. *fiten-š.*

Fiṭer (A. ⷈ⷟ⷈⷓ:) v. l schaffen (Gott), *feṭúr* Geschöpf, *feṭúr inki* jegliche Creatur.

Fâw (ⷈⷦ•: Quara *fïụ̄*, Bil. *fïụχ*, *fïụ̄j*) v. I sich ausruhen, Perf. *fâw-un*, Inf. *fâwánā*, Nom. *faû-nā*, *fônā* die Ruhe; *faw-s* III A Ruhe gönnen, — machen, *faû-t*, *fô-t* IV A athmen, Imper. *fâwít*, Nom. *fôt* Athem; *fô-t-s* IV B ausschnaufen lassen (das Saumthier), Halt machen.

Fiy (cf. A. ⷈⷔ:, G. ⷈⷓⷫ:) v. I Brod backen, Imper. *fiyí*, Perf. *fiy-un*, Caus. *fiy-is*, Pass. *-iś*.

G.

Gī plur. *yik*, Nebenform *ji* plur. *jik* (Demb., Quara *gi*, Bil. *gïχ* plur. *gikik*) Horn, *huếu-t* *gī* Kuhhorn.

Gūa (Bil. *gű'i* Furcht, *yū'i-t* sich fürchten, Demb. *gűāgin* Furcht, *gűāgin-t* sich fürchten, Quara *gűāyin* Furcht, *gűāyin-t* sich fürchten) v. I ungebräuchlich, Nom. ag. *gűátā* Feigling, *gűa-t* IV A sich fürchten, Imper. *gűat*, *got*, Perf. *guat-un*, Nom. *gűatrá* Furcht, adject. relat. *gűat-aû* fem. *-ráy* plur. *guat-auk* furchtsam.

Gűi (Bil., Agaum., Demb., Quara *gűi*) v. I aufstehen, Imper. *gűi*, *gu*, Perf. *gűu* (aus *gū-un*), *gű-ru*, *gū*, *gű-c* u. s. w., Inf. *gűúnā*, Caus. *gűi-s* (Bil. *gű-d*, Agaum. *gű-s*, Demb. *gű-s*, Quara *gű-z*) aufrichten.

Gab (Bil. *gāb*) v. I sprechen, reden, *kűt χimrú-t gab-má gabrauk-i* sprichst du die Agausprache? Nom. *gabá* (Bil. *gábā*, Demb., Quara *gābā*) Wort, plur. *gab* Rede, Sprache; Sache, *ien gab-in ûnít ieú* diese Sache (Angelegenheit) ist wahr.

Gebá und *gbá*, *gűa* (Bil. *gabá*, Demb., Quara *gbā*) 1. Seite, *aâr gbā* Kopfseite, *luk gbā* Fussseite, *gebá-s zibu* er stach (ihm) in die Seite, *gebá-s zibá* Seitenstechen, Lungenentzündung; 2. postpos. bei, neben, vor, zu, *yi gbā* zu mir, *arát-is gbā* neben dem Bett, s. §. 250.

Gib plur. *-tán* (Bil. *ginb*, Agaum. *gumb*, Quara *kemb*) der Stock, Stab.

Gűbá plur. *gűb* (Bil. *gűbïčrā*, Saho *gōbiê*, 'Afar. *gōbayú* plur. *gōbáy*, Ti. ⷖⷁ:) die Riesenschildkröte.

Gűibegűb (A. ⷖⷘⷖⷍ:) v. I wunde Füsse auf der Reise bekommen, Perf. *gűibegűb-un*, Nom. *gűbgűbet* wunde Stelle am

Fuss, adject. relat. *gŭibgŭb-aŭ* wund, *gŭibgŭb-aŭ lŭk* der wunde
Fuss. Caus. *gŭibgŭb-es*.

Gibbánā plur. *gibbán* die Feile (Instrument zum Feilen).

Gìbbená plur. *gibbìn* (A. **ጥብና፡**) Eidechse, Nebenform *kìbbenā*,
kìppenā (in Lasta).

Giber (A. **ገበረ፡**) v. I Steuer zahlen, Imper. *gibìr* und *gibbír*,
Perf. *gibr-un*, *gibr-da*, Nom. *gibír* plur. *-t* Steuer, Zoll, *gibránā*
Steuerentrichtung, *gibrátā* Steuerzahler, Caus. *gibir-s* Steuer
eintreiben, — einheben, *gibersŭtā* Steuereinnehmer, Zoll-
beamter.

Gibír plur. *-t* (Bil. *gibár* plur. *gifát*, A. **ገበጅ፡**) Holzschüssel.

Gebár plur. *-t* (Quara *gebār*, vgl. §. 45) die Hälfte, *χαι gebár*
Mitternacht, *grìyá gebár* Mittag, *qirs gebár* ein halber Thaler.

Gìbes durchsickern lassen eine Flüssigkeit, s. *qibis*.

Gŭbit (A. **ጉብጥ፡**) der Höcker, Buckel: *gŭbit gŭrìyá* ein buck-
liger Mann.

Gŭdá plur. *gŭd* Krug.

Gŭid (A. **ጓት፡**, vgl. auch *gŭis*) v. I graben, aufgraben, pflügen,
Imper. *gŭid*, Perf. *gŭid-un*, Nom. *gŭidánā* ackern, Ackerbau,
gŭidátā Bauer, Caus. *gŭid-es*, Pass. *-eš*.

Gidde (A. **ገደ፡**) Zwang, Gewalt, Nöthigung, *gidd-is fitún* ich
ging gezwungen (mit Zwang), *an Birrŭ-t gidd-is fisŭn* ich
führte Birru mit Gewalt fort.

Gidem (A. **ገደመ፡**) v. I ungebräuchlich, *gidem-s* V A (A.
ተገደመ፡) ausgestreckt liegen, sich hinstrecken, *an arát-il
gidem-še kŭn* ich liege ausgestreckt auf dem Angareb. Nom.
gidám (A. **ገደም፡**) das Lager (castrum); Kloster.

Gŭidìn (A. **ጐዲን፡**) Seite; Rippe.

Gŭidená, *gŭdenā* plur. *gŭidín* (A. **ጐዲና፡**) Weg, *gŭidená fitún*
ich reiste ab, machte mich auf den Weg; *gŭdená fit* pack'
dich fort! *gŭdená fitún* ich reiste.

Gidír (cf. A. **ገደረ፡**) Jammer, Noth, Hungersnoth, *gidír-t* IV A
sich beklagen, jammern; in Bedrängniss sein, hungern.
Adject. relat. *gidirt-aŭ* fem. *-ráy* plur. *-auk* bettelhaft, hungrig.

Giffá (A. **ግፋት፡**, **ገፋት፡**, cf. Galla *qafnwa* husten) Er-
kältung, der Husten; vgl. *kibā*.

Gifer (A. **ኈፈፈ፡**, cf. **ሕፈፈ፡**, Saho, Somali *himbó* Schaum)
v. I schäumen, Pf. *gifr-un*, Nom. *gefrá* plur. *gifír* Schaum.

Gafrná plur. *gafrn* Feder (vom Vogel u. s. w.).

Gŭigue v. I (Bil. *gŭangŭ*, verkürzt aus G. ጐድጐድ፡) donnern. *gŭigū*, *guigŭŭ* es hat gedonnert. Nebenform *ogŭg y*, Perf. *ogŭg yu* es donnerte, Nom. *ogŭgtā* Donner.

Gigeb (A. ጐብጐብ፡, Bil. *gab*) v. I verweigern; abwehren, verhindern, Imper. *gigib*, Perf. *gigb-ún*, Caus. *gigb-es*, Pass. *-eš*. *Gigil* Junges, pullus, s. *gilgil*.

Gigez v. I anfeinden, bekriegen, *gigzátā* der Feind (im Kriege). *Gŭgŭyá* und *gŭgiyā* plur. *gŭgñy*, *gŭgī-t* (A. ጉጉት፡) die Eule; vgl. §. 51.

Gicir plur. *gicit* subst. (A. ጉንት፡) Getreideart, bromus pectinatus; sing. *gicrá*.

Gŭacirtiā plur. *gŭacirt* (A. ግራዕኚ፡, Bil. *grášā*) Stachelschwein.

Gŭjá plur. *gŭj* (Agaum. *gŭjā*, A. und Galla ጎጃ፡) kleine Hütte mit Gras eingeflochten, nach Art von Bienenstöcken, benützt als Aufenthalt der Feld-, Kornwächter.

Gŭjrá plur. *gŭjir* Schlafkammer (vgl. Bil. *ganj* schlafen). *Gōl* plur. *-t* Achselhöhle.

Gelbá plur. *gilib* (A. ገልብ፡) Stroh.

Gilgel (A. ገልገል፡) v. I ungebräuchlich, *agilgil* (A. አገልገል፡) helfen, dienen, Perf. *agilgel-ún*, Nom. ag. *agilgelátā* Diener, Caus. *agilgel-s* zum Diener machen, aufnehmen in den Dienst, Pass. *agilgel-š* bedient werden.

Gilgil (A. ግልግል፡) Junges, *gilgil firzā* Pferdefohlen, *gilgil bigā* Lamm, *gilgil ficerá* Kitzlein.

Gilegil (A. ገለል፡) v. I auf dem Rücken liegen, Perf. *gilegil-ún*, Nom. *gilegilā* die Rückenlage, Caus. *gilegil-s* auf den Rücken legen (die gefangene Schildkröte u. s. w.), Pass. *-š*.

Gilgilgŭyô Vogelsorte, A. ግልግል፡ አን፞ሣ፡ genannt, wohl Adlergattung, welche im Stande ist, junge Thiere im Fluge fortzunehmen; *gilgil-gŭyô* = (mit) Jungen sich erhebend (in die Lüfte), für — *gŭyaŭ* Relat. von *gŭi*; s. §. 174.

Galimtā (A. ገለምታ፡) Hure, *gelimtā iŭnā* hurerisches Weib; Text 3, 1.

Gŭlášā plur. *gŭláš* (A. ጉልግሰ፡) Jüngling; vgl. §. 80.

Giluwá, *gilŭŭā* plur. *gilŭk* (Bil. *giruwā*, Quara *giruwā*) 1. Mann, *ied gilŭŭ-d aŭ-á* wer ist jener Mann? *ienzáy gilkŭ-n aŭ-táy-ā* wer sind diese Männer? 2. Männchen, männlich, *eferá gilŭá* Knabe, *aucán giluwá* Kater, *bigá gilŭwá* männliches Schaf.

Gámā und *gamī* plur. -*tān* (A. ,*ጋግ*:, Galla *gama* Mähne, Saho *gámmā* Mähne, Löwe) die Mähne vom Pferd, Löwen.

Gim (Bil. *gam*, Demb., Quara *gam*) v. I herabsteigen, Imper. *gim*, Perf. *gim-ún*, Caus. *gim-s* (Bil. *gam-d*, Demb., Quara *gam-s*) hinablegen, niederlegen, Pass. *gim-š* herabgebracht werden.

Gimil plur. *gimlán* (Bil. *gimīlā*, A. *ገሙል* :) das Kameel.

Gimená plur. *gimín* Winkel, Ecke.

Gimár plur. -*t* der Anführer der Pavianheerde, grosser Pavian.

Gumír (Bil. *simír*, G., A. *ዐምር*:) wollene Decke, Plaid.

Gumari (A. *ጉማሬ* :) das Flusspferd, Hippopotamus; s. *biwá*.

Gimtā gesund, wohl; s. *qimtā*.

Gan plur. *gant* (A. *ጋን* :, G. *ጋኖ* :, Bil. *jan*) grosser thönerner Wassereimer, im Ti. *አተፎ*: genannt, etwa 100 Liter umfassend: Nebenform *jin*.

Gin I (Bil. *gan*) v. I alt werden, Perf. *gin-ún*, -*dú* u. s. w., *ginnat* (Bil. *gannār*) das Alter, Adject. relat. *gin-aû* fem. -*day* plur. -*auk* (Bil. *gan-āuχ* fem. -*darī* plur. -*aû*) alt, bejahrt.

Gin II v. I leer, baar, ohne sein. Nom. *giná* Leere, *giná-t* und *giná* (mit Leere) leer, *siná yajaû ñ'âna-t-il giná tuwu* keine Butter besitzend, kam er leer zu seinem Weibe. *gin-t*, *gin-et* IV A wie I entblösst sein, doch meist in moralischer Beziehung: roh, ungeschlacht (ohne gute feine Sitte), adject. *ginet-ú* fem. -*i* plur. -*uk* roh, unbändig, *ginetú ajetú* sei nicht (so) grob, gemein!

Gánneb (A. *ጋነብም* :) die Hölle, *af gánneb fira* er fuhr zur Hölle.

Genbüt, *ginbít* und *gümbít* (A. *ግንበት*:) der neunte abessinische Monat, Mai—Juni.

Gündán (A. *ጉንዳን* :) Ameise.

Genzíb (A. *ገንዘብ* :) Habe, Besitz; Geld.

Ginnít (A. *ገነት* :) das Paradies.

Giñirā plur. *giñit* (Bil. *gahé-rā* plur. -*t*, G., Ti. *ግሕ.* :) der Klippschliefer, hyrax abessinicus.

Grā postpos. (Bil. *engerā*) hinten, nach, *yi grā* hinter mir, §. 252.

Girb plur. *girub-tán* (Bil. *girib* Knie und Ellbogen, Agaum. *girb*, Quara *girb*, Demb. *gülbī*, Saho *gulūb*, Galla *jilbā*, Somali *jilib*, A. *ጉልበት* : Knie) Knie und Ellbogen; *girb-et* IV A niederknien, knien, Imper. *girbic*, Perf. *girbet-un*, Caus. *girüb-s*.

Gŭrábā, ɡirábā plur. *ɡiráb* (Bil. *ɡŭráb*, Demb., Quara *gŭyab* und *gŭĕb*, Bischari *ŭ-krūm*) der Morgen, Morgenstunde.

Gŭrbit (A. **ጎረቤት :**) der Nachbar; die Nachbarschaft, vgl. §. 18 und 31.

Girid (A. **ገረድ :**) Magd, Dienerin.

Girká, Nebenformen *ɡriyā* plur. *ɡirk* (Bil. *ɡarŭk* und *ɡirgā* plur. *ɡirkik,* Agaum. *ɡirká,* Demb. und Quara *ɡirgá*) der Tag, *ɡirká-s* und *ɡirká* bei Tage; nach Grundzahlen kann *ɡirkā* im Singular stehen, *aribrib laŭtá ɡirká* jede Woche hat sieben Tage; doch auch: *šakŭá ɡirk-is ɡrā* nach drei Tagen, *ṣiká ɡirk-is bô* vor zehn Tagen.

Girmá und *jirmá* plur. *ɡirím, jirím* der Klippschliefer, das was *giñŭrā*.

Garás plur. *-t* der Henkel (des Kruges u. s. w.).

Gĭruwá, ɡirŭā, jirñā plur. *ɡirŭk, jirṵk* (Bil. *diruwá, dirŭá* aus *dirhŭā* plur. *dirŭ,* Demb., Quara *dirkŭā* plur. *dirkŭ,* Agaum. *durā,* Somali *durā,* Saho, 'Afar *dorhó,* Ti. **ደርሆ :**, Ty., G. **ደርሆ :**, A. **ደሆ :**) das Huhn, die Henne, *ɡirkŭ sifrá* Hühnersteige, -stall.

Griyá (= *ɡirkā*) plur. *ɡirk* der Tag, *ɡriyá ɡibár* Mittag, nie *ɡriyá* der heutige Tag, *witrik ɡriyá* jeder Tag, stets, *laŭ ɡriyá-s bô* vor einem Tage.

Gŭriyá plur. *gŭrŭt* (aus *gŭtyā* = *yuĕtā,* A. **ጌታ :**) Herr, Meister, *yi gŭryá* o mein Herr! *ŭin* oder *ŭiu-is ɡuryā* Hausherr, *ŭn gŭriyá* verheirateter Mann (Herr einer Frau), *edŭ gŭriyā, biu gŭriyá* Schuldner, Besitzer von Schulden.

Gas plur. *-tān* das Kinn (vgl. Somali *ɡaḍ* Kinn).

Gis postpos. über, von, *yi-t ɡis kŭt bijíq ɡenzíb ẓayrár* du hast mehr Geld als ich (im Verhältniss zu mir), s. §. 217.

Gis und *jis* (G. **ገሰሰ :**, Bil. *ɡasas,* Quara *ɡaɡaz*) v. I reinigen, säubern, abwischen, Caus. *ɡis-s,* Pass. *ɡis-t.*

Gisá plur. *ɡis* (Bil. *ɡisot*) das Dorf, *yi ɡisá-s* (oder *ɡisá*) *iĕn* er ist aus meinem Dorfe, ist mein engster Landsmann.

Gizá plur. *gizuk* (Bil. *gŭádug* plur. *guazuk,* Agaum. *gŭziɡ,* Demb., Quara *guazgŭ*) Bauch; Herz. *ɡizu-t* IV A denom. schwanger werden, *ɡizu-t-un* ich ward schwanger, *ɡizu-t-er* sie ist schwanger geworden; adject. relat. *ɡizu-t-ráy* schwanger, *ɡizu-s* III A schwängern, *ɡizu-š* V A geschwängert werden.

Gŭaz und *goz* (A. **ኅዝ፡**) Reisebagage, Gepäck, Alles, was zum Hausrath gehört und bei der Wanderung mit der Heerde fortgeschafft werden muss, *saná ñi gŭáz-et* er lud seine gesammte Habe auf.

Gŭis, gŭiz (Bil. *gŭad*, Quara *gos*) v. I ackern, pflügen, Imper. *gŭís*, Perf. *gŭis-un*, Nom. *gŭisátā* Bauer, *gŭisánā* Ackerarbeit, Caus. *gŭis-s*, Pass. *gŭis-š*.

Gizán plur. *-tān* Mehl, besonders fein gemahltes: Texte 6, 23. 28.

Giziñ plur. *-t* (Bil. *gidiñ* plur. *gižiñ*, Agaum. *geseñ*, Demb. *kizin*, Quara *geseñ*) der Hund, *ôsráy giziñ* Hündin, *giziñ sab* Hundspfote, *giziñ lálā* (Hundsbiene) Wespe.

Gážā plur. *gaž* (A. **ጋዥ፡**) Schild.

Gŭšá plur. *gŭš* und *gŭš-tán* (A. **ጐሽ፡**) Büffel.

Gas (Bil. *gaš*, Demb., Quara *gaš*, Ti., G. **ገጽ፡**) Gesicht.

Gŭat I sich fürchten, s. *gŭa*.

Gŭat II (Quara *gŭat*) v. I segnen; freundliche Worte an Jemanden richten, Imper. *gŭat, got*, Perf. *gŭat-ún*, Caus. *gŭat-s*, *gŭas-s*, Pass. *gŭat-š, gŭaš-š*; s. a. *gŭâr*.

Gŭit (A. **ጐተተ፡**) v. I ziehen, nachziehen etwas hinter sich; ziehen, spannen (den Bogen), Imper. *gŭit*, Perf. *gŭit-un*, Caus. *gŭit-s*, Imper. *gŭitíš*, Pass. *gŭit-š*.

Gŭitit (A. **ጐጥት፡**) Feuerzange.

Giûr (Bil. *gaûr*) v. I segnen, Imper. *giûr*. Perf. *giûr-un*, Inf. *giûránā*, Nom. ag. *giûrátā* (Bil. *gaûrántā*) Segner, *giûrā* (Bil. *gaûrā*) der Segen, Caus. *giûr-s* (Bil. *gaûr-is*), Pass. *giûr-š* (Bil. *gaûr-s*), adject. relat. *giûr-š-aû* (Bil. *gawir-s-ängy*) der Gesegnete.

Giûrā plur. *giûr* (Quara *gibrá*, Bil. *gŭrbá* Rücken) der Nacken; vgl. *grā* und *jirbā*.

Gayn v. I trenzen, Imper. *gayiñ*, Perf. *gayn-un*, Nom. *gayná* Getrenz, herabträufelnde Flüssigkeit, *gayn-á* fem. *-i* plur. *-ñk* neben *gayn-aû* fem. *-dáy* plur. *-añk* oder *gaynátā* Trenzer, Pass. *gayn-š*.

Gŭay (A. **ቂየ፡**) v. I wohnen, sitzen, bleiben, *an enil gŭayijiñ* ich werde hier bleiben. *kŭt aûl gŭayitar-á* wo wohnst du? *rigib ñin aûr-il gŭayir kŭc* die Taube sitzt auf dem Dache. *ied hagiril bijiq zibín gŭáyu* er blieb lange Zeit in jenem Lande. Caus. *gŭay-is* aufhalten Jemanden.

Gñiy (cf. A. **ቀበለ:**) v. I nehmen, Imper. *gŭy*, Perf. *gŭiy-un* ich nahm, Nom. *gŭyánā* plur. *gŭyán* kleine Tasse, Schüsselchen; Lampe (zu welcher solche Schüsselchen benützt werden). *Gŭáyā* plur. *gŭay* (A. **ንያ:**) eine Sorte von Bohnen.

C, ç.

Ci (Bil. *ki*) v. I die Nacht zubringen, Imper. *ci*, Perf. *c-un*, *ci-ru*, *c-u*, *ci-c* u. s. w. *daḥná-s cìru-má* hast du die Nacht gut zugebracht? (= unser: guten Morgen!), *daḥná-s ci* bringe die Nacht gut zu (gute Nacht)! *canā* die Nachtruhe, *catā* Gast (der die Nacht zubringt). Caus. *ci-s* und *cu-s* die Nacht zubringen lassen, Herberge geben, Pass. *ci-š*, *cu-š* die Nacht über behalten werden.

Cib v. I ungebräuchlich, *cib-t* IV A bleiben, warten, stehen bleiben, Imper. *cibĭc* halt! Perf. *cibt-ún* ich blieb stehen, Caus. *cib-s* zum Stehenbleiben veranlassen, *cibet-s* IV B ebenso.

Cibá plur. *cib* und *cib-tān*, *-te* Wildschwein, Eber.

Cibes (cf. G. **ህበት:**) v. I verbergen, Imper. *cibíš*, Inf. *cibsánā*, Caus. *cibes-s*, Pass. *cibeš-š*.

Çaý (Bil. *šiy y*, G. **ጸጦ:**) v. I 1. viel, reichlich vorhanden, voll sein von Gegenständen; 2. in reichlichem Masse gewähren, *hagír ar-is çáyu* das Land war gesegnet an Korn. Adject. relat. *çag-aŭ* reichlich, viel, Nom. *çaynát* Fülle. *çag-s* III A anfüllen, vollmachen, *çag-et* IV A voll werden.

Cegár (A. **ፍጋር:**, Bil. *tigirā*, Quara *šegār*) Noth, Elend, Hungersnoth, theure Zeiten, adject. relat. *cegr-aŭ* fem. *cegr-dáy* plur. *cegr-íŋk* in Verlegenheit befindlich; dann: schwer (gravis und difficilis).

Ciges v. I fortprügeln (Jemanden mit dem Stock), Imper. *cigíš*, Perf. *ciys-un*, Inf. *cigsánā*, Nom. ag. *cigsátā*, Caus. *ciges-s*, Pass. *ciges-t* IV A und *cigešt*, adject. relat. *ciyesr-aŭ* der fortgeprügelt wird.

Çigŭegŭit subst. coll. (A. **ሔሽንት:**) eine Pflanzensorte mit sehr spitzen Stacheln; sing. *çigŭegŭetá*.

Çáçnā plur. *çaçín* (A. **ሥጨቦት:**) Junges von Vögeln, Hühnern (Küchlein).

Çiçánā plur. *çiçan* (Ty. **ሥጐዒዶ:**, G. **ጸንጸንያ:**) Mücke, Mosquitto.

Cĭcerá plur. *cĭcír* (A. ሽንሽረ፦) eine Gazellenart.

Cĭçuwá plur. *çĭçú* (Demb. *šišuwā*, A. ጠጣ፦, vgl. §. 69) die graugrüne Meerkatze, Cercopithecus griseo-viridis Desm.

Cĭk postpos., Nebenform von *tik*, zu, bei, vgl. §. 248.

Cĭkel und *cikŭl* (A. ፕኩለ፦) v. I eilen, Imper. *cikŭl*, Perf. *cikl-ún*, *cĭkŭl-dú*, Inf. *ciklánā*, Nom. ag. *ciklátä*, Nom. act. *ciklŭl* die Eile, Caus. *cikel-s*, Pass. *cikel-š*.

Caq (Agaum. *caj*, Bil. *šaᶗ*, Demb. *šag*, Quara *šaù*) v. I pissen, Perf. *caq-un*, *ca-ru*, Nom. *caq* Urin; *caq bi* an einer Strictur leiden, nicht uriniren können, *caq bu* er entbehrte des Urins.

Caq (Ty. ፀየቀ፦) v. I abhausen, abwirthschaften, pecuniär verkommen, Perf. *caq-un*, *caq-ru* u. s. w. *caq-s* III A finanziell ruiniren, *caq-š* V A ruinirt werden (Kaufmann u. s. w.).

Çiq y I (cf. G. ፕቀ፦) gerade sein (physisch und moralisch), aufrichtig, rechtlich sein, adject. relat. *çiq y-aû* gerade (Gegensatz krumm), aufrichtig, Nom. *çiqŭá* Geradheit, gerade Richtung; Ehrenhaftigkeit. *ciqŭá-s* und *ciqŭá* mit Geradheit, dann adv. sehr, *Birrŭ ciqŭá qazaû* Birru ist wirklich (sehr) gut. *ieù ṣágga-n çiqŭá lilmá ieù* dieses Gras ist sehr grün. Caus. *çiq yi-s* gerade machen.

Çiq y II gerecht, tugendhaft, fromm, heilig sein; Birru erläuterte das Wort also: ዒኈቀ ፦ ይመ ፦ ‖ ፦ ጠደቀ፦, vgl. §. 52. *çiq yauk ñāy 'llā simáyil tûñauk* nur die Frommen gehen in den Himmel ein.

Cal (A. ፝ል፦, G. ከሀለ፦, §. 67) v. I mächtig sein, können, vermögen, Imper. *cal*, Perf. *cal-un*, *-du*, Inf. *calánā* können; Macht, *calátā* Gebieter, adject. relat. *cal-aû*, *-day*, *-ayk* mächtig, Caus. *cal-š* kräftigen, Pass. *cal-š* mächtig werden.

Cil (A. ፝ል፦, G. ፝ሕለ፦, §. 67) Antimonium, Spiesglanz, Kohol, *cil-t* IV A sich die Augenlider mit Kohol bemalen, Imper. *cilí*, Perf. *cil t un*, Inf. *ciltánā* das Bestreichen mit Kohol, Nom. ag. *cil-t-ráy* Frau, die sich mit Kohol bemalt hat. Caus. *cil-s*, Imper. *cilíš*, Pass. *cil-š*.

Çaluq (Bil. *calḥ*, Ti. ጨለሐ፦ schielen, cf. G. ጽለሕተ ፦ dolus, malitia, vgl. A. ጨለነዩ፦) v. I ungebräuchlich, *çalqŭá* der schielende Blick, plur. *çalŭq* das Schielen (als organischer Fehler), Caus. *çalqŭ-s* das Schielen machen = schielen, auch *çalqŭ-s qual* schielen (schielend sehen), *çalqŭ-s qualatā*, einfach auch *çalqäá-s*, d. i. mit Schielen (behaftet), ein Schieler. Imper. *çalqästä* schiele nicht!

Çim ä plur. *çim* bestimmte Getreidesorte, A. **ጠሠዩ፡** , Ty. **ዶም ሐዩ፡** oder **ዶም ሐ፟ኽ፡** (wohl aus **ጠም ሐዩ፡** , vgl. §. 55) genannt.

Çim t ä plur. *çimít* (Bil. *tímtā*, Quara *tímta*) junger Stier, §. 39 c.

Çin plur. *-t* (Bil. *çawan*, Agaum. *çm*) Männchen bei Thieren, *çin begá* Schafbock, *çin fǐçerá* Ziegenbock, *çin ģǐrwrá* Hahn.

Çan (A. **ዒ፟ን፡**) bestimmtes Getreidemass.

Çinker (Bil. *šinkar*, A. **ፍ፟ንh፟ፈ፡** , vgl. unten s. v. *sikel*) v. I nageln, annageln, Imper. *çinkír*, Perf. *çinkr-un*. Inf. *çinkránā*. Nom. *çinkír* plur. *-t* Nagel. Caus. *çinker-s*, Pass. *-š*.

Çaneq (A. **ሐh፟ፉ፡**) v. I drücken, pressen, würgen, Caus. *çanq-es*, Pass. *-eš*.

Çar I (A. **ጠፈ፡**) v. I hell, rein, klar sein, adject. relat. *çar-aǐ* fem. *-dáy* plur. *-awk* rein, klar, *çaraǐ arbá* (und verkürzt *car arbā*) Vollmond. *Car-s* III A klären, *car-š* V A bekannt, berühmt sein (Krieger, Räuber).

Çar II v. I ausreiben (die vollen Aehren mit den Händen). Imper. *çar*, Perf. *çar-un*, *car-du*, Caus. *car-s*, Pass. *-š*.

Çirgá plur. *çiríg* (Bil. *šinkrá*) Stock, Stab; davon denom. *çirg-et* IV A sich stützen auf den Stock, Imper. *çirgic*, Nom. ag. *çirgetátā* Mann, der sich zum Gehen eines Stockes bedienen muss.

Çäs Furz, flatus ventris, *çäsǐú* das Farzen, die Gewohnheit zu farzen, *çäsǔ-ú* fem. *-i* plur. *uk* Farzer; unverschämt.

Çis v. I besser, schöner sein, Nebenform zu *kīs* (s. d.).

Çis postpos. zu, hin, Dativsuffix, vgl. §. 249.

Çisiú Acker, Feld, Nebenform zu *kisiú* (s. d.).

Çaw (Bil. *šuw*, Demb., Quara *šew*, A. **ሐወh፡** , **ር፟ᵇh፡**) v. I bitten, beten, betteln, Imper. *çawi*, *cawwǐ*, Perf. *çaw-un*, Inf. *çawánā*, Nom. ag. *çawátā*, Caus. *çar-iš*, Pass. *-iš*.

Çuwā, *çûā* (Demb. *kebā*) die Luft.

Çiwá, *çuwá* (Bil. *šuwá*. Demb. *šoā*. Quara *šewā*, A. **ሐወ፡** , G. **ጿመ፡**) das Salz.

Çuwárú Hacke, Haue, Beil.

Çaycá plur. *caye* Antilopensorte, A. **ⴖ፟ሮC፡** genannt, Antilope redunca Rüpp., *caycánu* plur. *caycun* (= *cayc-ún*) das Weibchen von *çaycā*, A. **ፈ፟ፉ፡** genannt. Das Männchen heisst vornehmlich: *sacinjǐr*.

J.

Jā subst. (Bil. *žiγ*, Demb. *šagi*, Quara *šaji*, Agaum. *seγ*) Regenzeit, Winter.

Jib (Bil. *jib*, Demb., Quara *jib*, Agaum. *jiñ*, Saho, 'Afar *ḍam*, Ti. **ሀበ፡**, G. **ሀበየ፡**) v. I kaufen, Imper. *jib*, Perf. *jib-un*, Nom. 'ag. *jibátā* Käufer, *jib-s* III A kaufen lassen, *jib-t* IV A sich etwas kaufen, *jib-š* V A gekauft werden, adject. relat. *jib-š-añ* gekauft.

Jïǵ (Bil. *jïǵ*, A. **ህጐ፡**) v. I verarmen; in Missachtung stehen; unnütz, nichtswürdig, schlecht sein, adject. *jeǵ-i* fem. -*i* plur. *jïǵ* (Bil. *jïǵ-ā* fem. -*rárī* plur. *jïǵ*) nichtswürdig, unbrauchbar, schlecht, hässlich, *ien bará-n jeǵá, ied bará-d qazañ ieñ* dieser Sklave ist schlecht, jener aber brav. *sará-t heṣá jeǵá iñrátik wínre* sie pflegte ihm eine verdorbene Honigwabe vorzusetzen. *Soquetá eqazáw-um áyyañ, jeǵá haγír* Soqota ist nicht schön, es ist eine hässliche Stadt. *jeǵá ñjetá* werde mir kein Taugenichts! *Jïgnat* (Bil. *jïgnār*) Armuth; Schlechtigkeit. *Jïg-s* III A (Bil. *jïg-d*) schlecht machen.

Joq (**ጆቀ፡**) v. I Process führen, Imper. *joqü*, Perf. *joq-ün* (aus *joqü-un*), Nom. ag. *joqüátā* Processirer, Caus. *joqü-s* in einen Process verwickeln, Pass. *joqü-š* verwickelt werden in einen Process.

Jïlebá, jïlbá plur. *jilíb* (A. **ጀለበ፡**) Boot, Nachen.

Jiluw (Bil., Quara *jïlur*, cf. Ti. **ሀመሪ፡**) v. I die Runde machen, umdrehen, umwenden; vagiren, Imper. *jïlü*, Perf. *jïlw-un*, Inf. *jïlwánā* herumziehen; Umgebung, Umkreis. Gefolge, Caus. *jïlü-s* herumführen, Pass. *jïlñ-š*.

Jïm v. I (Agaum. *ciñ* bei Waldm., cf. G., A. **ህም፡** Gesang mit begleitenden Gesten) tanzen, Imper. *jïm*, Perf. *jïm-un*, Inf. -*ánā*, Nom. *jïma* der Tanz, *jïmátā* Tänzer, Tänzerin, Caus. *jïm-s*.

Jimer (cf. A. **ጀምሪ፡**) v. I probiren, z. B. Schuhe, ein neues Kleid u. s. w., Imper. *jimïr*, Perf. *jïmr-un, jïmer-du*, Caus. *jimer-s*, Pass. -*š*.

Jená (Bil., Demb., Quara *gana*) Mutter, *ïr-jená* Vaters Mutter, Grossmutter; vgl. auch *eñá*.

Jenná plur. *jïnïñ* (A. **ጀንኝ፡**, vgl. §. 55) Gemüseart, eine Knollenfrucht nach Art unserer Kartoffel.

Jiñ I (Bil. *jiñ*) v. I erzählen, *jiñiñauk* man erzählt, die Leute berichten, Perf. *jiñ-un*, Nom. *jiñā* plur. *jiñ* Erzählung, Neuigkeit, *jiñá jiñ* erzähle eine Geschichte! *wurañá jiñ okú* was gibt es Neues? Caus. *jiñ-s* erzählen lassen, aber auch: einen Bericht geben, erzählen (wie *jiñ*), *an Birrú-t tasá-d Amán jiñsu* Aman hat erzählt, ich hätte Birru geschlagen. *Jiñ-š* V A. *jiñjiñ-š* VI A sich gegenseitig Geschichten erzählen.•

Jiñ und *juñ* II (Bil. *šiñ* nennen, *suñ* Name) rufen, herbeirufen; nennen, benennen, Imper. *jiñ*, Perf. *jiñ-un*, Nom. *zuñ* und *žuñ* Name, Caus. *-s*, Pass. *-š*.

Jiñ und *juñ* III (cf. A. ፺፻:) v. I finden, erlangen, bekommen, Perf. *jiñ-un*, Caus. *jiñ-s* erreichen lassen, Pass. *jiñ-t* IV A und *jiñ-š* V A gleichbedeutend: gefunden werden, adject. relat. *jiñ-t-aû, jiñ-š-aû* gefunden, befunden, negat. *jiñ-t-ay-aû, jiñ-š-ay-aû* nicht gefunden.

Jerá plur. *jir* und *jir-tān, -te* (Ty. ዸረ:, A. ዸረ·ት:, Saho, 'Afar *sará*) Schweif, Schwanz; s. a. *será*.

Jirbá (A. ዴርቢ:, ربْ, Somali *dabar*) der Rücken; s. a. *giûrā*.

Jeráffā plur. *jeráf* (A. ጀረፉ:, Ty. ዸረፉ:) die Geissel, Peitsche, *jeráf kínā* Geisselstock.

Jirkuá plur. *jirkü-t* Kind, *y' únā šakúí jirkütán zayráy wínce* meine Frau hatte drei Kinder.

Jirmá plur. *jirím* Klippschliefer = *girmá*.

Jiruwá das Huhn = *giruwā*.

Jiriyánā plur. *jiriyán* (Bil. *jigránā*, A. ዸጎረ:, ዝጎረ:) das Perlhuhn, Numida meleagris.

Jis reinigen = *gis*.

H, ḥ, χ.

Xü (Bil. *qüi*, Agaum., Demb., Quara *χü*) v. I essen, Imper. *χüáy* plur. *χüáten*, Pf. *χün* (= *χü-un*), *χü-rú*, Inf. *χüánā*, Nom. *χümá* Speise, Nom. ag. *χüátā, χótā* Esser, *nibs oχüátā* Seelenfresser = grausam, Caus. *χü-s* zu essen geben, Pass. *χü-št* gegessen werden.

Ḥabā das Kinn; der Kinnbart; s. a. *χam*.

Ḥabár in *wátā hubār* böser Geist, s. *wátā*.

Ḥábešá, meist *Ḥábešá ḥayír* Abessinien.

Ḥabášā (A. አግበሽ:) eine bestimmte Brodsorte.

Habt und *haft* (A. **ሀብት፡**) Besitz, Habe, Reichthum, *habtám* und *haftám*, seltener *habtám*, *haftám*, plur. -*án* (A. **ሀብታም፡**; adj. reich, neben *habt-ú* fem. -*i* plur. -*uk* reich, *ayir habtú* mein Vater ist reich, negat. *habtáw-um ayyaú* er ist nicht reich; *y'iná habtí* meine Mutter ist reich, negat. *habtíy-im áyyay* sie ist nicht reich, *yi zin habtuk* meine Brüder sind reich, negat. *habtukñ-m áyyauk*.

Xudá plur. *xud* (Bil. *qit*, A. **ፉፐ፡**, Galla *hudú*) vulva, pudendum muliebre: anus.

Ḥádegá (A. **ኀደገ፡**) feindlicher Ueberfall, *ḥádegá lib* überfallen Jemand in feindlicher Absicht; *yinát ḥádegá libúñ* sie überfielen uns.

Hōdám plur. -*an* (A. **ሆዳም፡**) gefrässig.

Hedár (A. **ህዳር፡**, Kopt. ϧⲁⲑⲱⲣ) der dritte abessinische Monat.

Hedír (A. **ኀደረ፡**) Depot, anvertrautes, zum Aufbewahren übergebenes Gut, Geld, Werthsachen, *an hedír oqrún* ich gab in Depot.

Ḥafer (A. **ኀፈረ፡**, G. **ኀፈረ፡**) v. I sich schämen, Imper. *ḥafír*, Perf. *ḥafr-ún*, Nom. *ḥafír* Scham, Caus. *ḥafer-s* beschämen, Pass. *ḥafer-š* beschämt werden.

Haft subst. Besitz, s. *habt*.

Hagir (auch *ḥ'* und *χ*, A. **ኀገር፡**, G. **ሀገር፡**) Stadt, Heimat, Land, Provinz, *kú hagír aúlā* wo ist deine Heimat? *Xamrá-t hagír* das Agauland, *Hábešá hagír* Abessinien, *Ṣalí hagír* das Tigréland, *Šaχ hagír* das Land der Saho, *Rab hagír* Arabien.

Hiçíç ein schriller Ton, *hiçíç y* (A. **እጭጭ፡ እለ፡**) einen schrillen Ton geben (gekratztes Metall), Caus. *hiçíç-tī ṣab* oder *hiçíç-s* III A einen schrillen Ton hervorbringen, verursachen.

Xìçelá plur. *χíçil* (cf. A. **ፉንጣል፡**) Kralle, Nagel (unguis), *aúcán χ.* Katzenkralle.

Xeḥmá plur. *χaḥím* (Bil. *qùaḥmā*) Gluthkohle, s. *feḥmā*.

Xaχetá plur. *χaχít* Heuschreckensorte, A. **አሾን፡** genannt.

Hakes I (A. **እነከሰ፡**, G. **ሐነከሰ፡**) v. I hinken, Pf. *haks-ún*, Adj. *hakás* (A. **እንከስ፡**) fem. -*ray* plur. -*an* hinkend, Inf. *haksánā*, Caus. *hakes-s*.

Hakes II v. I helfen, Perf. *haks-ún*, Nom. *hakesá* Hilfe, Inf. *haksánā*, Nom. ag. *haksátā* Helfer, Caus. *hakes-s*, Pass. *hakeš-š*, -*t*.

Haketám (A. **ሀከታም ፥**) plur. *-an* träge, *haketammát* Trägheit.

Ḥaq (G. **ሐቀቀ ፥**) v. 1 siegen, Imper. *ḥaq*, Perf. *ḥaq-un*, *ḥa-ru*, Inf. *ḥaqánā*, Nom. ag. *ḥaqátā*, Nom. act. *ḥaqná*, *hánā* Sieg, Caus. *ḥaq-s*, *ḥa-s* zum Siege verhelfen, Pass. *ḥaq-š*, *ḥa-š*.

Ḥīq v. (cf. G. **ሰረቀ ፥**, vgl. §. 46 und 51) stehlen, entwenden, Nom. *ḥīqátā* Dieb, *ḥiqā* Diebstahl, *ḥiq-s* III A stehlen lassen, *ḥīq-š* gestohlen werden.

Ḥeqät (A. **ሐቆ ፥**) Büchse für Schnupf- oder Kautabak.

Ḥaleqá plur. *ḥalíq* (A. **አለቃ ፥**, Ty. **ሐለቃ ፥**) Fürst, Grosser.

Ḥalángā und *ḥalíngā* plur. *ḥaláng* (A. **አለንጋ ፥**, Ty. **ሐ ...**) Peitsche, Geissel.

Xam, *ḥam*, *him* (scheint aus Ty. **ክሕግ ፥** Bart, entstanden zu sein, wie A. **ጥም ፥** aus G. **ጽሕም ፥**) Kinn, -bart; vgl. *ḥabā*.

Xām (Agaum. *kūm*, Quara *χam*, *ḥūm*, Bil. *kirmā*) Hals; Nacken, *χam kanā* (Nackenholz) Joch.

Ḥamíl (A. **ሐምሌ ፥**) der eilfte abessinische Monat, Juli — August.

Ḥamerá (Ti., Ty. **ሐምሌ ፥**, Bil. *amrā*) Gemüsesorte, Brassica carinata A. Br.

Xamír und *χamít* subst. die Agau, sing. *χàmerá* ein Individuum vom Volk der Agau, *χamír gab* oder kurzweg *χamír* auch *χàmirá* (§. 208 Anm.) die Agausprache, *χàmirá-t hagír* oder — *misgál* das Agauland.

Xámzā plur. *χamz* eine Sorte von Seevogel, von Fischen sich nährend, A. **ወለዬ ፥** genannt.

Ḥamasiän Name einer abessinischen Provinz.

Ḥamášā (A. **አማት ፥**, G. **ሐሙት ፥**) Schwiegervater, -mutter, Schwager.

Ḥamút (A. **ሐሙት ፥**) die Galle.

Xünábō grosse Kürbissorte, A. **ዱባ ፥** genannt (vielleicht = *χūnā* das Essen + *abaú* = Ti. **ዐባ ፥** gross, wegen der Menge von Fleisch, welches dieser Kürbis liefert).

Ḥanses (A. **አንጠጠ ፥**) v. I drechseln, Imper. *ḥansis* Perf. *ḥanses-un*, Nom. ag. *ḥansátā* (für *ḥansesatā*) Drechsler, Caus. *ḥanses-s*. Pass. *ḥanses-š*.

Xšenát (Bil. *ḥanót*) die Leibesfrucht, der Embryo.

Xañ, *ḥañ* (cf. A. **ዘነጋ ፥**, G. **ዘንጊ0 ፥**) fem. *χañ-ráy* plur. *-auk* dumm, blöde, *χañ gìlwcá* fem. *χañ iáñā* Cretin, Idiot, *χañnat* Dummheit. *χañ-et* IV A verdummen, blöde, schwachsinnig

werden. Caus. χаи̯-s übertölpeln, mit verführerischen Worten
zureden, χаи̯sа́nā das süsse, verführerische Wort. χаи̯-š V A
übervortheilt werden.
Ḥar-nat (A. ḥርኘት፡) die Freiheit. *ḥarnat-is fun, -winun* ich
wurde frei, *ḥarná̇t ĭná* Befreiung, *ḥarná̇t faû* der Freige-
wordene.
Ḥárre (A. ሀር፡) die Seide; adject. *hárr-ū* seiden.
Xar (Bil. *qīr*, Agaum. χа̄r, Demb. χīr, Quara χēr, vgl. §. 55)
die Nacht, *azáu̯ χar* die vergangene Nacht, *χar gibár* Mitter-
nacht, *χar zílā* (Nachtvogel) Fledermaus. χīr *y* v. I schlafen,
die Nacht zubringen, *an witrík yi ḣin-il χar χir iekûn* ich
schlafe stets jede Nacht zu Hause. Imper. χrī (= χir yĭ),
Perf. χrĭ yun, Nom. χertá der Schlaf; Zeit des Schlafens,
Schlafengehens, Beginn der Nacht, χri yună das Schlafen;
der Schlafplatz.
Xárā (Bil. *qírā*, Quara χírā, Agaum. χērā, vgl. §. 55) Geruch,
qazaû χará guter Geruch, Wohlgeruch. χar v. I riechen
(intrans.), Perf. χar-un, -du, adject. χar-aû fem. -dáy plur.
-auk riechend, *kût χaraû qodáy* du Luder! χar-s III a riechen
(act.), Imper. χaríš. χar-š V a.
Xŭr, oχŭr, oχr (Bil. *oĝár*, d. i. *eĝŭár*) v. I zeugen, gebären,
Perf. oχr-un, oχŭr-du, oχr-u, oχŭr-c u. s. w., Nom. oχrĭ̀u Ge-
burt, χŭrá, uĝrá (Bil. *qŭrā*, Demb. χura, Quara χŭrā, 'ūrā)
plur. χŭr, uqŭr, qŭr Kind (Knabe, Mädchen; Sohn, Tochter).
Die Pluralform χŭr, qŭr, uqŭr wird häufig als Gattungs-
bezeichnung: Kind, im Allgemeinen gebraucht, dann χŭrā ein
bestimmtes einzelnes Kind, z. B. *bôr oχŭr* primogenitus,
liḣatrā —, šakuatrā χŭr der zweit-, drittgeborene, *ḥarim
χŭr* Bastard, oχŭr-ís χŭr Enkel. oχŭr-s III A Geburtshilfe
leisten, Nom. ag. oχŭr-s-átā Hebamme, Nom. abstr. oχŭr-s-iu̯
(Fortpflanzung) Geschlecht, Familie, Tribus. oχŭrs-s III A
die Hebamme schicken. oχŭr-š V A geboren werden, *arbā
oχŭršic* der Mond ist geboren worden (der neu erscheinende
Mond nach dem Neumond). Nom. ag. oχŭršátā geboren, nur
gebraucht mit dem Begriff: adelig, Gegensatz: *bulgĭ.*
Xareb (Bil. 'arab) v. I erblinden, Imper. χaríb, Perf. χarb-un.
Nom. χarbá Blindheit, adject. relat. χarb-aû erblindet. Caus.
χareb-s blenden, die Augen ausstechen, Pass. χareb-š. Neben-
form χaruw; vgl. §. 68.

Ḫirbá plur. *ḫiríb* (Bil. *harb* plur. *harfif*, Ti. ሐረብ፥, im Sudanarab. خرب) kleiner Schlauch aus Ziegen- oder Schaffell für Wasser, Butter, Milch; synonym *delúm*.

Herbír (Ti. ሕንብርት፥, Demb. und Quara *gămbră*) der Nabel.

Ḫarbáśa (A. ኦርበኜ፥) Termitenhügel.

Xirdád (A. ክርጻሮ፥) lolium temulentum, gefürchtetes Unkraut im Weizen.

Xŭrfíntā plur. *χŭrfínt* Schlangensorte, A. ኩርፉፍ፥ genannt.

Ḫrim Verbot, d. i. alles das, was man zufolge heiliger Satzungen nicht thun, nicht essen darf; *ḫarím* *χŭr* Bastard; vgl. *arem*.

Harmáz (Ti. ሐርማስ፥) Elefant.

Xàresmá (cf. A. ፄረጥም፥) 1. Gliederreissen, Rheumatismus; 2. Krebs, cancer.

Xaruw blind werden, s. *χareb*.

Xazá plur. *χaz* (A. ዐ፟ዣ፥, G. ዓዣ፥, vgl. §. 68) Fisch, *χaz amí* Fischgräte, *χaz qirfá* Fischschuppe.

Xesá, *eχsā* plur. *χis*, *eχís* Knoblauch.

Ḫesá plur. *ḫes* (s. *eχasā*) Wurm, Käfer, *diχír ḫesá* Mistkäfer, scarabæus.

Haseb (A. ሐሰበ፥) v. I denken; gedenken, sich erinnern, Imper. *ḫasíb*, Perf. *ḫasb-un*, Inf. *ḫasbánā*, Nom. *ḫaselbná* Erinnerungszeichen, Caus. *ḫaseb-s*, Pass. -*š*.

Ḫazen (Ti. ሐዘን፥, A. ኦዘነ፥) v. I traurig sein, — werden. Imper. negat. *ḫazíntā* sei nicht traurig! Perf. *ḫazn-un*, adject. *hazín*, adject. relat. *ḫazn-aň*, Nom. ag. *ḫaznátā* ein Kopfhänger, Caus. *ḫazen-s* betrüben, Pass. *ḫazen-š* in Traurigkeit versetzt werden.

Ḫases (Bil. *ḫasas* und *ḫashas*, Ti. ሐሰ፥, A. ኦሽ፥, vgl. *gis*, *jis*) v. I abwischen, mit einem nassen Hader etwas reinigen, Imper. *ḫasís* und *ḫássě*, Perf. *ḫass-un*, Caus. *ḫass-es*, Pass. -*eš*.

Ḫaśuráf fem. -*ráy* plur. *aŭk* ungeduldig.

Ḫaśuw (G. ሐሰው፥) v. I lügen, Imper. negat. *ḫaśńtā* lüge nicht! Perf. *ḫaśw-un* und *ḫaśŭn*, Nom. *ḫaśt* Lüge, *ḫaśwárā* Lügner, adject. *ḫaśŭň-ā* fem. -*ray* plur. -*it* und -*aŭk* falsch, lügnerisch, adject. relat. *ḫaśw-aň*. Caus. *ḫaśŭ-s* zum Lügen verleiten.

Haṣá (auch *heṣā*) plur. *haṣ* unreiner, mit der Bienenbrut vermengter Honig, A. ኦጢይ፥.

Xaṣá plur. *χaṣ* (Bil., Demb., Quara *aśā*, Agaum. *χaṣi*, vgl. §. 54) Blatt, Baumblatt.

Xáṣer (A. ኣጥር:, Ti. ሐፀር:) Dornenzaun um ein Gehöfte; s. a. *qiser*.

Xetáb (A. ክታብ:) Buch; Beschriebenes überhaupt, Amulet, Talisman (Pergamentstreifen mit religiösen Formeln beschrieben und in einer Kapsel verschlossen um den Oberarm gebunden).

Xatem (Ti. ኀተመ:, A. ኣተመ:) v. I siegeln, versiegeln, Imper. *χatím*, Perf. *χatm-un*, Inf. *χatmánā*, Nom. ag. *χatmátā*, Caus. *χatem-s*, Pass. *-š*, adject. relat. *χatemšaû* gesiegelt.

Xàtemá plur. *χatím* (A. ከተማ:) Stadt.

Xetíñ Syphilis (A. ቆጥኝ:).

Xater v. I (Ty. ከተረ:, Saho *katara* rauben, חתר, خَتَر) rauben, Perf. *χatr-ún*, Nom. ag. *χatrátā* Räuber, Nom. act. *χatránā* Raub, rauben, Caus. *χater-s* Räuber dingen, in Sold nehmen, Pass. *χater-š*; adject. relat. *χaterš-aû* geraubt.

Ḥaû y (Bil. *ḥaû y*, cf. G. ሐመ:) v. I brennen, verbrennen (intrans.), in Flammen aufgehen, Caus. *ḥaû-s* verbrennen (etwas), Imper. *ḥaûš*, Nom. act. *ḥaûsánā* das Brennen; der Herd, Pass. *haû-št* verbrannt werden; adject. relat. *ḥaûštaû* verbrannt, durch Feuer verzehrt, *ḥaûštaû lī* hitziges Fieber (Feuer, durch welches Jemand verzehrt wird).

Xay (G. ኀለወ:, خال) v. I bewachen, Imper. *χáyī*, *yi ñín-dī*, *y'ár-dī ḥáyi* bewache mein Haus und mein Korn! Perf. *ḥay-un*, Caus. *ḥay-s*, Pass. *-š*.

Xay, *χay* (G. ዐበየ:, vgl. §. 68 und 80) v. I gross, weit; viel sein. Im Gebrauche nur: Nom. *χaytá* Fülle, Menge, Grösse, *kütá-r gis genzib-ís χaytā bijíq genzíb ẓaqár* ich habe mehr Geld als ihr (ich habe an Fülle viel Geld im Verhältnisse zu eurem). Dann adject. relat. *χay-ar*, *-rar*, *-aû* u. s. w., *an kü ñā χayár* ich bin ebenso gross (auch: bedeutend, angesehen) als du. *χayaû zin* der ältere Bruder, *χayaû hagír* ein grosses Land, *χayaû sibā* ein grosses Dorf, *χayaû sefír* Daumen (dicker Finger), *χay' ábbā* Grossvater, *χay' eñá* (für *χay-ráy eñā*) Grossmutter, *χayáy ṣúzā* (für *χayray ṣ.*) Aussatz = grosse Krankheit, *χayay* (und *χayê*) *siberá* grosse Schlange, speciell: die Boa.

Hiyá (A. ሐጋይ:) Sommer, trockene Jahreszeit; Nebenform: *ayá*.

Xayel (Ti. ኀየለ:) v. I stark sein, Imper. *χayíl* sei wacker! Perf. *χayl-ún*, *χàyel-dú*, *χayl-ú*, Nom. *χayíl* Stärke, adject.

χayl-ú fem. -ı plur. -*uk* kräftig, *an kü ńā χaylū* ich bin so stark als du. *küt yi ńā χaylír* du bist so stark als ich. *Haymánōt* (A. **ሀይማኖት፡**) der Glaube, im religiösen Sinne.

K.

-k (Bil. *-k*, Demb., Quara *-kī*) ganz, jeder, alle (s. *inki*), *tāyĭ-k* sie alle, *ejír-ik* jeder Mensch u. s. w.

Ka v. I ungebräuchlich, *ka-t* IV A (Bil. *kā-r*, Quara *kā-y*) übersetzen den Fluss, Imper. *kac*, Perf. *ka-t-un*, *ka-t-ru*, *ka-r-u* u. s. w., Inf. *karánā*, Nom. act. *karnā*, Nom. ag. *karátā* (Bil. *kārántā*) der Hinüberschreitende, *karíń* (Bil. *kāríń*) das jenseitige Ufer, -land. Adject. *karińú* jenseitig. *kat-s* IV B hinüberschreiten lassen, Inf. *karsínā* Furth.

Ki v. I ungebräuchlich, *ki-t* IV A (Bil. *ki-r*, Agaum. *ke-r*, Demb., Quara *kiy*, *kī* aus *ki-r*) sterben, Imper. *kic*, Perf. *ki-t-un*, *ki-t-ru*, *ki-r-u* u. s. w., Inf. *kitánā*, Nom. *krińā*, *kŗńā* der Tod, *kr-ań* fem. *-dáy* plur. *-auk* sterbend, *krŭ-ú* fem. -*i* plur. -*uk* todt, *kri-y-ań* fem. *kr-ī-ray* plur. *kri-y-auk* nicht gestorben, noch lebendig.

Kū, *okŭ* v. I (Quara *kū*, Bil. *kŭn*, G. **ひと፡**, کٛ) defectiv, entstanden sein, sein, existiren, Perf *kū-n*, *ok-ūn* ich bin, *kŭ-rú* du bist, *kū*, *oku* er ist, §. 182.

Kŭ, *kŭ*, *kĭ* 1. dein, plur. *kŭtá*, *kitá* euer (Bil. *kŭ* plur. *intá*, Demb. *ki* plur. *euten*, Quara *kŭ* plur. *entā*, Agaum. *kŭ* plur. *antu*) *kŭ wedáy* dein Freund, *kŭ ńin* dein Haus, *k-ar* dein Korn, *k-ĭr* dein Vater; *kŭtá ńin* euer Haus, §. 220. 2. Pronom. pers. in den obliquen Casus, *ki-t amĭ kŭtū* dich wird ein Dorn tödten. *an kĭ-t mizánzâkŭn* ich danke dir. *kitá-s kitá-t qaneqanšírnauk* ihr liebt euch gegenseitig. *an kitá-t mizánzâkŭn* ich danke euch, §. 222.

Kū (für *kŭ-ū*) fem. *kŭ-rī*, *kŭi* plur. *kŭ-kŭ* der deinige (Bil. *kŭ-ウ*, fem. *kŭ-rī* plur. *kŭ-ū*), *ien bára-n kū ień* dieser Sklave ist der deine; §. 221.

Kab (Bil., Demb., Quara *kab*, Agaum. *kac*, *kań*) v. I schneiden, abschneiden, fällen (Baum), Imper. *kab*, Perf. *kab-un*, Caus. *kab-s*, Pass. *kab-š*.

Kab, *kub* (Bil., Quara *kāb*) v. I helfen, Hilfe leisten, *kabátā* helfen, *kabná* Hilfe, Caus. *kab-s* Hilfe verlangen, Imper. *kabĭš*, Pass. *kab-š*.

Kabá plur. *kab* Frucht, besonders Baumfrucht, Obst, s. *qabā.*
Kib (Bil., Agaum., Quara *kamb*, *kamb*, Demb. *kab*) v. I an Kälte
leiden, Kälte empfinden, *kibá* Kälte, adject. relat. *kib-aû* fem.
-ráy plur. *-ayk* kalt (Luft, Wasser). *kibkib* v. II zittern vor Kälte,
kibkibá Schüttelfrost, kaltes Fieber. *kib-s* v. III A erfrischen
(der kühle Nordwind u. s. w.), Imper. *kibiš* fächle Kühlung! *kib-t*
IV A sich erkälten, Imper. negat. *kibútā* erkälte dich nicht!
Kibeb (Bil., Agaum., Demb., Quara *kabab*, A. ሀበበ፥) v. I um-
geben; belagern, Imper. *kibbǐ*, Perf. *kibb-un*, Nom. act. *kibbánā*
Belagerung, Nom. ag. *kibbátā* Belagerer, adject. relat. *kibb-aû*
umgebend, *kibb-û* fem. *-i* plur. *-yk* rund. *kibb-es* III A um-
geben, belagern lassen, Imper. *kibbiš*. Pass. *kibb-s.*
Kibbená und *kipená* plur. *kibbín* (in Lasta) Eidechse; s. a.
gibbená.
Kiber (A. ሀበረ፥) v. I in Ehren stehen, Ansehen geniessen;
werth, theuer, kostbar sein, Perf. *kibr-un*, *kiber-du*, Nom. *kibír*
Ehre, Ansehen, adject. relat. *kibr-aû* fem. *kiber-dáy* plur.
kibr-ayk geehrt; theuer, kostbar (Gegenstände). *kiber-s* III A
Ehre bezeugen; einen hohen Preis ansetzen, *kiber-s-s* III B
Ehrenbezeugungen veranlassen. *'Kiber-š* V A in ein Amt ein-
gesetzt werden, geehrt werden.
Kad (A. ከደ፥, Ti., G. ከአደ፥) v. I verleugnen, abfallen (von
seinem Herrn), auch *kad y = kad.* Inf. *kadánā*, Nom. *kadátā*
Rebell, Caus. *kad yi-s* zum Abfall verleiten.
Kaded (A. ከደ፥) v. I täuschen, verführen (zum Schlechten),
Imper. *káddě*, Perf. *kadd-un*, Inf. *kaddánā*, Nom. ag. *kaddátā*
Verführer, adject. relat. *kadd-aû* verführerisch. *Kadde-š* V A
verführt werden, Nom. ag. *kaddešátā* der Verführte, adject.
relat. *kaddešaû* verführt.
Kidem (Ti. ከዖም፥) v. I dienen. Diener sein. Imper. *kidím,*
Perf. *kidm-un*, Inf. *kidmánā* dienen, Nom. act. *kedmá* Dienst,
Nom. ag. *kedmátā* Diener, *kedám* Diener. *kidem-s* III A einen
Dienst geben, Imper. *kidmiš*, Pass. *kidem-š* bedient werden.
Kûfdá der Tarbusch, s. *küftā.*
Kiff (Bil. *kanfī*, Quara *kanb*, A. ከንፍ፥) der Flügel, vgl. §. 58.
Kifír plur. *-t* (Bil. *kinfár*, Quara *kanbar*, Ti., G., A. ከንፈር፥)
Lippe.
Kûftá und *küfdá* plur. *küfit* (A. ኩፍት፥) Tarbusch, rothe
Kappe mit einer Quaste, nur von Moslims getragen.

Kaffayma plur. *kaffáymt* Rind, Pferd roth und weiss gefleckt.
Kil (Bil. *kar*, Demb., Quara *kal*) v. I brechen (Brod), zerbrechen (act.), Imper. *kil*, Perf. *kil-un*, *kil-du*, Caus. *kil-s* brechen lassen, Imper. *kilíš*, Pass. *kil-š* zerbrochen werden.
Kilkíl (A. ከሌከሌ ፡) Wiese, Trift.
Kúlíl y (A. ኰለሌ ፡ ለአ ፡) v. I trippeln, hüpfen (Hühner u. s. w., dann von Strauchelnden, die durch einige Sprünge die Balance wieder zu erlangen suchen).
Kalím Tabakpfeife, s. *qalīm*.
Kilisyá Donnerstag.
Kim subst. coll. (Bil. *kim*, Agaum., Demb., Quara *kim*, *kem*) Vieh, besonders Hornvieh, Rindvieh (auch plur. von *luwā* Kuh); Besitz, Habe, Reichthum; sing. *kemá* ein Stück Vieh.
Kamíl Rohr, *timbāuk kamíl* Pfeifenrohr.
Kimeš und häufiger *qimeš* (G., A. ቀነተ ፡, cf. قمط, كمت) v. I sich gürten, Imper. *kimíš*, Perf. *kimš-un*, Nom. *kimšánā* plur. *kimšán* Frauengürtel, adject. relat. *kimš-aû* fem. *-ráy* plur. *-auk* 1. gegürtet; 2. mässig (in Speise und Trank), *kimšaû aǧ* sei mässig! Caus. *kimš-es* gürten (Jemanden); vgl. auch *qiñó* und §. 40, 48 und 51.
Kan Holz, s. *qan*.
Kin v. I ungebräuchlich, Nom. *kin* Sitten, Gebrauch, *kin-s* (Bil., Demb., Quara *kin-s*, *ken-s*) v. III A lehren, unterweisen, Imper. *kiníš*, Nom. ag. *kensátā* Lehrer, *kin-s-es* III B einen Lehrer aufnehmen, *kin-t* (Bil. u. s. w. *ken-t*) IV A lernen, Imper. *kiníc*, Nom. ag. *kentátā* Schüler, Nom. act. *kintíñ* Wissenschaft. *kin-š* V A unterrichtet werden, adject. relat. *kin-šaû* unterrichtet, negat. *kin-šī-y-aû* unerzogen, ungezogen, roh, unbändig.
Kŭn (Bil. *kŭn*) v. I den Abend zubringen, am Abend thun, Imper. *kŭn*, Perf. *kŭn-ún*, Nom. *kŭníñ* Abend, Caus. *kŭn-s* III A den Abend zubringen lassen, den Abend über Jemanden beschäftigen, unterhalten u. s. w.
Kŭinā plur. *kŭin* (A. ሞኛ ፡, Ti. ኰና ፡) Mauer, Hütte.
Kŭar und *kar* (Ty. von Hamasien ኰረየ ፡, Saho *kŭray*, Agaum. *kual*, Demb., Quara *kar* zornig sein; cf. G. ተኵርሀ ፡ ኰርዐ ፡) v. I zornig, aufgebracht sein, Imper. negat. *kŭártā* sei nicht böse! Perf. *kuar-un* (*kar-un*), *kuar-du*, Nom. *kŭar*, *kar* Zorn, Caus. *kŭar-s*, *kar-s* erzürnen, Pass. *kŭar-š*, *kar-š* erzürnt

werden, adject. relat. *kŭar-š-aî* fem. *kŭarš-ráy* plur. *-auk*
zornig gemacht, Nom. ag. *kŭaršátā.*

Kŭir (A. **ኰረ፡**) v. I hochmüthig, stolz sein, Imper. negat.
kŭírtā überhebe dich nicht! Perf. *kŭir-un, -du*, Inf. *kŭiránā,*
Nom. *kŭirá* Hochmuth, Stolz, *kŭirátā* stolzer Mensch, Relat.
kŭir-aî fem. *-day* plur. *-auk* hochmüthig, Caus. *kŭir-s.*
Kŭárā plur. *kŭar* (Bil., Demb., Quara *kŭárā*) 1. Sonne (gen.
fem.), *kŭára fená* Ost, Sonnenaufgang, *kŭára tûná, kŭar*
túnā West, *kŭárā witrik griyá kŭára fená-s fac, kŭar tûná-s*
túwac die Sonne geht jeden Tag im Osten auf, im Westen
unter. 2. Tag, Zeit, *an genzib şaq winà-te kŭar* als ich Geld
hatte, §. 148.

Kirbrá, krbrá plur. *kirbír* (Bil. *kalanbúrā,* G., Ti., A. **ከበሮ፡**)
die Pauke, *an kirbrá-t tasun* ich schlug die Pauke.

Korecá plur. *koríc* (A. **ኮረጅ፡**) der Sattel.

Kŭrkŭr subst. coll. (Saho *kŭrkŭr*) junger Hund; sing. *kŭrkŭrí.*

Kŭrmá (A. **አርኹጉ፡**) der Nashornvogel, buceros abessinicus.

Kriná plur. *kriń* (Bil., Agaum., Demb., Quara *kriná*) Stein.

Kárrā (A. **ካረ፡**) Messer.

Kŭarz subst. (Quara *kŭazer*, Bil. *kŭarad*, A. **ከንፅ፡**) Arm, Elle.

Karis subst. Seite, meist *qaris.*

Krestiyán Christ, s. *kestiyan.*

Krwŭr junger Hund.

Kisá plur. *kis* (Bil. *kas* plur. *kásis*, Quara *kaš*) Schulter; Rücken.

Kīs und *cis* (Bil. *kīd*, Demb., Quara *kīz, kīž*, Ti. **ገያ፡**, G.
ገፈ፡) v. I schöner, besser sein, Perf. *kīs-un*, Caus. *kīs-s* ver-
bessern, verschönern, Pass. *kīš-š* verbessert werden.

Kízā plur. *kīz* Sack, Tasche, Nebenform *kížā.*

Kŭas (A. **ከስ፡**) v. I abmagern, Relat. *kŭas-aî* mager. *kŭas-s*
III A abmagern lassen.

Kŭskŭsá plur. *kŭskŭs* (A. **ኍስኍሳት፡**) Wasserkrug.

Kisíń und *cisíń* (Bil. *kidíń* plur. *kižíń*) Acker, Feld.

Kestiyán seltener *krestiyán* plur. *-t* (A. **ከስትያን፡**) Christ.

Kasayē nom. propr. fem.

Kaž (Bil. *kajas*, Ti. **ገገ0፡**) v. I gähnen; athmen, Nom. *kažô*
Athem.

Kiš (Bil. *kas*, Quara *kas*, Demb. *kis*) v. I den Morgen zu-
bringen, am Morgen thun, Nom. *kešíń* der Morgen.

Kížā Sack, Tasche, s. *kízā.*

Kat übersetzen (den Fluss), s. *ka*.

Kit sterben, s. *ki*.

Küt, *küt*, *kit* du, plur. *kütentáy* ihr (Bil. *intí* plur. *intín*, Quara *ente* plur. *entan*, Demb. *ent* plur. *enten*, Agaum. *int* plur. *antu*), *küt aû-ā* wer bist du? *kütentáy yiná-cis genzíb iuwírnu* ihr habt uns Geld gegeben; §. 219.

Kütá, *kitá* euer, *kütá ñin* euer Haus; s. *kü* dein.

Kütentáy ihr, s. *küt*.

Kiw, *kuw* (Bil., Agaum., Demb., Quara *kñw*) v. I tödten, Imper. *küw*, Perf. *kiuw-un*, *kû-ru*, Nom. ag. *kuwátā* Mörder, Caus. *kû-s* tödten lassen, Refl. *kû-t* sich tödten, Pass. *kû-š*.

Kiû, *kû* (Bil. *kaû*, Demb. *kaû*, Quara *kö*) 1. Stamm, Tribus; 2. Dorf, Ansiedlung; 3. Haus, Gehöft, sogar *zīl kiû* Vogelnest.

Kawás, *kauwas*, *kowas*, d. i. **ከወስ** (A. **ኳስ፥**, cf. G. **ከበስ፥**) Spielball (aus Lumpen geflochten), *an kowás ewártun* ich spielte den Ball (mit dem Ball).

Kiyán (Quara *kên*, Bil. *keġán*) Hochzeit, *kiyan-t* IV A (Bil. *keġān-t*) heiraten (der Mann), *kiyán-š* VA (Bil. *keġān-s*) heiraten (vom Mädchen).

Q.

Qa-s salben, pomadisiren, s. *qas*.

Qab (Bil. *ka'ab* = G. **ቀበ፥**) v. I Procente nehmen, Perf. *qab-un*, Nom. ag. *qabátā* Zins-, Procentenehmer, Wucherer; als Adjectiv: hart, strenge.

Qabá plur. *qab* Baumfrucht, Obst, *talús qabá* die Feige (Frucht des Feigenbaumes).

Qibeb (A. **ቀበ፥**, G. **ቀብኀ፥**) v. I salben, Nom. *qibbā*, *qibā* Salbe, Oel; Fett. Caus. *qib-s* Pomade auf etwas geben, salben, wie das einfache *qibb*; vgl. auch *qas*.

Qŭib plur. *-te* (A. **ቆበ፥**, G. **ቆበቆ፥**) Kappe.

Qabrá plur. *qabír* (Demb., Quara *kaberā*, cf. G., Ti. **ጓብር፥**, **ሕበለ፥**, das gleichbedeutende Bil. *gamar* plur. *gamat*, Agaum. *gamet* gehört zunächst zu A. **ገመዩ፥**) Strick, Seil; Schnur.

Qibes v. I durchsickern lassen eine Flüssigkeit (ein morsches Dach u. s. w.).

Qaded (A. **ቀዩዩ፥**) v. I zerreissen, zerstückeln, zerschneiden, Imper. *qáddě*, Perf. *qadd-un*, Nom. *qeddá* Schnitt, Riss. Caus. *qadd-es* zerreissen lassen, Imper. *qaddíš*, Perf. *qaddesun*, Pass.

qaḍḍ-eš zerrissen werden; zerplatzen (intrans.), *ni gizú qaḍḍešu* sein Bauch platzte; Imper. *qaḍḍíc.* Adject. relat. *qaddeš-aû* zerreissen, negat. *qaddiš-iy-aû* unversehrt, noch ganz.

Qadaq (A. ፈጸ፥, G. ፈይ·ሐ፥, Quara *ḳidā*) v. I schöpfen, Imper. *qaḍáq,* Perf. *qaday-un, qada-ru,* Inf. *qad-ánā,* Caus. *qada-s,* Pass. *qada-š.*

Qidem (A. ፈዪም፥) v. I voran sein, der erste sein, Imper. *qidím,* Perf. *qidm-un,* Nom. *qedám* Anfang, *qedám sinbit* Samstag (erster Sabbath). Caus. *qidem-s* zuerst ansetzen. Refl. *qidem-t* wettlaufen, Imper. *qidmíc. Qidemqidemš* VI A gegenseitig wetteifern.

Qides (A. ፈዪስ፥) v. I heiligen, Imper. *qidíš,* Perf. *qids-un. qides-s* III A heilig sprechen: die Ehren einem Heiligen erweisen. *qides-t* IV A heilig werden, sich eines frommen Lebenswandels befleissigen.

Qŭadáy, qodáy Vocativbezeichnung, *y'aderá qodáy* o mein Gott! *yi gŭriyá q.* o mein Herr! *duχára q.* o du Esel! s. §. 214.

Qefá plur. *qif* (A. ፈር፥) länglicher Korb; Bienenstock, auch *lal qefā* (Saho, 'Afar *qafó* Bienenstock).

Qŭagmín, qogmín (A. ጷጕዏሄጝ፥) die fünf Epagomenä-Tage am Jahresschluss.

Qaçíl plur. *-le, -t* (A. ፈ፟ፕኣ፥) Glocke.

Qŭaríl, qoçíl Hodensack, scrotum, auch *mil qoçil.*

Qŭçíltā plur. *qŭçílt* Manguste, herpestes gracilis, A. ሙ·ፕኣፕኣ፥ genannt; vgl. §. 172.

Qŭcerá plur. *qŭcír* pudendum viri, penis, *qŭcír aûr* glans penis.

Qiçuw (A., G. ፈጸ፟ሰ፥) v. I zwicken, Imper. *qiçû.* Perf. *qiçw-un,* Caus. *qiçû-s,* Pass. *-š.*

Qaχŭá Kaffee, zubereiteter Kaffee, *qaχŭ nin* Kaffeehaus.

Qakŭá plur. *qakŭ, -t* (cf. G. ሐ፟ h ፥) Backen, Kinnbacken, im sing. Backenzahn. *qakŭe-t* IV A sich bei dem Kinn anfassen ; *qakŭe-s* III A Jemanden bei den Backen ergreifen.

Qōqáyā plur. *qoqáy* (Ty. ፈ፟ፐሀ፥, G. ፈ፟ፈሀ፥, A. ፈ፟ፈ፥) das Frankolinhuhn, perdrix Erkelii.

Qal leicht sein, s. *qalel.*

Qŭal und *qal, χal* (Bil. *qŭāl,* Demb. *qŭāl,* Quara *χāl*) v. I sehen, *çalqŭš qŭal* schielen, Imper. *qŭal,* Perf. *qŭal-un, -du,* Inf. *qŭalánā* sehen ; Sehinstrument, *el qŭalánā* Brille, Augenglas. Caus. *qŭal-s* zeigen, Pass. *qŭal-š* gesehen werden, erscheinen.

Qŭállā plur. *qŭall, qŭallĕ* (Bil. *qŭal'ā* plur. *qŭal'ī*, G. ቍዋልጚ፥ Ty. ቈልጝ፥) Kind.

Qŭilef (A. ቈልፈ፥) v. I verschliessen, Imper. *qŭilíf*, Perf. *qŭilf-un*, Nom. *qŭlf* Verschluss; Spange, Knopf. Caus. *qŭilf-s*, Pass. *qŭilef-t* (IV a) verschlossen werden.

Qaleq (vgl. *ṣalqŭ*) v. I ungebräuchlich, Nom. *qalqá* der schielende Blick, Caus. (denom.) *qala-s* schielende Blicke machen, schielend, adject. relat. *qalas-aû* fem. *-ray* plur. *-auk* schielend.

Qalel und theilweise schon *qal* (A. ቀላል፥) v. I leicht sein (materiell und geistig), unbedeutend, wenig geschätzt sein, Perf. *qall-un*, *qalle-ru* (und *qal-du*), adject. relat. *qall-aû* fem. *qalle-ráy* (und *qal-dáy*) plur. *qall-auk* leicht, unbedeutend.

Qalím plur. *qalimüm* (Bil. *qaláb* plur. *qaláleb*, Saho, 'Afar *qálib*, Ty. ቃልብ፥ 'A. ቃልም፥) Tabakpfeife, und zwar von der Wasserpfeife (Nargile) der Bauch, in welchem sich das Wasser befindet.

Qalím und *qalím* (A. ቀላም፥) Tinte.

Qŭalemá und *qalemā* plur. *qŭalím* (A. ቋለ᎐ሣ፥) Dickdarm.

Qalŭnā plur. *qalŭn* (Bil. *kaḡalŭnā*) das Ei, *zil qalŭnā* Vogelei, *ṣaraû q.* Eiweiss, *seraû q.* Eidotter.

Qilṭef (A. ቀልጠፈ፥) v. I emsig, hurtig, thätig; rüstig, stark sein, adject. relat. *qilṭef-aû.*

Qamárā plur. *qamár* (A. ቀ᎐ብር፥ Galla *qambari*) das Joch, für Zugochsen.

Qamis (A. ቀ᎐ስ፥) Hemd.

Qemsá plur. *qims, qimís* Kameellaus (cf. A. ቀዥጮጚ፥ Floh).

Qimeš sich gürten, s. *kimeš.*

Qŭmtá und *qemtā* auch ዠemtā das Wohlbefinden, die Gesundheit, *an nie qemtā* ich bin heute wohl (für *qemta-s* bei Wohlbefinden). *A qŭmtá-m áyyaŭ* A. ist unwohl. *y' oዠŭr qemtá ieŭ, y' oዠŭrá ṣuwitráy* mein Sohn ist gesund, meine Tochter aber krank.

Qimtá und *qŭmtā* plur. *qimít* (A. ቀልጅ፥) die Feuerstätte, Herd.

Qan, seltener *kan* subst. coll. (Bil. Agaum., Demb., Quara *kánā* plur. *kān*) Holz, Baum, sing. *qínā*, *jilíb-te qanā* Mastbaum (Nachenbaum), *ṭiṭ qanā* Baumwollenstaude, *jirf qanā* Geisselstock, *mizán qanā* Wagebalken.

Qŭnçá plur. *qŭnç* (A. ቀዥጮ፥ cf. G. ቀዥዘዐጕ፥) 1. die Aehre, Kornähre; 2. Haarschopf der Kinder.

Qiñ (A. ቀና ፧) v. I 1. aufgebracht, zornig sein; mit bösem, tadelndem Blick einer Handlung zusehen; 2. beneiden, eifersüchtig sein; in dieser letzteren Bedeutung wird jedoch die denominative Form *miqeñe-t* (A. ምቀኘ፧ ፧) IV A angewendet, *miqeñet-un* ich war eifersüchtig, beneidete, Nom. *meqañenát* (A. ምቀኘነት ፧) Neid, Eifersucht. Caus. *miqeñ-is* eifersüchtig, neidisch machen, den Neid erregen.

Qiñô der Gürtel (aus *qeny-ó* = *qent-ô* womit man sich ·gürtet); vgl. *qimeš*.

Qŭr, oqr v. I niederlegen, Imper. *oqŭr*, Perf. *oqr-un, hedír oqrún* ich gab in Depôt, Verwahrung.

Qŭrbí und *qŭrbí, qerbí* (aus *qŭerbay* = *qŭarbat*, A. ቄርበት ፧, Demb. *qŭarbay*, Quara *qorbē*) die Haut, das Fell, *luŭá qŭrbī* Kuhhaut, *ḟçír q.* Ziegenhaut. Nebenform *qŭrbír, qerbír* Haut; vgl. §. 51.

Qŭrbír (in Wag) Haut, s. *qŭrbí.*

Qaref und *qŭref* (A. ቀረፈ ፧) v. I abschälen die Rinde vom Baum, Imper. *qarif, qŭríf*, Perf. *qarf-ún, qarf-ún*, Nom. *qŭrfá, qerfá* die Rinde, Caus. *qarf-s*, Pass. *-š.*

Qŭrçimçímt (A. ቁርጭምጭምት ፧) Fussfläche, planta pedis.

Qorqoró (A. ቆርቆር፧) Zinn.

Qŭrmbí (A. ቁረምብ ፧) Kitzlein.

Qernib (G. ቀርንብ ፧) meist *el qernib* Augenlid und Augenlider.

Qaris, seltener *karis* gesprochen, Seite, *qaris-is qaris* neben einander, *Birrŭ Abdálla-cik qarisisqaris guŭyáků* oder: *Birrŭs-me Abdálla-s qarisisqaris quŭyiñauk* Birru setzte sich neben Abdalla; vgl. §. 223.·

Qarús und *qerŭs* plur. *-tān* (cf. قرُع) das Ohr, *qarús ajáy* Ohrloch, -höhle, *qarŭs qaṭā* Ohrring.

Qires (A. ቄረጠ ፧, G. ቄረጰ ፧) v. I schneiden, Imper. *qiríç*, Perf. *qirs-ún*, Nom. *qŭrçá* Schnitt, Caus. *qires-s*, Pass. *qireç-t.*

Qersáq der Wind.

Qŭršě und *qŭršě* collect. (A. ቁርሽ ፧, قرش) Thaler; Geld.

Qŭrṭemát (A. ቁርጥማት ፧) Rheumatismus.

Qŭs und *ěqas* v. I 1. den Kopf mit Fett, Pomade einschmieren, salben; 2. angesehen, reich sein; 3. heilen (d. i. Salbe auflegen). Imper. *qŭš*, Perf. *qas-un*, adject. relat. *qas-aú, eqas-aú* fem. *-ráy* plur. *-auk* Jemand, der Salbe aufträgt, Fett benützt, was nur Heerdenbesitzer zu thun vermögen, daher: ange-

sehen, reich; gut, schön, auch dann von Gegenständen, z. B.
qas-aû arát ein schönes Angareb, *qasaû mízā* gutes Bier;
gesund, heil, *ayír y'iñá qásṇçk, aderás mizensâkṇn* mein Vater
und meine Mutter sind gesund, Gott sei Dank. Caus. *qas-es*,
Pass. *-eš*, Refl. *qaš-t*. Das Bilīn hat *qŭās* salben, mit Fett
einreiben Jemanden, etwas, und *qŭār* sich selbst einsalben.
Hieraus folgt: *qŭās = qŭā-s* und *qŭār = qŭā-r* und als Stamm-
wort *qŭā* Salbe, das wohl zu Ti. ቅብእ፥ Fett, Oel, Pomade
gehören dürfte; vgl. oben s. v. *qibeb*.

Qáz ā plur. *qaz* (Bil. *qánžā* dasselbe, Ti. ቅጐሚ፥ Durrastengel)
Halm (aller Getreidesorten).

Qasí schnell, hurtig! (Interjection).

Qis und *qas* plur. *qisís* (G. ቅስ፥, A. ቅይ.ስ፥ und ቄስ፥) 1. Priester;
2. Rathgeber, Richter, Schiedsrichter.

Qiss pst! leise! (Interjection), *qiss y* (A. ቅስ፥ ኣስ፥) und *qiss*
gab leise sprechen, flüstern, Imper. *qissír yi* oder *qissír gab*
rede leise!

Qazqaz (A. ቅዘቅዘ፥, Bil. *qažqaž*) v. I kalt, kühl werden (z. B.
heisse Speisen); sich erkälten, adject. relat. *qazqaz-aû* kalt,
frisch (Wasser).

Qasen (Demb. *kašen*, Quara *χašen*, Agaum. *kaẕen*) v. I stehlen,
entwenden, besonders Taschendiebstahl im Menschengewühl
auf Marktplätzen ausführen (cf. A. ቅስን፥ die Messe), Perf.
qasn-un, Nom. act. *qasnánā* stehlen, Diebstahl, Nom. ag. *qas-*
nátā Dieb, adject. relat. *qasn-aû* diebisch. Caus. *qasen-s* zum
Diebstahl verleiten, Pass. *qasen-š* gestohlen werden, adject.
relat. *qasen-š-aû* gestohlen.

Qiser (G. ቄጻሬ፥, ቄበሬ፥) v. I einhegen, einen Dornenzaun
um ein Gehöfte errichten, Imper. *qisír*, Perf. *qisr-ún*, Caus.
qiser-s, Pass. *qiser-š; s. a. χaẕer*.

Qist, doch auch *qast* (A. ቅስት፥) Bogen, *dimín qist* Regenbogen.

Qŭaš (Bil. *baš*) v. I melken, Imper. *qŭaš*, Perf. *qŭaš-un*, Nom.
ag. *qŭašátā* Melker, Nom. act. *qŭašánā*. Caus. *qŭaš-es*, Pass.
quaš-t (IV A mit passiver Bedeutung, wie Bilīn *baš-ir*) ge-
molken werden, *luŭá qŭáš-r-ec* = Bil. *lŭŭí baší-r-tī* die Kuh
ist gemolken worden.

Qaẕaq̇ (G. ቅጸበ፥, A. ቅጣ፥) v. I züchtigen, strafen, Imper.
qaẕíq, Perf. *qaẕaq̇-un*, *qaẕa-ru*, Caus. *qaẕa-s*, Pass. *-š*, §. 68.

Qŭṣel und *qiṣel* v. I zusammenbinden, Imper. *qŭṣíl*, *qiṣíl*, Perf. *qŭṣl-un*, *qiṣl-un*, *qŭṣel-du* u. s. w. Caus. *qŭṣel-s*, Pass. *-š*; s. a. *qŭaṣer*.

Qŭaṣelá plur. *quaṣil* (Bil. *qŭanšalā*, G. ቍንጽል፡ plur. ቈናጽል፡) Fuchs; Schakal.

Qŭaṣer (G. ቈጸረ፡, ቈፀረ፡, A. ቈጠረ፡, Bil. *qŭašar*) v. I zählen. rechnen; einen Tag, Termin festsetzen, Imper. *qŭaṣír*, Perf. *qŭaṣr-un*, *qŭaṣer-du*, Nom. *qŭṣrá* Zahl, *qŭaṣír* Termin, der festgesetzte Tag, *qŭaṣír y* den Termin bestimmen. Caus. *qŭaṣer-s*, Pass. *-š*.

Qaṭ (cf. G. ኀጥአ፡) v. I 1. verfehlen (den Weg), in die Irre gehen; 2. das Gedächtniss verlieren (durch Alter oder Krankheit), Perf. *qaṭ-un*, Caus. *qaṭ-s*, Pass. *qaṭ-š*.

Qŭṭ (Bil. *qŭeṭ*, *qŭṭ*, Quara *hŭṭ*) v. I 1. nass, feucht sein; grün, frisch sein (Gras); 2. roh, ungekocht sein (Fleisch), unreif sein (Früchte); 3. sündhaft sein. Adject. *qŭṭín* (Bil. *qŭṭān*), adject. relat. *qŭṭ-aû*. Caus. *qŭṭ-s* nass machen, Pass. *qŭṭ-š* benetzt werden.

Qaṭá plur. *qaṭ* (cf. G. ኍጸጽ፡) 1. Ring; 2. Silber, *qarús qaṭā* Ohrring.

Qáṭā (A. ቂጣ፡) bestimmte Brodsorte.

Qŭaṭeb (A. ቈጠበ፡) v. I sparsam, ökonomisch sein, Imper. *qŭaṭíb*, Perf. *qŭaṭb-un*, Nom. ag. *qŭaṭbátā*, adject. relat. *qŭatb-aû*. Caus. *qŭaṭeb-s* zur Sparsamkeit anleiten, auffordern. Pass. *qŭaṭeb-š* durch Sparsamkeit angesammelt werden (Güter), adject. relat. *qŭaṭeb-š-aû* erspart.

Qaṭqaṭ (A. ቀጠጠ፡, ቈጠቈጠ፡) v. I weg-, abschneiden, Perf. *qaṭqaṭ-un*, Caus. *qaṭqaṭ-s*, Pass. *-š*, adject. *qaṭqaṭ-š-aû* geschnitten, *qaṭqaṭšaû bírā* ein castrirter Stier.

Qaû (Agaum. *χota* vormals, früher, vgl. §. 52; Quara *qaû*, Saho *qama* zuvor thun, voran sein) die Vergangenheit, Vorzeit, *qaû-s*, *qawu-s* ehemals, einst, früher, *qaû-s ejír winu* es war einst ein Mann.

Qaû (Quara *qaû*) v. I führen, geleiten, den Weg zeigen, Imper. *qawí*, Perf. *qaw-un* (*qauw-un*), *qaû-ru*, Nom. ag. *qawátā* (*qauwatā*, *qowatā*, ቀወታ፡) Wegweiser, Führer. Caus. *qaw-is*, Pass. *-iš*; vgl. §. 52.

Qey (Demb., Quara *kez*, Bil. *kid*, vgl. §. 48) v. I verkaufen, Imper. *qey*, Perf. *qiy-ún*, *qī-rú*, *qiy-ú*, Nom. ag. *qiyátā* Verkäufer, Caus. *qey-s*, Pass. *qey-š*, adject. relat. *qeyšaû* verkauft.

Qayem (G., A. **ቀየም**:) v. I ungebräuchlich, Nom. *qīm* Groll,
Caus. *qayem-s* Hass schüren gegen Jemanden, Reflex. *qayem-t*
Groll hegen mit Rachegedanken, Nom. ag. *qayemtátā*, Pass.
qayem-š von Groll erfüllt werden.

L.

-l (Bil. *-l*, *-li*, Agaum., Demb., Quara *-li*) Postpos. in, bei, zu,
nach, *aû-l* wo? *mĭndĭr-il* in der Stadt, nach der Stadt, *Ṣellíya-l*
nach dem Tigré, §. 244.
Lā (Bil., Demb., Quara *lā*) ein, unus, *ejír inkí, ñi lā ñi lā kerdŭk*
Jedermann, der Eine wie der Andere stirbt (Jedermann ist
sterblich). Adject. *lāû* fem. *lāy, an lāñ ñin wiqrún* ein Haus
baute ich. *lāy-s tûš, liñá ŭkûn tûstā* heirate doch nur eine,
nicht heirate zwei Frauen! *Lāû-d, lāû-d-in* der erste, *lāy-ž,
láy-š-an* die erste. Adject. relat. *lāw-añ* einer seiend, wie *lāû*
construirt, doch accentuirter Bedeutung, *lāwaû qirš iû* noch
einen Thaler gib! Meist abgekürzt *láwā*, z. B. *láwā wedáj
ẓábec* sie hielt, hatte noch einen Liebhaber (ausser ihrem
Gatten). *Lāwáñ* (= *láw-il* in einem, zusammen) Einheit, in
einem, gemeinschaftlich, *an Birrú-cik lāwáñ ieñ* ich bin mit
Birru in Compagnie. *Lāwañ-t* IV A vereinigt sein, adject.
relat. *lāwañ-t-ū* gemeinschaftlich (Gut), der Compagnie anheim-
gefallen, zu einer Gesellschaft gehörig, vgl. Text 11, Note. 2.
Lī plur. *lik* (Bil. *lăǧā* plur. *lăk̄,* Agaum. *lag*, Demb., Quara
leyā, liyā) das Feuer, *li* collectiv: Feuer, *liā* ein einzelnes
Feuer, *lik* Feuerbrände. *Lī gŭátec* sie fürchtete das Feuer.
ien dir-ni-l lī tuwu zu diesem Busch nun kam Feuer. *ien
dirní inkí lī ḥaû yu* das Gebüsch wurde ganz verzehrt (vom)
Feuer. *ṣaber lī* Aschenfeuer, in der Asche glimmendes Feuer;
ḥaûštáû lī brennendes Feuer (durch welches Gegenstände ver-
zehrt werden); *lī qan* Gluthkohle (Feuerholz, Holz, an welchem
Feuer), *lik-fanā* Zünd-, Schwefelhölzchen (*fanā* = A. **ፈና**:),
lĭdrád (= *lĭ-d-rad*, cf. G. **ረድ**:) Nachtfalter.
Lô komm! s. *laû.*
Lib I (Bil. *lab*, Demb., Quara *lab*) v. I fallen, niederfallen,
Imper. *lib*, Perf. *lib-un; ṣegluwá lib-ú* es fiel ein Stern (Stern-
schnuppe); *hadegá lib* überfallen Jemanden in feindlicher Ab-
sicht. *Lĭblib* (Bil. *lablab*) II wanken, *lib-s* III A fallen machen,
zum Fallen bringen, Imper. *libĭš.*

Lib II (G. **ለበወ :**) v. I ungebräuchlich, adject. *lib-ū* fem. *-ray* plur. *-uk* klug, verständig, *Birrú libú ieü* Birru ist klug; *an libú ajun* ich wurde klug. *Libám* (mit einem *b*, A. **ለበም :** *libbām*) 1. der Schmied; 2. Hexenmeister, Wehrwolf, Zauberer, *küt libám qoláy* du Menschenfresser, grosses Schimpfwort). *Libenát* Klugheit, Einsicht, *Birrú-t libenát yayaü ieü* Birrn's Verstand ist gewaltig. Caus. *libú zab* verständig machen, *an Birrú-t libú zabun* ich habe Birru den Kopf zurecht gesetzt.

Lib y (Quara *lem y*, A. **ለም : —, ለበ : አለ :**) v. I lau, lauwarm sein (Wasser), adject. relat. *lib y-aü* lauwarm, *ien aqŭ-n lib yaü* dieses Wasser ist lau.

Libbĭlebá plur. *libbĭlib* (A. **ለበለበ :**) Unterhose der Frauen.

Libám Schmied; Zauberer, s. *lib* II.

Lĭdrad (= *li-d-rad* ins Feuer stürzend) plur. *lĭdrat-täu* ein beflügeltes Insect, Nachtfalter, A. **የአሰት : ፊዮ :** genannt, vgl. *h.*

Lĭdít, *ledít* (A. **ለደት :**) Weihnachtsfest, Geburt Christi.

Laged (A. **ለገደ :**) v. I ungebräuchlich, *laget-t* (aus *laged-t*) IV A auslachen, sich über Jemanden lustig machen, Perf. *laget-t-un*; Recipr. *lagedlaged-š* VI A sich gegenseitig auslachen, verhöhnen.

Ligigŭánā Dachraum, -stube, -kammer, der Raum unter dem Dache.

Ligem (A. **ለገመ :**) v. I ein Augendiener sein, von solchen Individuen gesagt, die unter Aufsicht gut arbeiten, unbewacht aber faulenzen, Imper. negat. *ligimtā* mach' dich nicht heuchlerisch schön! Nom. act. *ligmánā* Augendienerei, *ligim* Faulheit. Nom. ag. *ligmátā* Augendiener. Adject. *ligm-ú* fem. *-ŭráy* plur. *-uk* träge, wie *ligmátā* gebraucht, *Birrú ligmú winu* Birru war ein Augendiener. *Ligem-t* IV A (A. **ተለገመ :**) lau werden im Dienst.

Ligŭm, *lngŭm* (A. **ለጐመ :**) v. I 1. zügeln, Zügel anlegen; 2. laden (das Gewehr), Imper. *lugŭm*, Perf. *lugm-un*. Nom. *lugŭám* Zügel, Zaum. Caus. *ligŭm-s*, Pass. *-š*.

Liges (A. **ለገሰ :**) v. I freigebig sein, Imper. *ligiš*, Perf. *ligs-ún*, Inf. *ligsánā* Freigebigkeit, freigebig sein. Nom. ag. *ligsátā*, adject. *ligs-aü* fem. *-ray* plur. *-auk* freigebig, *an ligs-ár winun* ich war freigebig; negat. *ligs-iy-aü* filzig, der kein Geschenk gibt.

Ligez (Bil. *lagad*, Demb., Quara *lagaz*, Agaum. *ligez*) v. I gross,
hoch, lang, weit, breit sein, — werden, Perf. *ligz-án, ñi qŭr
ligzú* (Bil. *ni qárá láyaduχ*) sein Sohn erwuchs, erreichte die
männliche Grösse und Stärke. *Fizá bíqlauk ligzauk* (Bil. *fádan
báqualauk lágadauk*) der Samen geht auf und wächst (wird
gross). Adject. relat. *ligz-áû* fem. *-ráy* plur. *-auk* gross, hoch,
lang, weit, *ligzaû abä* ein hoher Berg, *ligzaû sefír* der lange
Finger, *ligzaû hagír* ein grosses Land. Caus. *liges-s* verlängern,
vergrössern; gross machen (erziehen, ein Kind). Pass. *liges-s*
erzogen werden.

Liç (Bil. *liš*, Quara *laš*, A. ለሐ፡, G. ለጸየ፡) v. I barbiren,
rasiren, Imper. *liç*, Perf. *liç-un*, Nom. *liçatā* der Barbier.
Caus. *liç-is*, Pass. *-iš*.

Laḳ Numerale (Bil. *liχ*, Agaum. *liχ*, Quara *liaû*) hundert, §. 236.

Leχán (Bil. *lagán* plur. *lakān*, Agaum. und Quara *lagin*, Demb.
nagin, Somali *log*) collect. wunde Stellen, Geschwüre, und sing.
Wunde, Geschwür, *leχan-s* (Bil. *lajan-d*) III A verwunden, Im-
per. *leχan-š; leχan-s-es* (Bil. *lagan-d-is*) III B verwunden lassen,
leχan-t (lagan-t) IV A sich verwunden und verwundet werden.

Likek (A. ለh፡) v. I messen, Imper. *likke*, Perf. *likk-un*, Nom.
lik und *lukká* plur. *luk* Mass. Caus. *likk-es*, Imper. *likk-iš*,
Pass. *likk-eš*.

Luk plur. *lukúk* (Bil. *luk*, Agaum. *luk*, Demb. *luk*, Quara *lekŭ*,
Somali *luk*, Galla *lukā*) das Bein; der Fuss. Adject. relat.
lukŭ-aû zum Bein gehörig, *lukŭáû qaţá* Fussspange, *lukukŭáuk
qaţ* Fussspangen.

Likŭa plur. *likŭe, likŭ* (Bil. *liuk*) die Wegzehrung, Kost, die
man auf die Reise mit sich nimmt. *Likŭe-t, likŭ-t* (Bil. *liuk-r*)
IV A sich mit Wegzehrung ausrüsten, versehen, Imper. *likŭ-c*.
Likŭ-s (Bil. *liuk-is*) III A Jemanden mit Wegzehrung ver-
sehen, Imper. *likŭ-š*.

Likfánā (s. *li* und Amb. ፉ.ና፡) plur. *likfán* Zündhölzchen,
Schwefelhölzchen.

Laq plur. *laqíq* (Bil. *lánqī* plur. *lánqîq*, Demb. *laχ, lanχe, lang*
bei Halevy, Quara *lanχ* bei Flad, ለን·ን፡ und ለንኸ፡ in
den Texten, Galla *laga* Zunge, cf. لَقْلَق lingua, لَقْلَق, לקק,
לחך, ﻟﺤﺲ, قعل linxit) die Zunge, *ejir ñi laq, ñi gizû laû
ayyaû* des Menschen Zunge und Herz sind nicht gleich.

Laq (Bil. *lāq* Gespei, *lāq* speien, Quara *laẓe-t* speien, cf. G.
ⵯⱬⵁ᎓ speien, ⱬⵁ᎓ Gespei) v. I ungebräuchlich, *laq-t* IV A
speien; Speichel auswerfen, Imper. *laqíc*, Perf. *laq-t-un*, Nom.
láqtā Gespei: Speichel, Inf. *laqtánā*, Nom. ag. *laqtútā*. Caus.
laqe-s zum Speien reizen, Imper. *laqíš*, Pass. *laqe-š* ausgespieen
werden.

Liqeq (A. ⵌⵁⵁ᎓) v. I verlassen, fortziehen, Imper. *liqíq*, Perf.
liqq-un, *haqír liqqua* sie verliessen das Land. Nom. ag. *liqqátā*
Auswanderer. Caus. *liqq-es* zum Fortgehen veranlassen: fort-
jagen, ausweisen, Imper. *liqqíš*. Pass. *liqq-eš* ausgejagt, aus-
gewiesen werden. Reflex.-Caus. *liqqes-t* sich Jemanden vom
Halse schaffen.

Liqem (Bil. *laqam*, Ti. ⵌⵁⵁ᎓, A. ⵌⵁⵁ᎓) v. I sammeln, zu-
sammenlesen (Früchte, Holz u. s. w.\), Imper. *liqím*, Perf.
liqm-án, Inf. *liqmánā*, Nom. ag. *liqmátā*. Caus. *liqem-s* sam-
meln lassen, Imper. *liqmíš*, Reflex. *liqem-t* für sich sammeln,
Imper. *liqmíc*, Perf. *liqemtun*, Pass. *liqem-š* gesammelt werden ᏸ
mit vielen anderen hingerafft werden (in der Schlacht,
Epidemie).

Laqseš-aû und *laseš-aû* (vielleicht verkürzt aus *laq-eẓû-š-aû* an
der Zunge gebunden, vgl. *laq* und *eẓuc*) fem. -*ráy* plur. -*auk*
stumm; *laqseš᎓aû donqûár* fem. *laqsešráy donqûrdáy* plur. *laq-
seš᎓uk donqûr᎓uk* taubstumm.

Lálā plur. *lal* (Bil. *láqlā* plur. *láqil*, Demb. *laqlā*, Quara *laûlā*)
die Biene, *lal qefá* Bienenstock, *lal ûn* Bienenhaus oder *lal
madír* Bienengehöft ᏸin welchem die Bienenstöcke sich be-
finden), *lal sefrá* Zelle der Bienenkönigin, *ûicír lálā* schwarze
Biene, Art von Bienen, in Bäumen nistend, mit schwarzem
Honig, A. ⵢⵐⵜⵁ᎓ ᎓ⵌⵁ ᎓ genannt; *qezíû lálā* (Hundsbiene)
die Wespe; vgl. auch *sarā*.

Lil subst. (A. ⵌⵌ᎓, cf. G. ⵌⵢⵌⵢ᎓) Weiche, Weichheit, *lil y*
v. weich sein (die Erde), schlammig, kothig sein, Nom.
liltá Schlamm, Koth, Dünger, adject. *lilt-u* fem. -*ī* plur. -*uk*
schlammig, kothig.

Lileb (A. ⵌⵐⵌⵐ᎓) v. I härten (im Feuer den Stock), Imper.
lilíb, Perf. *lilb-ún*, Nom. act. *lilbánā*, Nom. ag. *lilbátā*, Caus.
lileb-s, Imper. *lilbíš*, Perf. *lileb-s-un*, Pass. *lileb-š*, Imper. *lilbíc*,
adject. relat. *lilbeš-aû* gehärtet.

Lilef (A. **ΛΠΛΠ :**) v. I schwätzen, albernes Zeug reden, Imper. negat. *liliftā* schwätze nicht! Perf. *lilf-un,* Nom. act. *lilfúnā* Geschwätz, Nom. ag. *lilfátā* plur. *lilfát* Schwätzer. Caus. *lilef-s,* Pass. -*š.*

Lilqu (A. **Λⷫⷩⷫ :**) v. I anstreichen (mit Farbe, Kalk), Imper. *lilúq* und *lilqŭe,* Perf. *lilq-un, lilqŭ-ru,* Nom. act. *lilqŭánā* und *lilqanā,* Nom. ag. *lilqŭatā* und *lilqatā,* Caus. *lilqŭ-s,* Imper. *lilqŭš,* Pass. *lilqŭ-št.*

Lilem (A. **ΛⷞⷫΛⷞ :**) v. I grün sein, – werden (Feld), Perf. *lilm-un,* Nom. act. *lilmánā,* Nom. abstr. *lilmenát;* *ien kilkil lilmenát χayaŭ ieň* diese Wiese ist sehr grün (die Grünheit dieser Wiese ist gross). Nom. concr. *lilemá* Saft; adject. *lilm-ŭ* fem. *-ī* plur. *-uk* grün, saftig, *kilkil lilmŭ aju (awī)* die Wiese ist grün geworden, *an lilmár an* ich bin frisch, gesund. *Lilem-s* III A einer Sache ein frisches Aussehen geben (der Butter durch Beimengung von Substanzen).

Liltá plur. *lilt* Mist; Schlamm, s. *lil.*

Liluw (G. **Λⷭⷭ :**) v. I heucheln, Perf. *lilw-ún,* Nom. act. *lil-wánā,* Nom. ag. *lilwátā,* adject. relat. *lilw-aŭ.* Caus. *lilŭ-s,* Pass. -*š,* adject. relat. *lilŭš-aŭ* geheuchelt (Wort, Rede).

Lam v. I ungebräuchlich, *lam-t* (Bil. *lām-r*) IV A in Empfang nehmen, Imper. *lamíe,* Perf. *lam-t-un,* §. 43; Nom. ag. *lamtátā* Empfänger, *lam-t-s* IV B nehmen lassen, Imper. *lamtiš.* *Lam-s* (Bil. *lām-is*) III A darreichen, darbieten, hinreichen (Geld u. s. w.), Imper. *lamiš,* Perf. *lams-án,* Nom. act. *lamsánā,* Nom. ag. *lamsátā.*

Limat (A. **ⷩⷞⷛ :**) Tisch.

Linā plur. *lin* Pflugdeichsel.

Liňá (Bil. *laŭá,* Agaum. *laňā,* Demb., Quara *liňā*) zwei, *liňatrá* (Bil. *laŭar,* Agaum. *laŭatini,* Demb. *linatā,* Quara *liňasā*) zweiter.

Liňaŭrt (= *liŭā aŭr-t* mit zwei Köpfen) kleine Schlange, angeblich mit zwei Köpfen, A. **ⷞⷛⷮ : Λ℘ : ℷⷥ-ⷥ :** genannt.

Laňatá und *laŭdá* (Bil. *laŭatā,* Agaum. *laŭatā,* Demb., Quara *liňatā*) sieben, *laŭtatrá* (Bil. *laŭatar,* Agaum. *laŭatini,* Demb., Quara *liňatasā*) siebenter, *laŭtarŭŭ, laŭdarŭŭ* (Bil. *laŭatará-ŭŭ,* Quara *laŭatiŭ,* Demb. *liŭatiŭ,* Agaum. *laŭatiska*) siebenzig.

Lárin, larn (Bil. *laŭaráŭŭ,* Agaum. *laŭariŭ,* Quara *laŭatiŭ,* Demb. *liŭatiŭ*) zwanzig.

Līs (A. ልቅስ :, vgl. §. 71) v. I weinen, Thränen vergiessen, Imper. negat. *līstā* weine nicht! Perf. *līs-un*, Nom. *līs* Thränen, *līsā* eine Thräne, Caus. *līs-s* weinen machen, Pass. *līš-š, līs-īšt* beweint werden (der Verstorbene).

Lis v. I weich (Fleisch gekochtes, Stoffe), zart (Hände, Körperbau), sanft sein, — werden, Nom. *lisnat* Zartheit, adject. relat. *lis-ū* fem. *-i* plur. *-uk* weich geworden, *lisū ziyú* zartes Fleisch. *lilis* und *lislis* II (A. ልስለስ :) in hohem Grade weich, zart sein, — werden, *Birrū lislisú* (für *lislisaū*) *mn ṣayaū* oder *Birrū-t nan lislisnát χayaū iūñ* Birru hat sehr zarte Hände.

Lazrúta plur. *lazrat, lazúrt* ein im See lebendes Thier, angeblich von Form eines Schildes, A. ሰሳም : genannt.

Laṭ v. I ausspannen, strecken, spannen, (den Bogen, Strick), Imper. *laṭ,* Perf. *laṭ-un*. *Laṭlaṭ* und *laṭaṭ* (A. ልጥም :) v. II straff anspannen; gespannt, gestreckt sein (intr.), flach, eben sein, adject. relat. *leṭleṭ-aū, hayír leṭleṭaū* flaches, ebenes Land. Caus. *laṭ-s*, Poss. *-š*.

Litaq (Bil. *lataq* und *rataγ,* G. ረተዐ :, A. ረዕ :) v. I gewinnen (den Process, die Wette), Imper. *litáγ,* Perf. *litaq-un, litaq-ru* (und *lita-ru*), *litaq-u* (und *litaū*), *lita-c, litaq-nun, lita-rnu, litaq-uñ (lita-uñ),* Nom. act. *litaqánā,* Nom. ag. *litaqútā,* Nom. concr. *letqú* Gewinn. *Lita-s* III A zum Siege, Gewinn behilflich sein, Imper. *litáš* leiste Beistand, Hilfe im Process! *Lita-š* V A verlieren (den Process, die Wette), Perf. *litaš-un*, *ieçuwá litác, dāqñsū litašec* die Maus gewann, der Frosch aber verlor.

Laū, lô plur. *láuχtan* (Bil. *lāuχ* plur. *lájuā, láujā,* Dembea *lāyi* plur. *lāyā,* Quara *lāñ* plur. *lāñā*) komm! plur. kommt! *yi gbā lô* komm' zu mir! *láuχtan yu* kommt her! sagte er. *Lô y* (komm' sagen) winken, herbeiwinken, rufen.

Lāū, laū und *lô* (Bil. *lāū,* Quara *lāū*) die rechte Seite, *lāū nan* die rechte Hand (Hand der rechten Seite), *láw-il* zur rechten Seite, rechts, *ñi láwil* zu seiner Rechten. Adject. rel. *lāw-áū* fem. *lāū-ráy* plur. *láw-auk* rechts befindlich, *ñi lāwaū-s ṭáyqu* er fragte den zu seiner Rechten befindlichen Mann.

Lāwā, lāū einer, ein, s. *lā.*

Luwá plur. *lúküe* und *kim* (Bil. *hurí* plur. *was,* Agaum. *luwā,* Quara *kamú* plur. *kam*) die Kuh, *saráy luwā* rothe Kuh, *ṣaráy l.* weisse Kuh, *ñiçír l.* schwarze Kuh, *wáynímmā l.*

schwarz und roth gefleckte Kuh, *aymirimmā l.* silbergraue Kuh, *luwá-t gī* Kuhhorn, *luwa-t qŭrbĭ* Kuhhaut, *luwa-t ṣab* Kuhhuf. *Lawin, lauwin* (ᎯᎲ᎔᎓ ꞉, G. ᎅᎅᎅ꞉) wohlriechendes Harz; Gummi. *Liwed* v. I schläfrig sein, adject. *liwed-aū* fem. *-ray* plur. *-aŭk* schläfrig.

Laŭṭ (Bil. *lawat*, A. ᎠᎲᎲ꞉) v. I wechseln, tauschen, umtauschen, Perf. *laŭṭ-un*, Nom. act. *laŭṭánā*, Nom. ag. *laŭṭatā*, Caus. *laŭṭ-s,* Pass. *-š.* Adject. relat. *laŭṭ-š-aŭ* fem. *laŭṭ-eš-ráy* plur. *laŭṭ-š-aŭk* wankelmüthig; veränderlich, *laŭṭešráy* das Chamäleon. Nom. act. *laŭṭšánā* Wankelmuth: Charakterlosigkeit. *Laŭṭešráy* das Chamäleon, s. *laŭṭ.* *Lāy* fem. von *lāŭ* ein, s. *lā.* *Layá* (A. ᎠᎲ꞉) anderer, alius, *layā ejír* ein anderer Mann, *lay' ik* andere Leute.

M.

-m Negativpartikel, *ien abá-n ligzáw-um áyyaŭ* dieser Berg ist nicht hoch. *wurá-m ẓabíyaŭ* er that nichts; §. 163.

-ma (Bil. *-mā*, Demb., Quara *-mā*) Fragepartikel, *kŭt Xamrá-t gab-má gabraŭkí* sprichst du Agau? *kü zin ayyô-má* ist er denn nicht dein Bruder? §. 189.

-me, -m, -im (A. ᎍ꞉) und, nun, *ieçuwá-z-me dāqūsá-z* die Maus und der Frosch, *y'iñá-z-me ayír-iz dáhnaŭk* meine Mutter und mein Vater sind gesund; §. 258.

Mī v. I ungebräuchlich, *mī-t* (Bil. *meǵi-r*, Demb., Quara *mey*, aus *megey*) IV A vergessen, Imper. *mǐt*, neg. *mīttā*, Perf. *mí-t-un*, *mí-t-ru*, *mī-r-u*, Nom. act. *mītánā*, Nom. ag. *mītátā; mī-t-s* IV B vergessen lassen, Pass. *mīt-š* vergessen werden.

Mi plur. *mic* (Agaum. *me*) Brod, *mi ñin* Brodkammer, *miçtiyaŭ mi* ungesäuertes Brod. *Mi* (cf. plur. *mic*) ist das gegohrene, der gegohrene Teig. vgl. s. v. *micā.*

Mū, miñ v. I ungebr., *mŭ-t* (Bil. *muqŭ-r*, *muq́-r*, Quara *mô-t mañ-t*) IV A tragen, sich aufladen, Imper. *mŭ-c*, Perf. *mŭ-t-un*, *mŭ-t-ru*, *mŭ-r-u*, Nom. act. *mŭránā*, Nom. ag. *mŭrátā* (Bil. *muqrántā,* Quara *môtántā*) Träger, Nom. concr. *miwír, miŭr* (Bil. *muqŭr,* Quara *mŭti*) die Last. *mŭ-s* (Bil. *muqŭ-s*) III A tragen lassen, Imper. *mŭ-š.*

Mabíl subst. coll. (A. ᎍᎲᎲᎧ꞉, G. ᎍᎲᎲᎠ꞉) Wellen; sing. *mábelä.*

Midá plur. *mid* (A. **ሚ.ደ ፡**) der Kamm.

Mìdaqŭá plur. *medáuq* (A. **ም ዳቋ ፡**) Antilope madoqua Rüpp.

Madelátli der obere Thürbalken.

Madír (A. **ማንደር ፡**) Stall, Viehstall (für Rindvieh, Ziegen
u. s. w.); Hausvieh; Gehöft, Hof, *lal madir* Bienenhof, ein-
gehegter Raum, in welchem die Bienenstöcke sich befinden;
mizán madir Wagschale.

Medírrā eine Haarnadel zum Flechten der Haare benützt, A.
ወለበ ፡ genannt.

Medríy und *medrík* (A. ** መድ ርክ ፡**) Thürschwelle.

Mìdežā und *medžá* plur. *midíž* (A. ** መ ደ ኽ ፡**) Hammer.

Mafúdā plur. *mafúd* (A. **ማፉ.ዳ ፡**) auch *mihfúdā* Geldbörse,
-beutel.

Migú und *magū* (Quara *maú*, *mô*, cf. Galla *moyé*, Saho *mogol*,
mogód, A. **መ ው ገ ኜ ፡**) Mörser.

Megabit (A. **መ ጋ ቢ ት ፡**) der siebente abessinische Monat.

Muagágrā Zelt, s. *wuagagrā*.

Miges v. I erzählen, Imper. *migíš*, Perf. *migs-un*, Nom. act.
migsánū, Nom. ag. *migsátā*, Caus. *miges-s*, Poss. *miges-t* (mit
der Form von IV A).

Magát Fischnetz.

Miç und *miṣ* (A. **መ ጠ ጠ ፡**) v. I sauer, scharf sein, Perf. *miç-un*,
Caus. *mic-is* säuern, sauer machen, Imper. *miçíš*, adject. *micú*
scharf, Spitze. Refl. *miç-t* sauer werden, adject. relat. *miçtañ*
sauer geworden, negat. *miç-t-īy-añ* ungesäuert, *miçtīyañ* mi
ungesäuertes Brod.

Micā plur. *mic* (Agaum. *buk*, Galla *bukó*, Ty. **ብ ሕ ቅ ፡**, G. **ብ ሕ ኽ ፡**,
A. **ብ ኽ ፡**) der Teig, *mi* plur. *mic* Brod; *mic auq* (Bil. *mó-
kñati 'āuq*) Sauerteig = Teigwasser, *mic-is* III a den Teig
machen, kneten, Imper. *micíš*; *mic-es-s* III b.

Micišt-ráy plur. *-auk* trächtig (Weibchen von Thieren), *mi-
cištráy luwá* trächtige Kuh; vgl. §. 174, Anm. 2 und §. 57.

Mihfúdā Geldbeutel, s. *mafúdā*.

Mayil (A. **ማ ኸል ፡**) Mitte, *yinū mayil* zwischen uns, *küten m.*
zwischen euch, unter euch; *mayliñá* (A. **ማ ኸ ለ ኜ ፡**) zwischen
befindlich, in der Mitte befindlich.

Mayen und *miyen* (A. **መ ኸ ን ፡**) v. I unfruchtbar sein (Weib,
Baum), Perf. *mayn-un*, adject. *mayín* (**መ ኸ ን ፡**) unfruchtbar,
mayennat Unfruchtbarkeit; Caus. *mayen-s*.

Maźer (A. **መኸረ፡**) v. I rathen, Rath geben, Imper. *maźír*,
Perf. *maźr-un*, Nom. abstr. *miźír* (A. **ምኸር፡**) der Rath, Nom.
act. *mikránā*, Nom. ag. *mikrátā*, Caus. *maźer-s*, Poss. *maźer-ś*.
Maharámyā und *maharím*, *marím* (A. **መሀርምያ፡**, **ማረምያ፡**)
Sacktuch; Kopftuch.
Mahárźā Pflugeisen, -schar, s. *arźā*.
Máźtā plur. *maźt* Wand.
Mík-ā Löffel, s. *miyekā*.
Mík-ā plur. *mik* (Demb. *mekyā*, Quara *makyā*, vgl. §. 53)
Mund und Lippe, *sil mikú* Messerschneide (-mund), *aḉenú*
mikā Lanzenspitze.
Mikiddā und *mikedá* plur. *mikíd* (A. **መኽዳ፡**) Polster.
Mikek (A. **መኸ፡**, G. **መኸኽ፡**) v. I verherrlichen, preisen,
Ehrenbezeugungen erweisen (einem Mächtigen, Grossen),
Perf. *mikk-un*. *Mikk-eś* V A (geehrt werden) mächtig sein,
Caus. *mikkes-s* zu Macht verhelfen (V B).
Mikán (cf. A. **መኽን፡**) die Kirche.
Mikerá (A. **መኸረ፡**) der Kummer.
Míqā plur. *mīq*, *miqqe* (Bil. *meǵúǵā* plur. *meǵúq*) der Hirt, be-
sonders Hirt über das Hornvieh, doch auch *biy mīqā* Schaf-
hirt, *ḟicír mīqā* Ziegenhirt, *farźá miqā* Pferdehirt. Denom.
mīq-t und *mīqq-it* (Bil. meǵáǵ-r) IV A Hirt werden, — sein,
weiden, *yi kim miqqic* weide mein Vieh, werde Hirt meines
Viehes! Perf. *mīqt-un*, *mīqt-ru*, *mīqr-u*. *Míq-es* III A zum
Hirten machen, Imper. *mīqíś*, Perf. *mīqes-un* und *mīqs-un*.
Meqbír (A. **መቅብር፡**) das Begräbniss, die Beerdigung.
Miqín Seitenbalken an der Thüre, an welchem die Thüre ein-
gepfalzt ist.
Migeñet beneiden, s. *qiñ*.
Meqríz subst. (A. **መቅረዝ፡**) Leuchter.
Māl (Bil., Demb., Quara *māl*) v. I werfen, um-, niederwerfen,
Perf. *māl-un*, *māl-du*, Nom. act. *māláná*, Nom. ag. *mālátā*.
Caus. *māl-s*, Pass. *māl-ś*.
Milā plur. *mil* (Saho *militā* plur *milit*) Hoden, testiculi.
Malifyā fem. *malifi-ráy* plur. *malifít* (A. **ማለፍዩ፡** schön,
herrlich.
Malǵūs (A. **መልጐሰ፡**) v. I Mönch werden, Perf. *malǵūs-un*,
Nom. abstr. *malǵūsnát* Mönchthum, Nom. concr. *malǵúsā*
Mönch und *malúsā* Nonne. Caus. *malǵūs-s*.

Milák (A. **መለክ :**) Engel.

Milkes (A. **መለከተ :**) v. I Denom., vgl. §. 38, Note 1, mit dem Lineal Linien ziehen, Perf. *milkes-un*, Nom. *milkesá* plur. *milkés* Linie. Caus. 2 *milkes-s*, Pass. *milkeš-š*.

Maluq (Bil. *miluq y*) v. I entlaufen, Imper. *maláq*, Perf. *malqun* *malqŭ-ru*, Nom. act. *malqŭáná*, Nom. ag. *malqŭátá*, Caus. *malqŭ-s*.

Mōlal (A. **ሟለሟለ :**) v. I ungebr., *mōlal-t* IV A schmal, dünn sein, adject. relat. *molal-t-u* fem. *-i* plur. *-uk* schmal, dünn; auch vom einfachen Stamm: *molál* (A. **ሟለለ :**) fem. *-i* plur. *-ayk* schmal.

Milás (Herkunft dunkel, nach der Vocalisation zu schliessen jedenfalls ein denom. Verb, cf. A. **መለስ :** Zunge, Sprache) v. I den Anlass geben, die Ursache sein, Imper. *milás*, Perf. *milas-ún*, Nom. act. *milasáná*, Nom. ag. *milasátā*, Caus. *milas-s*, Pass. *milaš-š*.

Males (Herkunft dunkel, nach der Vocalisation denominat.) v. I die Vermittlerrolle übernehmen, versöhnen, vermitteln, Imper. *malís*, Perf. *mals-ún*, Nom. act. *mals-áná*, Nom. ag. *-átā*, Caus. *males-s*, Pass. *maleš-š*.

Meláṭ (A. **መለጥ :**) kahl, Glatze; *meláṭ aj-un* ich wurde kahl, *aŭr meláṭ* kahlköpfig.

Miluwá plur. *melŭ* ein kleines Kind; vgl. *mayuwā*.

Memín (Bil. *mamín* Liebhaber, Geliebter, *mamani* Geliebte, Favoritin) Kebsweib, Geliebte.

Mindír (A. **መንደር :**) Dorf, Stadt, Ortschaft.

Minç subst. (Agaum., Demb., Quara *minçe*, A. **ይንጭዔ :** = G. **መንቀቁ :** Quelle.

Minjíl subst. (A. **መንጀል :**) Handtuch.

Menálbac (A. **መናልበት :**) vielleicht.

Minemín, *mánmun* (A. **ማንዮም :**) irgend Jemand; §. 225.

Minmin (A. **መነሞን :**) v. I abmagern, Perf. *minmin-un*, *-du*, Nom. act. *minmináná*, Nom. abstr. *minmín* Magerkeit, Caus. *minmin-s*, Refl. *minmin-t* IV A wie v. I.

Minzer (A. **መንዘረ :**) v. I huren, Perf. *minzr-ún*, *minzer-dá* u. s. w., Nom. act. *minzráná*, Nom. ag. *minzrátā* = *minzerá* plur. *minzír* Hurer, Hure, Nom. abstr. *minzernát* Hurerei, Caus. *minzer-s*.

Minšya (A. መንጸ ፥) Wechselfieber, *an minšyá ṣuwít winun* ich litt an Wechselfieber.

Menášer (A. መነጸር ፥) Vergrösserungs- oder Verkleinerungsglas.

Mentá plur. *minít* (A. መንታ ፥) Zwilling.

Mar plur. *-t* (Bil. *mār*, Demb. *may*, A. ማሕ ፥, vgl. §. 45) Schlauch, Sack, aus gegerbter Ziegen- oder Schafhaut verfertigt, dient zur Aufbewahrung von Kleidungsstücken und Werthsachen.

Mir y (A. መር ፥ ኢለ ፥) v. I hinübersetzen, -hüpfen, -springen.

Mirá plur. *mir* (Quara *meyā*, cf. A. ቤር ፥) Thüre (als Oeffnung), *üu mirá* Hausthüre; vgl. *bilá*.

Márā plur *mūr* die Garbe.

Mirbā plur. *mirb* (Bil. *márbā* plur. *mārif*, Demb. *marbā*, Quara *marfā*, Agaum. *márfi*, Ti., A. መር ፩ ፥) die Nähnadel, *mirb el* Nadelöhr, *an ṭeṭá-t mirb' el-li duwún* ich habe den Faden eingefädelt.

Mūrbúryā (cf. A. ማኅ ርጵ ፥) Fensterriegel, Thürriegel.

Márdā plur. *mard* (A. ማርጵ ፥) Halskette.

Mirgif (A. መርገፍ ፥) grosse kostbare Robe, Festkleid.

Mirek (A. ማረኽ ፥) v. I zum Gefangenen machen, Imper. *mirík*, Perf. *mirk-un*, Nom. act. *mirkánā*, Nom. ag. *mirkátā*, Caus. *mirk-es*, Pass. *mirk-eš*, Nom. ag. *mirkešátā* und adject. relat. *mirkešañ* gefangen genommen, Refl. *mirk-et* sich gefangen geben.

Mirákā die Erntezeit, cf. A. መራ.ቅ ፥.

Mirqá plur. *mirq* (A. በረ.ቅ ፥ oder wahrscheinlicher von መ-በርቅ ፥) der Blitz.

Marim Sacktuch, s. *maharimyā*.

Mirmir (A. መርመር ፥) v. I untersuchen, Imper. *mirmír*, Perf. *mirmir-un*, Nom. act. *mirmir-ánā*, Nom. ag. *-átā*, Caus. *mirmir-s*, Refl. *-t*, Pass. *-š*.

Mirán Riemen, Lederband.

Mūrínā Schubeisen (eiserne Stange) zum Verschliessen der Thüre während der Nacht.

Marer (A. መረረ ፥) v. I bitter sein, Perf. *marr-un*, Nom. abstr. *marrenút* (A. መረ.ርነት ፥), adject. relat. *marr-añ* fem. *-iray* plur. *-auk* bitter. Caus. *marr-es* bitter machen etwas, erbittern (Jemanden), Refl. *marr-et* (A. ተመረረ ፥) IV A verbittert werden

im Gemüthe, Perf. *marretun*, synon. *marrár ajjun* ich wurde
ergrimmt.

Mirez (A. **መረዝ፡**) v. I vergiften, Perf. *mirz-un*, Nom. act. *mir-
zánā*, Nom. ag. *mirzátā* = adject. relat. *mirz-aú; mirz* Gift, *mir-
zeñ-ā* fem. *-ī* plur. *-ıt* giftig, Gift enthaltend (Pflanze. Schlange),
negat. *mirz-iy-aú* fem. *mirz-i-ray* (plur. *mirz-iy-auk* unschädlich.
Caus. *mirz-es* vergiften, Refl. *mirz-et* sich vergiften, Pass.
mirz-eš vergiftet werden, adject. relat. *mirz-eš-aú* vergiftet.

Marez (A. **መረዕ፡**, **መረጽ፡**) v. I wählen, auswählen, Imper.
maríç, Perf. *marz-un*, Nom. act. *marz-ánā*, Nom. ag. *-átā*,
Nom. abstr. *mirzá* die Wahl. Caus. *marz-es*, Pass. *-eš*, Relat.
marez-aú auserlesen.

Miryá (A. **ምርያ፡** *anus*) Abtritt, locus cacandi.

Maryám (A. **ማርያም፡**) Maria, *enna Maryám-t matemiyá* Regen-
bogen (Gürtel der Madonna).

Miz (A. **መዝዝ፡**) v. I verdrehen (die Rede), absichtlich falsch
verstehen, Imper. *miz*. Perf. *miz-un*, Caus. *mis-s*, Pass. *miš-š;*
s. a. *mizez*.

Mīz Honigwein, Hydromel, sing. *mízā* ein Tröpfchen davon
(Bil. *mīd*, Demb., Quara *mīz*, Agaum. *mīž*, Saho, 'Afer *mēz*,
Ti. **ማይሥ፡**). Dieses Getränke, A. **ጥጅ፡** genannt, wird be-
reitet, indem man Honig mit Wasser verdünnt und dann in
einem grossen Topfe an die Sonne gestellt zur Gährung
bringt; hierauf wird die Flüssigkeit mit der Rhamnus pauci-
florus (A. **ጌሦ፡**) versetzt, welche ihr einen eigenthümlichen
säuerlichen Geschmack verleiht.

Mazá (Ti. **መዐዝ፡**) süsser Geruch, Wohlgeruch.

Mázā plur. *maz* (Bil. *mádıı* plur. *māz*, A. **ማዝ፡**, Ti. **ማዘይ፡**)
Gefährte des Bräutigams, Gefährtin der Braut während der
Hochzeitstage.

Mesá (A. **ምሳ፡**, Ti. **ምሳሕ፡**) die erste Hauptmahlzeit des Tages,
gegen Mittag eingenommen.

Misib (A. **መሶብ፡**) Brodkorb; vgl. §. 19.

Misqál Land, Provinz, das was *hagir*; vgl. §. 50.

Mesχūt und *mešχot* (A. **መስኮት፡**) Fenster; vgl. *sik*.

Misker und *miser* (A. **መስከረ፡**) v. I Zeugenschaft geben,
Zeuge sein, Imper. *miskír*, Perf. *miskr-un*, Nom. act. *misker-
ánā*, Nom. ag. *-átā*, Nom. abstr. *miskír* Zeugniss, Caus.
misker-s zum Zeugen nehmen.

Meskírrim (A. **ምስክረም ፡**) der erste abessinische Monat.

Misel (A. **መሰል ፡**) v. I ähnlich sein, *misíl* Aehnlichkeit, Perf.
misl-un; miselmisel v. II ganz ähnlich, haarscharf gleich sein,
Perf. *miselmisl-ún. Misel-s* III A ähnlich machen, *misel-š* V A
ähnlich werden, — gemacht werden.

Miselál und *meslíl* (A. **መሰላል ፡**) Leiter, auch Stiege, Treppe.

Mazín (A. **ማዕዝን ፡**) Ecke, Winkel; Mauerverzierung über der
Hausthüre.

Mizen (A. **መዘን ፡**) v. I wägen, Imper. *mizín*, Perf. *mizn-un,
mizen-du;* Nom. *mizín* die Wage, *mizín qánā* Wagbalken,
— *madír* Wagschale, — *netír* das Gewicht. *Mizen-s* III A
wägen lassen, *mizen-š* V A gewogen werden, adject. relat.
mizenš-aû gewogen.

Mizen (A. **መሰገነ ፡,** G. **መገነ ፡**) v. I ungebräuchlich, *mizyánā* (A.
መስጋና ፡) Lob, Preis, Dank. *mizen-s* III a loben, preisen,
danken, *au kútá-t mizens-ákún* ich danke Ihnen, Nom. act.
mizens-ánā, Nom. ag. *-átā. mizen-s-es* III B, *mizen-š* V A.

Masen und *misen* (A. **ማሰነ ፡**) v. I schwach, matt werden,
Perf. *misn-un, misen-du*, Nom. act. *masnánā*, adject. velat. *misn-
aû*, Caus. *masen-s* schwächen.

Musánā (aus *muks-anā* eigentlich: Castration, von A. **መኰተ ፡**
castrare vgl. §. 69) plur. *musán* Castrat, verschnittener Bock,
— Stier.

Mizinquā plur. *mizínque* (A. **መስንቄ ፡**) Geige, Harfe.

Miser Zeuge sein, s. *miskír*.

Mezárnā plur. *mezrán* (A. **መዘውርየ ፡**) Schlüssel.

Mizez (A. **መዘዘ ፡**) v. I ziehen, zerren; herausziehen (Schwert
u. s. w.), Imper. *miziz* und *mízze*, Perf. *mizz-un*, Caus. *mizz-es*,
Pass. *-eš;* s. a. *miz.*

Mastaûít (A. **ማስተወት ፡**) Spiegel, *au mastaûíte-s qûálun* ich
sah in den Spiegel.

Mizyá (A. **ማየዘየ ፡**) der achte abessinische Monat.

Mišqá plur. *mišqíq* Band, vgl. A. **እጠቀ ፡,** G. **ዐጠቀ ፡፡** cf. *ezue*
und §. 69.

Mesûā, *Mesuwā* Massaua (am rothen Meere).

Mazíf plur. *mazbít* (Bil. *wânšibá* plur. *wânšif*, A. **ውንጽፉ ፡,**
G. **ጥሰፉ ፡**) die Schleuder, womit man Steine wirft um die
Wildthiere von den Kornfeldern zu verscheuchen.

Miz sauer sein, s. *miç*.

Mit vergessen, s. *mī.*

Mūt, mût tragen, s. *mū.*

Mitek (A. **ም·ት·ክ :** Infinit. v. ·**ት·ክ :**) v. I ersetzen, Ersatz leisten, Imper. *mitik*, Perf. *mitk-un*, Caus. *mitek-s*, Pass. *-š*.

Miṭáf (A. **መጻፍ :**) Buch, Schrift; Amulet.

Metakŭá, metăkŭā (Bil. *măkŭatá*, Tig. **ም·ኵ·ት :** vgl. s. v. *micā*) der Teig, *metakŭ* v. I den Teig anmachen, — anrühren; kochen, backen, Imper. *metáük*, Perf. *metakūn, metakŭ-ru*, Nom. ag. *metakŭátā* der Koch, Caus. *metakŭ-s* kochen lassen, Reflex. *metakŭ-t, metakŭi-t* für sich kochen, Pass. *metakŭ-š*.

Matmát fem. *-ī* plur. *-ak* nackt, *matmat winan* ich war nackt, *matmatir windu* du warst nackt.

Maṭemiyá plur. *maṭemít* (A. **መጥምጥ ፆ :**) Kopf- oder Leibbinde, Tuch um die Lenden gebunden, *ennú Măriyám-t maṭemiyá* (Gürtel unserer Mutter Maria) Regenbogen.

Maw v. I (G. **ምዐወ :**, Quara *bohŭ, boû*, Bil. *boq*) fliessig werden, adject. relat. *maw-aû* Butter, zerlassene Butter, Schmalz, Caus. *maû-s* fliessen lassen, ausgiessen.

Miyeká plur. *miyík*, Nebenform *mikā* plur. *mŭk* (Bil. *manka̋*, Agaum. *makeli* aus *malek*, G., Ti., A. **መ'ክ :**) der Löffel, Gabel; Mund. *miyík man* Löffelstiel, Gabelheft; vgl. §. 53.

Maylá plur. *mayl* (Agaum., Quara *mdā*. A. **ምጎል :** vgl. §. 48) Getreidesorte, Andropogon sorghum R., *baher maylā* (A. **ꀰ·ኽር :** **ምጎል :**) der Mais, zea Mais.

Mayír die Sichel, s. *ayer* II.

Miûrd (Quara *môryā* aus *môrdā* = A. **ም·ረፅ :** aus **መ·በረፅ :** die Feile) v. I feilen, Perf. *miûrd-un*, Nom. act. *miûrd-ánā*, Nom. ag. *-átā* (Nom. concr. *gibbánā* die Feile), *miûrd-es* III A, *miûrd-et* IV A, *miûrd-eš* V A.

Mayuwá plur. *mayû* (A. **ወፅ·ረ'ን :**) Kalb, junges Rind, das noch nicht eingejocht worden; vgl. §. 60 und 76.

N.

-u, -en, -ne demonstrative Partikel, das nähere Object (vgl. *-d* das fernere Object) bezeichnend, *ien bará-n jijá, ied bará d qusañ ieñ* dieser Sclave ist bösartig, jener gut, *ien qamis-en* dieses Hemd, *ien efôr-ne* diese Knaben; vgl. §. 230.

Nī Fragepartikel (Bil. *-n*, G. **ኀ :**), *ienúl windu-ni* warst du hier? vgl. §. 192.

Nib Stange, *dạnkŭán nib* Zeltstange.

Nibi Träume, s. *nibiyá.*

Nibeb (A., Ti., G. **ሃበበ:**) v. I lesen, Imper. *nibíb,* Perf. *nibb-án,* Nom. act. *nibb-ánā,* Nom. ag. -*átā* Leser, *nibb-es* III a, *nibb-eš* V a.

Nibrá plur. *nibír* Thierspecies, nur in der Verbindung *aqŭ nibrá,* s. *ąʄŭī.*

Nibís und *nifís* Subst. (A. **ኃፋ፡**) 1. Seele, *nibs oʒŭátā* Seelen-fresser = grausam; 2. selbst, *yi nibís* ich selbst; vgl. §. 223.

Nibiyá plur. *nibi* (Bil. *nabágī*) der Traum, das Traumbild, *nibī-t* (Bil. *nabāǵ-r*) IV A träumen, Imper. *nibíc,* Perf. *nibít-un,* -*ru, nibū-r-u,* Nom. act. *nibīt-ánā,* Nom. ag. -*átā* = adject. relat. *nibīt-aû* und *nibīr-aû* Träumer.

Nedád (A. **ንዶድ:**) Wechselfieber; Fieberhitze.

Nifeg (A. **ነፈግ:**) v. I geizig sein, Perf. *nifg-án* Imper. neg. *nìfyetá* plur. *nifyítnā* geize nicht! Nom. *nifīg, nìfyenát* Geiz, adject. *nify-ú* (cf. A. **ነፉግ:**) fem. -*īráy* und *nifīg-ráy* plur. -*ụk* geizig (geworden): *nifīg* (A. **ነፉግ:**) fem. *nify-ī* plur. *nifyán* geizig, Geizhals, *nifīy ągetá* plur. *nifgán ągtená* werde kein Geizhals, *nifīy ąg-un* ich wurde geizig. *Nifeg-s* III A geizig machen, *nifeg-š* V A durch Geiz angesammelt werden (Güter).

Nifís Seele; selbst, *yi nifís* ich selbst, s. *nibís.*

Nefás (A. **ነፋስ:**) Wind, *aŭlá nefás* (A. **አወ-ለ፡, ነፋስ:**) Sturm, Orkan.

Niftá plur. *nifíṭ* (A. **ነፍጥ:**) Gewehr, Flinte.

Niged (A. **ንገድ:** vgl. auch unten s. v. *ñer*) v. I eine Handels-reise machen, als Krämer herumziehen, hausiren, Imper. *nigíd,* Perf. *nigd-án,* Nom. *nigíd* Handel, Handelsreise, *nigíd fi* auf Handel ausgehen (häufiger als das einfache *niged*), *nigíd fitán* ich zog auf Handel aus. Nom. ag. *nigdátā* = *negádā* (A. **ንጋዶ:**) plur. *negád* Kaufmann, *negád ras* (A. **ንጋዶረስ:**) Chef der Handelskarawane.

Nạgŭd (A. **ነጉድ:**) v. I 1. donnern, 2. zittern, beben (die Erde), Perf. *nạgdú* es donnerte; es war ein Erdbeben; Nom. *nạgŭd* Donner, Erdbeben.

Nigez (A. **ነገሠ:**) v. I König werden, zur Herrschaft gelangen, Imper. *nigíz,* Perf. *nigz-án,* Nom. *nagáz* König, *nagáz gibír* Steuer, Abgabe an den König, *nigíst* Königin, *mingíst* Königreich. Caus. *niges-s* III A zum König machen, *nigz-es-s* III B zum König machen lassen, die Proclamation zum König bewerkstelligen.

Nuḡuziē n. propr. masc.

Nic (Bil. *nikí*, Demb. *nekī*, Agaum. *naka*, (Quara *ney*) jetzt, heute; vgl. §. 63.

Neχuál plur. *-t*, auch *esíñ neχúal* (cf. G. ꝋ·ꝋ:) Nasenloch.

Noχnáχ Schnofler, Einer, der durch die Nase redet, *küt noχnáχ qodáy* du Schnofler!

Naχer (A. ኅበረ:) v. I einweichen, ins Wasser legen, Imper. *naχír*, Perf. *naχr-ún*, *naχer-dú*; Caus. *naχer-s*, Pass. *-š*.

Niknik v. I zudringlich betteln, ohne sich abweisen zu lassen, Imper. *niknik*, Perf. *niknik-ún*, Nom. ag. *niknikátā* zudringlicher Bettler = *neknák*. Caus. *niknik-s*, Pass. *-š*.

Naq I (A. ቀፈ:) v. I geringschätzig behandeln, missachten, Imper. *naq*, Perf. *naq-un*, Nom. ag. *naqátā*; Caus. *naq-s*, Pass. *naq-š*.

Naq II (Bil. *nā́q*, Agaum. *yaq*, Demb., Quara *lay*, *lē*) geben, darreichen, Imper. *naq*, *yi-ris naq* gib mir! *estî k-ir-n ewañ qürše quálnā naq* gib her das Geld, das dir dein Vater gegeben, auf dass wir es betrachten! *layá qürše naqitín* gebt her andere Thaler! Perf. *naq-ún*, *nay-rú*, *nay-ú*, *nay-nún* u. s. w. Caus. *na-s* (Bil. *nāq-s*, Demb., Quara *la-š* aus *lē-š*, *lay-š* = *laq-š*) III a bringen, holen (d. i. das Darreichen verursachen), Imper. *naš*, *auq naš* hole Wasser! *zená naš* hole Butter! *layá qürše k-ir-tis k-iña-tis naš* hole anderes Geld von deinen Eltern! Perf. *nas-ún* ich brachte, holte, *gíb-tí nasu* er holte einen Stock. *Na-s-is* (Bil. *nāq-s-is*) III B holen lassen, Imper. *nasíš*, Perf. *na-s-s-un*.

Naqay und *niqeq* (A. ꝋꝋ:, G. ꝋꝋꝋ:) v. I erwachen, aufwachen, Imper. *naqíq*, *niqíq*, Perf. *naqay-ún* und *niqq-ún*, adject. relat. *naqaq-aú* fem. *-ráy* plur. *-auk* wach. Caus. *naqaq-s*, Pass. *-š*.

Niqel (A. ꝋꝋꝋ:) v. I ausreissen, ausraufen, Imper. *niqíl*, Perf. *niql-ún*, *niqel-dú*, Caus. *niqel-s*, Pass. *-š*.

Nan I (Bil. *nān*, Demb., Quara *nán*) jetzt, *nan ogúg yunk* es donnert jetzt; *an χújír nan* ich will jetzt essen; *nan-im* und jetzt, jetzt nun, — also, *nan-im daŋüsä žan éterec* und da (jetzt) kam der Frosch.

Nan II (Bil. *wān* Hand, Demb., Quara *náuā* Finger plur. *nān*
Hand) plur. -*t* Vorderarm; Hand, *yi-t ín nán-is tasā* er schlug
mich eigenhändig. *kü nan lislisinát yayaû ieň* du hast sehr
zarte Hände. *ín nán-de amí šibešu* er ward (durch) einen
Dorn in die Hand gestochen. *abis nan* Löwentatze, *miyek
nan* Löffelstiel.

Nineq I, v. I drohen, Imper. *niníq*, Perf. *ninq-ún*, Nom. act.
ninq-áuā Drohung, Nom. ag. *ninq-átā* Droher, Caus. *ninq-s*,
Pass. -*š*.

Nineq II (A. **ነቀነቀ** :) schütteln: alle Formen wie bei *nineq* I.

Nas I (A. **ናስ** :, G. **ናሕስ** :) 1. Kupfer, 2. der zwölfte abessi-
nische Monat (A. **ነሐሴ** :).

Nas II (A. **ናስ** :, G. **ነሐስ** :) v. I mauern, eine Mauer aufführen,
Imper. *nas*, Perf. *nas-ún*, Nom. act. *nasáuā* Mauerarbeit, Nom.
concr. *nas* Mauer, Nom. ag. *nasátā* Maurer. Caus. *nas-s*,
Pass. *nas-t* (IV A mit passiver Bedeutung).

Nas III bringen, holen, s. *naq* II.

Nazeg (G. **ነዝኅ** :) v. I spritzen, bespritzen (act.); sprudeln
(die Quelle, intr.), Imper. *naziy*, Perf. *nazg-ún*, Nom. act.
nazg-áuā, Nom. ag. -*átā*, Caus. *nazg-es*, Pass. -*eš*.

Nazelá plur. *nazíl* (A. **ነጀላ** :) das Leibtuch, die leichte Toga.

Niteq (A. **ነጠቀ** :, cf. G. **ነጦ** :, נתק נתע) v. I wegreissen,
aus der Hand reissen, entreissen, Imper. *nitíq*, Perf. *nitq-ún*,
Caus. *nitq-es*, Pass. -*eš*, adject. relat. *nitqeš-aū* entrissen.

Neṭír (A. **ነጥር** :) Pfund: Gewicht an der Wage.

Nuw, *nû* subst. coll. (A. **ኑዕ** :, Ti. **ጐዕ** :, Bil. *lehungüe*, sing.
lehungúi) Oelpflanze, Guizotia oleifera D. C., sing. *nuwá*.

Niâ plur. -*t*, Nebenform *níyu* plur. -*t* (Agaum. *naû*; vgl. Saho
riyáā und *ruqá* Kalb) Kalb von 1—2 Jahren.

Niûr in die Schande kommen, s. *ñûr*.

Níyu Kalb, s. *niâ*.

Ṅ.

Ṅā ihr, eorum, *ñā ñin* ihr Haus, s. *ñata*.

Ṅā subst. (vgl. Bischari *mé* Sache), Besitz, Sache, Texte 11.
9: *wára-ñú* was? d. i. von was Sache? Dann als Nominal-
suffix. wie *kin-se-ñā* Disciplin (Lehrenssache) u. s. w.; vgl.
§. 155 und 176. Art, Weise, wie, *yi ñā* wie ich u. s. w.;
vgl. §. 176, Anmerk.

Ńi (Bil. ńi er und sein, suus, Demb., Quara ńi er, sein) 1. sein,
suus, ńi ńin sein Haus, ńi zin sein Bruder, ńi jnā seine
Mutter, ńir sein Vater, ńi bar seine Sclaven. 2. Obliquer Casus
von ień er, ień ńi-t eqanú er liebte ihn, ńi-t tasec sie schlug
ihn, ień ńi-cis iuicu er gab ihm.

Ńicir (Bil. nišūr, Quara niẓer) 1. schwarze Farbe, el ńicir
Augenstern (Schwärze im Auge), ńicir luwā schwarze Kuh
(Kuh von Schwärze, daher auch ńicil-li luwā Kuh mit Schwärze),
ńicir amurá Schwarzadler, ńicir fileḳá schwarze Ameise, ńicir
lálā Schwarzbiene, ńicir sárā schwarzer Honig. 2. Blaue
Farbe, ńicir simáy blauer Himmel. Adject. relat. ńicir-aū fem.
ńicir-day plur. -auk (Bil. nišir-auχ fem. -dī plur. -aū) von
schwarzer oder blauer Farbe seiend, schwarz, blau.

Ńiciraū Affenspecies, A. **ም̣ሳ̣ጸ** ꞉ genannt; vgl. ńicir.

Ńin plur. ńin-te (wahrscheinlich aus nińin, vgl. Bil. liń und
lińen, Agaum. nuń. Demb. niń, Quara nań, niń, niń) das
Haus, ńin mirā Hausthüre, abín ńin Gast-, Fremdenhaus, ar
ńin Kornspeicher, lal ńin Bienenhof, ẓaqū ńin Küche, miz
ńin Weinkeller, ńin-is ǵuriyá Hausherr, ńin-is ūnā Hausfrau,
Birrú-te ńin Birru's Haus, Maẓuwá-te ńinte die Häuser von
Massaua.

Ńir (Bil. ńiri sie, ńir ihr, Demb. ńī er, sie; sein, ihr, Quara
ńī er, sie, sein, ńiš ihr, Agaum. ana sie, ana-s ihr) 1. sie,
ca, ienján efera-žún aū ńir-á dieses Mädchen da, wer ist sie?
ńir yit tasec sie hat mich geschlagen. yi šiktín ńir-cis χayaū
ień mein Hass gegen sie ist gross. an ńir-cis mi ńucún ich
gab ihr Brod. ień ńir-t eqanú er liebte sie. 2. ihr, ńir zin ihr
Bruder, ńir jenā ihre Mutter, ńir bar ihre Sclaven.

Ńas und ńaẓ (Agaum. ńaẓ, Bil. nāž, Demb., Quara nāš) subst.
coll. Knochen, plur. ńás-se, ńáẓ-ẓe, sing. ńasá.

Ńatá, Nebenformen ńitá, ńitá und ńa (Bil. nā, Demb., Quara
nāy) Pronomen der dritten Person pluralis in den obliquen
Casus, ńatá ńin aūl iŋkū wo ist ihr (eorum) Haus? ńitá jenā
kŕce, ńitá ir winu ihre Mutter war gestorben, ihr Vater aber
lebte noch. ńitá genzib-dī biń wátruń ihr Geld nicht gefunden
habend kehrten sie heim. ńa wedáj ihr Freund. ńatá-cis gen-
zib iūnún wir gaben ihnen Geld. ńatá-t eqanuun wir liebten
sie. ńa-s ńa-t eqaneqánsińauk sie lieben sich gegenseitig.

Ňāy (Bil. nāň, Demb., Quara nāy, Agaum. eniňa) sie, ii, eae, ien efir-ne aû-tây ňāy-á wer sind diese Knaben? ňāy yit tasuň sie haben mich geschlagen.

Ñ.

Ňuň (Bil. nauňi) heuer, das jetzige Jahr, in diesem Jahr, ayír ňuň kru mein Vater starb in diesem Jahr.
Ňer (Quara niyar und niya, Bil. langar, Agaum. lingid [aus ligid, nigid, vgl. oben s. v. niged] = **ንግድ፣**) Nebenform von niged, v. I eine Handelsreise machen, als Krämer hausiren, Imper. ňer, Perf. ňer-ún. Nom. ňer Handelsreise, ňernā der Schacher, ňerá plur. ňer Krämer, plur. Karawane, reisende Kaufmannschaft. Caus. ňer-s, Pass. -š.
Ňâr (A. **ነወረ፣**) v. I zu Schanden werden, zu bösem Leumund kommen, in Missachtung kommen, Perf. ňiûr-ún, Nom. ňiûr Schande, Caus. ňiûr-s Jemandens Fehler aufdecken, ihn zu Schande bringen, Pass. ňiûr-š in Schande gebracht werden durch eine bestimmte Person, adject. relat. ňiûr-š-aň entehrt, missachtet.

P.

Pábā plur. pab, púbbe 1. Species von Feigenbaum = babā (s. d.). 2. Rind oder Pferd von schmutzigweisser, fast gelblicher Farbe, das was A. **በሊ፣**.
Pūllímtā plur. pūllimt, -an Kuh von schmutzigweisser Farbe = pubā 2. Diese beiden Formen in Soqota gebraucht; in Wag werden diese Wörter mit anlautendem b gesprochen.

R.

-r 1. Genetivsuffix, ar-ír bawíl im Angesicht der Durra u. s. w.; §. 208. 2. Zur Bildung reflexiver Verba in der tertia singularis, sowie in der prima und tertia pluralis, wie: fi-t-ún ich ging fort, fi-t-rú du u. s.w., aber fi-r-ú er ging fort; §. 43.
-rā 1. Suffix zur Bezeichnung des Individualis, iefe-rā Knabe giňi-rā der Klippschliefer u. s. w.; §. 173. 2. Suffix zur Bezeichnung der Localität, ed-rā dort; §. 261; vgl. auch Bilīnsprache §. 203.

Rabā, plur. *rab* Araber, *Rab hagír* Arabien, *Rab gab* die arabische Sprache.

Rad (A. ረዳ፡, G. ረድአ፡) v. I helfen, Hilfe leisten, Imper. *rad*, Perf. *rad-ún* seltener *radd-ún*. *Raduc* nom. propr. fem. (= sie hilft).

Rigíb, Nebenform *egríb* (A. ርግብ፡, እርግብ፡) die Taube.

Rigef (A. ረገፈ፡) v. I herabfallen (Blätter vom Baum u. s. w.), Imper. *rigíf*, Perf. *rigf-ún*, Caus. *rigef-s* und *rigf-es*.

Reχróχ (G. ርኅሩኅ፡, A. ርሩ፡) fem. *reχroχ-ráy* und *-i* plur. *-auk* mild, sanft, zärtlich.

Rikes (A. ረከሰ፡) v. I. ungebräuchlich, adject. relat. *riks-aû* fem. *-ray* plur. *-auk* billig (im Preise), *ien ziyá-n riksaû ieh* dieses Fleisch ist billig, negat. *riks-áucu-m āyyaû* es ist nicht billig.

Rak (A. ረከ፡) v. I betrunken, berauscht sein, Perf. *rak-ún*, *rak-ru* u. s. w. Nom. *rak* Trunkenheit, Nom. act. *rak-ánā*, Nom. ag. *-átā*, Caus. *rak-s*, Pass. *-š*.

Roqŭá plur. *roq* (ርቍ፡, Quara *daχŭā*, Bil. *daraqŭā*, Kaffa *dengó* Thon, Lehm, cf. A. ጨቀየ፡ schlammig, kothig werden, ጭቃ፡ Lehm, G. ጸንቈቈ፡ polluere, ጽንጕን፡ coenum lutum) Thon, Lehm: mit dem Stamm *roqŭ* vgl. G. ለሐኰ፡ fingere ex luto; vgl. §. 44.

Rōm und *Eróm*, *Ieróm* Volk der Vorzeit, das über Abessinien geherrscht; vgl. *Irób* Name der Irob-Saho, welche nach ihrer Tradition von Griechen in Adulis abstammen sollen; s. Bilinsprache S. 6, Note 1 (Sitzungsber. der phil.-hist. Classe der kais. Akademie, Bd. XCIX, S. 586).

Rireb (A. ረበረበ፡, G. ረበበ፡) v. I aufschichten (gesammeltes Holz), Imper. *riríb*, Perf. *rirb-ún*, Caus. *rirb-es* (und *rireb-s*), Pass. *-eš*.

Ras (A. ራስ፡) Titel des obersten militärischen Befehlshabers; Chef, in *negád ras* Anführer und Befehlshaber einer Handelskarawane.

Rázā plur. *raz* (A. ራዛ፡) der Storch.

Rížā plur. *rīž* (A. ሬሳ፡) der Leichnam.

S, z.

-s, *-z* 1. (A. ስ፡) Suffix, nach Consonanten *-is*, dient zur besondern Betonung des vorangehenden Wortes, *an-íz imbí* nein, ich wenigstens nicht, ich gewiss nicht, *an-íz sunkŭár*

ich bin durchaus nicht der Dieb. *y'arát-žan-iz eqasráy-im ayyay*
mein Angareb da ist nicht schön. 2. und, an beide zu ver-
bindende Nomina angefügt; im ersten Theil steht *-z* fast
immer in Verbindung mit *-me* (A. **ģᵘ** **:**), *iequwá-z-me daqūsá-z*
gibbená-l firūn die Maus und der Frosch gingen zur Eidechse.
yi qūrá-z-me kü qūrá-z laū nāy natá ӽūrsin-de meine Tochter
und deine sind gleich alt. 3. Genetivzeichen, *y'ūná-s zin* der
Bruder meiner Frau, *nin-is gūriyá* der Hausherr, *lay ik-is*
genzíb das Geld anderer Leute, *n'uqūn-is inkí Yōsif-tī eqanaū*
winu von allen seinen Söhnen liebte er Josef. Daher in der
Comparation: *kütá nin ӽayaū yimá nin-is* euer Haus ist grösser
als unseres. 4. Zur Bezeichnung des Objectes (Dativ und
Accusativ), *sajerá nir qūrá-t çiquwá-s inwuc* der Pavian gab
seine Tochter dem Tota-Affen. *ar-is snntá firce* sie ging aus,
um Korn zu stehlen. 5. Zur Bezeichnung des Verweilens an
einem Orte, *an edrá-s gūayākūn* ich wohne dort. Nach Con-
sonanten *-si*, *Gūndar-sī* in Gondar. 6. Zur Bezeichnung der
Richtung von einem Orte, *Hamasién-is ietetun* ich komme
vom Hamasen. *Sauqtá-s ietetun* ich komme von Soqota, *Un-*
kūllú-s ieníl aš von Mukullu bis hieher. *Birrú aût-is ieteru*
woher kommt Birru? 7. Zur Bezeichnung des Mittels, *yit ni*
nan-is tasa er schlug mich mit seiner Hand (eigenhändig).
watb-is auq naš bring' mir Wasser mit (im) Sieb! 8. Zur
Bezeichnung der Modalität, *dalaná-s ci* schlaf' wohl! *gidd-is*
fitun gezwungen (mit Zwang) ging ich.

-zā demonstrat. Partikel, *ien-jan inna-žán-zā aū nir-á* wer ist
diese Frau da? *ied eferá-d-zā kü zin ien-á* ist jener Knabe
dort dein Bruder? An Pluralia angefügt lautet diese Partikel
häufiger *-zāy*, doch auch *-zā*, *ien-zāy giñíted inkí abitun* diese
Klippschliefer kauen alle um. *ied efir-de-zā nū-táy-ā* wer
sind jene Knaben?

Sa y v. 1 fliehen, Imper. *sá yi*, Perf. *sa-y-un*, Nom. act. *sa*
yánā Flucht, *sa yútā* Flüchtling, *sa yi-s* III A in die Flucht
jagen, *sa' yi-š* V A in die Flucht getrieben werden.

Si (cf. חוה‎, חית סאת שית‎) v. I ungebräuchlich, *si-t* (Bil. *sa-r*, Agaum.
sa-y, Demb., Quara *siē*) IV A sich bekleiden, ein Kleid an-
ziehen, Imper. *sic*, Perf. *si-t-án*, *si-t-rú*, *si-r-á*, Nom. concr. *si-r-ín*
(Bil. *sarínā*, Agaum. *si*, *sarán*, Demb., Quara *siēñ*) Kleid,
adject. relat. *si-r-aū* fem. *si-r-dáy* plur. *si-r-auk* der sich bekleidet

hat, Caus. *si-s* (Bil. *sa-s*, Quara *sa-š*) III A bekleiden Je-
manden, Imper. *siš*, Perf. *sis-ún*, Nom. ag. *sisátā*.

Sab, *sab*, Nebenform *ẓab* (Agaum. *ẓaw*, *ẓañ*, *ẓô*, Demb., Quara
šab, Bil. *hab*, Saho, *'Afar ab*) v. I machen, thun, arbeiten,
wurañá ẓabijá was soll ich thun, beginnen? *wisífti ẓábenā*,
wir wollen (lasst uns) ein Heiratsbündniss machen. Imper.
sab, Perf. *sab-un*, *an Birrū-t libú sábun* ich machte Birru
klug (witzigte ihn). *ñir gūriyá dig lāwā wedáj sabeᶜ* neben
ihrem Gatten hatte (unterhielt) sie einen Geliebten. *k-ir waǰ*
amít sabú ñi edím-le wie alt war dein Vater (wie viele Jahre
machte er am Leben)? Nom. *sabā* plur. *sab* That, Werk,
Arbeit, Nom. act. *sabánā*, Nom. ag. *sabátā* Arbeiter. Caus.
sab-s thun lassen, Refl. *sab-t* für sich thun, Imper. *sabíᶜ*,
Pass. *sab-š*.

Sib I (A. ስኅበተ :, Bil. *sib*, Agaum. *sif*) v. I ungebräuchlich, *sib-s*
(A. አስኅበተ :, Bil. *sib-d*) III A verabschieden, hinausgeleiten
den Besucher, Imper. *sib-iš*, Perf. *sib-sún*, *sib-es-s* (Bil. *sib-d-is*)
III B hinausgeleiten lassen, *sib-et* (A. ተስኅበተ :) IV A sich
verabschieden, den Besuch aufheben, Imper. *sibíᶜ*, Perf.
sib-t-ún; sib-š (Bil. *sib-ist*) V A verabschiedet, entlassen werden.

Sib II und *šib* (Bil., Quara, Agaum. *sab*) v. I stechen; durch-
bohren (mit der Lanze), Imper. *sib*, Perf. *sib-ún*, Nom. act.
sibánā stechen: Spiess, Lanze, Nom. ag. *sibátā*. Caus. *sib-s*,
Imper. *sibíš; Pass. *sib-š*, adject. relat. *sibšaú*.

Sib, *zib* III Nebenform *ẓib* (A. ስንበተ :. Quara *sembī*, Bil. *himb*,
Galla *hamba*) v. I bleiben, sich aufhalten, wohnen, Imper.
sib, Perf. *seb-ún*, Nom. act. *seb-ánā*, Nom. ag. *-átā*, Nom.
concr. *sibá* plur. *sib*, *sibbe* Erde, Land: Ortschaft, *etín sibá*
kleine Ortschaft, Dorf. *χagaú sibá* grosse Ortschaft, Stadt.
Caus. *sib-s* aufhalten, Aufenthalt gewähren, *sebsánā* Erlaubniss
sich niederzulassen, *sebsátā* Quartiergeber.

Sibbā plur. *sibbe* (Bil., Agaum. *sambī*, Demb., Quara *sambā*,
A. ስግበ :, vgl. §. 58) die Lunge.

Zibín (A. ዘምን :) die Zeit, *ied hagiríl bijíχ zibín gūáyu* in
jenem Lande blieb er lange Zeit. *bijíχ zibín winaú qúrše*
(viele Zeit existirender Thaler) alter Thaler.

Sibrá plur. *sibír* und *sibíl*, *sibíl-le*, *sibír-tān* (Bil. *sabará* plur.
safal) Schlange, *siṭán sibrā* (Teufelsschlange) Viper, *χayr* (für
χay-ray) und *χayê sibrā* (grosse Schlange) die Boa constrictor.

Sided (**ስደድ፡**) v. I fortjagen, vertreiben, Imper. *sidíd*, Perf.
sidd-ún, Nom. act. *sidd-ánā*, Nom. ag. *-átā; sidd-es* III A
vertreiben lassen, Imper. *siddís*, Pass. *sidd-es*, adject. relat.
siddešań verjagt, ausgewiesen.
Sidíq y v. I höflich, bescheiden sein; bei Gesellschaften sich
auf den schlechtesten, niedersten Platz setzen, unterwürfig
sein, Imper. *sidíq yi*, Perf. *sidíq y-ún*, adject. relat. *sidíq y-aú*
fem. *-ıráy* plur. *-auk* bescheiden. Caus. *sidíq yi-s* und *sidiq-s*
Jemanden demüthigen, Pass. *sidíq yi-š* und *sidiq-š* ge-
demüthigt werden.
Zuf (A. **ዝፍ፡**) Baum, bilis *zuf* Feigenbaum.
Sif (A. **ሰፈ፡**) v. I schweben (Feder in der Luft; Adler mit
ausgebreiteten Flügeln, Stück Holz im Wasser), Perf. *sif-ún*,
Caus. *sif-s.*
Sīf und *šif* (A. **ሰይፍ፡**) Säbel, Schwert, langer (nicht krummer)
Degen.
Safáf und *sifif* (A. **ሰፈፍ፡**) Wachsscheibe.
Sefír, seltene Nebenform *sefir* plur. *-t* (Demb. *zalfā*, Quara
jerfā, aus *jefrā*, Bil. *cimbı̄rā* und *cimbirā*, Ti. **ጵስብት፡**)
der Finger, *χayań sefír* der Daumen, *ligzaú s.* der lange
Finger, *eṭin s.* der kleine Finger, *ṣab sefír* Zehe, *ṣab-t χayań*
sefír die grosse Zehe. *miyekı́-t sefír* Gabelzacke.
Sifír plur. *-t* (**ሰፊር፡**) Lager, *enín witadir-t sifír ieu* hier ist
das Lager der Soldaten.
Sefrú plur. *sifír* und *sifír-te* (A. **ሰፍረ፡**) Ort, Platz, *lal sefrá*
Bienenstand, *farṣú sefrú* Pferdestall, *girkü sefrú* Hühnerstall,
dab sefrú Taubenhaus.
Siy v. I zerstossen, zermalmen (Pfeffer, Kaffee), Imper. *siy*,
Perf. *siy-ún*, Caus. *sig-s*, Pass. *-š.*
Zıy plur. *-te* (Bil. *zug*, vgl. §.53) 1. Achsel, Schulter, 2. Rück-
theil, *nan zı̄y* Handrüst, *selı́-t zı̄y* Messerrücken.
Siged (A. **ሰገድ፡**) v. I sich verneigen beim Gebet (Mohamme-
daner), Imper. *siggíd*, Perf. *sigged-ún*, Nom. *misgíd* Tempel.
Sagünú und *segünā*, plur. *ságün* (A. **ሰጐን፡**) der Straussvogel,
sagünı́-t ṣefyā Straussfeder.
Sigen v. I hinaufsteigen zur Höhe, emporklettern, -gehen,
Nom. *sigenā* plur. *siyín* der steile Anstieg zum Berggipfel.
Caus. *sigen-s* hinaufheben; aufheben den Blick, emporsehen.
Sacinjir Antilopensorte, A. **ጣሥር፡** Antilope redunca Rüpp.

Sajerá, zajerá und *sejrá, ẓajerá* plur. *sajír, -t* (A. **ዘጀር፡**, Harar *zagarú*, Agaum. *zagerī*, Quara *jegirā, ceyirā*, Bil. *cyggírā* und *joggūrā*) 1. Affe überhaupt, 2. der Mantelpavian.

Saḥel (Ti. **ሰኀለ፡**, s. *sil* I) v. 1 schärfen, Perf. *saḥl-un*, Nom. act. *saḥlánā, saḥlán diyūrá* Wetzstein.

Zọhón und *zehón* plur. *-tān* (A. **ዝዉን፡**, Ty. **ዝዉኣ፡**, cf. Saho, 'Afar *dakánö* plur. *dåkůn* id., Bil., Demb., Quara *jāu* ist wohl zunächst aus *jaún, jahun*) der Elefant.

Sọhŭatá, sọhotā (Bil. *saǧŭatā*, Agaum. *sọẕotā*, Demb. *sọǧŭatā*, Quara *sọjotu* und *sawatā*) acht.

Sik (cf. G. **ሰሐወ፡**) v. I licht werden, hell werden (am Morgen), Perf. *sik-ú* es ward Licht, Nom. act. *sikánā*, Nom. concr. *siku* Licht, Helle; Lampe, Kerze. *sikánā* Docht (Mittel zum Leuchten). Caus. *sik-s* III A hell machen, Licht machen, *sik-es-s* III B Licht machen lassen, *sik-š* V A erhellt, erleuchtet werden.

Sikā plur. *sīk* der Bandwurm.

Skí pst! still! (Interjection); vgl. *sụq y*.

Sikel (G. **ተኀለ፡**, vgl. oben s. v. *cinker*) v. I nageln, Perf. *sikl-ún*, Nom. *siklā* Nagel.

Sekům, sikím subst. coll. (Bil. *sikmá* plur. *sikúm*, Agaum. *símki*, Quara *súmū, semō*, G., Ti. **ስርም፡**) die Gerste; sing. *sikůmá* ein Gerstenkorn.

Saq (Bil. *zaʠ*, Demb. *šaq*, Agaum. *sari* [Waldm.] = *saʠi*, cf. G. **ሠፈፈ፡**) v. I nähen, Imper. *saq*, Perf. *saq-ún, sa-rú, sa-ú* (und *saq-ú*), Nom. ag. *saqátā* Schneider, Caus. *sa-s* (und *saq-s*), Pass. *sa-š* (und *saq-š*).

Zaq (A. **ሠፈ፡**, G. **ሠሐፈ፡**) v. I verspotten, verlachen, flectirt wie das vorangehende *saq*.

Seqá plur. *siqqe* Brett, Holzbalken.

Soq v. I. opfern, s. *saúq*.

Suq, Nebenform *sůq, siy* (Bil. *jiʿ*, Demb., Quara *jaẕ*, Agaum. *sekŭ*, Galla *ḍug*, vgl. Ş. 68) v. I trinken, Imper. *suq!* Perf. *sụq-ún, sü-rú, süy-ú, süe* u. s. w., Futur. *sü-jir, sü-tir* u. s. w., Nom. act. *suqŭánā, suqánā* und *süy-ánā* trinken, Getränk; Tabakpfeifenrohr (Mittel zum Rauchen == Trinken). Nom. ag. *süy-átā* plur. *-at* Trinker, adject. relat. *süy-aú* trunksüchtig. Caus. *sụq-s* und *sü-s* III A zu trinken geben, *sü-t* IV A dem Trunke ergeben sein, *sụq-š, sü-š* V A getrunken werden.

Suq y, soq y (Ty. ስቀ ፡ pst!, Saho *sik y* schweigen, cf. G.
ሥኁተ ፡, ስከተ ፡, ᎁᎁ⦿᎐ ᎁᎁ) v. I schweigen, Imper. *suq yĭ,
suq ĭ*, Perf. *suq y-ún*, adject. relat. *suqŭ y-añ* schweigsam, ruhig,
Nom. *suqŭá* Ruhe, Denom. *suqŭa-t* IV A sich ruhig verhalten,
adject. relat. *suqŭat-añ, suqŭat-añ* sich friedlich verhaltend. *suq
yi-s, suq-is* III A zum Schweigen verweisen, *suq yi-š* V A zum
Schweigen verwiesen werden.

Siqel Nebenform *silqel* (A. ስቀለ ፡) v. I aufhängen, Imper.
siqíl, Perf. *siql-ún, siqel-dú* (und *siqle-rú*), Nom. act. *siql-ánā*,
Nom. ag. *-átā*, Nom. abstr. *siqlít* (A. ስቅለት ፡) die Kreuzigung
Christi: der Charfreitag. Nom. concr. *misqíl* (A. መስቀል ፡)
Kreuz; das Kreuzerhöhungsfest, *Silámūn misqíl* (A. የስሎᎁᎁ ፡
መስቀል ፡) das Sternbild des südlichen Kreuzes.

Suqŭánā (Bil. *suqŭánā*, Agaum. *sakuna* [Waldm.], Quara
saχon ₍Fl.₎) der Durst, *suqŭan-t, suqan-t* (Bil. *suqān-t*) IV A
dürsten, durstig sein, adject. rel. *suqŭan-d-añ* (für *suqŭan-r-añ*,
vgl. §. 43 a und 118) durstig, *suqŭan-t-s* (Bil. *suqŭān-t-is*)
IV B dürsten lassen.

Suqŭetā, sâqŏtā, suuqtā Soqota, Hauptstadt von Lasta.

Sal v. I (A. ሳለ ፡, G. ሶሰ ፡) husten.

Sil I (Quara *sal*, A. ሳለ ፡, Ti. ስሕለ ፡, s. a. *sahel*) v. I schärfen,
scharf machen, Imper. *sil*, Perf. *sil-ún, -dú*, Nom. *selá*, plur.
sil, silt (Quara *saliyā* aus A. ስለት ፡) das Messer, *sil mikú*
Messerschneide, *selá-t ziy* Messerrücken. *Sil-s* III A schärfen
lassen, *sil-t* IV A scharf sein, *sil-t-añ* geschärft, scharf, *sil-š*
V A geschärft werden.

Sil, zil II (A. ሳለ ፡, G. ᎁᎁሰ ፡) v. I malen; schildern, be-
schreiben, ausmalen, Perf. *sil-ún*, Nom. *sil* Bild. *silesil* II
ausführlich beschreiben bis in die genauen Details, Nom.
silesil-ā plur. *silesíl* Schilderung. *silelsil-s* III C schildern
lassen, *sil-s* III A malen lassen, *sil-š* V A gemalt werden,
silesil-š V C geschildert werden.

Silá, siláy (Bil. *sal'á-ra*, Ti. ᎁᎁᎁ ፡, Ty. in Hamas. ስᎁᎁ ፡,
Saho *sila'ó*) Mass, bestimmtes Getreidemass, *šakŭā siláy gisán
zayiñ hagir liqquñ* drei Mass Mehl nehmend verliessen sie
das Land.

Zilä plur. *zil, zilk* (Bil. *jâgalá* plur. *jákal*, Agaum. *caǧá, caχā*,
Demb. und Quara *jélā*) der Vogel, *zil kiñ* Vogelnest, *zil
qalänā* Vogelei, *χar zila* (Nachtvogel) Fledermaus, *aqŭ zilá*

(Wasservogel) bestimmte Sorte von Wasserhuhn, A. የወሃፎቄ :
genannt, *etín zīlā* junger Vogel.

Zíllā Darm, s. *zilil.*

Sileb (A. ሰለበ :) v. I castriren, das Membrum abschneiden
(im Kriege dem Gefangenen), Perf. *silb-ún*, Caus. *sileb-s,*
Pass. *-š*, adject. relat. *silebšaû.*

Silef (A. ሰለፈ :) v. I die Schlachtordnung aufstellen, kampf-
bereit machen das Heer, Imper. *silíf*, Perf. *silf-ún*, Nom. ag.
silf-átā der commandirende General, Caus. *silef-s*, Pass. *-š.*

Silqel v. I aufhängen, Perf. *silql-ún* u. s. w.: s. *siqel.*

Zilíl die Eingeweide, Gedärme, *zillā* Darm, Magen (Bil. *jir*
plur. *jilíl*, Quara *jir*, Agaum. *seri* dass., cf. Galla *gera*
Magen).

Silín plur. *-te* (A. ሰሊን :) die Matte, aus Palmenblättern ge-
flochten.

Zilís (A. ዥልስ :) Dienstag; *zilíste* (A. ዥልስት :) Stunde, zu
welcher die Sonnenhitze intensiv zu werden beginnt, nach
neun Uhr Vormittag.

Semá und *simā* (A. ሰም :, G. ሰምዕ:) das Wachs.

Zimed (A. ዘመዶ :) v. I verwandt sein, Perf. *zimd-ún*, Nom.
zimíd Verwandtschaft, Verwandter, auch Verschwägerter,
zimd-et IV A in verwandtschaftliche Beziehungen durch
Heirat treten, sich verschwägern, adject. relat. *zimdetaû.*

Simáy (A. ሰማይ :) Himmel, *nicír simáy* blauer Himmel, adject.
relat. *simay-aû* himmlisch.

Zin plur. *-te*, *-tāu* (Bil. *dān* plur. *žān* Bruder, *žánī* plur. *žān*
Schwester, Demb. *zan* plur. *zanezan*, Quara *zan* plur. *žan*

gen. comm., Bischari *san* Bruder, cf. 〔𓏤𓏤〕 *sen* fem. 〔◦𓏤〕

sen-t, con. *ean* fem. com Bruder, Schwester) Bruder, Schwe-
ster, *χayaû zin* älterer Bruder, *χayáy zin* ältere Schwester,
etín zin jüngerer Bruder, *īr* (*īr-te*) *zin* Vaters Bruder, —
Schwester, *īuá zin* der Mutter Bruder, — Schwester, *zin-d*
uqār Bruders, der Schwester Sohn, *zin-d uqrí* Bruders, der
Schwester Tochter.

Senā plur. *sin* (Agaum. *sent*) die Brust, *senā brū* gesund,
kräftig an der Brust.

Zená und *senā* plur. *zin* (Bil. *senā*. Demb., Quara *senā*, Agaum.
sini) Butter besonders die frische, weisse Butter, die auch

als Haarpomade verwendet wird; dann auch die zerlassene
Butter, Rindschmalz, wofür sonst gewöhnlich *maw-aû* gesagt wird.

Sin (A. ስኅ ፡) der zehnte abessinische Monat.

Sinú (A. ሰኙ ፡, Bil. *sanó*) der Montag.

Sinbit (A. ሰንበት ፡) Sabbath, *qedám sinbít* Samstag, *χayaû sinbit*
Sonntag.

Zingádā plur. *zingád* (A. ዝንጻ ፡) bestimmte Getreidesorte,
Eleusine multiflora.

Sinek (Bil. *saû*, Demb., Quara *tankû*, Ty. ጸንኽ ፡, Ti. ጸንሕ ፡
cf. قَنَصَ, vgl. auch *ṣanaq*) v. I sich aufhalten, verweilen,
bleiben.

Sinqán (A. ስንቃን ፡) Schnupftabak.

Suû (Bil. *sû* stehlen, *suw-ánā* plur. *sukú-án* Dieb) v. I stehlen,
Perf. *suû-án*, *suûû-rú*, Nom. ag. *suû-átā* Dieb, Caus. *suû-s*,
Pass. *suû-š*.

Zuû und *žuû* Name, s. *jiû* II.

Zuûá plur. *zuû* (Agaum. *esini*, Bil. *eruû*) Thräne, *zuû eš* Thränen
vergiessen.

Sungrat-aû adject. relat. tief, in der Tiefe befindlich.

Zar (Agaum. *zilli*, Harari *zar*) Fluss, *zar-ibrā* die Nilgans
(A. ይብ. ፡).

Sárā auch *ẓarā* plur. *sar*, *sárre* (Bil. *saqárā* plur. *saqál*, Demb.
sagiyā, *saŋā*, Quara *saŋā* Honig, vgl. Agaum. *suχara* Biene) der
Honig, *ṣaṣ sarā* Erdbienen-Honig, *ûiûir sarā* schwarzer Honig
(von Wildbienen, die in Bäumen bauen), *sará haṣā* Honigwabe.

Zar und *ẓar* (Bil. *sar*, Demb. *ṣar*, Quara, Agaum. *sar*) v. I
roth, schön sein, Perf. *zar-ûn*, *-dú*, adject. relat. *zar-aû* fem.
-ay plur. *-auk*, roth, schön, *zaraû birā* rother Stier, *zaráy lûā*
rothe Kuh, *zaraû fileḥá* rothe Ameise, *zaraû küfdá* rothe
Kappe. *Zar-s* III A roth machen, — färben, Imper. *zariš*;
zar-t IV A roth werden, sich röthen (Gesicht u. s. w.), *zar-š*
V A, adject. relat. *zaršaû* roth gefärbt.

Zir plur. *zírre* (Bil. *zir* plur. *zilíl*, A. ሥር ፡) Wurzel; Ader.

Zir subst. coll. (A. ዘር ፡) Samen; sing. *zerá* ein Samenkorn.

Será plur. *sir* Rücken; Postpos. nach (zeitlich), *nan será* nach
diesem, dann, *amir zerā* von morgen an (nach dem Morgen),
edí será nach jenem, hierauf.

Zrī plur. *zurgŭe, zŭrgŭ* (Bil. *surguí* plur. *surgug*, Quara *sergó* Braut, A. **ስርግ፥** Hochzeit) die Braut, *zrī-t ir* der Brautvater, *zrī fan* und *zir fan* Hochzeit (Brautfackeln).

Súrrī (A. **ሱራ፥**) Hosen, Beinkleid.

Zireb v. I ungebräuchlich, *zirb-aû aṣená* Wurfspiess.

Zaribrá plur. *zaribír* die Nilgans, A. **ይብራ፥** genannt; s. *zar.*

Zárdā plur. *zard* (Bil., Quara *sárdā*) Rasiermesser.

Soriñin (Bil. *sajŭaráñin*, Demb. *šokŭin*, Quara *sawañ*, Agaum. *šujaseka = šuju* drei X *seka* zehn) dreissig.

Sórt und *šugŭrt* subst. coll. (Bil. *sugŭrti* plur. *-t*, Ty. **ሽጕርት፥**, A. **ሽንጕርት፥**) Zwiebel, sing. *sórtā*.

Zŭrû subst. coll., sing. *zŭruwá* (Bil. *jargŭā* plur. *jarug*, Demb. Quara *jargŭā*, vgl. §. 41) der Weizen.

Siriyá plur. *sirīt* Antilopensorte, im A. **ስስ፥** genannt. Abbadie (s. v.) bestimmt *sassā* als Antilope saltatrix; mir wurde versichert, *sassā* wie Cham. *siriyā* bezeichne das Weibchen von *duklā.*

Si-s bekleiden Jemanden, s. *si.*

Sisá und *zisā, sizá* (Bil. *sajā*, Demb. *sezā*, Quara *zajā*, Agaum. *sezā*) vier, *sisatrā* vierter.

Sisáb gemauerte Säule.

Siseb v. I besprengen, bespritzen (mit Wasser das Gemüse u. s. w.), Imper. *sisíb*, Perf. *sisb-ín*, Nom. act. *sisb-ánā*, Nom. ag. *-átā*, Caus. *siseb-s*, Pass. *-š.*

Siêsin (A. **ስስን፥**) v. I unkeusch sein (Gegensatz *taqeb*), Perf. *siêsn-ín, siêsin-dá*, adject. *siêsiñ-á* fem. *siêsiñ-ráy* plur. *siêsiñ-te* unkeusch, *siêsin-s* III A zur Unzucht verleiten, Nom. ag. *siêsinsátā* Mädchenjäger, *siêsin-š* VA sittlich verdorben werden, adject. relat. *siêsin-š-aî* verdorben, verführt.

Zasún und *zašin* (A. **ሳጕን፥, ሰ0ን፥**. G. **ሣጸን፥**) Schachtel oder kleiner Holzkoffer für Werthsachen.

Sisariñin (Bil. *sajaráñin*, Demb. *seziñ*, Quara *zajiñ*, Agaum. *sisiska = sisa* vier X *sika* zehn) vierzig.

Sesáwā plur. *sesaû* Atilopensorte, A. **ወዛስ፥** genannt.

Sat (A. **ስት፥**, G. **ሰዓት፥**) Stunde.

Zat die Zeit um drei bis vier Uhr Nachmittag.

Sit sich bekleiden, s. *si.*

Sotariñin (Bil. *sajŭataráñin*, Demb. *šokŭotiñ*, Quara *sojotiñ* und *sawotiñ*, Agaum. *soχoti-ska*, *sojoti-ṣka*) achtzig.

Sîṭáṅ und *sṭaṅ* (Bil. *suṭān* aus *sêṭān* und dies aus G. ሰይጣን :) Teufel, *sîṭáṅ sibrā* die Viper.

Saw, sauw (ሰወ :, A. ሰበ :, G. ሡፍሐ :) v. I fett sein, Perf. *sauw-ín, saû-rá*, Nom. *sauwā* plur. *saî* Fett, adject. relàt. *saw-aî* fem. *saî-ray* plur. *saw-auk* fett, *saî-s* III A fett machen, mästen, *saû-š* gemästet werden, adject. relat. *saû-š-aî* Vieh, das gemästet wird.

Zôw (Bil. *zuw*, Demb., Quara *žuw*) v. I fliessen (Blut); regnen, Perf. *zow-u* es regnete, Nom. *zuwá* plur. *zû* (seltener *zowā* plur. *zow*) der Regen, *zuwā libú* es fiel Regen. Caus. *zow-s* III A fliessen lassen; regnen lassen (der Himmel), *simáy zowsu* der Himmel liess Regen herabströmen.

Zuw (A. ሡፕ :, G. ፕዐ :, vgl. *zaîq*) v. I schlachten, Imper. *zuw*, Perf. *zuw-ín, zû-ru*, Nom. act. *zuw-ínā*, Nom. ag. *-átā*, Caus. *zûw-s*, Pass. *-š*.

Siûb y v. I dünn sein (Papier, Leinwand), Perf. *siûb y-u* es war dünn, adject. relat. *siûb y-aî* dünn, Caus. *siûb yi-s* und *siûbis*, Pass. *-yi-š* und *siûbiš*.

Zaûq und *zôq* (Bil. *sûk*, G. መስሐ :, ዘስሐ : vgl. auch *zuw*) v. I opfern (an die Kirche; für Verstorbene, Opfer bestehen zumeist in Darbringung von Schlachtküben), Imper. *zôq*, Perf. *zôq-un, zôq-ru*, Nom. act. *zôq-anā*, Nom. ag. *ziqŭátā* und *ziqotā* (vom Stamm ሰፕ : gebildet) Opferer, *zaûq-ā* das Opfer. Caus. *zôq-s*, Pass. *-š*.

-sāy, -zāy Pluralsuffix, *ienzāy* diese, *iezzāy* (*ied-zāy*) jene.

Ziyá und *ẓiyā* (Demb., Quara *ẓiyā*, Agaum. *žī*, Bil. *zeǧā*, G., Ti., A. ሡጋ :) das Fleisch.

Saycá (Bil. *sassā*, Demb., Quara *sassā*. Agaum. *sastā*) neun, *saycatrá* neunter.

Saycarñíñ (Bil. *sassaráñiñ*, Demb., Quara *susíñ*, Agaum. *sastiskā*) neunzig.

Süyánā plur. *süyáṅ* Rohr zur Tabakpfeife; Cigarrenspitze, s. *suq*.

Ziût v. I begiessen, Perf. *siût-un*, Caus. *siû-t-s*, Pass. *siûš-š* (vielleicht ist *ziû-t* nur Reflexiv von *zuw*).

Š, ž.

-š Objectssuffix, *kŭ wedáy-še ñi genzíbdî iâw* gib deinem Freunde sein Habe! vgl. §. 210.

Šū (Bil. *šū*) sich, sibi, se, *šūšū* recipr. sich gegenseitig, *šūšū qadmuñ* sie suchten sich gegenseitig zuvor zu kommen.

Šib v. 1 stechen. Nebenform von *sib* (s. d.) wird.

Šāf (A. ሱፍ፥) Sonnenblume, woraus Oel gewonnen.

Šafen und *šifen* (A. ሸፈን ፥) v. I verhüllen (hauptsächlich gebraucht vom Verhüllen des Kopfes während des Schlafes). Imper. *šifin*, Perf. *šafu-án*, *šafen-dú*, Nom. act. *šaf-ána*, Nom. ag. *-átā*, Caus. *šafu-es*, Refl. *-et*.

Žiftā plur. *žifit* besondere Brodsorte, A. ስራፍ፥ genannt.

Šugūrt Zwiebel, s. *sort*.

Šagūet und *šigūet*, *šugūet* (A. ሸጐጠ ፥) v. I verstecken (etwas unter seinem Kleid), Imper. *šagūá*, Perf. *šagūet-án*, Caus. *šagūet-s*, Pass. *-š*.

Šócā plur. *šoe* Woche (vgl. *sohuatā*).

Šiχ (Bil. *sīḷ*, *šiḷ*, Demb., Quara *šīχ*, A. ሺህ ፥) tausend.

Šáχā plur. *šaχ* ein Saho, *šaχ hagír* Saholand, *-gab* Saho-sprache.

Šoχūánā, *šoχánā* plur. *šoχáán* (A. ስኈፍ ፥) der Huf.

Šik, *šūk* v. I ungebräuchlich *šik-t* IV A hassen, Perf. *šikt-án*, Nom. act. *šiktánā* hassen, Hass, plur. *šiktán* lang gehegter Groll gegen Jemand, *kū šiktán yi-eis χayaû ieñ* dein Hass gegen mich ist gross. Caus. *šik-s* III A Hass erwecken, *šik-š* V A gehasst werden.

Šakūá (Bil. *sagūā*, Demb. *šokūā* [*šákūā*], Quara *šéwā*, *sūwā*, *swcā*, Agaum. *šojā* [*šáǧūā*], *šuǧā*) drei, *šakūatrā* dritter.

Šállā (A. ጠላ ፥, ጸላ ፥, በላ ፥) Bier, aus Gerste oder aus Dagussa, auch aus Durra gebraut.

Žilá plur. *žil*, *žille* (A. ሺዋላ ፥) Essig.

Šilem (A. ሸለም ፥) v. I verschönern, verzieren, Imper. *šilím*, Perf. *šilm-án*, *šilme-rá*, Nom. *šilimát* Armband (eigentlich Schmuck, A. ሸላምት ፥). Caus. *šilem-s*, Pass. *šilem-š*.

Šilūnā plur. *šilūn* Schlangensorte, A. የስብ ፥ እናት ፥ (Mutter der Schlange) genannt.

Šulūnā der Hase.

Šiluwá plur. *šilû* (A. ሸላ ፥) Maulbeerbaum.

Šam v. I treiben (das Vieh), Perf. *šam-án*, Nom. act. *šam-ánā*, Nom. ag. *-átā*, Caus. *šam-s*, Pass. *-š*.

Šami (A. ሸሚ ፥) weisse Glasperlen.

Śim (Bil. *sim*, A. ሽጉም ፡, vgl. s. v. *yim*) der Gouverneur einer Stadt, *śimír* (Bil. *sīmar*, A. ሽመት ፡, Ti. ሽ፟መት ፡) Stelle, Amt eines Gouverneurs.

Źmálā plur. *źmal* (A. ጀመላ ፡) Storch.

Śemín (A. ሰሚን ፡) der Norden.

Źan demonstrat. Suffix an feminine Nomina angefügt, *k' arát źán-tis y'arát źan eqasráy* mein Angareb ist schöner als deines; §. 229.

Śaned v. I schielen, und zwar mit dem einen Auge aufwärts, mit dem andern abwärts schauen, an beiden Augen schielen, adject. relat. *śand-añ* fem. *-eráy* plur. *-auk.*

Źuñ Name, s. *jiñ* II.

Źañā plur. *źan* (A. ጀኘ ፡, Bil. *zānā*) Höcker, Buckel (vom Büffel, Kameel).

Źar Affensorte, A. ጉሬዘ ፡ genannt, Colobus gueresa Rüpp.

Źirá plur. *źir* Cigarre.

Źār subst. coll. (Bil. *zür*, G. ሠዊት ፡) Aehre; sing. *źúrā.*

Źirberá plur. *źirbír* Wurm.

Śirtā plur. *śirt* Strumpf.

Źiźā (Bil. *zinzā*) Baumsorte, Boscia reticulata Hochst.

Śūśū sich gegenseitig, einer den andern, s. *śū.*

Śūśñχ y (A. ሽክ ፡ አለ ፡) flüstern, mit leiser Stimme reden, *śūśúχtā* (A. ሽክሽክታ ፡) Geflüster.

Śaśat (A. ሽተተ ፡, G. ሰተተ ፡) v. I entwischen (ein gefangener Fisch durch die Hände des Fängers); ausgleiten auf einer schlüpfrigen Stelle. Perf. *śaśat-an*, *śaśat-s* III A 1 ausgleiten machen, schlüpfrig sein. *śaśatsañ* glatt, schlüpfrig.

Śiśáy (A. ሲሰይ ፡) Nahrung, Speise.

Śūtíl (G. ሰውተል ፡, A. ሽተል ፡, Bil. *sútal*, Demb., Quara *śótal*) Dolchmesser, grosses krummes Messer, zum Schlachten verwendet.

Śéwā subst. (G. ጻይሕ ፡, Bil. *śákā* aus *śp̄kā*, vgl. §. 74) die Steppe, Ebene; das freie Feld.

Źiyá plur. *źiyĭ*, *źī* Kalb, zum Schlachten bestimmt.

Ṣ, z.

Ẓab, *ṣab* und *ṣabb* (Bil. *śabb*, Demb. *śabb*, Quara *cañ*, Agaum. *saf*, Ty. ጸበ ፡) die Milch.

Ṣab (Bil. žāf, žánfi, Demb. šāf, Quara šāmb, Agaum. cámmī,
A. **ᴈᴉᴀ:**) 1. Fuss. Fussfläche, -sohle; Fuss der Thiere,
Huf, Pfote u. s. w. ṣab sefír Zehe, ṣabinú Ferse, firsa ṣab
Pferdehuf, luwā ṣab, Kuhhuf, gesíú ṣab Hundspfote. 2. Sandale,
yi ṣabít aúl-ā wo sind meine Sandalen?
Ẓab v. I machen, thun, s. sab.
Zib v. I bleiben, wohnen, s. sib III.
Ṣabinó die Ferse, s. ṣab.
Ṣabír subst. (Bil. šibár, Ti. **ጸበለ:, ሰኔበለ:**) die Asche, ṣabír
li Aschenfeuer.
Ṣabír (Bil. ṣábir, A. **ዐፍር: መፍር:**) der Riemen, Lederband.
Ṣibez v. I Diarrhoe haben, Perf. ṣibz-án, Nom. ṣibzá Diarrhoe,
adject. relat. sibz-ú fem. -ī plur. -uk Einer, der den Durch-
fall bekommen hat, kút ṣibzú qodáy du Scheisser (Schwäch-
ling, Feigling)! Caus. ṣibez-s Diarrhoe verursachen.
Ṣádiq (G. **ጸድቀ:**) plur. -an, Jemand, der im Geruche der
Heiligkeit steht.
Ṣāf (A. **ጸፈ:**, G. **ጸሐፈ:**) v. I schreiben, Perf. ṣaf-án, Nom.
act. ṣaf-ánā, Nom. ag. -átū, Nom. concr. ṣáf-ā plur. ṣaf
Schrift, Buch, ian ṣafán yū ieú dieses Buch ist mein: meṣáf
und meṭáf Schrift; Amulet mit religiösen Phrasen beschrieben
und in einem Leder eingewickelt um den Arm getragen.
Caus. ṣaf-s, Reflex. ṣaf-t, Pass. ṣaf-š.
Ṣafá plur. ṣaf taubengraue Farbe.
Ṣefíq, ṣifqe und çefíq, çífqe subst. coll., Sing. ṣefqá, çefqá (Bil.
šibkā plur. šibik, Demb., Quara šebkā, Agaum. sifhā, vgl.
§. 40) Haar, el ṣifqe Augenwimper, big ṣífqe Schafwolle, firz
ṣifqe Pferdehaar, Rosshaar, sagúná-t ṣefqá eine Straussfeder.
Ṣáflā amurá der Rabe.
Ṣággā plur. ṣagge (Bil., Demb., Quara šánkā, Ti. **ጸንጎ:**
Gras, cf. G. **ጸ'ጎ:**) das Gras, hauptsächlich das grüne, frische
Gras.
Ẓuga (**ሰጓ:**, Bil. suqáay, suqáā) Unterseite, Tiefe, ẓugá-t, ẓugá,
ẓugī-l unterhalb, arát ẓugá-t unter dem Bette; Nebenform ṣuga.
Ṣagíb (Bil. ṣángab, Demb., Quara šangab, A. **ጸጋም:**), die
linke Seite, adject. relat. ṣagb-ú (Bil. šangab-uχ) fem. ṣagb-i
(Bil. šangab-ri) plur. -uk (Bil. -ā) links.
Ṣegluwá plur. ṣeglá subst. (Bil., Demb., Quara šingruwá) Stern;
ṣegluwá libá es fiel ein Stern.

Ṣajená plur. *ṣajin* (Bil. *sanginā*) das Weibchen von Antilope strepsicerus (A. ኣኃዘ.ጐ ፡ genannt).

Ẓajerá Affe, s. *sajerā*.

Ṣaẕfillā plur. *ṣaẕfil* Rind mit weisser Stirn.

Ṣekā (Bil. *šikā*, Demb. *ṣikā*, Quara *šikā*, Agaum. *sikā*) zehn, *ṣikatrū* zehnter.

Ṣaq (A. ጠፆ ፡, G. ጠፇዐ ፡) beissen, Perf. *ṣaq-un, ṣaq-ru*, Caus. *ṣaq-s*, Poss. *ṣaq-š*.

Ṣaqū und *ẕaqū* (Bil. *šauq*, Quara *šaẕū*) v. I kochen, Speisen zubereiten, Imper. *ṣáqūe*, Perf. *ṣaq-ūn, ṣàqū-rú*, Nom. act. *ṣaqū-únā*, Nom. ag. -*átā*, Nom. concr. *ṣaqúá* plur. *ṣauq* Speise, *ṣaqū* *ṇin* Küche, Caus. *ṣaqū-s*, Pass. -*š*, adject. relat. *ṣaqūš-aṇ* das, was gekocht wird, *ṣauqš-ū* gekocht.

Ṣaq und *ẕaq* (Bil. *šāq*, Demb. *šaq*, Quara *ša*, Agaum. *sak*) v. I nehmen, erwerben; haben, besitzen, Imper. *ṣaq*, Perf. *ṣaq-ún* (seltener *ṣay-un*), *ṣay-rú* (und so *y* durch alle Personen), *bijiq genzib ṣaqún* ich hatte viel Geld. *begā ṇir ṣümir-dí ṣayu* er packte (erfasste) das Schaf am Schwanze. Relat. *ṣaq-ar, ṣay-rar, ṣay-aṇ* u. s. w., *an bin ṣaqúr* ich habe Schulden. *waqá farzá ṣayrar-á* wie viel Pferde hast du? *Birrá ṣekā gimlán ṣayaṇ* B. hat zehn Kameele. Nom. act. *ṣayánā* nehmen; das Pfand, Nom. ag. *ṣay-átā*. Caus. *ṣay-s*, Pass. -*š*.

Ṣiqū v. (Bil. *šuq*, Demb., Quara *šeqūe* klein, jung sein, cf. G. ጠፇፇ ፡, ፄፇፇ ፡) jung, zart sein, Nom act. *ṣeqū-ánā* Zartheit, Jugend, concr. Mädchen; weibliches (noch nicht bespringungsfähiges Thier, Kalb u. s. w.). Im Zusammenhange damit ist *ṣiṣew* klein, jung, der Jüngere sein (vom männlichen Geschlechte), *ṣiṣw-ánā ẕūr* der jüngere Sohn (Bil. *qūrá šuģ-áuẕ*), Stamm *ṣiṣeqū* (vgl. §. 69) aus *ṣiqū-ṣiqū*.

Ṣiqaw (Bil. *taq*, Demb. *ṣeq*, cf. G. ፄ'ሕበ ፡) v. I schwer (materiell), gewichtig sein; beschwerlich sein, Perf. *ṣiqaw-ún, ṣiqaṇ-ru*, adject. relat. *ṣiqaw-aṇ* fem. *ṣiqaṇ-ray* plur. *ṣiqaw-auk* schwer, beschwerlich.

Ṣelá und *ẕelā* plur. *ṣille* (A. ፄ'ሊ ፡, ፕሊ ፡) Sonnenschirm.

Ẓildená plur. *ẕeldin* Kohle.

Ẓilaq (Ti. ሰሊሕ ፡) v. I 1. mager sein, 2. schwach, müde, matt sein, 3. dünn, fein sein (Mehl), Perf. *ẕilaq-un*, adject. relat. *ẕilaq-aṇ* mager, schwach, fein, negat. *ẕilaq-īy-aṇ* fem. *ẕilaq-i-ray* plur. *ẕilaq-iy-auk* grob, derb.

Ṣaláṭ plur. -*ān* (A. **ጠለት** :) der Feind, *Birrū-s* *ṣalat* Birru's Feind.

Ṣaliyá plur. *ṣalī, ṣalīt* (Bil. *šilliyā* plur. *šillī* von **ፀለየ** : beten) ein Tigré, *Ṣalī hagir* Tigréland, *Ṣalī gab* Tigrésprache.

Ṣámā I plur. *ṣam* (Bil. *šámā*, G. **ጸመ** :) Mühe, Plage, Beschwerde, *ṣam-it, ṣam-t* IV A sich abmühen, abplagen, arbeiten, Imper. *ṣamíc*, Perf. *ṣam-t-án, ṣam-et-rá, ṣàm-erú*.

Ṣámā II plur. *ṣam*. (Bil. *šāmā* cf. G. **ጸመመ** :) Schatten, *qanī ṣamī ẓugua-t* unter den Schatten eines Baumes. *ṣam-t* (Bil. *šām-ir*) IV A schattig werden, *ṣam-s* (Bil. *šām-is*) III A schattig machen.

Ṣamec v. I mit hungrigem Magen zu Bett gehen, die Nacht mit hungrigem Magen zubringen, Imper. *ṣímcī* (sagt z. B. der geizige Besitzer eines Hauses, in welchem gegen Abend ein Fremder einkehrt, *ṣímcī* nimm Platz und schlafe, zu essen habe ich aber nichts für dich). Perf. *ṣamc-án* ich brachte die Nacht hungernd zu. Caus. *ṣamc-es* Jemandem Nachtherberge ohne Beköstigung geben.

Ṣamer (Quara *šamed*, G. **ጸመደ** :, vgl. §. 44) v. I verbinden, zusammenfügen; einjochen (die Ochsen), Imper. *ṣamír*, Perf. *ṣamr-án, ṣàmer-dú*, Nom. act. *ṣamr-ánā*, Nom. ag. -*átā*, Nom. concr. *ṣamír* Gespann, ein Paar Ochsen durch das Joch verbunden (zum Pflügen), *ṣamrā* plur. *ṣímred* der Kamerad, Gefährte, Genosse. Caus. *ṣamer-s*, Pass. -*š*.

Ṣamír, Nebenformen *ṣümír* und *ṣimír* plur. *ṣamirt* (Bil. *šemár*, Agaum. *šímar*) der Schwanz, behaarte Schlepp der Thiere, *bigá-t ṣümír-di ẓayu* er packte das Schaf beim Schwanz. Adject. *ṣamr-ú* fem. -*ī* plur. -*uk* geschwänzt, *kütin ṣamrúk qodáy* ihr Schwänze (Viehkerle! Schimpfwort).

Ṣan (Bil. *ca'an*, Quara *šān*, A. **ጸነ** :, G. **ጸነ** :) v. I beladen, bepacken (das Saumthier), Imper. *ṣan*, Perf. *ṣan-án, -dá*; Caus. *ṣan-s*, Pass. -*š*.

Ṣanaq (G. **ጸነቀ** :, vgl. auch *sinek*) v. I eine günstige Gelegenheit abpassen, um einen Vortheil zu erreichen (z. B. einen Besuch unmittelbar vor der Essenszeit machen und dann so lange verweilen, bis man zum Essen eingeladen wird); schmarotzen. Imper. *ṣanáq*, Perf. *ṣanaq-án, -rú*, Nom. act. *ṣanaq-ánā*, Nom. ag. -*átā* Schmarotzer, *küt ṣanaqátā qodáy* du Schmarotzer! (Schimpfwort). Caus. *ṣanaq-s*, Pass. *ṣanaq-š* drangsalirt werden von einem Schmarotzer.

Ṣar (Quara *ṣāy*, Demb. *šāy* aus *ṣār*. *šār*, Bil. *çā'd* weiss sein, G. **ጸዐረ**: weiss, **ጸዐረው**: weiss sein, §. 44 und 67) v. I weiss sein, Perf. *ṣar-un*, *-du*, adject. relat. *ṣar-aû* fem. *-áy* plur. *-aụk* weiss, *ṣaraû bírā* ein weisser Stier, *ṣaráy luwā* eine weisse Kuh, *ṣaraụk bil*, — *luküe* weisse Stiere, — Kühe. Caus. *ṣar-s* weissen, Pass. *ṣar-š*, Refl. *ṣar-t* (Quara *ṣāy-t*, Demb. *šāy-t*, Bil. *cā'd-r*) weiss werden.

Ẓar I (Bil. *šar*, Demb., Quara *šar*, Agaum. *sir*, Somali *ḍar*) v. I schwören, einen Eid ablegen; sich verschwören, leugnen, Imper. *ẓar*, Perf. *ẓar-ún*, *-dú*, Nom. act. *ẓar-ánā*, Nom. ag. *-átā*, Nom. abstr. *ẓará* der Eid, Caus. *ẓar-s*, Pass. *-š*.

Ẓar II (Bil. *jahar* [cf. G. **ፈሐረ**:]. Ty. **ፀሐረ**:, A. **ጐቡዐረ**: und **ዐይረ**:) v. I herauskratzen, die Gluthkohle aus dem Feuer nehmen, Imper. *ẓar*, Perf. *ẓar-ún*, *-dú* u. s. w. (flectirt wie *ẓar* I).

Ṣareb (Bil. *šarab*, Quara *çarab*, G. **ጸረበ**:, **ዐረበ**:, **ጥረበ**:) v. I hacken, hauen, in Holz arbeiten, Imper. *ṣaríb*, Perf. *ṣarb-ún*, Nom. act. *ṣarb-ánā*, Nom. ag. *-átā*, Tischler, Zimmermann; Art Beil zum Holzfällen, Caus. *ṣareb-s*, Pass. *-š*.

Seránā das Dach.

Ṣeṣá und *ẓeẓā* plur. *ṣist* und *ṣíṣṣe* (Bil. *žinžā*, Demb. *ṣeṣā*, Quara *çinçā*, Agaum. *ṣinṣā*, Ty. **ፅንጽ℮**:, G. **ጽንጽ℮**:) Fliege; Mücke; Erdbiene, *ṣiṣ sará* Honig der Erdbiene.

Ẓaṣün Schachtel, Schrein, s. *zaṣün*.

Ṣiṣuw v. I (vgl. *ṣiqü*) jünger sein, *ṣiṣw-ú* er war der Jüngere, Nom. *ṣiṣw-ánā* der Rang des jüngsten Kindes, *ṣiṣwánā χür* der jüngste Sohn.

Ẓawā und *ẓawā* plur. *ẓaû*, *zauwĕ* (Quara *šawā*, Bil. *žaqūā* plur. *žauq*, §. 69, cf. G. **ሡዐ**:, **በሙሐ**, ⌂ **⌂** sehū Unrath, Kothhaufen und G. **ፅጕዐ**: stercus.) frischer Kuhfladen, -mist.

Ẓüw v. I ungebräuchlich, *ẓuw-is* und *ẓû-s* (Bil. *šuǧ-is*, Quara *ṣeǧü-s*, Demb. *šû-is*, *šuw-s*) v. III A Schmerz bereiten etwas, *y'aûr yi-t ẓuwisaụk* oder *zûsaụk* (= Bil. *y'aǧúár šuǧisăkŭ-lu*) mein Kopf bereitet mir Schmerz = ich habe Kopfschmerzen, *gizú yit ẓûsauk* (Bil. *gúádụy šuǧisăkŭ-lu*) ich habe Bauchweh. Nom. *ẓûsā* plur *ẓûs* schmerzbereitende Sache, Krankheit,

χeyê ẓûsū (die grosse Krankheit) der Aussatz, die Leprosis,
adject. ẓûs-ú fem. -í plur. -uk krank, an azuñá ẓûsū winun
ich war gestern krank. y'iñá ẓûsī meine Mutter ist krank,
ayîr iñí ẓûsuk mein Vater und die Mutter sind krank. Zuw-it
(Bil. šuǵ-is-t, Quara šeǵû-s-t, Demb. šuw-es-t Causat.-Refl.)
IV A (reflex.) Schmerz empfinden, krank sein, — werden,
Perf. ẓuwitún ich wurde krank. Adject. relat. ẓuw-it-añ (Bil.
suǵ-is-t-ānχ, Quara šuǵ-is-t-ô, Demb. šuw-es-t-āg) fem. ẓuw-it-ray
plur. ẓuw-it-auk krank, leidend (wie ẓûsū gebraucht), iñá
deḥnú, ayîr ẓuwitañ die Mutter ist gesund, mein Vater aber
ist krank. k-iñá-mu ẓuwitráy ist deine Mutter krank? ian
eferú-s ñ'iñā ẓuwitráy die Mutter dieses Knaben ist krank.
Ẓay, Nebenform von ṣaq (s. d.) v. I fassen, anfassen, nehmen,
festhalten; haben, besitzen, Imper. ẓay, Perf. ẓay-ún, Nom. act.
ẓay-ánā, Nom. ag. -átā, Caus. ẓay-s, Pass. -š.
Siyá plur. ṣī, ṣīt (G., A. ጽ፡ዒ፡) die Blume.

T, t.

-t, te 1. Genetivsuffix, Birrú-t ñin Birru's Haus, Abrahím-te ñin
Abrahams Haus, adjectivisch: -t-ū fem. -tī plur. -tuk an-
gehörig, Abdállu-t-ú ñin (Bil. lñ Abdálla-r-uχ) Abdalla's Haus.
2. Objectssuffix, Birrú yi-t sisú B. hat mich bekleidet. ûnut-et
duq sage die Wahrheit! Yosíf-tī ñi zin qiyún den Josef ver-
kauften seine Brüder. ñir zín-tī ẓayír firec ihren Bruder
nehmend zog sie fort. ien gíbbiná-t ién-tī iequrcá žan quáldu:
k' ûnā agijá dúqtā yicè zur Eidechse als die Maus sie sah,
sprach diese: sage nichts, denn ich will dein Weib werden.
Ti (Bil. tū) allein, solus, ñi ti-t iedawī er blieb allein (für sich)
zurück. ginañ giñirā, gindáy giñirā ñitu ti-t iedañ̃ ein alter
Klippschliefer und eine alte Klippschlieferin blieben allein
zurück; §. 224.
Tab und ṭáb (Bil. ṭa'anb, Quara tamb) v. I schlagen, besonders
Korn, dreschen, Perf. tab-ún, Nom. act. tab-ánā, Nom. ag.
-atā, Caus. tab-s, Pass. -š.
Táb und ṭāb, dāb der Tef, s. dāb.
Tibeqñá plur. ṭebíqñe (A. ፓብቄ፡) Gilet, Weste, Leibchen.
Tibír dabír (A. ፓብር፡ ዳብር፡) Fest der Verklärung Christi
auf dem Tabor.
Ṭabitā (A. ጣቢታ፡) besondere Brodsorte.

Tabát (A. ታቦት፡) die Bundeslade, im Sanctissimum der abessinischen Kirche.

Tify (Bil. *ṭif y*, Ty. ጡፉ፡ የለ፡, A. ተፉ፡ አለ፡) v. I spirzeln, spizen, ausspucken, ausspeien, Imper. *tif yĭ*, Perf. *tif y-un*, Nom. *titíf* und *tiftíf, tiftáf* der Speichel.

Túfā plur. *tŭf* grosser Kessel oder Topf zum Kochen.

Tigah v. I (G. ተግህ፡, A. ተጋ፡) wachen; auf der Hut, sorgsam sein, adject. relat. *tigah-añ* fem. *-ray* plur. *-auk* wachsam, umsichtig, geduldsam; fleissig. *tigahañ aǵ* sei vorsichtig! Nom. *tegáh* Wachsamkeit, Umsicht; verb. denom. *tegáh y* (Bil. *takāh y*, im Hamas. — Ty. ተጋህ፡ የለ፡) wachsam, fleissig sein.

Tager v. I grosse Schritte machen, Imper. *tagír*, Perf. *tagr-ún*, *táger-dú*, Nom. act. *tagr-únā*, Nom. ag. *-átā*, Caus. *tager-s*.

Tagešt-añ fem. *-ráy* plur, *-auk* geduldig (mit *tegah* im Zusammenhang?).

Tuχ̆ăán, tuχáin und *d* subst. coll. (A. ተኳዝ፡) Wanzen, sing. *tuχ̆uánā*.

Tak I (Bil., Quara *tak*) v. I den Anschein haben, ähnlich sein, — erscheinen; meinen, dafür halten, *wuruñá tákauk* was dünkt (dir, euch)? = welchem Ding kommt das gleich? *yit tákauk* es scheint mir, ich meine. *tukā* Gleichniss, Beispiel.

Tak II (Bil. *taǵ*, Agaum. *tig*, Demb., Quara *tay, tê*) v. I nahe sein, selten gebraucht, dafür häufiger *tak-et* (Bil. *taǵ-it*, Demb., Quara *tê-t*) IV A sich nahen, nahe kommen, nahe sein, Imper. *tukír* nähere dich! Perf. *tuk-t-án, tuk-t-rá, tuk-r-ú*, Nom. abstr. *tukát* die Nähe, *tukat-is* in der Nähe, adject. relat. *tuk-r-añ* fem. *tàk-er-dáy* plur. *tuk-r-auk* nahe, Caus. *tuk-s* (Bil. *taǵ-is*, Demb., Quara *tê-š*) III A in die Nähe bringen.

Tik und *cik* (s. *tak* II und §. 248) postpos. nahebei, bei, an, *yi tik lô* komm her zu mir!

Tik y (Bil. *tik y*) v. I schön, gut sein; sich wohl befinden, Perf. *tik y-án*, Nom. *tik* das Wohlbefinden, *tik kŭru-má* geht es dir gut? (bist du bei Wohlbefinden?). Adject. relat. *tik y-añ* in guten Zustande befindlich.

Tikŭs und *dikŭs* (Quara *tuukŭs*, Bil. *tăkuad*, A. ተኮስ፡) v. I heiss sein; anzünden, Imper. *tikŭš*, Perf. *tiks-án*, Nom. act. *tiks-únā*, Nom. ag. *-átā*, adject. relat. *tuks-añ* fem. *-ray* plur. *-auk* heiss; *tikŭs* Hitze. Caus. *tikŭs-s*. Pass. *tikŭš-š*.

Ṭaq v. I schlagen, seltene Form für *ṭaÿ* und *ṭaÿ* (s. d.).

Ṭaqeb v. I ungebräuchlich, *ṭaqib-ŝ* V A sich beherrschen, keusch sein, adject. relat. *ṭaqebŝ-aŭ* keusch.

Tikel, tikŭl und *tilkŭ* (A. **ትክል** :) v. I Setzlinge stecken, einpflanzen, Imper. *tikil, tikŭl,* Perf. *tikl-ŭn, tikel-dŭ* (und *tikŭl-dŭ*), Nom. act. *tikl-ánā,* Nom. ag. *-átā,* Caus. *tikel-s* (*tikŭl-s*) Pass. *-ŝ.*

Ṭaqem (A. **ጠቀመ** :) v. I nützlich sein, Perf. *ṭaqm-ŭn, -erŭ,* Nom. abstr. *ṭaqím* Nutzen, Nom. act. *ṭaqm-ánā,* Nom. ag. *-átā,* adject. relat. *ṭaqm-aŭ* nützlich. Caus. *ṭaqem-s,* Pass. *-ŝ.*

Ṭeqímṭ (A. **ጥቅምት** :) der zweite abessinische Monat.

Til (Bil. *til*) Postpos., zu, nach, *ŭir jeŭi-til iéteru* er kam zu ihrer Mutter; §. 245.

Telá plur. *til* (Bil. *tilā,* Quara *telā*) Arznei; Gift, adject. relat. *tel-ŭ* plur. *-ŭk* Arzt.

Talbíṭ eine bestimmte Antilopensorte.

Tilkŭ (s. *tikel*) v. I pflanzen, Imper. *tilŭk,* Perf. *tilk-ŭn, tilkŭ-rŭ,* Nom. act. *tilkŭ-ánā* pflanzen; Setzling, Nom. ag. *tilkŭ-átā,* Caus. *tilkŭ-s,* Pass. *-ŝ.*

Talíkā plur. *talík* (A. **ጎልህ** :) Becher, Trinkbecher aus Zinn.

Telauqsā grün (?).

Ṭelŭsā plur. *ṭelŭs* (Bil. *ṭalqŭsā*) Feigenbaumsorte, ficus lutea Vabl., einer der gewaltigsten Bäume Afrikas: *ṭalŭs qabā* die Feige.

Tilžā plur. *tiliž* Feuerfunke.

Ṭam (Bil., Demb., Quara *ṭām,* G. **ጣዐመ** :) v. I kosten, Perf. *ṭam-un, -ru,* Nom. act. *ṭam-ánā,* Nom. ag. *-átā,* Caus. *ṭam-s* kosten lassen, zu kosten geben, Pass. *ṭam-ŝ* gekostet werden, Reflex. *ṭam-ṭ* süss werden, Perf. *ṭam-ṭ-un, ṭam-ṭ-ru, ṭām-r-u,* adject. relat. *ṭam-ṭ-aŭ* und *ṭam-r-aŭ* süss, *ien mīzá-n ṭamṭaŭ mīz* dieser Honigwein ist süss. Caus. *ṭam-ṭ-es* IV B süss machen, *yi bun ṭamṭiŝ* zuckere meinen Kaffee! Pass. des Reflex. *ṭam-ṭ-iŝ* gewürzt, schmackhaft gemacht werden, gesalzen werden (die Speise), adject. relat. *ṭām-ṭ-iŝ-aŭ* gesalzen, gewürzt.

Temá Finsterniss, plur. *tim* finstere Nächte.

Timbáuχ subst. coll. (Bil. *tinbāuk,* A. **ትምባኽ** :) Tabak, eine Tabakspflanze *timbāχŭá. timbāuk kamil* Tabakrohr.

Timb (A. **ጥንብ** :) das Aas, *ṭimb, ṭumb amurā* Aasgeier.

Ṭamem (A. ጠመመ ፧) v. I Böses, arges Unrecht Jemandem zu-
fügen, Perf. *ṭamm-ún, -erú,* adject. relat. *ṭamem-aú* ungerecht.

Timen (A. ተመኝ ፡ von መኝ ፧) v. I wollen, wünschen, Perf.
timn-ún, ûmen-dá, Nom. act. *timn-ánā* wollen, Wille. Caus.
timn-es, timen-s gewähren, den Willen lassen, Pass. *timn-eš,*
timen-š begehrt werden. Reflex. *timn-et* für sich etwas an-
streben; hartnäckig, eigensinnig auf etwas bestehen, Caus.-
Reflex. *timn-et-s* den Launen (eines Mächtigen) fröhnen.

Times (A. ተመሰ ፧) v. I suchen (etwas Verlorenes), Imper. *timíš,*
Perf. *tims-ún,* Nom. act. *tims-únā,* Nom. ag. *-átā,* Caus. *times-s,*
Pass. *times-š,* Reflex. *times-t.*

Tínne subst. coll. (A. ትንኝ ፧) Mücken, Musquitos, sing. *tenná.*

Tuú der After.

Ṭenkár plur. *-an* (A. ጠንከሬ ፡) rüstig, stark, *ṭenkár sibátā*
ein rüstiger Arbeiter.

Tenzáy (A. ተንዛዬ ፡) Auferstehung Christi, Ostern.

Tirá plur. *tir* (A. ተሬ ፡) die Reihe, Linie (in welcher z. B.
Soldaten marschiren).

Ṭírre (A. ፐር ፡) der fünfte abessinische Monat.

Ṭrbá (A. ተልብ ፡) der Lein.

Tirmús, ṭrmūs (A. ጠርሙስ ፡ und ተርሙስ ፡) Glasflasche.

Ṭirṭir (A. ጠሬጠሬ ፡) v. I zweifeln, Perf. *ṭirṭr-ún, ṭirṭir-du,*
ṭirṭirá der Zweifel, Nom. act. *ṭirṭr-ánā,* Nom. ag. *-átā,* Caus.
ṭirṭir-s, Pass. *-š* bezweifelt werden.

Tis Postpos., die Richtung von einem Punkte her bezeichnend,
k-ïr-tis von deinem Vater her; §. 245.

Ṭízā (A. ጢዘ ፡) der Thau.

Tisef v. I eine Hasenscharte haben, hasenschartig sein (an
der Lippe), Perf. *tisf-ún, -ŕú,* adject. *tesfá* fem. *-ī* plur. *-uk.*
Caus. *tisef-s* eine Hasenscharte beibringen, Pass. *-š.*

Tismam (A. ተሰማም ፡ von ሰማ ፡, G. ሰምዐ ፡) v. I Gefallen an
Jemandem, an etwas finden, Perf *tismam-ún,* Caus. *tismam-s,*
Pass. *-š.*

Tasás (A. ታህሰስ ፡) der vierte abessinische Monat.

Ṭíṭ subst. coll. (A. ጥፕ ፡) Baumwolle; Faden aus Baumwolle;
sing. *ṭeṭá. ṭiṭ kanā* Baumwollenstaude.

Titiy (G. ትንታግ ፡) Feuerbrand, Holz auf einer Seite, auf
welcher es im Feuer liegt, brennend; sing. *tetyá* ein an-
gebranntes Stück Holz.

Titek (A. **ትከተኸ፡**) v. I ungebräuchlich, *titek-š* (A. **ተንተከተኸ፡**)
V A brodeln (das kochende Wasser), Caus. *titek-s*.
Tuw (Bil. *tuw*, Demb., Quara, Agaum. *tuw*) v. I eintreten,
hineingehen, Imper. *tuw*, Perf. *tuw-ûn*, *tû-ru*, Nom. act. *tuw-ánā*, Nom. ag. *-átā*, Caus. *tû-s* einführen, *âná tû-s* einführen
die Frau (in das Haus) = sie heiraten, Imper. *tuwiš*, Pass.
tû-š eingeführt; geheiratet werden (Frau).
Tāy Pluralsuffix besonders pronominaler Elemente, *ûáy-tāy* sie,
küten-tāy ihr, *aû-tāy* welche, aber auch: *okûn-tāy* die Frauen,
liña-tāy alle zwei, vgl. *-zāy*.
Tay und *ṭay*, Nebenform *ṭaq* (Demb., Quara *tay* aber Pass.
tak-š, cf. G. **መፀዐ፡**) v. I schlagen, Caus. *ṭay-s*, *an Abdullá-d
Birrú-tis ṭaysun* ich liess A. durch B. schlagen. Reflex. *ṭay-t*
sich schlagen, Nom. act. *ṭayt-ánā* der Krieg.
Tays und *tās* (Quara *tāš*) v. I 1. schlagen, *an kirbra-t tásun*
ich schlug die Trommel. 2. (cf. G. **ፈጐዘ፡**) einstechen, öffnen
die Wunde, um Eiter zu entfernen, Imper. *tayš*, Perf. *taysun,
tāsun*, Nom. *tāsiñā* (Quara bei Flad *tisan*, Agaum. bei Waldm.
tisini) Eiter, Reflex. *tāsiñ-t* (*tisan-t* bei Flad) IV A (denom.)
eitern. 3. arbeiten, verfertigen (Quara *tāš* bei Flad), *tāsun* ich
arbeitete, Nom. ag. *tāsátā* Arbeiter = *sábátā*, Caus. *tās-es*, Pass.
-eš, Reflex. *-et* kräftig, stark sein (bei der Arbeit), ungestüm,
heftig sein, adject. relat. *tāset-aû* reissend (Fluss).
Tiyá plur. *ṭîye* (Agaum. *tiša*, Bil. *tidá*, G. **ጢስ፡**, A. **ጢስ፡**,
ጢጢ፡) der Rauch, *ṭiya tuw* in den Rauch eintreten = ins
Rauchbad gehen (die Frau).
Tayq (A. **ጠየቀ፡**) v. I fragen, *wur' arni kûartirnaû yid ṭayqie*
weshalb streitet ihr? sagend fragte sie. Caus. *ṭayq-s*, Pass *-š*.
Tayir (Demb. *tayrī*, Bil. *tañrī* und *teñrī*) Tante, Schwester
des Vaters.
Tāytū nom. propr. fem.

W.

Wibir (A. **ወንበር፡**, G. **መንበር፡**) der Stuhl, Sessel, Sitz.
Wedáj (A. **ወዳጅ፡**), Nebenform *wadáy* der Freund.
Widil (A. **ወይል፡** oder von **ወልይ፡?**) jung, von Ziegen und
Schafen, *widil begá* Lamm, *widil fiçerá* Kitzlein.
Widlim und *wüdlim* (A. **ወይል፡**) fett, unbrauchbar, zur Arbeit
ungeeignet, *widlím firzā* fettes Pferd, *çin girwá widlím* ein
fetter Hahn.

Waday Freund, Genosse; Geliebter, s. *weday.*

Wāǧ (Demb. *wāǧ*, Quara, Bil. *wā'*, cf. G. **ⱷႬ, h:**) v. I schreien, mit lauter Stimme rufen, lärmen, Perf. *wāǧ-un*, *-ru* (und *wā-ru*), *wāǧ* Nom. act. *wāǧ-ánā*, laute Stimme, Nom. ag. *'-átā* Rufer, Schreier, Streiter.

Wuagágrā (und *muagágrā*) plur. *wuagagir* (A. **ⱷ ꝭ ꞅ⁄.:**) die senkrecht in den Boden eingetriebenen Seitenbalken des Strohhauses, an welche das Stroh angebunden wird; plur. Strohhaus, grosses Zelt aus Stroh.

Wignä plur. *wigín*, *-te*, *-tän* (A. **ⱷꞅꞋ:**) Stamm, Familie, Geschlecht, *Birrû-t wignā* die Blutsverwandtschaft Birru's.

Wiçálā plur. *wiçál* das Junge von *sajerā*, der junge Mantelpavian.

Wâj, Nebenform von *waz* (s. d.) hören.

Wikā, *wuikā* auch *wiqā* plur. *wik* (Bil. *wākā*, *wakā*, Demb. *wākā*, *wâyā*, Quara *wukā*, *wuyā*) die gefleckte Hyäne, hyaena crocuta.

Wákā und *wáqā* (Bil. *wurīkaû* = *wurī-kaû* welche Menge. Quara *wuiχā*, *wēiχā*) wie viel, wie gross, *wákā farzá zayrar-á* wie viel Pferde hast du? s. a. *wuragôt.*

Wiqer (A. **ⱷ ᏓⱿ:**) v. I bauen (ein Haus). Imper. *wiqír*, Perf. *wiqr-ún*, *wiqer-dú*, Nom. act. *wiqr-ánā*, Nom. ag. *-átā*, Caus. *wiqer-s*, Pass. *-š.*

Waqer (Bil. *wânqar*, Demb. *wanχer*, Quara *wanker*, *wuaχer*) fragen, Imper. *waqír*, Perf. *waqr-ún*, Nom. act. *waqr-ánā*, Nom. ag. *-átā*, Caus. *waqr-s*, Pass. *-š.*

Wali plur. *-t* (A. **Ꝕꞥ:** und **Ꝕꞥ.:**) Antilopensorte, Capra walya Rüpp.

Wilebá plur. *wilíb* (A. **ⱷꞥႶ:**) die Haarnadel der Männer, der Kelal.

Wulágä plur. *wulág* (A. **ⱷ-ꞥꝭ:**) Heft, Handhabe (des Messers, Schwertes).

Wilelá, *wuilelá* plur *wilíl* (A. **ⱷꞥꞥ:**) der vom Wachs gereinigte Honig.

Wilil plur. *wilílle* (A. **ⱷꞥⱷꞥ:**) der Fussboden im Zimmer.

Wulilem-ä plur. *wulilím-tän* seicht, nicht tief.

Wules v. I umrühren, herumrühren (die Polenta mit dem Rührstock), Imper. *wuliš*, Perf. *wuls-ún*, Nom. act. *wuls-ánā* das Rühren; der Rührstock. Nom. ag. *wulsátā* der Koch.

Wulas v. I. auf die Weide treiben (das Vieh; wahrscheinlich Causativ eines Stammes *wulaq*), Perf. *wulas-ún*, Nom. act. *wulasánā*, Nom. ag. *-átā*, Caus. *wulas-s*, Pass. *wulaš-š*.

Wáltā (Bil., Demb., Quara, Agaum. *wáltā*) sechs, *waltatrá* sechsten, *waltarñiñ* sechzig.

Wáltā plur. *walít* der Nabel.

Wulaṭá plur. *wuláṭ* der Leopard, Panther.

Win (Bil., Demb., Quara *wān*, Saho, 'Afar *mār*, A. ቆለ፡, G. ወዐለ፡, vgl. §. 16 und 50) v. I sein, existiren, bleiben, Perf. *win-ún*, *-du*, Nom. act. *win-ánā*, Nom. ag. *-átā*, Caus. *win-s* bleiben lassen, Aufenthalt geben, Pass. *win-š* unterhalten werden.

Wánçā plur. *wánç* (A. ዋንጫ፡) Trinkhorn, Kuhhorn zu einem Becher bereitet.

Winím (G. ወለእመ፡, ወእመ፡, A. ወይም፡ Harar *walaû*) oder, *an winím küt* ich oder du.

Wār und *ewār* (Quara *wagerī*, Agaum. *inkerā*) Spiel, *wār-t* und *ewār-t* (Quara *wager-t*) IV A spielen, Imper. *ewāríc*, Perf. *wārt-un*, *ewārt-un*, *an kawás ewārtun* ich spielte mit dem Ballen. Nom. act. *wart-ánā*, Nom. ag. *-átā*, Caus. *ewār-s* III A ein Spiel veranstalten, *ewar-t-s* IV B spielen lassen Jemanden.

Wir (Bil. *wârar*, A. ወረረ፡) v. I auf Raub ausziehen, Perf. *wir-ún*, *wir-dú*, Nom. act. *wir-ánā*, Nom. ag. *-átā*, Caus. *wir-s*, Pass. *wir-š* mit Krieg, Raub überzogen werden.

Wir y v. I rein, klar, lauter sein (Wasser), adject. relat. *wir y-aû* rein (Gegensatz: schmutzig).

Wurá (Bil., Demb., Quara *wurā*) was? *wurá sabrar-á* was machst du? *wurá-t enís sabrará* aus was (auch *wurá-t maṭan* warum) thust du das? — *Wurákôt* und *wurá-gô-t* (Bil. *wurī-kaû, -t*) wie gross, wie viel, eigentlich: *wura-kô-t* mit welcher Grösse, — Menge (s. a. *wákā*), *wurákôt ñi wáyā* wie viel ist sein Preis?

Wurañā was? was Sache? *wurañā ieñ-á* was ist das? *wuraña-t* aus was, warum? *wuraña-t eik-á* womit?

Wirbá plur. *wiríb* (Bil. *wârabá*, cf. A. ወይባ፡) der Fluss.

Wired (A. ወረደ፡) v. I bereit sein, sich ausbreiten, adject. relat. *wird-ū* fem. *-i* plur. *-uk* neben *wird-aû* fem. *-ray* plur. *-auk* ausgebreitet, breit, weit.

Wârkáy, Wârkê Nom. propr. fem.

Wârqát subst. (A. **ወረቀት**:) Papier; Schachtel aus Papier; sing. *wârqatá* ein Blatt Papier.

Wirq subst. (A. **ወርቅ**:) Gold; sing. *wirqá* ein Goldstück.

Wârná plur. *wârín, -t* (Bil. *wâraná*, Ti. **ወረና**:) der Dreschplatz, die Tenne.

Wurórā Niemand, nichts, *an ienúl ajendí ejír wurórā ieterínā* während ich hier bin, soll Niemand kommen! *Wurornát* Nichtigkeit, Werthlosigkeit.

Wires (A. **ወረሰ**:) v. I erben, Imper. *wirís*, Perf. *wirs-ún* Nom. act. *wirs-ánā*, Nom. ag. *-átā* der Erbe, *rist* Erbschaft, Caus. *wires-s* testiren, Testament machen, *wirssátā* der Erblasser, Pass. *wireš-š* beerbt werden.

Waz, Nebenform *wâj* (Bil., Demb., Quara *wās*) v. I hören, Imper. *waž*, Perf. *waz-ún*, Nom. ag. *waz-ánā*, Nom. ag. *-átā*. Caus. *waz-is*, Pass. *-iš*.

Wās (A. **ፆሰ**:, G. **ወሐሰ**:) Bürgschaft, *wās jun* einen Bürgen stellen (Bürgschaft finden), der z. B. dafür bürgt, dass ein Borgender das geborgte Geld wiedererstatten wird.

Wis I zurückgeben, wiedererstatten, s. *water*.

Wis II (G. **ሶሰሐ**:) v. I trocknen (act.), in die Sonne legen etwas, damit es trocken werde. Imper. *wiš, wis*, Perf. *wis-ún*, Nom. act. *wis-ánā*, Nom. ag. *-átā*, Caus. *wis-s*, Pass. *wiš-š*.

Wâz (A. **ወዝ**:) v. I schwitzen, Perf. *waz-ún*, Nom. act. *wâz-ánā*, Nom. ag. *-átā*, Nom. concr. *muzā* Schweiss, adject. relat. *wâz-au*. Caus. *wâz-is*.

Wisif (vgl. G. **ወሰብ**:) Heiratsbündniss, Freundschaftsbund zweier (im Streit gewesenen) Familien, durch eine Wechselheirat besiegelt, *wisif-tī zab* eine Heirat stiften.

Wâsfát (A. **ወሰፈት**:) Eingeweidewürmer; sing. *wâsfatá*.

Wâasaq (Bil. *wasaq*, G. **ወፀሐ**: ﬠﬨﬠ, ﬠﬨﬠ') v. I das Bett bereiten, d. i. die gegerbte Kuhhaut aufbreiten, Imper. *wasaq-ún*, *wasaq-ru* (und *wasa-ru*), Nom. *wasá* (Bil. *wašaqā*) plur. *wasiq*. Caus. *wasa-s*, Pass. *-š*.

Wit (Demb., Quara *it, iet, yit*, Bil. *oqt*, G. **ወዕደ**:) v. I wenig, gering, unbedeutend, klein sein, adject. *wit-u* (Bil. *oqt-uχ*) wenig, klein, *witú kuárā* kurze Zeit.

Wit y v. I laufen, Imper. *wit yi*, Perf. *wit y-ún*, Nom. act. *wit y-ánā*, Nom. ag. *-átā*. Caus. *wit yi-s* zur Eile antreiben.

Wátá hubúr böser Geist.

Wâṭ (A. **ዋጥ:**, G. **ውጎጥ:**) v. I verschlingen, verschlucken,
Imper. *wäç*, Perf. *wáṭ-un*, Caus. *wáṭ-is*, Pass. *wát-iš.*

Watíb (Bil. *wántabá*, A. **ውጎጠፈት:**, G. **መጎጠፈት:**) das
Sieb, *wateb* v. I sieben, Perf. *watb-ún*, Caus. *wateb-s*, Pass -*š.*

Witádrä plur. *witádir* (A. **ውጅዶር:**) der Soldat, *witádra-t*
dunkŭán das Zelt eines Soldaten, *witadir-t sifír* das Lager
der Soldaten.

Water (Bil. *wántar*, Demb., Quara *wanter*) v. I zurück-, um-
kehren, heimkehren, Imper. *wátir*, Perf. *watr-ún*, *watr-du*,
Nom. act. *watr-ánä*, Nom. ag. *watr-átä*, Nom. abstr. *waträ*
Heimkehr. Caus. *watr-s* (Bil. *wanta-s*, Demb., Quara *wanter-š*)
zurückführen; antworten, *yit watrš* antworte mir! Ein un-
regelmässiges Causativ ist *wis*, *wiz* (Bil. *wanz* cf. A. **መለሰ:**
während zu *watir* wohl aus *wat-r*, G. **ተመይጠ:** von **ሜጠ:**
cf. **መለሰ:** zu vergleichen ist), zurückerstatten, -geben,
Imper. *wiš* (Bil. *wanzi*). Caus. II *wiz-is* erstatten lassen.

Witrík (Bil. *wártík*, A. **ውትር፟:**) stets, immer, *kuárä witrík*
kuárä fená-s fae die Sonne geht stets im Osten auf. Adject.
relat. *witrik-t-ú* (Bil. *wártik-r-uγ*) ewig seiend, von ewiger
Dauer, *witriktú delmá* das ewige Heil, *witriktú firíd* die
ewige Verdammung.

Way (A. **ዋይ:**) o weh!

Wáyä plur. *way* (A. **ዋጋ:**) Preis, Werth, *ien ziyá-n ìu wáya-t*
χayaû dieses Fleisch ist theuer (gross in seinem Preis).

Wäynimmä plur. *wáynímte* (A. **ውይኀ:**) Rind von schwarzer
und rother Farbe.

Y.

Y̆, *y̆* (Bil., Demb., Quara *yi*) v. I sagen, Imper. *yi*, Perf. *y-ún*,
yĭ-rú, Nom. act. *y-ánä*, Nom. ag. *y-átä*, Caus. *yi-s*, Pass. -*š.*
Auch verwendet zur Bildung neuer (zusammengesetzter)
Verba, wie *dis yi* zufrieden sein u. s. w.; §. 89.

Yi (Bil., Demb., Quara *yi*) 1. mein, *yi firzá* mein Pferd, *y' unä*
meine Frau, *yí kim* meine Rinder. 2. Pronomen personale
der ersten Person singularis von Postpositionen, *yi-eis ìûru*
du gabst mir, *yi-t eqındú* du hast mich geliebt, *yi-tis snûrú*
du hast von mir gestohlen, *yi-l takíe* tritt heran zu mir!
adject. relat. *y-u* fem. *yi-rì* plur. *yuk* mir gehörig. *ien firzá-n*
yū ièù dieses Pferd ist meines. *ienzáy fárzá u yuk* diese

Pferde sind mein, *ien fárze-n yu̯-kú̯-m āyank* diese Pferde
sind nicht mein.

Yū plur. *-tān* subst. (Bil. *yaû, yô*, Demb., Quara *yawī*, G. ሕጽ:,
§. 69, 71) Hüfte, Lenden.

Yog der Reibstein, der zum Reiben des Korns verwendete Stein.

Yaj (cf. A. ፃላ:) leer, baar, ohne sein, *genzíb yajá-te kŭar
aditún* als ich ohne Geld war, machte ich Schulden. Relat.
yaj-ár, -rar, -aû u. s. w. ohne seiend, *an genzíb yajár* ich
bin ohne Geld, *genzíb yajrár windu* du warst ohne Geld.
senú yajaû ú'ânu-til tuwu ohne Butter trat er bei seiner Frau
ein. *firatík zaggá yajaû zibá ju̯ńu* wie er dahin wanderte,
traf er grasloses Land. Die Relativform wird auch gebraucht
zur Bezeichnung unseres: nein, *kit Birrú-t bárā kŭrū-má
vist* du Birrn's Sclave? *un yajár* nein (ich bin es nicht),
yajaû nein (er ist es nicht), Gegensatz *yáy* ja.

Yekátīt (A. ዮ፡ክ፡ቲ፡ት:) der sechste abessinische Monat.

Yim (A. ፟ሥም:, G. ዃም:, vgl. s. v. *šim*) v. I ein Amt ver-
leihen, besonders die Stelle eines Gouverneurs geben, Perf.
yim-ún, Nom. act. *yim-ánā*, Nom. ag. *-átā*, Nom. concr. *šim*
Gouverneur, Relat. *yim-ár, -rar, -aû* u. s. w. welcher regiert.
Caus. *yim-s*, Pass. *-š*.

Yimám nom. propr. masc.

Yimár nom. propr. masc.

Yin, yínne (Bil. *yin*, Demb., Quara *anan*, Agaum. *anñ*) wir,
yin χŭnún wir haben gegessen. In den obliquen Casus und
vor Postpositionen *yiná, yiná*, z. B. *yiná (yinú) ńin* unser
Haus, *yina-eis iuwirnu* ihr gabt uns, *yinú-t eqandirnu* ihr habt
uns geliebt. Adject. relat. *yin-aû* plur. *-au̯k* uns gehörig, *ien
ńín-ne yinaû ieû* dieses Haus ist unser = *ien ńín-ne yiná ńin*.

Yis, yiz (Bil. *íd* vertrocknen, cf. G. ᎾᎾᎾ:, ᎾᎾᎾ:, vgl. §. 57
und 80) v. I vertrocknen, trocken werden, Perf. *yis-un*, *y'īr
te hagir yisu* meines Vaters Erde ist vertrocknet. Nom. abstr.
yisún Trockenheit, Dürre, adject. relat. *yis-aû* fem. *-ráy* plur.
-au̯k dürr, trocken, Nom. act. *yisánā* das Vertrocknen.

Yay, Nebenform *yaû, yô* (Bil. *yawā*, Demb. *ayā*, Quara *iyā*,
Ty. ኣጰ:, Ty. ኣጰ:, G. ኣም:, ئ)) ja, *kŭt Birrú-t bárā
kŭt-má* bist du Birrus Sclave? *yáy, an ieû* ja, ich bin es;
vgl. auch s. v. *yaj*.

Deutsch-chamirsches Wörterverzeichniss.

A.

Aas *beyít, ṭümb, ɣar-añ.*
Aasgeier *tümb amurā.*
Abend *kūníñ,* — werden *kūn.*
Abendessen *dray.*
Abendstern *kūníñ ṣeglucá.*
Abessinien *Hábeśá* und -*hagír.*
Abessinier *Habeśáñ.*
Abfallen (Blätter) *rígeb;* abtrünnig werden *ames. kad.*
Abhausen, abwirthschaften *caq.*
Abmagern *kúas, minmíñ.*
Abnützen *ab-s,* abgenützt *abtañ.*
Abreissen (Haus) *fíreś.*
Abschälen *qaref.*
Abtritt, locus cacandi *mirgá.*
Abtrünnig sein *ames. kad.*
Abwischen *hases.*
Achsel *zíg, kisá,* -höhle *gôl.*
Acht *sohūatá, sôtā,* achter *sô-tatrā,* achtzig *sôtárñen.*
Achtsam sein *tegah.*
Acker *kisíñ, cisíñ.*
Ackerbau *gŭidánā,* — treiben *gŭid.*
Ackermann *árźā, gŭidátā.*
Adelig *oɣŭr-ś-añ.*
Ader *zir,* zur Ader lassen *bas.*
Adler *amurá, gilgilgŭyó.*
Affe *sàjerá,* auch speciell der Mantelpavian; der Anführer der Pavianheerde *gimár;* der

junge Pavian *wiçálā.* Sorten: die Meerkatze *çiçucá;* der Gueresa *źar;* der Tschelada *ñiciráñ.*
After *tuñ.*
Agauland *ɣamirá-t hagír,*'-mann *ɣàmerá,* -volk *ɣamír, ɣamít,* -sprache *ɣamír. ɣàmirá, ɣamír gab.*
Aehnlich sein *misel, tak.*
Aehre *źūr, qãçá.*
Alle -*k, iñkí.*
Allein (solus) *ellá, ñ.*
Aloe *añcárā.*
Alt *arg-añ, gin-añ;* — sein, werden *areg, gin;* Alter *argenát, ginnát.*
Ameise *fílehá, gãndáñ.*
Amt *śimír,* -mann *śím,* ein Amt verleihen *gim.*
Amulet *ɣetáb, miṭáf.*
Anderer (alius) *layā.*
An s. bei.
Anfangen *qidem;* — der Monat *bat.*
Anführen *qañ,* Anführer *ras, qowátā.*
Anfüllen *ieçaq.*
Angreifen, anfühlen *dag;* angreifen den Feind *fírez.*
Anlass geben *males.*
Ansetzen eine Zeitfrist *dil.*
Anstreichen *lilqŭ.*

Antilopen = Wild; Sorten:
Antilope decula *duklá*, das
Weibchen davon *siriyá*; A.
defassa *fusmā*; A. redunca
caycā, das Weibchen *caycúnā*;
A. midaqua *midaqúá*. A.
strepsicorus *sajená*; A. worebo
sesáwā; Capra walya *walí*;
Gazelle *ćwerá*.

Antimonium *ćil*.

Anzünden *tikŭs*.

Araber *Rab*, Arabien *Rab hagír*,
arabische Sprache *Rab* oder
Rab gab

Arbeit *ṣámā*, *sábā*; arbeiten
ṣam-t, *sab*.

Arm, der *iej*, *kŭarz*; -band
silimát.

Arm werden. — sein *jŭj*, *caq*;
arm *jŭjá*.

Arznei *telá*, Arzt *telú*.

Asche *ṣabír*, glimmende — *ṣa-
bír lī*.

Ast *bàlbalá*.

Athem *fô-t*, athmen *fô-t*, *kaž*.

Auf! he! *esti!* auf (super) *dig*,
ugá-s.

Aufbewahren *qŭr*, *oqŭr*.

Aufgehen (Sonne u. s. w.) *fi*.

Aufgraben *gŭïd*, *baruw*.

Aufhängen *siqel*, *silqel*.

Aufladen *ṣau*.

Auflösen *ek*.

Aufrichten *gŭi-s*.

Aufrichtig sein *ciq y*.

Aufruf *awáj*.

Aufschichten *rireb*.

Aufstehen *gŭi*; gegen Jemand
ames.

Aufwachen *naqaq*.

Auge *iel*, Augenbrauen *iel qer
níb*, -wimper *iel ṣefíq*, -stern
iel ŭicír, -glas, Brille *iel
qŭalánā*.

Aus *gis*, *tis*.

Ausbohren *biles*.

Ausdehnen *fara-s* *(faraǵ-s)*; s.
breit, weit.

Ausgehen *fi*.

Ausgleiten *sušat*.

Auslachen *laged*.

Ausreiben (Aehren) *car*.

Ausreissen, -raufen *boqes*, *niqel*.

Ausruhen *faw*.

Aussatz *χayê* *žŭsā*.

Ausstrecken sich *faṭ*, *gidem-š*.

Ausstreuen *biten*.

Auswinden, ausdrücken *doges*.

B.

Baar sein *bi*, *gin*, *yaj*.

Bach, s. Fluss.

Backen, die *qakŭ*; -zahn *qakŭá*.

Backen (Brod) *fiy*, *metakŭ*.

Backofen *birtŭk*.

Balken, der *seqá*; Dachbalken
dŭmdŭmát.

Bandwurm *sikā*.

Bankert, Bastard *harím* *χŭr*.

Barbieren *lič*; Barbier *lićátā*.

Bauch *gizú*.

Bauen (Haus) *wiqer*.

Bauer *áržā*, *gŭidátā*, *bálgī*.

Baum *zaf*, *kánā*.

Baumwolle *ṭiṭ*, -staude *ṭiṭ kánā*.

Becher (Trink-) aus Zinn *talíkā*,
— aus Horn *wánça*.

Bedecken *dib, šafen.*
Befehlen *azez;* Befehlshaber
azáj.
Befinden sich *aḡ.*
Befreien *ek.*
Begegnen *dimqe-š.*
Begehren *iequn, fiqed, timen.*
Begiessen *ziût.*
Begraben *dib,*Begräbniss *meqbír.*
Bei *tik, dik, cik, gebá, -l.*
Beil *baẓ, çuwará.*
Bekriegen *gigez.*
Bein *luk;* -kleid *súrrī.*
Beissen *ṣaq.*
Belagern *kibeb.*
Bellen *búbū y.*
Beneiden *qiñ.*
Berauscht sein *rak.*
Berg *abá,* -gipfel *ab aûr,* hoher
Berg *ligzô abá.*
Berühmt sein *çar-š.*
Berühren *daḡ.*
Beschädigen *bidel, ṭamem.*
Bescheiden sein *sidíq y.*
Beschmutzen *iĕmqŭ-š.*
Bestimmen die Zeit *dil.*
Beten *siged, çaw.*
Bett *arát, dil;* Betthaut *waṣá.*
Betteln *çaw,* zudringlich *niknik.*
Bevor *bôgá.*
Bewachen *χay.*
Biene *lúlā;* Erdbiene *ṣeṣá;*
schwarze Biene *ñicír lúlā;*
Bienenstock *lal qefá;* Bienen-
gehöft, -haus *lal madír,* —
ñun, — *sefrá.*
Bier *šállā.*
Billig, wohlfeil sein *rikes.*
Binden *eẓuw, qŭẓel;* Band *mišqá.*

Binse *bisqá.*
Bis *aš.*
Bitten *çaw.*
Bitter sein *marer.*
Blasen *fig y.*
Blatt *(vom Baum) χaṣā.*
Blaue Farbe *ñicír.*
Blei *arer;* Bleistift *átená.*
Bleiben *aḡ, gŭay, win, sib,*
sineq; (warten) *cib;* zurück-
bleiben *iedag.*
Blind sein, — werden *χareb.*
Blitz *birqá, mirqá;* blitzen
bireq.
Blume *ṣiyá.*
Blut *bir;* Blutegel *eggá.*
Bogen *qast, qist.*
Bohnen *adogŭr, atriá, gŭáyā.*
Borgen *iedû-š;* für sich — *iedû-t.*
Braut *zrī.*
Bräutigam *azín;* Gefährte des
Bräutigams *mázā.*
Brechen etwas *kil.*
Breit sein *faraḡ, wired.*
Brennen (v. n.) *haû y;* v. n.
haû-s; Kaffee brennen *bín.*
Brett *seqá.*
Bringen *nas.*
Brod *mī;* ungesäuertes — *miçtīyô*
mī; Brodkorb *misíb,* -kammer
mī ñín. Verschiedene Brod-
sorten: *ámzā, bukŭrtā, dábā,*
dab-tas, dugŭlá, dugŭlšá,
dukŭsyá, habášā, qaṭá, žíftā,
ṭabítā.
Brodeln (kochendes Wasser)
titek.
Bruder *zin,* der ältere — *χayô*
zin, der jüngere — *eṭín zin.*

Brust *senā;* -warze *oq;* Brüste
des Weibes *iñnát oq.*
Buch *χetáb, miṭáf.*
Büchse (Behälter) *heqūt, zasün.*
Buckel *gŭbít;* ein Buckliger
gŭbít gŭriyá; Buckel (des
Büffels, Kameels) *žañà.*
Büffel *gŭšà.*
Bürgschaft *wās.*
Butter, frische *zená;* zerlassene
mawô.

C.

Canal *filfīlánā.*
Castrat, verschnittener Bock
musánā. — Stier *qaṭqaṭšô*
būrā.
Chamäleon *laûtešráy.*
Charakter *taqbánā;* -losigkeit
laûṭsánā.
Chef *ras.*
Christ *krestiyán, kestiyán.*
Cigarre *žīrá.*
Creatur *fiṭúr.*

D.

Dach *ṣeránā;* Raum unter dem
Dach *ligigŭánā.*
Danken *mizen.*
Darm *zíllā,* Dickdarm *qŭàlemá.*
Daumen *χayô sifír.*
Decke (wollene) *gŭmír.*
Deckel *dibánā.*
Dein *kŭ.*
Denken *huseb.*
Diarrhoe *ṣebzá, —* haben *ṣibez.*
Dick sein *diden.*

Dieb *hīqátā, suñátā.*
Dienen *gílgel, kidem;* Diener
agilgilátā, kidmátā; Dienerin
giríd.
Dienstag s. Woche.
Dieser *ien.*
Dolch *žütíl.*
Donnern *gŭigŭe, ogug y, nŭgŭd.*
Donnerstag, s. Woche.
Dorf *gisá, eṭín sibā.*
Dorn *aní,* Dornenzaun *χaṣír;*
einen Dornenzaun aufführen
qiser.
Dort, -hin *iedíl, iedrá.*
Drechseln *hanses.*
Drei *šuknä,* dritter *šakŭatrā,*
dreizehn *ṣekä šakŭä,* dreissig
sôriñen.
Dreschen *ṭab,* Dreschplatz
wârnā.
Drohen *niñeq.*
Drücken *çaneq.*
Dumm *dedá, dikám, χañ.*
Dünken *tak, misel.*
Dünn *mōlál, eṭíu.*
Du *küt.*
Durchziehen (den Faden) *duw.*
Durst *suqŭánā,* dürsten *suqŭan-t.*

E.

Ebene *šēwā.*
Ecke *gimená, mazíu.*
Ehre *kibír,* ehren *kiber-s, mikek,*
in Ehren stehen *kiber, mikkeš.*
Ehrengeschenk *birkít,* ein —
geben *birkes.*
Ei *qalánā,* -dotter *qalún serô,*
-weiss *qalún ṣarô.*

Eid *zará;* — leisten *zar.*
Eidechse *gibbená;* Nileidechse *arján.*
Eifersüchtig sein *qiŭ.*
Eilen *cikel, wit.*
Ein, eins *lā, lāñ.*
Eindrücken (ein Zeichen), einpressen *doges.*
Einfädeln *duw.*
Eingeweide *zilíl,* -würmer *wấsfat.*
Einhegen *qiser.*
Einjochen *samer.*
Einladen *iedem.*
Einst, ehemals *quŭ-s.*
Eintreten *tuw.*
Einweichen *nazer.*
Eisen *açín, birít;* -stange zum Verschliessen der Thüre *mŭrinā.*
Elefant *berṭá, harmuíz, zohón.*
Elfenbein *berṭ erŭk.*
Elle *kŭarz,* Ellenbogen *girb.*
Empfangen *lam-t.*
Empfangsalon *aderáž.*
Emsig sein *qiltef.*
Enge sein *ases.*
Engel *milák.*
Enkel *zŭr-ís zŭr.*
Entbehren, nicht haben *bi, gin, yaj;* Mangel leiden *gidir-t, samec.*
Entfernen sich *ekŭl-t.*
Entkommen (einer Gefahr) *dizen, dán;* entlaufen *maluq;* entwischen *šašat.*
Entlassen (scheiden die Frau) *daqar, diker;* (verabschieden) *sib.*

Entreissen *niteq.*
Entspringen (Quelle) *filfíl.*
Er *ieñ.*
Erben *wires.*
Erbeuten *mirek.*
Erbsen *adír.*
Erde *sibā,* Erdbeben *ungŭd,* -biene *sesá.*
Erfrischen *kib-s.*
Erinnern sich *haseb.*
Erkälten sich *kib-t;* Erkältung *giffā.*
Erlangen *jiŭ.*
Ernten *ayer;* Erntezeit *asmárā, mirákā.*
Erschaffen *fiṭer,* Geschöpf *fiṭúr.*
Erschrecken *biu.*
Ersetzen, Ersatz leisten *mitek.*
Erster *laŭdin;* Erster, voran sein *qidem, quñ;* Erstgeborner *bôr.*
Erwachen *naqay, núqeq.*
Erzählen *jiŭ, miges.*
Esel *duqárā, duzárā,* Eselin *ôsrê duqárā,* Eselsfohlen *duqír awál;* eselhaft *duqaríñá.* Maulesel *biqlā.*
Essen *zŭ.*
Essig *žilá.*
Euer *kŭtá.*
Eule *gŭgiyá.*
Euter *oq,* Kuheuter *luwá-t oq.*

F.

Fabel *jiñá, meslá.*
Faden *ṭeṭá, fitíl.*
Fackel *fánā, likfánā.*

Fallen *lib*, überfallen *hádegá lib*, herabfallen (Blätter vom Baum) *rigef;* fällen *kab.*

Farzen *çās;* Furz *çāsíu;* Farzer *çāsíut.*

Faust *báddī.*

Feder *gafŗnā;* Schreibfeder *bir.*

Fegen *gis, jis.*

Fehler *armā.*

Feige, die *bilís ferá, ţelús qabā* u. s. w. Feigenbaum. Sorten: *bilís, biús* ficus pseudocarica; *díruná* ficus bengalensis, *ţelúsā* ficus lutea, *silnwá* Maulbeerbaum, *bábā* Sykomore, Sykamine. — Feige, s. furchtsam.

Feile, die *gibbánā;* feilen *miúrd.*

Feind *şalát;* — im Kriege *gíyzátā.*

Fenster *mesχăt*, -riegel *mūrbáryā.*

Fern sein *akăel*, die Ferne *iekŭl.*

Ferse *şabínó.*

Fest, *s.* stark. Fest, das *bal;* Feste: Neujahr *amír bal;* Palmsonntag *aûsánā;* Charfreitag *siqlít;* Osterfest *tenzáy;* Himmelfahrt Christi *ergít;* Verklärung Christi auf dem Tabor *ţibír dabír;* Kreuzerhöhungsfest *misqíl;* Weihnachtsfest *lidít.*

Fett, beleibt *widlím;* fett sein (Speise) *saw;* einfetten *qíbeb, qas, eqas.*

Feucht *qăţín;* feucht, nass sein *qăţ.*

Feuer *li*, loderndes — *haûštô li;* Aschenfeuer *şabír li;* Feuerbrand *titiy;* -funke *tílžā;* -stahl *būlád;* -stein *belçít;* -zange *gŭitít.*

Fieber, hitziges *nedád, haûštô li;* kaltes — *kibkibá;* Wechselfieber *minšiyá.*

Finden *jiú.*

Finger *şefír, sefír;* der kleine — *eţín şefír,* der Goldfinger *liúatrá şefír;* der lange — *ligzô şefír;* der Zeigefinger *qŭalsô şefír;* der Daumen *χayô şefír.*

Finster werden *kăn;* Finsterniss *temá.*

Fisch *χazá*, -gräte *χaz amí*, -schuppe *χaz qirfá*, -netz *maǵát*, -otter *aǵŭštá, aqŭazá (?).*

Fleisch *ziyá*, -brühe *blaû.*

Fleissig sein *sab, qilţef.*

Fliege *şeşá.*

Fliegen *bir.*

Fliehen *sa y.*

Fliessen *maw, zôw.*

Flinte *nifţá.*

Floh *feltá.*

Fluch *eşá*, fluchen *ieş.*

Flügel *kiff.*

Fluss *aqŭál, báher, bar, zar, wirbá.*

Flusspferd *búcā, gŭmarí.*

Flüstern *qiss y, šŭšūχ y.*

Fortgehen *fi.*

Fortjagen *sided.*

Fragen *ţayeq, wáger.*

Frau *iûnā,* Hausfrau *úin ûnā,* in der directen Anrede an

dieselbe *ammitā.* Frauen-
gemach *ielfíu.*
Frei werden (Selave, Ge-
fangener) *harnát-is fi;* Frei-
heit *harnát.*
Freigebig sein *liyes.*
Freitag, s. Woche.
Fremder, s. Gast.
Freude *distā,* frenen sich *dis y.*
Freund *wedáj, wadáy;* Gefährte
des Bräutigams *mázā;* Ka-
merad *ṣamrá.*
Frisch, rüstig *brū.*
Fromm sein *çiq y;* fromm *çiq
yañ, ṣádiq.*
Frosch *dàqūsá.*
Frucht *fir, kab, qab;* Frucht
bringen *fir.*
Fuchs *qūáṣelá.*
Führen *qañ.*
Fünf *akūá,* fünfter *akūatrá,*
fünfzig *akūrñen.*
Furcht *gūatrá,* furchtsam *gūa-
taū,* fürchten sich *gūat.*
Fürst *hàleqá, ras, dejazmác.*
Furth *karsánā,* s. übersetzen.
Fuss *ṣab,* -fläche, planta pedis
ṣab, qūrçiçímt. Fussspange,
-ring *alíb, lꜱkūô qáṭā.* Fuss-
boden *wilíl;* wunde Füsse
auf der Reise bekommen *gūi-
begūb.*

G.

Gabel *mikā,* -stiel, -heft *mīk̇ nan.*
Gähnen *kaž.*
Galgen *misqíl.*
Galle *ḫamút.*

Gangart *dad.*
Gans *ibrá.*
Ganz *-k̇ ínki.*
Garbe *mūrā.*
Gärben *faq,* Gärber *faqátā.*
Garten *ginnít; kisúi, cisíu.*
Gast *abín;* -haus *abíu ñin.*
Gatte *iūn gūriyá,* Gattin *iūnā.*
Gazelle, s. Antilope.
Gebären *χūr, oχūr,* Geburt
oχríu, Geburtshilfe leisten
oχūr-s, geberen (= adelig
sein) *oχūr-ś.*
Geben *iuw, naq.*
Gebrauch, s. Gewohnheit.
Gebüsch *dir.*
Gedächtniss *hasbánā,* das Ge-
dächtniss verlieren *qaṭ.*
Gedanken *haseb.*
Geduldig sein *cib,* geduldig
tageśtañ.
Gefährte *ṣamrá.*
Gefallen *tismam.*
Gefangen nehmen *mirek.*
Gefrässig *hōdám.*
Gegen, wider *diy.*
Gehen *fi-t.*
Gehöft *madír.*
Geier *amurá;* Aasgeier *ṭümb
amurā.*
Geige *mizinqūá.*
Geisel, s. Peitsche.
Geist *minfás;* böser Geist *wátá
hubúr, sīṭán.*
Geizig sein *nifeg.*
Gelb *beçá;* blassgelb sein, —
aussehen *biçíç y;* schmutzig
gelb *būllímtā.*
Geld *genzíb,* -beutel *mafúdā.*

9*

Gemein (Gegensatz von adelig) *bulgi;* roh *g̍inetú, kinšïyañ;* sündhaft *qûṭín.*

Gemüse *hàmerá, jennú.*

Genosse *ṣamrá.*

Gepäck *gúaz, múcír.*

Geräumig sein *faraǰ.*

Gerecht sein *c̦íq y;* ein Gerechter *c̦íq yaû, ṣádiq.*

Gerinnen (Milch) *baǰ.*

Gerste, s. Getreide.

Geruch *χar,* Wohlgeruch *χar, eṭán,* süsser Geruch *mazú.*

Geschlecht (Familie, Sippe) *fizánū, oχúrsíŭ, wígnú.*

Geschlechtskrankheit *χetíŭ.*

Geschwür *leχán.*

Gesicht *gaṣ.*

Gespann, Joch Ochsen *ṣamír.*

Gestalt *akúl.*

Gestern *azuŭú,* vorgestern *azuŭúite grä.*

Gesund *brū, qasuû,* — sein *dehnú-s kŭ,* — werden *dihen, dan,* Gesundheit *dehná, qūmtá.*

Getreide (allgemein) *ar,* speciell: durra, sorghum; Arten von Getreide: Weizen *sŭrŭ,* Gerste *sekŭm,* Tef *tāb, ṭāb, dāb,* Eleusine tocusso *dañsū,* Eleusine multiflora *zingádā,* bromus pectinatus *gŭcír,* Andropogon sorghum *maylā,* zea Mais *bŭher maylā,* Tamedsch *c̦imá.* — Getreideschlauch, -sack *aybír,* -mass *c̦an,* -speicher *ar ŭŭn.*

Gewalt, Macht *haylá;* Zwang *gídde.*

Gewicht *neṭír.*

Gewohnheit *disíŭ, kintíŭ;* gewöhnen sich *disíŭ-t, kin-t.*

Giessen *ic̦aq.*

Gift *mirz, telú,* vergiften *mirez.*

Gipfel *aûr, ūǰá,* Berggipfel *ab aûr.*

Glas (allgemein) *bŭrc̦eqó,* speciell: Trinkglas; Glas, Krystall *birelí,* Glasflasche *ṭrmús,* Glasperlen *šamí,* Vergrösserungs- oder Verkleinerungsglas, -instrument *menáṣer,* Augenglas, Brille *el qūalánā.*

Glatt, schlüpfrig *šašatsaû;* kahl *melúṭ,* kahlköpfig *aûr bítaû,* -melúṭ und *melúṭ.*

Glatze *aûr bítá, melút aûr.*

Glaube *haymánōt,* glauben *amen.*

Gleich, wie *-ŭá, -eŭá;* gleich, von gleicher Quantität sein *okŭl,* gleich machen, — geben *okŭl-s.*

Glied *abúl;* männliches *-qŭcerá,* glans penis *qŭcír aûr.*

Gliederreissen, Rheumatismus *χúresmá, qúrṭemút.*

Glocke *qac̦íl.*

Gold *wírq,* -schmied *ansereŭá.*

Gott *àdurá, ièderá.*

Gouverneur *šiŭ;* s. Amt.

Grab *meqbír;* graben, s. aufgraben, — graben.

Gras *ṣággā.*

Graue Farbe *ṣafá;* grau werden (Haare) *ac̦eṭ.*

Groll *qūm,* — hegen *qayem-t.*

Gross sein *χay, ligez.* Grossvater *χayô àbbā, ínne,* -mutter *χayê iŭá, ínne, ir jená.*

Grün sein *lilem*.

Gummi *lawin*.

Gürtel *qiñô*, Frauengürtel *qimšánā*, *matemiyá*; gürten sich *qimeš*.

Gutsein *qas,tiky*; Gut,Habe *habt*, *kim*; anvertrautes Gut *hedír*.

H.

Haar *sifíq*, *çifíq*, -schopf *qŭnçá*, graues Haar *aqet*, Haarnadel *wìlebá*, *medírrā*.

Habe, s. Gut; haben *saqŭ*, nicht haben *bi*. *gin*, *yaj*.

Hacke *baz*, *çuwará*; hacken *sareb*.

Hagel *bìríd*.

Hahn, s. Huhn.

Halb, Hälfte *alád*, *gebár*.

Hals *χām*, -kette *márdā*.

Hammer *mìdežá*.

Hand *nan*, -fläche *áganá*, -tuch *mìnjíl*, -werk *belkát*, Handwerker *belhateñá*.

Handel treiben *niged*, *ñer*.

Harfe *mizinqŭá*.

Hart, fest *kriñá-ñā* („wie Stein“); herzlos, strenge *qabátā*.

Härten (im Feuer) *lileb*.

Hase *bitlá*, *šulúnā*; eine Hasenscharte haben *tisef*.

Hass *šiktánā*, hassen *šik-t*; s. Groll.

Hässlich sein *jìj*.

Haus *ñin*, -herr *ñìn gŭriyá*, in der Anrede *balbìët*, -frau *ñìn ñŭnā*, in der Anrede *ammìëtā*, *ammítā*.

Haut *qŭrbír*, *qŭrbí*; *aji*, Schafhaut *big qŭrbi*; gegerbte Kuhhaut, um darauf zu schlafen *waṣá*; aufbreiten die Haut, um zu schlafen *waṣaq*. Hauteinschnitte machen *bas*.

Heben *gŭi-s*.

Hebamme *oχŭr-s-átā*.

Heft, Handhabe *wuláqā*, *kánā*, *nan*.

Heide (paganus) *armí*.

Heilen *dan-s*, *qas*.

Heilig sein *çiq y*, heiligen *qides*, einen heiligen Lebenswandel führen *qidest*.

Heimat *kíñ*.

Heimweh haben *binen*.

Heiraten (der Mann) *tŭ-s*, die Frau *tŭ-š*; Heirat, s. Hochzeit. Heiratsbündniss zwischen zwei Familien *wisíf*.

Heiss sein, - werden *eblañ*, *bir*.

Heissen, nennen *jìñ*.

Helfen *kab*, *hakes*, *rad*, *agilgel*.

Hell, klar, rein sein *çar*.

Hemd *qamis*.

Henkel *garás*.

Henne, s. Huhn.

Herr *gŭriyá*.

Herabgehen, -steigen *gim*, -heben *gim-s*, -fallen *rigef*, *lib*.

Herd *qìmtá*, *hañ-s-ána*

Herz *gizú*.

Heucheln *liluw*, *ligem*.

Heuschrecke *ábṭā*, *ágdā*, *χàχetá*.

Heute *nic*.

Hexen *areq*, Hexe, Währwolf *búdā*.

Hier, hieher *ieníl.*

Hinaufsteigen *areg, bek y, sigen.*

Hinken *hakes.*

Hindern *gigeb.*

Hinter, hinten *grā.*

Hinterer (anus) *tuñ.*

Hirt *míqā,* — sein *miq-t.*

Hoch sein *ligez.*

Hochmüthig sein *kŭir.*

Hochzeit *kiyán, zrī fan,* zur Hochzeit laden *iedem.*

Hoden *mil,* -sack *qŭacíl.*

Hofmauer *madír.*

Höhle *agay.*

Holz *kān, qān;* schüssel *gibír.*

Hölle *gánneb.*

Honig *sará, zará,* geläuterter — *wìleá,* ungeläuterter *hasá,* Honigwabe *sarʼáhasá,* Honigwein *mīz.*

Hören *waz, wâj.*

Horn *gi, ji.*

Huf *sab, soχŭánā.*

Hüfte *yŭ.*

Hügel *eʈin abá.*

Huhn *gìruwá, jìruwá;* Hühnersteige *girkŭ sifrá;* Wasserhuhn *áqŭ zilā,* Perlhuhn *jìriyánā,* Frankolin *qōqáyā.* Hahn *dotúnā,* Küchlein *çáçnā.*

Hund *gizíñ,* junger — *kꭓꭓꭓꭓꭓꭓ,* *kŭrkŭrá,* Hündin *ôsrê gizíñ.*

Hundert *lah.*

Hungern *gidír-t,sumec,* Hungersnoth *gidír, cegár.*

Hüpfen *kŭlil y.*

Hure *galimtā iúnā, mìnzerá,* huren *minzer..*

Husten *sal;* der Husten *giffā.*

Hütte *gŭja, kŭená.*

Hyäne *wìkā.*

I.

Ich *an.*

Ichneumon *qŭçíltā.*

Ihr *kŭtentáy,* ihr (ejus) *ńir,* ihr (corum) *ńatá.*

Immer *wìtrík.*

In *-l.*

Insel *desát.*

Irren *qaʈ.*

J.

Ja *yay; ánē, ánay.*

Jagen *aden,* Jagd *adnánā,* Jäger *adnátā,* Jagdbeute *adenšánā.*

Jahr *amrá,* Neujahr *amír bal,* das heurige Jahr *ñuñ.* Jahreszeiten: die Regenzeit *jā,* Erntezeit *asmárā, mirákā,* die trockene Jahreszeit *hiyá, ayá.*

Jäten *arem.*

Jeder *iejŭr inki.*

Jemand *ilé, mìnemín.*

Jener *ied, ed.*

Jenseitig *kariñú,* s. übersetzen.

Jetzt *añn, nan, nic.*

Joch *χam kánā, qamárā;* Joch Ochsen *sumír.*

Jude *filášā.*

Jung, der Jüngste sein *siqŭ, sisuuc,* der jüngste Sohn *siswánā χŭr,* der jüngere Bruder *eʈin zin.* Junges von Thieren *awál, gilgíl, gigíl, χŭrá, widíl;* Junges von Vögeln *çáçnā.*

Jungfrau, jungfräulich *baĩr*,
Jüngling *áškir*, *gũláśā*.

K.

Kaffee *qaχũá*, -haus *qáχũ ĩin*.
Kaffeebohne *bũn*, Kaffee
brennen *bũn*. Kaffeeschale
fĩjerál, der Henkel davon
fĩjerál garás, die Untertasse
fĩjerál gũyánā.
Käfer *hesá*, Mistkäfer *deχĩr hesá*.
Kahl, s. glatt.
Kalb *màyuwá*, *niĩ*, *žiyá*.
Kalk *ṣará bit* (weisser Staub).
Kalt sein *qazqaz*, Kälte empfinden *kib*.
Kameel *gimíl*, -höcker *zaĩã*,
-laus *qemsá*.
Kamerad *ṣamrá*.
Kamm *midá*.
Kämpfen *giγez*.
Kappe *qũib*, rothe —, Tarbusch
kũfdá.
Karawane *ĩer*.
Käse *aĩjib*.
Katze *aĩcãnā*. Kater *aĩcán*
gĩluwá, Wildkatze *anár*, bit
aĩcãnā.
Kaufen *jib*, verkaufen *qeγ*.
Kaufmann *aṭár*, *ĩerá*.
Kebsweib, Geliebte *memín*.
Kennen *areq*, *kĩn-t*.
Keusch sein *taqeb*, unkeusch
sein *siẽsin*.
Kichererbsen *adír*.
Kind *χũrá*, *mĩluwá*, *qũắllā*.
Kinn *gas*, *habá*, -bart *χam*.
Kirche *mikán*, *bẽt-krestiyán*.

Kiste, Schrein *zasũn*.
Kitzlein *qũrmbí*.
Klar, hell sein *wir γ*.
Kleid *sirín*, kleiden *si-s*, kleiden
sich *si-t*; Kleidungsstücke:
Hemd *qamís*, Beinkleid *sũrrī*,
— der Frauen *libbĩlebá*;
einfache Tobe, Leibtuch
nãẓelá, *ãlebá*, kostbare Quara
fetál, *mĩrgíf*; Leibchen, Gilet
ṭibeqũá; Kappe *qũib*, Kopftuch *maharemyá*; Sandalen
ṣab.
Klein, wenig sein *wit*, klein,
jung sein, s. jung.
Klippe *bãher dígũrá*.
Klippschliefer (hyrax abessin.)
gĩĩírā, *gĩrmá*, *jĩrmá*.
Kloster *gidám*.
Klug sein *lib*.
Knabe *ĩẽferá*.
Knie *gĩrb*, knien *gĩrb-et*.
Knoblauch *χesá*.
Knochen *ĩaẓ*, *ĩas*.
Knopf *qũlf*.
Kochen (v. act.) *ṣaqũ*, *ẓaqũ*,
iebez, *metakũ*; kochen (v. n.)
bil; der Koch *iebzaĩ*, Kochkessel, -topf *tũfā*; Küche
ẓáqũ ĩin; ungekocht, roh
qũṭín.
Kohle, Glut- *feḥma*, *χeḥmá*,
todte Kohle *zíldená*, Kohlen
aus dem Feuer herausnehmen
ẓar.
Kommen *iet*; komm! *laĩ*, *lô*!
König *nugũz*, Königin *etigí*,
König werden *nigez*.
Können *cal*, nicht können *bi*.

Kopf *aûr*, -tuch *maharemya*.
Korb *qefá, agelgil*.
Korn *ar;* -kammer *ar ñin*.
Körper *akál*.
Kosten *ṭam*.
Koth, Dreck *deǵrá, deχrá, aχûl, fandíyā,χawā;* Koth,Schlamm *liltā*, kothig sein *lil y*.
Kralle *χiçelá*.
Krank *duwí,* — sein, werden *χuwit,* Krankheit *χûsā*.
Krebs *χàresmá*.
Kreisen, einen Kreis beschreiben *jiluw, kibeb*.
Kreuz *misqil;* Sternbild des südlichen Kreuzes *Silámān misqil*.
Krokodil *arján*.
Krug *gūdá, kŭskŭsá*.
Küchlein *çáçnā*.
Kuh *luwá*.
Kummer *mùkerá*.
Kunst *belhát*.
Kupfer *nas*.
Kürbis, grosser *χŭmabô*, Kalebasse *bawá*.
Kurz *eṭín, eçín*.
Küssen *iemqŭ,* Kuss *iemqŭánā*.

L.

Lachen *iequ-t,* auslachen *laǵed, χaq*.
Laden (zur Hochzeit) *iedem,* — das Gewehr *ligŭm*.
Lager *gidám, sifír;* s. a. Bett.
Lamm *widíl*.
Lampe *sikánā*.
Land *hagír, misgál, kiñ*.

Lang sein *liǵez*.
Langsam sein *da y*.
Lanze *açín, sibánā,* Wurfspiess *zirbô açín,* Lanzenspitze *àçenát mikā,* -schaft *àçená-t zīy*.
Lassen *bar*.
Last *mìwír*.
Lau, warm sein *lib y*.
Laufen *cikel, wit*.
Laus *bettá*.
Leben *aǵ,* Lebensalter *iedím*.
Leer sein *yaj, gin*.
Legen *gim-s,* deponiren *oqŭr*.
Lehm, Thon *roqŭá*.
Lehren *kin-s, disiñ-s,* Lehrer *kinsátā*.
Leib *akál,* Leibesfrucht *χŭenát,* Leibtuch, s. Kleid.
Leichnam *rìžā*.
Leicht sein *qalel*.
Leihen etwas *iedû-s,* entleihen für sich *iedû-t*.
Lein *ṭbái*.
Leise! pst! *qiss!* leise reden *qiss y*.
Leiter *mìselál*.
Lenden *yŭ*.
Leopard *becuwá, wulaṭá,* der schwarze L. *balìmta*.
Lernen *kin-t,* Schüler *kintátā*.
Lesen *nibeb*.
Leuchten *sik-s;* Leuchter *meqríz*.
Leute *iek, ik;* s. Mensch.
Licht *berhán, sik´,* licht werden *sik*.
Lieben *ieqan, iekan*.
Linie *mìlkesá,* Linie (Reihe) *tirá,* Linien ziehen *milkes*.

Linke Seite ṣagíb, links befindlich ṣagbú.

Linsen bisír.

Lippe kifír, mïkā.

Listig sein, s. klug; überlisten χaň-s.

Loben mizen.

Loch aǧay, Nasenloch neχŭál.

Löffel mïkā, -stiel mïk nan.

Löwe absá, junger — aqeťañ.

Luft cuwá.

Lüge hašt, lügen hasuw, Lügner hašwárā.

Lunge sibbā.

M.

Machen iež, sab, sab, verfertigen awes.

Mädchen qŭrá, ïeferá iúná.

Magd giríd.

Magen gizú.

Mager sein, werden küas, minmin.

Mähen ayer, Sichel mayír.

Mahlen siq.

Mähne gámmā.

Malen zil, Maler zilátu.

Mann gïluwá, Ehemann gúriyá, männlich, Männchen bei Thieren asô, gïluwá, çïn.

Mantel, Leibtuch, s. Kleid.

Mantelpavian, s. Affe.

Markt, -platz aráyā.

Masern ankulís.

Mass lik, lukká, bestimmtes Getreidemass silá.

Mässig sein qimeš.

Mastbaum jilib-te kúnā.

Matt werden mwsen.

Matte, die silin.

Mauer nas, küená.

Maulthier biqlá.

Maus ïeçuwá.

Meer báher, bar.

Meerkatze, s. Affe.

Mehl gizán, -grütze burá.

Mein yi.

Melken qŭaš.

Mensch iejír, Menschenfresser libám, Menschheit alem.

Messen likek.

Messer kárrā, sil, Rasiermesser zárdā, Messerschneide selá-t mïkā, -rücken selá-t zïq.

Milch ẕab, saure — ajïb, baq; Milchrahm afïr, Milchkuchen amzá.

Mild, sanft reχróχ.

Missachten naq.

Mist, s. Koth.

Mitte gebár, Mittag griyá gebár, Mitternacht χar gebár, Mittagsmahl misá. Mitte, mitten, zwischen maχíl.

Mittwoch, s. Woche.

Mohammedaner ieslámá.

Mönch werden malǰŭs, Mönch malǰūsá; s. Nonne.

Mond arbá.

Monat arbá, Monatsnamen: 1. meskirrïim, 2. ťeqïmt, 3. hedár, 4. tasás, 5. ťïrre, 6. yekatit, 7. megabit, 8. mïziyá, 9. genbüt, 10. sin, 11. hamíl, 12. nas; die fünf Epagomenen qŭagmïn. Anfangen (der Monat) bat.

Morgen *amír*, übermorgen *amír-te grā*.

Morgen, der *amír, yürábā, kešíñ*, den Morgen zubringen *kiš*.

Mörser *migú*.

Motten *bil*.

Mücke *çiçúnā, tennú, şeşú*.

Mühe *şamú*, sich abmühen *şam-t*.

Mühlstein, der grosse *dümená*, der Reiber *yōg, dümín χür*.

Muhme, s. Tante.

Mund *míkā*.

Muthig *difár*.

Mutter *jená, eñú, eñá*; Grossmutter, s. gross.

N.

Nabel *herbír, wáltu*.

Nach (hin, zu) *af, -l*; nach (hinter) *grā, será*.

Nachbar *gürbít*.

Nachricht *jiñ*.

Nacht *χar*, die Nacht zubringen *χür y, ei*; Mitternacht *χar gebár*. Nachtfalter *lídrád*, Nachtvogel *χar zílā*, Nachttopf *barítā*.

Nacken *giñrā*.

Nadel *mirbā*, -öhr *mirb el*.

Nagel *einkír*, nageln *einker*; Nagel (unguis) *zíçelú*.

Nahen *alet, tak-et*, nahe sein *tak*.

Nähen *say*.

Nahrung *šišáy*, Wegzehrung *likŭá*.

Nackt sein *matmat*.

Name *zuñ, žuñ*.

Nase *esíñ*, Nasenloch *esíñ neχúál*, Nasenschmutz *esñit*, durch die Nase redend *noχnáχ*.

Nashorn *aûráśā*, Nashornvogel *kürmá*.

Nass sein *qŭt*.

Neben, s. Seite.

Nehmen *gŭiy, şaqŭ, ząqŭ, ząy*.

Neid *meqañenát*.

Nein *aíyaû; embí*.

Nennen *jiñ*.

Neu sein *ayer*.

Niemand *wurórā*.

Niesen *etíš y*.

Nileidechse *arján*, -gans *zar ibrá*.

Nonne *malúsā*, Nonne werden *malūs*.

Nord *šemín*.

Nützlich sein *taqem*.

O.

O! *qŭadáy*.

Oben *uġá-s*.

Oder *winím*.

Offen sein *bit*; öffnen *biz, ek*.

Oel *qibb, mur, nû*.

Oh! *ay, assáy!*

Oheim *ig, ír-zin*.

Ohne sein *bi, gin, yáj*; ohne -inkít, *aiyat*.

Ohr *qarús*, -höhle *qarús aġáy*, -ring *qarús qatá*.

Ort *sibā, sefrá*.

Ost, s. Sonne.

P.

Paar *ṣamír*.

Panther, s. Leopard.

Papier *wârqát*.

Paradies *ginnít*.

Pauke *krbrá*.

Peitsche *halángá, jiráffa*, Peit-
schenstiel *jirf kána*.

Person *akál, nibís, nifís*.

Pfanne *díste*.

Pfeffer *birberá*.

Pferd *firzá*, -aufscher *bandrás*,
-stall *farzá sefrá*, -fohlen *firz
gigíl*, -huf *firzá ṣab*, -stute
bázrā, Rosshaar *firz ṣifíq*.

Pflanze *buqlá*, pflanzen *biqúl-s,
tikel*.

Pflug *maharžā*, -schar *erbáná*,
-deichsel *tínā*; pflügen *gûid,
baruw*.

Pissen *caq*.

Platz, s. Ort.

Platzen *qadd-eš*.

Polster *mikiddā*.

Preis, Werth *wáyā*.

Preisen *mizen*.

Priester *qas, qis*.

Proclamation *awáj*.

Procente nehmen *qab*.

Process führen *joq*, den Process
gewinnen *litaq*, — verlieren
litaš.

Pulver *barúd*.

Q.

Qual *cigár*.

Quelle *auq iel, minç*.

Quellen *filfil*.

R.

Rabe *ṣaflá ámurá*.

Rasiren *lic*.

Rathen *mazer*, Rathsversamm-
lung *árnwá*.

Ratte *ecûrā*.

Rauben *zater*, auf Raub aus-
ziehen *wir, birbir*.

Rauch *tiyá*, räuchern *iebeb*.

Rebelliren *ames*.

Rechnen *haseb, qûazer*.

Rechte Seite *lûû*.

Reden *duq, duk, gab, y*.

Regen *zuwá*, -zeit *jā*, -bogen
dimín qist, enná *Máryám-t
matemiyá*; regnen *zôw*.

Reich sein *iewet*, Reichthum
ewtá, habt.

Reihe, Reihenfolge *tirá*.

Reinigen *gis, jis*.

Riegel *dibáná*.

Riechen *zar*.

Riemen *mirán, ṣabír*.

Rinde *qarfá*.

Ring *alíb, quṭā*.

Rippe *gñidín*.

Rohr *kamíl*, Tabak- *tümbáuz
kamíl*.

Roth sein *zir, zír*.

Rücken *jirbá, kisá, será, ziy*;
auf dem Rücken liegen *gile-
gíl*.

Ruder *burqán*.

Rufen *jiñ*.

Ruhe *faw*.

Rühren, um- *wules*. Rührstock
wulsáná.

Rütteln *nineq*.

S.

Säbel *sīf, śif.*
Sack *kīz, kīž,* Ledersack *mar.*
Säen *fīz.*
Sagen, s. reden.
Salbe *afír, qibbā,* salben *qas, qibeb.*
Salz *çuwá.*
Sammeln *akeb, liqem.*
Samen *zir, fîs,* semen viri *fîz.*
Sandalen *ṣab,* -sohle *ṣab aǧáy.*
Satt sein *iewet.*
Sattel *korecá.*
Sauer sein *miṣ, miç,* sauer werden (Milch) *baq,* Sauerteig *miç auq.*
Säule *dibiyá, sisál;* Säule des Strohhauses *waagígrā.*
Schaden *bidlá,* schädigen *bidel, tamem.*
Schaf *begá,* -bock *çin begá,* -haut *biy qárbí,* -mist *biy deǧrá,* -wolle *biy ṣifíy.*
Schakal *qääṣelá.*
Scham, weibliche *χüdá,* pudendum viri, s. Glied; schämen sich *hafer.*
Schande *ñiâr.*
Scharf sein *sahel, sil.*
Schatten *ṣamá.*
Schaum *gefrá,* schäumen *gifer.*
Scheiden, entlassen die Frau *daqar, diker;* weggehen *fī-t.*
Scheissen *diǧer.*
Schenken *iuw,* ein Ehrengeschenk geben *birkes.*
Schielen *qaleq, çaluq, śaned.*

Schiff *jílebá.*
Schild *gáža,* -kröte *ábbā gübi.*
Schlacht *açín,* in Schlachtordnung stellen *silef.*
Schlachten *zańq, zôq, zur.*
Schlafen *χir y,* schläfrig sein *liwnd,* Schlafkammer *güjrá,* -platz *χri yánā.*
Schlagen *tab,tab,taq,tay,ardeχ-s.*
Schlange *sibrá,* Riesenschlange *χayô sibrá,* Viper *sīṭán sibrá;* andere Sorte: *χärfintā, liñaárt* („zweiköpfig"), *śilânā.*
Schlauch *aybír, delúm, hirbā, mar.*
Schlecht sein *jiǧ.*
Schleuder *mazíf.*
Schlüssel *biz-átā, mezárnā.*
Schnarotzen *ṣaneq.*
Schmied *libám.*
Schmutz *iedíf, emqüá,* schmutzig sein *iemqü.*
Schneiden *ayer,kab,qires,qaṭqaṭ;* Schneide, die *mikā,* Messerschneide *selá-t míkā.*
Schneider *saq-átā.*
Schnell! *qasi!* schnell, flink sein *qilṭef.*
Schneutzen sich *esiñ-t.*
Schon *bañ.*
Schön sein *qas, zer, tik y;* schön *qasaû, zeraû, tik yaû, melífyá;* schöner sein *kīs, çis;* verschönern *śilem.*
Schöpfen (Wasser) *qadaq.*
Schreiben *saf, ṭaf;* Schreibfeder *bir,* Schrift *miṭáf.*
Schreien *wáǧ.*
Schrillen *hiçiç y*

Schritt *dad*, grosse Schritte machen *tager*.

Schuld (debitum) *edanc, bin;* crimen *ɣrím;* Schuldenmacher *edâ-, bin gúriyá.*

Schüler *kintátā.*

Schulter *kisá, zīg.*

Schüssel *gibír,* Schüsselchen *gúyánā.*

Schwach werden *masen;* schwach *dikám.*

Schwager, auch Schwiegervater, -mutter, Schwägerin, *hamásā.*

Schwanger werden *gizū-t.* schwängern *gizū-s.*

Schwanz *jirá, šūmír.*

Schwarze Farbe *ūçír.*

Schwatzen *lilef.*

Schweben *sif.*

Schwefel *dīn,* Schwefelhölzchen *likfán.*

Schweigen *suq y.*

Schweiss *mūzā,* schwitzen *wáz.*

Schwer sein *siquc.*

Schwert *sīf, šif.*

Schwiegermutter, s. Schwager.

Schwören *zar.*

Sclave *búrā,* Sclavin *bar iūnā.*

Segel *âlebá.*

Segnen *giúr.*

Sehen *qūal.*

Sehr *çiqná.*

Seicht *wahlemá.*

Seide *hárre,* seiden *hárrū.*

Sein (esse) *aǰ, win, kŭ, ok;* sein (suus) *ūi.*

Seite *gebá, gbā, gúā; gúidín; karís.*

Selbst (ipse) *akál, nibís, nifís, šū.*

Senden *iesaq.*

Sessel *wibír.*

Setzen *ieqŭr, oqŭr.*

Sichel *mayír.*

Sie *ūir* plur. *iūy.*

Sieb *watíb,* sieben *wateb;* sieben (septem) *lañatá, lañdá;* siebzig *lañdariñen.*

Sieden *bil.*

Siegen *huq;* Sieg *haná.*

Siegeln *ɣutem.*

Siehe (nun!) *ástan.*

Silber *aymirá, qáfā;* -schmied *anserñá.*

Singen *zimer,* Sänger *azmár.*

Skorpion *eçucá.*

Sohn *ɣūrá, ūqrá,* der erstgeborene — *bôr,* der jüngste — *sišcánā ɣŭr.*

Soldat *witádrā.*

Sonne *kūárā,* Sonnenaufgang, Ost *kūára fená,* -untergang, West *kūára twánā,* -schirm *ṣelá,* -blume *šūf.*

Spalten *baẕ.*

Spanne *lif.*

Sparsam sein *qŭateb.*

Speien *laq-t* an-, ausspeien *tif y,* Speichel *titíf.*

Spiegel *mastawít.*

Spielen *wār, ewār,* Spielball *kāwás.*

Spiess, s. Lanze; Spiessglanz *cil.*

Spitze (Schneide) *mīkā,* (Gipfel) *aúr.*

Spotten, s. lachen; spottsüchtig *bultiñá.*

Spritzen, sprudeln *nazeq, siseb.*

Stadt *kiū, mindír,* befestigte — *ɣútemá.*

Stachel *ciguagûit, ami.*
Stachelschwein *gûaçirtā.*
Stange *nib.*
Stall *ezwánā, sefír, madír.*
Stark sein *hayel;* stark *haylù, ṭenkár,* Stärke *hayíl.*
Statthalter *šim.*
Staub *bit.*
Stechen *sib, šib.*
Stehen *daû y.*
Stehlen *kûq, suù.*
Steigen *gim.*
Steigbügel *ierkáb.*
Stein *kriùá, dìgûrá, dirgûá,* Wetzstein *sahlán dìgûrá.*
Stellen *ieqûr, eqûr.*
Sterben *ki-t.*
Stern *ṣegluwá.*
Stets *witrík.*
Steuer *gibír; —* zahlen *giber.*
Stiefmutter *ir-t iûnā,* -vater *jená-t gûryá.*
Stiege *mìselál.*
Stier *bírā,* junger — *címtā,* castrirter — *qaṭqaṭšô bírā.*
Stille! pst! *skí!*
Stirn *baû, bô.*
Stock *gib, çírgá,* Stockwerk *dírbe;* fortprügeln mit dem Stock *ciyes;* sich auf den Stock stützen *çirg-et.*
Storch *rázā.*
Strafen *qaṣaq́.*
Straussvogel *sàgŭná,* Straussfeder *sàgŭná-t ṣefqá.*
Strick *qabrá.*
Stroh *gelbái, qízā.*
Strom, s. Fluss.
Strumpf *šírtā.*

Stuhl *wibír.*
Stumm *dedá, laqsešaû.*
Stumpf werden *dumdum.*
Stunde *sat.*
Stützen sich auf den Stock *çirg-et.*
Stützbalken *dumdumát.*
Suchen *times.*
Süd *dibíb.*
Sünde *χrím,* sündhaft sein *gûṭ.*
Süss sein *ṭam-t.*
Sykomore, s. Feige.

T.

Tabak *tümbáuχ,* -rohr *tümbaχŭ kamíl,* -pfeife *kalím, qalím,* auch *süyánā.* Schnupftabak *sinqán,* Büchse für — *heqŭt.*
Tabernakel *tabút.*
Tag *gìrká, griyá.*
Talisman *χetáb, mìṭáf.*
Tante *ìr-zìn, tayír, iy-zìn.*
Tanzen *jŭm.*
Thau, der *ṭízā.*
Taub sein *donqŭr;* taub sein (Korn) *ardeχ-t.*
Taube *egríb, rigíb;* Taube mit weissem Halsstreifen *dábā;* taubengraue Farbe *ṣafá.*
Tauschen *laûṭ.*
Täuschen *kaded.*
Tausend *šiχ.*
Teig *mìçá, metakŭá,* Sauerteig *mìç auq.*
Tempel *mesgíd.*
Teufel *sǚán.*
Thaler *qirš,* ½ Thaler *qirš gebár.*

Theilen *adiy*, in gleiche Theile
theilen *okŭl-s*.

Thüre (als Verschluss) *bilā*,
als Oeffnung *mirā*. Thür-
schwelle *medríꭓ*, der obere
Thürbalken *madelátlĭ*, Seiten-
pfosten der Thüre *meꭓíu*,
Thürriegel *mūrbúryā*, eiserner
—, Thürstange *mūrínā*.

Tief *suinratuû*.

Tigré, ein *Ṣàliyá*, Tigrévolk
Ṣali, -land *Ṣali hagír*, -sprache
Ṣali gab.

Tinte *qalím*.

Tisch *límat;* Tischler *ṣarebútā*.

Tod, der *kꭓná*, todt *kꭓúú*,
tödten *kuw*.

Tragen *bañ*, *mû-t*.

Träge *haketám*, Trägheit *hake-
tamnát*, träge sein *ligem*.

Trauern *hazen*.

Traum *nibiyá*, träumen *nilā-t*.

Treiben (Vieh) *šam*.

Trenzen *gayn*.

Treppe *mìselál*.

Treten *dad*.

Trinken *suq*.

Trippeln *külíl y*.

Trocken sein *yis*, trocknen
wis.

Tropfen, Wasser- *aqŭá*, Bluts-
berá.

Trübe sein *dudíd y*.

U.

Ueber *dig*, *ujá-s*.

Ueberfallen (feindlich) *hàdegá
lib*.

Ueberlisten *ꭓañ-s*.

Uebersetzen (den Fluss) *ka-t*.

Ufer *gebá*, das jenseitige —
karíñ.

Umarmen *aqeb*.

Umkehren *water*.

Umkommen *ab-it*, *diz*.

Umrühren *wules*.

Unbrauchbar werden *ab-it*.

Und *-m*.

Unfruchtbar sein *maꭓeu*.

Ungeduldig *hašŭráf*.

Ungehorsam sein *ames*.

Unkeusch sein *sĭĕsíu*.

Unkraut *arím*, *ꭓirdád*.

Unrath, s. Koth, Schmutz.

Unser *yiná*.

Unter, -halb *zugá*, *sugá*.

Untergehen (die Sonne u. s. w.)
tuw, — (finanziell) *caq*, s. a.
umkommen.

Untersuchen *mirmír*.

Unterlassen *bar*.

Urin *caq*.

Ursache *milás*.

V.

Vater *ayír*, *ĭr*, Gross- *ꭓayô
ábbā*.

Verarmen *jíj*, *caq*.

Verbergen *cibes*, *šagŭet*.

Verdrehen (das Wort) *miz*.

Verfluchen *ieꭓ*.

Verführen *kaded*.

Vergessen *mí-t*.

Verhindern *gigeb*.

Verhöhnen *zaq*, *laged*.

Verhüllen *šafen*, *šifen*.

Verjagen *sided.*
Verkaufen *qey.*
Verlachen, s. verhöhnen.
Verlangen *ieqan, fiqed.*
Verlassen *iedag, liqeq.*
Verleugnen *kad.*
Verleumden *ier y.*
Vernichten *ab-s, diz.*
Verschliessen *qũilef.*
Verschlingen, verschlucken *wãṭ.*
Verschollen sein *akũel, diz.*
Verschwenden *biteu.*
Verschwinden *diz.*
Versöhnen *areq.*
Verspotten, s. verhöhnen.
Verstecken *cibes, šagũet.*
Verstehen *areq.*
Versuchen *fiten, jiuuer.*
Vertreiben *sided.*
Verwandt sein *zimed.*
Vieh *kim.*
Viel sein *bijeq, ṛaj.*
Vielleicht *meuálbac.*
Vielfrass *hõdám.*
Vier *sajá,* vierter *sajatrá;*
vierzig *sizeríuen, arbá.*
Vogel *zilā.*
Vor *baũ, bô.*
Vorbeigehen *dikũe.*
Vornehm sein *zir.*

W.

Wach werden *naqaq, niqeq.*
Wachen, wachsam sein *tigah.*
Wachs *semá,* -scheibe *safáf.*
Wachsen (gross werden) *ligez,*
— (die Pflanzen) *biqũl.*

Wage *mizán.* Wagbalken *mi-*
zán kána, -schale *mizán*
madír, Gewicht *neṭír;* wägen
mizeu.
Wählen *marez.*
Wahr *ûniteñá,* -heit *iûnát,* -sager
arqátā, wahrhaftig sein *iûnit-is*
kũ, ṛiq y.
Wald *dir.*
Wand *máχtā.*
Wann *aũu.*
Wanze *tuχũánā.*
Warm, s. heiss.
Warten *cib, sineq.*
Warum *wurá-t, wuraũá-t*
Was *wurá, wuraũá.*
Waschen *ieqa-s,* sich — *ieqa-t.*
Wasser *auq,* laues — *lib yô auq,*
kaltes — *qazqazô auq,* klares
— *ṛarô, wir yô auq,* trübes-
dadid yô auq; Wasserkrug
kũskũsá, -eimer *gan, jin;*
Wassereidechse *áqũ gibbená,*
-huhn *áqũ zilā;* mit Wasser
vermischen *basbas.*
Weg, der *gũidánā,* Wegzehrung
likũá.
Wegen *diy.*
Wehe! *way.*
Weib *iũnā;* weiblich *ôsráy.*
Weich sein *lis.*
Weide *wulasánā,* auf die Weide
. treiben *wulas.*
Weigern sich *embí y;* ver-
weigern *gigeb.*
Weihrauch *eṭán.*
Weilen, s. bleiben.
Weinen *lis, zuñ eš.*
Weiss sein *ṣar.*

Weit (entfernt) sein *ligez, ekŭl-t,*
— (geräumig) sein *faraǰ.*
Welle *mäbelä.*
Welt *alím.*
Wer *aû.*
Werden *aǰ.*
Werfen *māl,* nieder- *lib-s.*
Werth (Preis) *wáyā,* werth
(kostbar) *eqansáû.*
Wespe *gezíñ lálā.*
Widerspänstig sein *ames, don-
qŭr.*
Wie sein, — sich befinden
awá y. Wie viel *wuráyôt,
wákā.*
Wiehern *ielel.*
Wiese *kilkíl.*
Wild, -thier *arawí,* -pret *adín,*
-schwein *cibá, elisfā,* -katze
anár.
Wind *fig yá, qirsáq, nefás,*
Sturm- *aûlā, aûlá nefás.*
Wir *yínne, yin.*
Wissen *areq.*
Witwe *baltit.*
Wo *aû-t,* wohin *aû-l,* woher
aû-tis.
Woche *ûnát, šôcā,* Wochentage:
Sonntag *χayô sinbít,* Montag
sinû, Dienstag *zilís,* Mittwoch
ieríb, Donnerstag *kilisyá,*
Freitag *aríb,* Samstag *qedám
sinbít.*
Wohnen, s. bleiben.
Wolf *biṭlá.*
Wolke *ďmená.*
Wolle = Haar.
Wollen *ieqan, fiqed, timen.*
Womit *wurañát.*

Wuchern *qab.*
Wunde *leχín.*
Würgen *çaneq.*
Wurm *eǰasá, hesá, žírberá;*
Bandwurm *síkā,* Eingeweide-
wurm *wásfat.*
Wurzel *zir.*
Wüste *dádā, bàraχá, dir.*

Z.

Zahn *erák.*
Zart sein *lis.*
Zaubern *areq;* Zauberer *arqátā,
libám.*
Zehe *ṣab sefír,* s. Finger.
Zehn *ṣeká.*
Zeit *zibín, kŭar,* Zeitfrist
qŭaṣír, Lebenszeit *iedím.*
Zelt *dṇnkŭán,* -stange *dṇnkŭán
nib.*
Zermalmen, zerreiben *siǵ.*
Zerreissen, zerstückeln *qaded.*
Zerstören *fireš.*
Zeuge sein *misker, miser.*
Ziege *fíçerá,* Ziegenbock *çin
fíçerá,* Kitzlein *qŭrmbi, gilgíl;*
Ziegenkoth *fiçír aχŭl.*
Ziehen *gŭil, mizez.*
Zimmermann *ṣarebátā.*
Zinn *qōrqōrō, talíkā.*
Zittern *kibkíb.*
Zoll *bírre, gibír;* Zöllner *bírrū,
gibersátā.*
Zornig sein *kŭar.*
Zu, hin -*l, af, tik, cik, cis.*
Züchtigen *qaṣaǵ.*
Zügel *lugŭám,* zügeln *ligŭm.*
Zunge *laǵ.*

Zureden (freundlich) *gŭat*.

Zurückgeben *wis*.

Zurückkehren *water*.

Zusammenrollen (die Matte) *akeb*.

Zwang *gídde*.

Zwanzig *láren*.

Zwei *liñá*, zweiter *liñatrá*.

Zweifeln *ṭirṭir*.

Zweig *bàlbalá*.

Zwicken *qiçuw*.

Zwiebel *šuguŭrt, sôrt*.

Zwilling *mentá*.

Zwölf *ṣekä liñá*.

Berichtigungen zum ersten Theil der Chamirsprache.

§. 6, Zeile 4 von oben zu lesen: *bukŭrtä* statt *bukŭrtū*

„	35,	„ 7	„	„	*qaded* „ *qadd*
„	58,	„ 10	„	„	*juñ* „ *jūñ*
„	67,	„ 8	„	„	*çŭ'ed* „ *ä'd*
„	73,	„ 3	„	„	*kŭŭ* „ *kŭū* u. s. w.
„	82,	„ 6	„	„	§. 196 „ 195
„	114,	„ 10	„	„	*wazḗker-má* statt *wazáker-má*.

Berichtigungen zum zweiten Theil.

Text 4, Zeile 22 von oben zu lesen: *waṭib ṣabir* statt *wáṭeb ṣábir*.

Wörterbuch sub verb. *akŭä*, Zeile 2 von oben zu lesen: *gŭálle* statt *gŭálle*

„   „   *erŭk* „ 4 „   „ للك „ الك

„   „   *biqŭl* „ 2 „   „ *biqŭl-dú* statt *biqŭl-dú*

„   „   *burgán* Ruder, beizufügen: vielleicht = *bur-qan*, vgl.

Bil. *buqŭr* umrühren (cf. Chamir s. v. *burä*) + *qan* Holz, also: Rühr-holz, -stange

Wörterbuch S. 46 [360], Zeile 12 von oben zu lesen: *gŭaçirtä* statt *gŭaçirtiä*

„   sub verb. *gizú*, „ 3 „   „ *gizu-r-ec* „ *gizu-t-ec*

„   „ *cal*, „ 2 „   „ *calánä* „ *calánū*

„   „ *laŭ*, „ 4 „   „ *láw-auk* „ *láw-auk*

„   zwischen *Zig* und *Siged* einzufügen: *Sugä* Unterseite, s. *zugä*

„   sub verb. *wäṭ*, Zeile 2 von oben zu lesen: *wäç, wäṭun* u. s. w. sta .

wäc u. s. w.